# Gesamtausgabe der Lehrhefte für

# Sexualmagie

**(Band 1 bis 18)**

**von**

**Andreas Baar**

## Weitere Bücher aus dem Bohmeier Verlag:

**Magikon - Archiv für Beobachtungen aus dem Gebiet der Geisterkunde und des magnetischen und magischen Lebens nebst anderen Zugaben für Freunde des Inneren als Fortsetzung der Blätter aus Prevorst** von Dr. Justinus Kerner, ISBN 978-3-89094-535-4

**Das Rätsel des Menschen - Einleitung in das Studium der Geheimwissenschaften** von Dr. Carl du Prel, ISBN 978-3-89094-450-0

**Der Spiritismus** von Dr. Carl du Prel, ISBN 978-3-89094-487-6

**Experimentelles Hellsehen (Experimente von Dr. A. N. Chowrin) - Die Erforschung des räumlichen Hellsehens** von Dr. A.N. Chowrin, ISBN 978-3-89094-455-5

**Studien zu den Geheimwissenschaften (Teil 1) - Unser magisches Weltbild - Tatsachen und Probleme** von Dr. Carl du Prel, ISBN 978-3-89094-456-2

**Studien zu den Geheimwissenschaften (Teil 2) - Praktische Experimente zur Hypnose, Psychologie und Metaphysik** von Dr. Carl du Prel, ISBN 978-3-89094-483-8

**Unsichtbare Welt - Okkultismus, Magie, Alchimie, Satanismus, Wahrsagerei, Astrologie, Spiritismus, Magnetismus & Hypnose** von Jules Bois, ISBN 978-3-89094-494-4

**Die Seherin vom Schwarzwald - Merkwürdige Enthüllungen aus dem Geisterreich über den Tod, Schutzengel und Geistererscheinungen, das Magnetisieren und weitere ungewöhnliche Phänomene** von Anonym, ISBN 978-3-89094-490-6


**Gesamtherstellung: Bohmeier Verlag, Printed in Germany**



**ISBN 978-3-89094-556-9**

# Inhaltsverzeichnis

# Vorwort des Verlages zu dieser Ausgabe

Diese Texte sind in Form von Lehrheften um 1980 das erste mal erschienen. Diese Lehrhefte wurden damals monatlich verschickt, so dass der angehende Magier genug Zeit hatte das Heft durchzuarbeiten, bevor er das nächste erhielt. Damals sah das Konzept eine enge individuelle Zusammenarbeit zwischen dem Autoren und den Lesern vor. Irgendwann, im Laufe der Zeit, wurde das Konzept und auch die Lehrhefte eingestellt, weil sich niemand mehr in der Lage sah, die individuelle Betreuung zu übernehmen. Trotzdem wurde der Verlag immer wieder angerufen, aufgefordert und gefragt (selbst aus dem Ausland), wann denn die Texte in Buchform wieder erhältlich seien.

Nun haben wir uns aufgemacht um diesem Wunsch zu entsprechen. Wir haben die Texte leicht überarbeitet und neu gesetzt (Layout). Die alte Rechtschreibung wurde aber beibehalten, weil sonst der Aufwand zu groß und die Kosten ins immense gestiegen wären.

Auch heute noch geben die Inhalte einen guten Überblick über die Gesamtheit der sexualmagischen Arbeit, die möglich ist. Wir wünschen Euch viel Erfolg!

## Weiterführende Literatur

Wir empfehlen für diesen Kurs alle Bücher von und über Aleister Crowley – die mehrheitlich im Kersken-Canbaz Verlag erschienen sind. Genaue Informationen welche Titel z. Zt. wo erhältlich sind, können Sie in jeder Buchhandlung erfragen, bzw. im Internet auf den Plattformen www.buchhandel.de.

# Lehrhefte für Sexualmagie - Teil 1

## Einleitung

Hiermit hältst Du den ersten Teil des Kurses Sexualmagie in den Händen.
Er ist folgendermaßen aufgebaut:
Zuerst findest Du theoretische Themen über Sexualmagie und alles was damit zusammenhängt. Darunter fallen auch Fragen wie „Warum ist Bioenergetik für das Ausüben von Sexualmagie notwendig?" oder „Wie sucht man sich den/die richtige(n) Partner(in)" oder „Was ist Transaktionsanalyse und warum/wozu wird sie gebraucht".
Im Theorieblock mögen Themen vorkommen, bei denen Du dich auf den ersten Blick vielleicht fragst, was das mit Sexualmagie zu tun hat. Aber keine Angst, jeder Artikel ist so geschrieben, daß er immer die Notwendigkeit, um an unser Ziel zu gelangen, klar macht.
Um Sexualmagie betreiben zu können, müssen eine Menge Voraussetzungen erfüllt sein. Als da wären z.B. ein geschmeidiger, entspannter Körper, gereinigte Energiekanäle im Körper, Konzentrations- und Imaginations- (Vorstellungs-) vermögen, magisches Wissen, Verhaltensvielfalt, Kenntnisse in Kommunikationstheorie, Philosophie, Physik uvm.
Sei deshalb nicht gleich enttäuscht, wenn Du nicht sofort an 'richtige' Übungen herankommst. Es ist im Interesse Deiner eigenen Gesundheit. 'Richtige' Übungen funktionieren nur dann gefahrlos richtig, wenn die Grundvoraussetzungen, um die Übungen machen und durchhalten zu können, tatsächlich gegeben sind.
Ein Handwerkslehrling bekommt auch nicht gleich am ersten Tag eine schwere Maschine in die Hand. Er muß erst die genaue Funktionsweise kennenlernen, muß lernen, zu welchem Zweck man sie einsetzen kann. Weiterhin bekommt er zunächst andere Arbeiten, bei denen er seine Kraft und Kondition steigern kann, damit er überhaupt fähig wird, die schwere Maschine zu halten und zu bedienen. Genauso ist es mit der Sexualmagie.
Deshalb arbeite immer zuerst den ganzen Theorieblock durch, bevor Du mit dem praktischen Übungen beginnst.
Die praktischen Übungen unterteilen sich in Körperarbeit und Meditation. Du erhältst jeweils 4 Blöcke davon, für jede Woche einen. In jedem Block findest Du Grundsätzliches Wissen dazu. Danach folgt eine genaue Beschreibung der Übungen und zum Schluß noch einmal die Übungsanleitung in Kurzform.
Noch eine Anmerkung: solltest Du, wie viele von euch, auch den Kurs Magie zusätzlich belegt haben: wundere Dich nicht über eventuelle Themenüberschneidungen bei dem Grundwissen welches gerade zuerst vermittelt werden muß.
Da Sexualmagie nur eine spezielle Form der Magie ist, kommt es gerade am Anfang vor, daß in beiden Kursen ähnliche Themen und Übungen behandelt werden. Die Kurse spezialisieren sich aber sehr schnell.
Sexualmagie und Ritualmagie haben ähnliche Wirkungen und ähnliche Grundvoraussetzungen, was die Fähigkeit des Magiers betrifft, Energien zu lenken und das Wissen, die Wirkungen hervorzurufen und zu klassifizieren. Nur die Technik, Energie

hervorzurufen, ist eine andere. Die notwendigen Grundsätzlichen Fähigkeiten und Kenntnisse, um mit diesen Energien zu arbeiten, sind annähernd gleich.
Ohne das Wissen wie man mit magischen Energien umgeht, sind diese nutzlos. Und ohne die Fähigkeit sie zu lenken sogar gefährlich. Wir müssen also schon die richtige Reihenfolge einhalten: Körperliche Voraussetzungen, theoretisches Wissen, psychische Voraussetzungen, Erzeugung der magischen Energie, magisches Arbeiten durch Lenken der erzeugten Energie mit Hilfe der erarbeiteten Voraussetzungen.
Du findest im Kurs immer wieder *Übungsaufgaben, die in dieser Schrift gedruckt sind.* Diese Übungsaufgaben solltest Du auf jeden Fall bearbeiten, bevor Du im Text weiterliest. Sie dienen Deiner Lernzielkontrolle, regen zum Nachdenken an und motivieren Dich, das Gelernte auf Dich selbst anzuwenden. Am Ende jedes Kurses findest Du Lösungshinweise, mit denen Du deine Antworten vergleichen kannst.

**Und jetzt viel Erfolg!**

# Theorie - Grundlagen der Sexualmagie

Für einen Adepten hat „Sex" eine weitaus umfassendere und wesentlichere Bedeutung als für den Nicht-Eingeweihten. Sex ist für den Adepten die kosmische Vereinigung entgegengesetzter Pole, wodurch die ursprüngliche Energie, aus der alles geschaffen wurde, freigesetzt wird.

Am Baum des Lebens kann dieser Vorgang diagrammatisch beobachtet werden. Die weibliche negative passive Seite zieht Energien an und formt. Die männliche, positive Seite gibt Energie ab. Werden beide miteinander in geeigneten Kontakt gebracht, tritt eine Reaktion ein. Energie wird erzeugt - die mittlere Säule - es wird erschaffen.

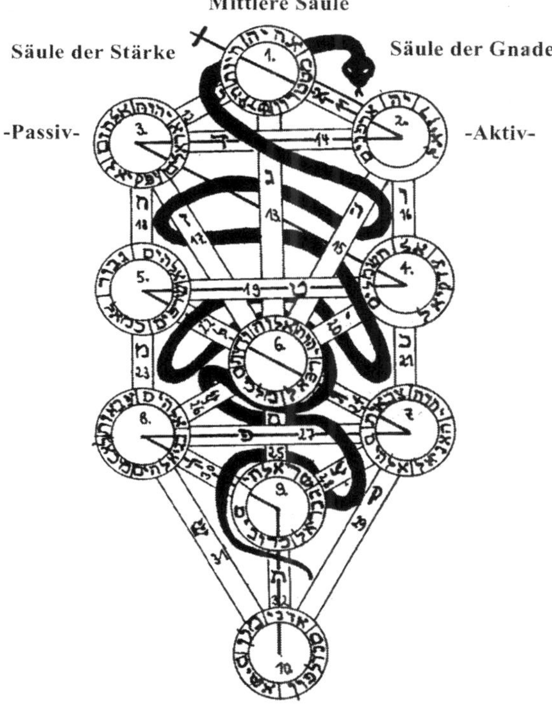


Bei der geeigneten Vereinigung von männlich und weiblich bildet das betreffende Paar einen Leiter für die kosmische Kraft, welche durch sie mit ungeheurer Energie in den irdischen Bereich fließt und eine magische oder irdische Kraft erzielt.

Wesentlich ist, daß die Vereinigung auf die geeignete Art erfolgt und daß die Durchführenden geschult und vorbereitet sind. Wirkungen können von jedem leicht erzeugt werden. Aber wurde vorher nicht die richtige Vorbereitung erlangt, sind die Wirkungen zerstörerischer Art.

Im Nicht-Eingeweihten handelt die phallische Kraft unabhängig von und oft im Widerspruch zu ihrem Besitzer. In diesem Fall ist die Kraft launenhaft, selbstbestimmend und für ihren Besitzer zwanghaft, denn sie nimmt auf das Individuum keine

Rücksicht. Der Adept hingegen beherrscht die phallische Kraft - er besitzt sie - während der Nichteingeweihte von der phallischen Kraft besessen wird, sie beherrscht ihn. Die hier ablaufenden Mechanismen werden in der Freudschen Psychonanalyse am deutlichsten dargestellt. Verwiesen sei besonders auf die Sublimierungsvorgänge, welche klar machen, daß auch derjenige, der scheinbar nichts mit der phallischen Kraft - bei Freud 'Libido' genannt - zu tun hat, trotzdem ihr Sklave ist, da sich diese Kraft, wenn ihr die Entladung im sexuellen Akt versagt wird, andere Kanäle (Sublimierungen) sucht und sich z.B. in einem 'Reinemach-Fimmel' äußern kann, der genauso zwanghaft ist.
Diese Kraft wird in der Natur durch das Element Feuer dargestellt, geometrisch durch das Dreieck und biologisch durch den Phallus. Die Sonne (Feuer) strahlt ihr Licht und Leben durch das Sonnensystem. Der Phallus strahlt Licht und Leben auf der Erde aus. Aber so wie die Sonne - magisch gesehen - nur eine Reflexion der hinter ihr stehenden Kraft - der schwarzen Sonne Sirius Seth - ist, so ist auch der Phallus das Vehikel des Willens des Magus.
Ein einfacher Vergleich wird den ablaufenden Mechanismus klar machen:
Du hast in Deiner Wohnung einen Anschluß für elektrischen Strom, eine Steckdose. Diese hat 2 Pole, plus und minus oder männlich und weiblich. Wenn Du in jeden Pol der Steckdose ein Kabel steckst, und diese Kabel miteinander in Berührung bringst, gibt es einen Knall, einen leuchtenden Funken und die Sicherung ist durchgebrannt. Ein ähnlicher Vorgang findet bei der normalen sexuellen Vereinigung und dem folgenden Orgasmus statt.
In unserem Beispiel interessiert uns nur der Energiefluß. Die biologischen Vorgänge sind hier unwichtig. Wenn Du die beiden Pole zusammenbringst, ohne einen Verbraucher (Lampe, Staubsauger o.ä.) dazwischen zu schalten, kann die Energie frei und ungehemmt ohne Widerstand fließen. Nur die Sicherung hindert ihn daran, indem sie den Strom abschaltet. Wenn wir nun eine stärkere Sicherung einbauen könnten, würde ein stärkerer Funken erscheinen, und die Drähte würden an den Verbindungsstellen schmelzen. Bei einer noch stärkeren Sicherung würde kaum noch ein Funken erscheinen, sondern die Drähte würden verschmelzen und der Strom ungehemmt fließen, die Kabel in der Wohnung würden erst heiß, dann glühend und dann würden sie schmelzen, und das Stromnetz in unserer Wohnung wäre zerstört. Wenn wir nun sehr viel dickere Kabel nähmen, würden sie nicht mehr schmelzen, sondern sich nur noch etwas erwärmen, und Energie könnte ungehemmt fließen.
**Wir können also durch eine stärkere Sicherung und stärkere Kabel dafür sorgen, daß das Leitungssystem einen höheren Energiezufluß verträgt und stärkere Energie fließen kann.**
Auf den Menschen übertragen bedeutet das allgemein Stärkung des Willens, Reinigung der Nadis und Beseitigung psychischer Schranken. Das Ergebnis wäre auch hier ein stärkerer Energiefluß, vergleichbar einem starken lang anhaltenden Orgasmus.
Da der Mensch in diesem Energiesystem einen Widerstand oder Verbraucher bildet, führen wir nun in unser elektrisches Vergleichssystem auch einen Verbraucher ein.

Wir nehmen verschiedene Widerstände, eine Taschenlampenbirne, eine normale Haushaltsbirne, einen starken Scheinwerfer und eine große Batterie dieser Scheinwerfer.
Wenn wir die Drähte an unserer Steckdose nacheinander an diese Lampen halten, werden wir folgendes beobachten:
1. Die Taschenlampenbirne flammt kurz auf, sie ist durchgebrannt.
2. Die Haushaltsbirne leuchtet dauerhaft.
3. Der Scheinwerfer flammt kurz auf - die Sicherung ist durchgebrannt.
4. Die Scheinwerferbatterie bleibt dunkel, die Sicherung ist durchgebrannt.

Wenn wir jetzt eine geringere Spannung anlegen, die gerade für die Taschenlampenbirne ausreicht - mit einer entsprechenden Sicherung - geschieht folgendes:
1. Die Taschenlampenbirne leuchtet dauerhaft.
2. Die Haushaltsbirne flammt kurz auf - die Sicherung ist durchgebrannt.
3. u. 4. bleiben dunkel - die Sicherung ist durchgebrannt

**Wir können also 4 Fälle unterscheiden:**
1. Der Energiefluß ist zu groß für den Verbraucher, der Verbraucher wird zerstört.
2. Verbraucher, Energiefluß und Sicherung entsprechen einander, der Verbraucher arbeitet dauerhaft.
3. Der Energiefluß ist stark genug, aber zu stark für das Leitungssystem, die Sicherung brennt durch, der Verbraucher arbeitet kurzfristig.
4. Der Energiefluß ist zu schwach für den Verbraucher aber zu stark für das Leitungsnetz, die Sicherung brennt durch.

Diese Fälle können wir auf das Leben und die Menschen übertragen.
1. Ein normaler Mensch entspricht der schwachen leuchtenden Taschenlampenbirne, kommt er mit magischen Energien in Berührung, brennt er durch bzw. wird zerstört.
2. Wird an die Taschenlampenbirne die ihr entsprechende Energie angelegt so leuchtet sie schwach und dauerhaft, wie der normale Mensch.
3. Diese Stufe entspricht dem Orgasmus. Ein höherer Energiestrom fließt, aber das menschliche Energienetz ist für diesen Fluß nicht eingerichtet. Die Energie kann nur für einen kurzen Moment fließen, dann brennt die Sicherung durch.
4. Diese Stufe entspricht magischen Operationen, die der Mensch nur durchführen kann, wenn er die entsprechenden Energien mobilisieren und leiten kann.

Bei der magischen Operation entsprechen die Lampen unseres Beispiels der Imagination, d.h. der klaren bildhaften Vorstellung des gewünschten Ereignisses. Fließt durch diese Imagination genügend Energie, so wird sie realisiert, ver-wirklicht und somit zu einem Ereignis.
Mit der Taschenlampenbirne wird nur ein kleiner Ausschnitt der Welt erhellt, die normale Realität oder unsere gewöhnliche begrenzte Imagination des Universums.
Im 3. Fall - Haushaltsbirne, Orgasmus- können wir schon zusätzliche Aspekte der Realität wahrnehmen. Wir fühlen einen stärkeren Energiefluß, d.h. stärkere Gefühle

und erleben uns selbst, und die Situation und den Partner leuchtender und intensiver und in einem anderen Licht. Die Imagination beschränkt sich in diesem Fall gewöhnlich auf Bilder der Lust. Diese Bilder (Imaginationen) werden von der stärkeren Energie durchflossen, dadurch verfestigt und präjudizieren so künftiges Verhalten. Durch den stärkeren Energiefluß sind diese Bilder sehr viel stärker als die gewöhnlichen (Taschenlampe) und folglich immer schwieriger zu kontrollieren.
Um Wirkung und Energie zu kontrollieren, müssen wir diese Tendenz - oder diesen Zwang - zur Lust unter Kontrolle bringen.
An dieser Stelle ist erst einmal einem Einwand zu begegnen, der oft auftaucht. Er lautet: „Ich habe diese Schwierigkeiten nicht". Dieser Einwand beruht in jedem Fall auf einem niedrigeren Energiefluß. Jemand der diesen Einwand vorbringt, hat entweder nur einen sehr schwachen oder gar keinen Orgasmus - die Sicherung brennt also zu früh durch - ein aus der Psychologie bekanntes neurotisches Verhalten, was zur Folge hat, daß sich die gehemmten Energien in einem anderen Bereich äußern. Am Prinzip ändert es dadurch nichts. Die Antwort heißt also in jedem Falle, bekenne Dich offen zu Deiner Sexualität, baue sie aus und laß sie fließen, denn nur dadurch kann die benötigte magische Energie frei fließen.
Damit haben wir die erste Aufgabe formuliert. Unsere zweite Aufgabe besteht in der Kontrolle der Energie.
Die Energie kontrollieren zu können verlangt Konzentration, Willen, Selbstbeherrschung und Imagination. Du mußt vor Deinem geistigen Auge das gewünschte Bild erzeugen (Imagination). Dieses Bild darf nicht im gerinsten verschwimmen (Konzentration), es muß bis in die Einzelheiten scharf konturiert sein. Im Moment des Orgasmus darfst Du dich von der ursprünglichen „Tendenz zur Lust" nicht überwältigen lassen (Willen), sondern darfst nur dieses Bild sehen - dieses Bild sein - und die Energie hineinleiten, so daß sich die Imagination verwirklicht.
Die dritte Aufgabe ist die Verstärkung und Reinigung der eigenen Energieleiter, des eigenen Energienetzes in der Sprache der Magie, der Nadis.
Wenn Deine eigenen Energiekabel stark genug sind, kannst Du an die vierte Aufgabe gehen. Das Ersetzen der schwachen Sicherung durch eine stärkere - die Zuführung der stärkeren Energie.
**Jede Änderung dieser Reihenfolge hat schwerwiegende Folgen: Mißerfolg, Wahnsinn, Invalidität, Tod.**
Betrachten wir das im einzelnen:
Der erste Fall ist der harmloseste. Wenn Deine Energien nicht frei fließen können, kannst Du keinen Erfolg haben.
Die Vernachlässigung der zweiten Aufgabe (Kontrolle) führt gewöhnlich zum Wahnsinn. Wenn Du die Energien nicht kontrollieren kannst, werden unkontrollierte psychische Inhalte und unkontrollierte Imaginationen belebt, die auch in der Folge nicht mehr kontrollierbar sind, da sie mit einem starken Energiefluß belebt wurden. In der Psychologie sind die Ergebnisse als Inflation des Unbewußten bekannt. Du kannst z.B. Größenwahnsinnig, schizophren, paranoid oder ähnliches werden oder den verstärkten Trieben so unterlegen sein, daß sie zum Sexualverbrecher entarten.

Die Vernachlässigung der dritten Aufgabe (Stärkung des Energienetzes) hat gewöhnlich Tod oder Invalidität zur Folge. Die Energien sind für Deine Kabel, Nerven oder Nadis zu stark und Dein Leitungssystem brennt durch.
Die Vernachlässigung der vierten Aufgabe ist wieder harmloserer Natur, denn zu schwache Energien führen „nur" zum Mißerfolg.
Nachdem wir die praktischen Anforderungen soweit geklärt haben, wollen wir zu den grundsätzlichen Überlegungen zur Sexualmagie zurückkehren.
Die Hemmung der „Tendenz zur Lust" ist eine wesentliche Komponente der Kontrolle der Elementarkraft Feuer oder der Libido. Das bedeutet aber nicht, daß kein Lustgewinn stattfindet, sondern nur daß dieser von der körperlichen auf die geistige Ebene verlagert wird. Ein magisch kontrollierter Orgasmus erzeugt ein subtiles oder astrales Bild der Idee welche beim Klimax des Koitus im Geist vorherrscht. Durch Wiederholung werden diese Bilder verstärkt, weshalb auch der unkontrollierte Orgasmus zwanghafte Wirkungen hervorruft. Beim magisch kontrollierten Orgasmus wird die Energie nicht in ein zwanghaftes oder zwanghaft wirkendes Bild - die „Tendenz zur Lust" oder die „Erdung" der Energie - geleitet, sondern durch den Willen darauf gerichtet in einer speziell für Dich vorbereiteten Form (Imaginitation) zu inkarnieren.
Jede Ursache hat eine Wirkung. Wird die natürliche Wirkung verhindert, so ist die entladene Energie nicht verloren, sondern sie fließt dem gewünschten Zweck zu, vorausgesetzt sie kann gebändigt werden.
Der magisch kontrollierte Orgasmus evoziert oder fixiert spezifische Bilder des unbewußten Geistes, sie werden - je nach der verfügbaren Energie - augenblicklich und vital lebendig. Ist aber die Kontrolle - oder der magische Schutz - ungenügend, so werden sie zwanghaft und führen zu quälender Besessenheit. Diese Bilder sind dynamische Verbindungen zu den tieferen Wirkungszentren des Unbewußten, sie wirken als Schlüssel zu dem Objekt der Operation. Hier wird deutlich, daß der Wille nicht nur standfest sein muß, sondern auch mit vollkommener Ökonomie der Bedeutungen zu formulieren ist. Das Bild darf nicht zu wenig Einzelheiten der gewünschten Wirkung enthalten, da sie sonst nicht klar genug formuliert ist. Es darf aber auch nicht zu viel Einzelheiten enthalten da die Kontrolle dadurch schwerer wird und die Wirkung nicht mehr einpunktig ist. Im Moment des Orgasmus darf nichts anderes im Geist sein als dieses ökonomisch formulierte Bild des „Kindes", von dem beabsichtigt ist, es zur Geburt zu bringen. Die Metapher des zur Geburt gebrachten Kindes ist sehr brauchbar. Denn die Energie, die keine Möglichkeit findet, auf dem Feld zu wirken, welches biologisch für sie vorgesehen ist, brütet statt physikalischer Abkömmlinge Phantome aus einer feineren Materie aus. Wenn diese nicht unter Kontrolle gehalten werden können, entwickeln sie sich zu qliphotischen Wesenheiten, welche sich von den Energien des Menschen ernähren - ihn vampirisieren, seine Nervenergien fressen - dadurch immer stärker werden und ihn völlig unter Kontrolle bekommen.
In einer ägyptischen Schöpfungslegende (Papyrus von Nesi Amsu) ist der Sonnengott Atum beschrieben als sein Glied in seine Hand stoßend und seinen Wunsch erfüllend. Der Gott Kephra wird in dem gleichem Papyrus dargestellt als der, welcher Vereinigung mit seiner Hand hatte und seine Schatten in einer Liebesumarmung umarmte. Der Schatten ist das Kind der Vereinigung mit der Hand, er ist der Succubus. In der

Rabbinischen Folklore ist sein Name Lilith - die erste Frau von Adam, welche aus der Substanz seiner Imagination - dem Überfließen seiner Träume - geschaffen wurde.
Eva ist nur ein anderer Aspekt dieses Succubus. Eva und Lilith sind nicht zwei unterschiedliche Wesen, sondern nur zwei unterschiedliche Aspekte der gleichen Wesenheit. Der solare und schöpferische Aspekt wurde Eva genannt, der lunare, dämonische Aspekt Lilith.
Auf dieser Stufe geht es nicht nur um irgendwelche magische Wirkung, sondern der Incubus oder Succubus ist hier das Selbst oder der heilige Schutzengel. Er ist das unsterbliche Prinzip im Menschen, das unentwirrbar mit der Sexualität verbunden ist - welche umgekehrt den Schlüssel dazu bildet.
Im nächsten Teil wird die Frage behandelt, wie die angesprochenen Voraussetzungen erlangt werden können.

### Praktische Voraussetzungen für Sexualmagie - Übungsaufgaben

*Aufgabe 1:* Erläutere kurz in eigenen Worten, was bezogen auf die Sexualmagie der Verbraucher, der Strom und die Kabel sowie der Orgasmus sind.
*Aufgabe 2:* Wie unterscheidet sich der gewöhnliche Orgasmus von dem eines sexualmagischen?
*Aufgabe 3:* Welche Fähigkeiten und Fertigkeiten müssen für das Ausüben der Sexualmagie erlangt werden?

## Meditation und Körperarbeit 1. und 2. Woche

### Vorbemerkung

Wir hoffen, der erste Theorieteil hat Dir einen ersten Überblick darüber verschafft, was mit Sexualmagie alles möglich sein kann.
Er konnte Dir aber auch sicherlich eine vage Ahnung darüber vermitteln, in welche Richtung Deine nächsten Arbeiten gehen werden.
Es ging in dem Text im wesentlichen darum, daß es nötig ist, dich körperlich und geistig so vorzubereiten, daß ein gefahrloses Arbeiten mit der Sexualmagie gewährleistet werden kann. Wenn diese Voraussetzungen nicht erfüllt sind, so sind Verletzungen und psychische Schäden die unweigerlichen Folgen.
Wir verzichten in diesem ersten Kapitel bewußt darauf, Dir eingehend die Gründe für die folgenden Übungen zu nennen. Wie Du ja gerade gelesen hast, werden wir im nächsten Teil darauf zu sprechen kommen. Dies hat einfach den Grund, daß Du deine ersten Erfahrungen völlig unvoreingenommen machen sollst. Du sollst die Übung um der Übung wegen machen, und nicht, weil du großartige Zielvorstellungen damit verbindest. Wenn Du eine Übung immer nur der Übung wegen machst, hast Du die größere Chance, daß etwas passiert. Dies gilt für alle Übungen. Wenn Du bei einer Übung immer nur an das Ziel denkst, so bist Du nicht bei der Sache. Die Gedanken an das Ziel lenken Dich von der eigentlichen Übung ab und verhindern so jedes Ergebnis.

Deshalb mußt Du deine ersten Erfahrungen ohne die Sicherheit von Erklärungen machen. Du wirst, wenn Du unsere Anweisungen befolgst, sehr schöne neue Erfahrungen machen, die Dein Vertrauen in uns steigern werden.
Lies Dir die Beschreibung der Übungen genau durch und mache sie möglichst täglich. Zum einen muß eine gewisse Regelmäßigkeit in den Übungen sein, damit Du dich daran gewöhnst. Zum anderen bauen die Kursteile darauf auf, daß die gegebenen Übungen regelmäßig gemacht wurden. Zu viele Ausfälle verhindern, daß Du den Anschluß behältst.
Teile Deinen Tag möglichst so ein, daß Du deine Übungen immer zur gleichen Tageszeit machst. Wie reagiert Dein Körper beim Essen? Wenn Du es gewohnt bist, zu einer bestimmten Zeit zu essen, dann hast Du zu genau dieser Zeit immer Hunger. Würde ich Deine Uhr eine Stunde vorstellen, so hättest Du wahrscheinlich auch eine Stunde früher Hunger. Genauso ist es mit der Meditation. Hast Du dich an eine Zeit gewöhnt, so tritt automatisch zu diesem festgelegten Zeitpunkt der 'Hunger' auf.
Wenn Du z.B. Deine Körperübungen auf 18.00 Uhr festgelegt hast, so wirst Du dich richtig auf diese Zeit freuen, weil Du 'Hunger' auf Körperübungen hast. Dies ist gerade zu Anfang eine sehr große Hilfe. Denn Du wirst bald feststellen, daß manche Übungen Widerstände in Dir wachrufen. Entweder weil sie Dir schwer fallen, oder weil Du keine Lust hast, „jeden Tag das gleiche zu machen."
Wenn Du dich an feste Zeiten gewöhnt hast, bekommst Du dieses Probleme besser in den Griff.

## Körperübungen 1. u. 2. Woche

### Bioenergetik - Grundübung - Einleitung

Bioenergetik verhilft Dir dazu, Dich und Deinen Körper besser kennenzulernen. Wenn Du regelmäßig übst, löst Du damit Körperverspannungen auf. Das Ergebnis ist, daß Du deinen Körper wesentlich intensiver wahrnimmst, Deine Gefühlsempfindungen steigerst und ein wesentlich höheres Energiepotential zur Verfügung hast. - Denke jetzt einmal kurz über das im Theorieteil Gesagte nach und finde die Zusammenhänge heraus. Blättere dazu ganz nach hinten und trage Deine Ergebnisse unter Punkt 1 des Fragebogens ein.
Bioenergetische Übungen solltest Du immer sehr konzentriert und spielerisch machen. Sie sollen nicht zu anstrengend werden. Gehe immer bis an Deine Grenzen, bleibe nicht vorher stehen, aber übertreibe auch nicht. Achte nach jeder Übung auf die Gefühle, die Du im Körper wahrnimmst.

## Bioenergetik: Grundübung zur Energetisierung.

### 1. Bioenergetische Grundhaltung

Stelle Dich hin, die Füße etwa schulterbreit auseinander. Deine natürliche Fußhaltung kannst Du dadurch herausfinden, indem Du dich nur auf ein Bein stellst, und das andere locker hängen läßt. Nun stellst Du das Bein so wie es hängt, einfach auf den Boden auf. Verfahre mit dem anderen Bein genauso.

Schließe die Augen, weil man bei geschlossenen Augen ein besseres Gefühl für die Übungen bekommt. Lehne Dich nun nach vorn, so daß das Gewicht des Körpers auf den Ballen Deiner Füße ruht. Achte jedoch darauf, daß der ganze Fuß auf dem Boden bleibt und sich die Fersen nicht heben.
Die Knie sind leicht gebeugt, so daß sie entspannt sind. Achte hierbei darauf, daß Du nicht zu sehr in die Knie gehst, da die Stellung sonst sehr anstrengend wird und zu Verspannungen führt. Die Knie sollten gerade so weit gebeugt sein, daß sie entspannt und nicht durchgedrückt sind.
Die Arme baumeln locker seitlich am Körper.
Das Becken ist locker und leicht nach hintengekippt, der Oberkörper ist gerade und entspannt.
Lasse deinen Bauch heraus und atme vier- bis fünfmal tief und hörbar in den Bauch ein.
Lasse das Becken locker, als ob Du urinieren wolltest. Um leichter in die Stellung zu kommen, stelle Dir vor wie ein Affe aussieht, wenn er versucht aufrecht zu stehen.
Dann atme leicht und tief in den Bauch und versuche zu spüren, wieweit Du deinen Atem in die Füße hinablassen kannst. Nach einer Weile des Übens wirst Du feststellen, daß Du den Atem bewußt in die Erde lenken kannst. Dies nennt man 'Erden'.
Die Schultern sollen locker hängen. Um dies zu überprüfen, ziehe die Schultern ein paarmal hoch und lasse sie wieder locker fallen.
Das Becken hängt locker nach hinten. Das ist nicht ganz so einfach, wie es sich anhört, da hierbei leicht das Gefühl entsteht, nach unten gezogen zu werden. Normalerweise hat man den Drang, sich nach oben zu ziehen, dadurch entstehen viele Verspannungen. Diese Verspannungen hindern Dich daran, Dich zu 'lassen'. Wenn man keinen Boden unter den Füßen spürt, zieht man unwillkürlich die Schultern hoch und verkrampft die Kiefer, was aus Angst herrührt, zu weinen. Auch ist da die Angst, den Anus loszulassen, weil die Befürchtung da ist, man könnte in die Hosen machen und so kneift man die Hinterbacken zusammen. Du kannst nach einer Weile mit Wachheit und Üben an einen Punkt kommen, wo Du fühlen kannst, wie Deine Füße und Beine Dich tragen und wie der Rest des Körpers entspannt bleiben kann. Stehe so entspannt in dieser Haltung für etwa drei Minuten.

*Noch einmal die Übung der Reihenfolge nach erklärt:*

1. Stelle Dich etwa schulterbreit hin.
2. Dein ganzes Körpergewicht ruht auf den Ballen.
3. Deine Füße berühren den Boden.
4. Deine Knie sind leicht eingeknickt (entspannt)
5. Dein Becken ist locker nach hinten gekippt.
6. Der Oberkörper ist gerade und entspannt.
7. Lasse Deinen Bauch heraus.
8. Lasse die Schultern locker hängen.
9. Atme 4-5 mal in den Bauch und führe den Atem zu deinen Füßen. (Erden) Führe die Übung 3 mal durch und schließe dabei Deine Augen.

## 2. Hecheln

Atme jetzt so schnell und intensiv ein und aus, wie Du kannst. Gebe beim Ein- und Ausatmen einen Ton von Dir, ähnlich wie ein Hund es macht, wenn er lange gelaufen ist. Achte darauf, daß Du nicht außer Atem kommst. Ein- und Ausatmen sollten gleich viel Luft transportieren, so daß Deine Lunge immer gleich angefüllt dabei bleibt.

Parallel zu Deinem Atemrythmus gehst Du leicht in die Knie und wieder hoch. Das heißt beim Außatmen knickst Du etwas mit den Knien ein und beim Einatmen drückst Du die Knie wieder leicht durch. Achte aber darauf, daß die Knie nie ganz durchgedrückt sind, denn das verhindert das Fließen von Energien. Bei dieser wippenden Bewegung bleibt die Fußsohle fest auf dem Boden, der Oberkörper ist locker. Mache diese Übung so lange, bis es in den Figern anfängt zu kribbeln, oder bis Dir leicht schwindelig wird. Letzteres ist am Anfang völlig normal. Der Kreislauf ist die erhöhte Sauerstoffzufuhr nicht gewöhnt. Dieser Effekt, sollte er auftreten, verschwindet nach einigen Tagen.

*Hier die Übung noch einmal zusammengefaßt:*

1. Nehme die Bioenergetische Grundhaltung ein.
2. Atme schnell in den Bauch ein und aus (Hecheln).
3. Wippe parallel zum Atem mit den Knien hoch und runter.
4. Achte darauf, daß Dein Oberkörper dabei locker bleibt.

3. Lebensfreudedehnung.

## 3. Die Lebensfreudedehnung

Aus der Bioenergetischen Grundhaltung heraus streckst Du die Arme nach vorne, aufwärts, zur Seite und nach unten, in dem Du die Handflächen vom Körper weggedreht hältst. Die Hände sind dabei so angewinkelt, als wolltest Du eine Wand oder allgemein etwas Schweres von Dir wegdrücken.

Die Bewegung erfolgt aus den Schultern heraus. Wichtig ist, daß Du eine starke Spannung im Schulterbereich fühlst. Mache dies langsam und koordiniere den Atem mit den Armbewegungen.

Du fängst an, indem Du einatmest und dabei langsam die Arme hochhebst. Dann streckst Du die Arme nach vorne von Dir weg und atmest mit einem hörbaren Seufzer wieder aus. Atme wieder ein, indem Du gleichzeitig die Arme langsam an Deinen Körper führst, dann führst Du die Arme mit angewinkelten Handgelenken nach oben und atmest wieder hörbar aus. Führe jetzt Deine Arme zum Körper und atme dabei ein. Führe die Arme mit angewinkelten Handgelenken zur Seite und Atme hörbar aus. Führe jetzt Deine Arme wieder zum Körper, atme dabei ein und führe sie dann mit angewinkelten Handgelenken nach unten.

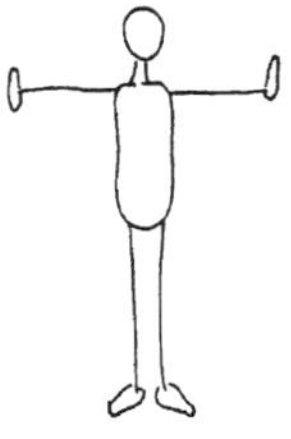

**Wichtig:** Atme immer ein wenn Du die Arme zum Körper hinführst, atme immer aus wenn Du die Arme vom Körper wegführst. Achte auf Deine Bauchatmung während der Zeit. Deine Handgelenke müssen immer im rechten Winkel zu Deinen Armen angewinkelt sein.

*Hier noch einmal die Übung der Reihenfolge nach zusammengefaßt:*

1. Stelle Dich in die Bioenergetische Grundhaltung.
2. Führe Deine Hände zur Brust, atme dabei ein.
3. Schiebe die Arme nach oben, atme dabei hörbar aus.
4. Führe Deine Arme zur Brust, atme dabei ein.
5. Schiebe Deine Arme nach vorne, atme dabei aus.
6. Führe Deine Arme zur Brust, atme dabei ein.
7. Schiebe Deine Arme zur Seite, atme dabei aus.
8. Führe Deine Arme zur Brust, atme dabei ein.
9. Führe Deine Atme nach unten, atme dabei aus.
10. Schließe dabei Deine Augen.
11. Führe die Übung dreimal durch.

## 4. Bioenergetischer Bogen

Diese Übung öffnet den Körper für den Atem, bringt Spannung, also Energie, in die Beine und löst die Bauchverspannungen. Gleichzeitig ist sie eine der grundlegenden Erdungsübungen. Der Körper wird natürlich ausbalanciert und die Energie kann frei fließen.

Der Bogen wird grundsätzlich von unten aufgebaut. Stelle Dich aufrecht hin, die Füße schulterbreit auseinander und die Zehen leicht nach innen gedreht, so das X-Beine entstehen. Nun beuge die Knie soweit es geht, ohne die Fersen dabei von Boden zu lösen und drehe sie etwas nach außen. Das Körpergewicht ruht auf den Ballen.

Lege jetzt die Fäuste mit den Knöcheln nach oben auf die hinteren Hüften in der Nierengegend.

Lehne Dich über die Fäuste nach hinten, wobei das Gewicht auf den Fußballen bleibt. Den Kopf beugst Du ebenfalls soweit wie möglich nach hinten, wobei Mund und Augen geschlossen sind. Die Ellenbogen werden nach innen gedrückt.

Nun befindet sich Dein Körper in einer Anspannung, die umso stärker ist, je weiter Du in die Knie gehst und je weiter Du dich nach hinten lehnst. Gleichgewichtsschwierigkeiten bekommt man dadurch in den Griff, daß man das Verhältnis zwischen dem Einknicken der Knie und dem Nach-hinten-beugen aufeinander abstimmt.

Jetzt atme tief in den Bauch. Bleibe in dieser Stellung, immer tief in den Bauch atmend, etwa 1 Minute.

Dann beuge Dich ganz langsam nach vorne, bis die Finger beider Hände den Boden fast berühren - immer noch X-beinig.

Die Knie sind leicht gebeugt, das Gewicht ruht auf den Fußballen, nicht auf den Fersen. Lasse den Kopf locker hängen und atme leicht und tief durch die Nase.

Denke bei allen Übungen immer daran, in den Bauch zu atmen.

Jetzt beuge die Knie ganz langsam etwas weiter und strecke sie dann ganz langsam wieder, aber nicht so weit, daß sie völlig gerade sind. Bleibe auch in dieser Haltung etwa eine Minute, wobei Du leicht und tief in den Bauch atmest.

Das Verhältnis zwischen den Bogen selbst und dem Nach-vorne-beugen muß immer gleich sein, da das eine Anspannung und das andere eine Entspannung darstellt. Wenn Du in den Beinen eine Vibration spürst, tue nichts dagegen. Denn diese Vibrationen sind sehr wichtig, um Verspannungen zu lockern. Das Eintreten dieser Vibration ist ein gutes Zeichen und zeigt, daß die Übung richtig gemacht ist. Es kann jedoch eine

Weile dauern, bis sich das Vibriren einstellt. Versuche aber auf keinen Fall, bewußt darauf einzuwirken, da sonst keine natürliche Entwicklung stattfinden kann. Das Vibrieren kommt von ganz allein.

Führe diese Übung dreimal aus. Wenn die Zeit um ist, stellst Du dich mit leicht gebeugten Knien hin, stehst ganz entspannt in der Bioenergetischen Grundhaltung, läßt den Bauch locker heraus, das Gewicht auf den Fußballen, die Knie sind leicht gebeugt, das Becken nach hinten gekippt und atmest in den Bauch. Achte während der ganzen Übung auf Deine Körpergefühle, auf das Gefühl in den Beinen, auf die Rückenspannungen und auf den Kontakt mit dem Boden. Wenn Du Schmerzen im Rücken oder in den Schenkeln verspürst, so ist das ein Zeichen von Verspannungen in diesen Gegenden. Diese Übung wird Dir dabei helfen, diese Verspannungen abzubauen. Falls Du bemerkst, daß Du Atemschwierigkeiten hast, so ist das ein Zeichen für Verspannungen im Bauch, Zwerchfell oder Becken. In all diesen Gegenden können Deine Energien nicht frei fließen. Diese Übung ist eine der grundlegendsten in der Bioenergetik und wird in jede Übungsfolge eingebaut.

*Hier noch einmal der Reihenfolge nach zusammengefaßt:*

1. Stelle Dich schulterbreit hin.
2. Deine Füße müssen nach innen zeigen.
3. Gehe leicht in die Knie.
4. Das Körpergewicht ruht auf den Ballen.
5. Die Fersen bleiben auf dem Boden.
6. Schiebe jetzt Dein Becken nach vorne.
7. Stemme Deinen Hände in die Nierengegend.
8. Die Knöchel zeigen dabei nach oben.
9. Lehne Deinen Oberkörper jetzt langsam nach hinten.
10. Lehne Deinen Kopf jetzt ebenfalls nach hinten.
11. Balanciere das Gleichgewicht aus.
12. Schließe jetzt Deine Augen und Deinen Mund.
13. Atme durch die Nase in den Bauch.
14. Verharre etwa 1 Minute in dieser Stellung.
15. Beuge Dich jetzt langsam nach vorne.
16. Lasse Deinen Arme und Deinen Kopf locker nach unten hängen.
17. Achte auf Deine Gewichtsverlagerung!!!
18. Drücke jetzt Deine Knie langsam durch, allerdings nicht strecken.
19. Atme durch die Nase in den Bauch.
20. Bleibe etwa 1 min. in dieser Stellung.

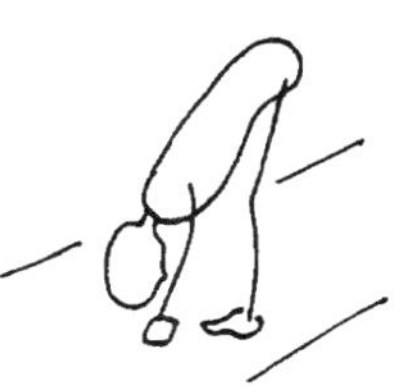

Wiederhole diese Übung drei mal.

**Alle Übungen 1. Woche:**

1. Grundhaltung
2. Hecheln
3. Lebensfreudedehnung
4. Bogen

# Meditation 1. und 2. Woche

In den ersten zwei Wochen beschäftigen wir uns mit der progressiven Entspannungstechnik nach Jakobsen.
Doch vorher noch einige Grundsätzliche Überlegungen zu Entspannungstechniken: Zur Beseitigung und Verminderung psychosomatischer und psychischer Hemmungs- und Störfaktoren haben sich alle Methoden bewährt, die für eine weitreichende Entspannung und Lockerung der Muskulatur, in der ersten Linie für die Sklettmuskulatur, sorgen. Anhand von Verhaltensbeobachtungen und psychologischen Testuntersuchungen ergab sich, daß Entspannungstechniken für folgende Probleme besonders geeignet sind: Nervosität, Übererregtheit, Gehemmtheit, gefühlsmäßige Labilität und muskuläre Verkrampfung.
Um diese Symptome zu dämpfen, sind mehrere Techniken geeignet. Es handelt sich dabei teilweise um ineinander übergehende Verfahren und bei den Entspannungstechniken selbst um verschiedene Variationen, bei denen nicht mehr nur die Entspannung im Vordergrund steht.
Die Methode nach Jakobsen dient speziell dazu, Verspannungen in der Sklettmuskulatur zu verringern, dabei soll der unnötige Verbrauch von Energien im Körperhaushalt verhindert und ein ökonomischer Kräftehaushalt erziehlt werden. Unter Streßbedingungen, vor allem aber unter Erwartung von Streßbedingungen, weisen viele Menschen ein erhöhtes Maß an Muskelaktivität auf. Dies äußert sich in Verspannung, Verkrampfung, Hast und Nervosität. Die praktische Durchführung ist ziemlich einfach:
Durch gezieltes Training läßt sich zunächst das Erkennen von Verspannungen erlernen und danach die Fähigkeit, die gesamte Sklettmuskulatur entspannen. Man kann beide Fähigkeiten, das Aufspüren und das Abbauen von Muskelverspannungen so trainieren, daß sie quasi zu einer Gewohnheit geworden sind und möglicherweise vom Bewußtsein gar nicht mehr registriert zu werden brauchen. D.h. man bemerkt sofort, wenn man sich verspannen will und leitet automatisch die entsprechenden Gegenmaßnahmen ein. Dies aber bedarf einer anfänglichen Übungszeit, um ein Gespür für den eigenen Körper zu entwickeln, das über unser tägliches Körperbewußtsein hinaus geht. Lies nun zuerst den folgenden Text genau durch. Wenn du deine Vorbereitungen abgeschlossen hast und deine Liegeposition kennst, fange mit der Übung an. Sie sollte ungefähr zwischen 45 bis 60 Minuten dauern. Die Zeitangaben sollen für dich Richtungweisend sein, und keine starren Vorlagen.

- Suche dir in deiner Wohnung eine weiche Unterlage, auf der du dich vollständig, gerade ausgestreckt hinlegen kannst. Wähle aber keinesfalls dein Bett, oder etwas anderes aus, auf dem du schläfst! Wenn du nichts anderes hast bereite dir mit einer Wolldecke eine weiche Unterlage auf dem Boden.
- Leg dich auf den Rücken, ein kleines Kissen für den Kopf ist erlaubt. Die Beine sind gerade ausgestreckt und liegen so beieinander daß sich die Fersen nicht berühren. Die Arme liegen entspannt neben dem Körper. Nichts an dieser Liegeposition soll unangenehm sein. Beengende Kleidung die irgendwo drückt oder zwickt sollte abgelegt werden. Probiere ein wenig herum, so daß du zum Schluß

wirklich ohne Einschränkung mit deiner Position zufrieden sein kannst. (Vielleicht erscheint dir das zu Anfang etwas aufwendig, aber bedenke das du dir diese Position nur einmal erarbeiten mußt.)

- Nun nachdem du dich hingelegt hast, beobachte etwa 5 bis 10 Minuten deinen Atem. Greife nicht in diesen Vorgang ein, beobachte einfach wie sich der Brustkob hebt und senkt. Wie der Atemfluß langsam ruhig wird.
- Wenn du nun ruhig liegst, spanne die gesamten Muskeln deines rechten Armes so fest du kannst für 5 Sekunden an (zähle langsam 21, 22, 23, 24, 25) und entspanne den Arm dann wieder. Dabei sollte der Arm soweit wie möglich in der ursprünglichen Lage verbleiben und nicht angehoben werden. Wiederhole dies 3 mal, Anspannen/Entspannen, Anspannen/Entspannen, Anspannen/Entspannen, und danach bleibe 2 Minuten entspannt liegen und achte nur auf die Empfindungen die in dem gerade 'behandelten' Körperteil auftreten. Beobachte sie, eine kurze Weile und geh dann weiter: mach das gleiche mit dem linken Arm, abwechselnd mit den Beinen, dem Bauch, dem Rücken, dem Nacken und dem Kopf.
- Danach bleibe einfach noch eine Weile (nach belieben, doch solltest du dabei nicht einschlafen) liegen und beobachte deinen Körper. Welche Empfindungen hast du? Wie fühlt sich dein Körper an. Spüre genau in ihn hinein. Dann steh langsam wieder auf. Langsam deshalb, damit dein Kreislauf Gelegenheit hat sich wieder zu normalisieren.
- Notiere Dir danach was du während der Übung erlebst hast, was für Empfindungen du dabei hattest, oder was dir sonst irgendwie wichtig erscheint. Du solltest darunter auch einen Punkt haben der „starke Verspannungen" heißen könnte und worunter du deine besonders auffälligen, schmerzhaften und/oder hartnäckigen Verpannungen die dir auffallen notierst, den auf diese werden wir noch genauer eingehen.

### Erweiterte Übung

Wenn du die oben genannte Übung beherrschst kannst du das gleiche differenzierter ausüben, indem du erst die Hand, dann den Unterarm, Oberarm usw. anspannst. Bei den Beinen genauso und auch der Bauch und der Rücken lassen sich in einzelne Teile aufgliedern. Der Rest wird genauso gemacht wie oben beschrieben. Dreimaliges An- und Entspannen jeder einzelnen Körperpartie, sowie das nachträgliche Hineinspüren sollten in jedem Fall beibehalten werden.

## Körperübungen 2. Woche

Wiederhole die Übungen der letzten Woche.
Wir lernen jetzt noch eine neue Übung, die im Anschluß an den Bogen gemacht wird, und die hervorragend für die Dehnung der Oberschenkel geeignet ist. Hier sitzen in der Regel sehr starke Verspannungen, die die Durchblutung im Genitalbereich behindern.

### 5. Bogen im Asana

Knie Dich auf den Boden, die Füße zeigen nach hinten und liegen mit dem Spann auf. Setze Dich mit Deinem Hintern auf die Fersen. Die Zehen sollten aneinander liegen und die Fersen leicht auseinanderfallen. Die Knie berühren sich.
Nun stemmst Du deine Fäuste auf die Fußsohlen und drückst somit Deinen Oberkörper nach oben. Die Knie bleiben dabei immer noch zusammen und Du atmest tief in den Bauch. Nach ca. 30 sec. gehst Du langsam wieder zurück.

*Hier die Übung nocheinmal schrittweise zusammengefaßt:*

1. Knie Dich auf den Boden.
2. Die Füße zeigen nach hinten, der Spann liegt auf dem Boden.
3. Setze Dich auf die Fersen.
4. Stemme Deine Fäuste auf die Fußsohlen.
5. Schiebe Deinen Oberkörper nach vorne, atme in den Bauch.
6. Gehe nach ca. 30 sec. langsam zurück.

**Körperübungen 2. Woche:**

1. Grundhaltung
2. Hecheln
3. Lebensfreudedehnung
4. Bogen
5. Bogen im Asana

## Meditation

In dieser Woche wollen wir unsere Erfahrungen der letzten Woche vertiefen und vervollständigen.
Du hast in der letzten Woche Deinen Körper auf völlig neue Art und Weise kennengelernt. Du hast festgestellt, daß sich nicht alle Körperteile gleich gut entspannen. Deshalb wenden wir uns in dieser Woche den problematischen Stellen zu.
Wenn Du regelmäßig geübt hast, dann beherrschst Du jetzt die Technik der Entspannung. Wenn Du Dir nicht ganz sicher bist, so lies sie Dir noch einmal durch und schreibe die einzelnen Schritte heraus.
Wir wenden in dieser Woche die gleiche Technik an, aber beschränken uns nur auf die problematischen Stellen des Körpers. So solltest Du die Übung 5 mal machen, d.h. z.B. wenn du eine starke Muskelverspannung im Nacken hast so spanne und entspanne diese 3 mal, danach die nächste Muskelverspannung usw.. Die letzten 2 male gehe wieder den gesamten Körper durch. Notiere Dir alle Ergebnisse und vergleiche sie auch mit den Ergebnissen der ersten Woche.
**Hierzu gleich eine wichtige Anmerkung:** Für zielstrebiges magisches Arbeiten ist das Anlegen und Führen eines Tagebuches unerläßlich.
Anhand Deiner regelmäßigen Eintragungen kannst Du Dir ein sehr gutes Urteil über Deine eigene Weiterentwicklung verschaffen. Außerdem ist es sinnvoll, uns einmal

im Monat Tagebuchauszüge zukommen zu lassen. Wir können dann besser beurteilen, welche Übungen für Dich wichtig sind.
Du solltest damit anfangen, die Ergebnisse und Gefühle die Du bei den Übungen erlebt hast, in deinem Tagebuch aufzuschreiben. Später werden dann Gedanken und Ideen, die Du so hast, folgen, oder Erlebnisse, die Du hattest, die in Beziehung zu Deiner magischen Entwicklung stehen, hinzukommen.
Ein Tagebucheintrag könnte wie folgt aussehen:
16.00 - 17.00 Körperübungen = 60 Min. Bioenergetik.
(Es folgt die Beschreibung Deiner Erlebnisse.)
Ein anderes wichtiges Argument für das Tagebuchschreiben ist folgendes: Notiere Vision oder Ergebnisse von Astralreisen oder magischen Operationen immer sofort und so ausführlich wie möglich. Schon kurze Zeit später weißt Du schon oft nichts mehr von dem, was Du erlebt hast, ähnlich wie bei Träumen, die schon kurz nach dem Aufstehen verblassen.
Jede Erfahrung mit magischen Arbeiten muß so genau aufgezeichnet werden, daß es hinterher auf Wahrheitsgehalt und Informationsgehalt analysiert werden kann.
Je regelmäßiger und genauer Deine Tagebucheintragungen, desto schneller Deine Weiterentwicklung.

## Körperübungen 3. Woche

Du lernst jetzt 2 neue Übungen kennen, die wir danach in das bisherige Programm integrieren.

### 1. Stoßweises Einatmen

Du stehst bei dieser Übung in der Bioenergetischen Grundhaltung. Dann atmest Du so soweit aus, wie du nur kannst. Jetzt atmest Du mit einem seufzenden Laut stoßweise solange ein, bis nichts mehr in die Lunge geht. Danach atmest Du entspannt wieder so weit es geht aus.
Beginne zuerst vorsichtig mit der Übung: atme in langsamen Schritten ein und achte darauf, daß es wirklich stoßweise geschieht. Übertreibe zu Anfang nicht das Einatmen. Solltest Du Schmerzen in Lunge oder Rücken verspüren, so atme nur bis zu diesem Punkt ein. Mit der Zeit kannst Du voll und schnell einatmen.
Achte auch auf Deinen Kreislauf, der meist soviel Sauerstoff nicht gewöhnt ist.
Diese Übung dehnt den Brustkorb und energetisiert noch mehr als das Hecheln. Wenn Deine Finger zu kribbeln beginnen, beende die Übung.

*Zusammenfassung:*

1. Stelle Dich in die Grundhaltung.
2. Atme voll aus.
3. Atme stoßweise ein.
4. Atme wieder voll aus.
5. Beende die Übung, wenn Deine Finger kribbeln.

### 2. Die Brücke

Diese Übung verstärkt die Wirkung vom Bogen im Asana noch ganz erheblich.
Du liegst flach auf dem Rücken. Jetzt winkelst Du deine Beine an, bis die Fersen fast an Deinem Hintern sind. Die Knie berühren sich. Umfasse jetzt mit Deinen Händen die Fußknöchel. Biege den Kopf nach hinten, so daß die Schädeldecke auf den Boden kommt, gehe auf die Zehenspitzen und biege Deinen ganzen Körper nach oben. Achte dabei darauf, daß die Knie zusammen bleiben. Das Becken sollte höher als alle anderen Körperteile liegen (Bogen). Auch bei der Übung gilt: Vorsichtig beginnen, langsam zurückgehen.

*Zusammenfassung:*

1. Lege Dich auf den Rücken.
2. Deine Füße sind angewinkelt.
3. Deine Hände umfassen die Knöchel.
4. Biege Deinen Körper nach oben, wobei dein Kopf mit der Schädeldecke auf dem Boden liegt und Du auf die Zehenspitzen gehst.
5. Halte die Knie während der Übung zusammen.

**Körperübungen 3. Woche:**

1. Bioenergetische Grundhaltung
2. Hecheln
3. Lebensfreudedehnung
4. Bogen
5. Stoßweises Einatmen
6. Bogen im Asana
7. Die Brücke

## Meditation 3. Woche

Diese Meditation ist die erste ‘richtige’ sexualmagische Vorbereitungsmeditation. Wir führen sie im Liegen aus, später jedoch in einem Meditationsitz, auf den wir im nächsten Monat zusprechen kommen.
Bei der Sexualmagie arbeiten wir mit Kräften, die im Genitalbereich und im Bauchzentrum liegen. Deshalb müssen diese Bereiche besonders entspannt werden.
Das Bauchfell zu entspannen erreicht man durch intensive und bewußte Bauchatmung. Den Genitalbereich entspannt man durch imaginatives Hineinatmen.
**Die Übung geht folgendermaßen:** Lege Dich flach auf den Rücken. Die Fußspitzen fallen auseinander, die Arme sind leicht angewinkelt, Handflächen nach unten. Der Kopf liegt gerade.
Achte darauf, daß Du völlig entspannt bist und stelle Dir einfach vor, wie Du dort liegst. Das ganze etwa 10 Minuten.
Danach legst Du eine Hand locker auf den Bauch. Fühle, wie er sich bei der Atmung hebt und senkt. Mache dies auch 10 Minuten lang. Danach legst Du die zweite Hand ebenfalls auf den Bauch. Atme jetzt so intensiv wie Du kannst in den Bauch. Fühle mit den Händen, wie tief Dein Atem geht. Bei intensiver Bauchatmung hebt sich Deine Hand auch hoch, wenn sie kurz vor den Genitalien liegt. Mache dies wieder 10 Minuten lang.

Jetzt legst Du langsam Deine Hände wieder in die Ausgangsstellung zurück, behältst aber das intensive Bauchatmen bei.
Die nächsten 30 Minuten machst Du folgendes: Stelle Dir den Fluß des Atems beim Einatmen bildlich vor, wie die Luft durch die Luftröhre durch die Lunge bis tief in den Bauch fließt. Beim Ausatmen stellst Du Dir vor, daß der Atem vom Bauch durch die/den Vagina/Penis nach außen fließt. Sollte dabei ein lustvolles Gefühl entstehen, so sperre Dich nicht davor, mach einfach weiter. Dies zeigt, daß Du die Übung richtig machst, daß Dein Bauch schon gut entspannt ist.
Im Laufe der Woche kannst Du die Prozedur der ersten 30 Minuten auf etwa 5-10 Minuten verkürzen und den zweiten Teil entsprechend verlängern. Gesamtzeit der Übung ist also eine Stunde.

## Körperübungen 4. Woche

Wiederhole die gesamte Folge der 3. Woche. Diese Grundübungen sind so wichtig, daß man sie garnicht oft genug machen kann. Auch hochgradige Adepten greifen oft auf diese belebenden Übungen zurück.
**Beachte allerdings folgendes:** Du hast letzte Woche in der Meditation die Bauchatmung gelernt. Achte jetzt bei den Körperübungen ganz genau darauf, daß Du dabei genauso intensiv in den Bauch atmest.
Dies ist mindestens genauso wichtig wie die korrekte Bewegungsabfolge.
Beim Hecheln nur in den Bauch atmen.
Stoßweises Einatmen: fülle erst ganz intensiv den Bauch und dann die Brust.

## Meditation 4. Woche

Diese Meditation knüpft direkt an die letzte Woche an. Sie ist eine Variante.
Mache die ersten 10 Minuten genau das, was in der dritten Woche in den ersten 30 Minuten gemacht wurde.
Dann 50 Minuten: stelle Dir jetzt den gesamten Atemfluß durch die Genitalien in den Bauch vor.
Also: Der Atem fließt beim Einatmen durch die Genitalien in den Bauch, beim Ausatmen aus dem Bauch durch die Genitalien nach außen.
Mache wieder genaue Tagebuchaufzeichnungen, vergleiche die Ergebnisse mit denen von letzter Woche.
Berücksichtige bei der Bewertung der Übung auch, ob sich eventuell Dein Gefühl beim Orgasmus dadurch geändert hat.

## Fragebogen Fernkurs Nr. 1

Nimm Dir für diese Fragen ein extra Blatt Papier und schreibe dort Deine Antworten auf. Erst dann verleichen dies mit den Lösungen.

1. Schildere bitte die Zusammenhänge der Grundlagen der Sexualmagie und Bioenergetik.

2. Was ist der Unterschied zwischen Uniniziierten und Adepten bezüglich der Anwendung ihrer Sexualkraft?
3. Als was könnte man den durchschnittlichen Orgasmus, verglichen mit einem elektrischen System, bezeichnen?
4. Durch welches Mittel wird in der Sexualmagie Realität erschaffen? (Beschreibe genauer)
5. Berichte, mit welchen Körperübungen Du welche Probleme hast. Treten irgendwo Schmerzen auf? Wo und welcher Art?
6. Wie fühlst Du dich nach den Atemübungen?
7. Welche Körperteile hast Du in der 2. Woche bearbeitet? Konntest Du nach der 2. Woche diese Teile genausogut entspannen wie den restlichen Körper?
8. Welche Gefühle hattest Du bei der Meditation der 3. und 4. Woche? Wo waren die Gefühle intensiver?

## Lösungshinweise zu den Übungsaufgaben

*Zur 1. Aufgabe:* Verbraucher = Mensch, Strom = Energiefluß, Kabel = Nerven, Orgasmus = Durchbrennen der Sicherung.
*Zur 2. Aufgabe:* Beim sexualmagischen Akt brennt die Sicherung nicht durch. Der Körper ist so trainiert daß die Energie frei und dauerhaft und wesentlich stärker fließen kann.
*Zur 3. Aufgabe:* Vgl. den Text „4 Aufgaben".

# Lehrhefte für Sexualmagie - Teil 2

## Sexualmagie-Theorie - Voraussetzungen für Sexualmagie praktisch, Teil I

Im ersten Kursteil haben wir uns mit der Funktionsweise der Sexualmagie im Allgemeinen befaßt. Daraus wurde ersichtlich, daß Körper und Geist auf eine ganz bestimmte Art und Weise trainiert werden müssen, um Sexualmagie betreiben zu können.

Hier geht es jetzt darum, Dir einen genaueren Überblick über Deine weitere Arbeit und über die nächsten zu erreichenden Ziele zu vermitteln. Gleichzeitig erhältst Du auch eine Vorstellung oder ein Gefühl davon, wie komplex die gesamte Ausbildung ist, wie vielseitig Du dadurch werden kannst und wie sich die einzelnen Schwerpunkte der Ausbildung gegenseitig unterstützen und zusammengenommen einen „autokatalytischen Prozeß" in Gang setzen. (autokatalytisch = sich selbst beschleunigend, „Schneeballeffekt").

Beginnen wir damit, daß wir alle nötigen Voraussetzungen schematisch ordnen. Wir können 4 Grobkategorien unterscheiden:

**Körperliche Voraussetzungen, geistige Voraussetzungen, magische- und soziale- bzw. Verhaltensvoraussetzungen oder innere Einstellung.**

Bevor die Kategorien weiter unterteilen, müssen wir sie noch genauer erläutern.

1. **Körperliche Voraussetzungen:** Der Körper muß im Wesentlichen alle Bedingungen erfüllen, um alle magischen Energien erzeugen und fließen lassen zu können.
2. **Geistige Voraussetzungen:** Der Geist muß die nötige Konzentration zur Energieerzeugung besitzen und den nötigen Willen, die erzeugte Energie zu lenken.
3. **Magische Voraussetzungen:** Du mußt das nötige Wissen um die Wirkungen der verschiedenen Techniken haben. Du brauchst das Wissen darum, wie man sich schützt, wie man sich auf Astralebenen zurechtfindet und verhält etc. Kurz: alles spezifische magische Wissen, um mit den von Dir erzeugten Ergebnissen umzugehen und Deine Ergebnisse zu analysieren.
4. **Individuelle Einstellung:** Dies bedeutet Beherrschen von Wünschen und Launen. Unabhängigkeit von Zwängen, erkennen der eigenen Stärken und Schwächen.

**Diese 4 Grobkategorien lassen sich wie folgt noch weiter unterteilen:**

**1. Körperliche Voraussetzungen:**

a. Verspannungen auflösen
b. Gelenkigkeit
c. Kondition
d. Reinigung der Nadis
e. Steigerung der Fähigkeit zur Gefühlsempfindung
f. Training der Sexualorgane

**2. Geistige Voraussetzungen**

a. Konzentration entwickeln
b. Willenschulung
c. Trancetechniken

**3. Magische Voraussetzungen**

a. Kennen von Magischen Zuordnungssystemen (Tarot, Astrologie, Kabbala, Henochische Magie)
b. Fähigkeit zur Analyse der Ergebnisse mit Hilfe der Zuordnungssysteme
c. Beherrschung von Schutztechniken wie Annahme von Gottformen, Rituale, Talismane etc.
d. Üben der Technik des Astralreisens und der Astralvision.
e. Wahrsagetechniken
f. Evokations- (Beschwörungs-) techniken
g. Verständnis für den Aufbau des Universums (Metaphysik oder Philosophie)

**4. Individuelle Einstellung**

a. Erkennen der eigenen Abhängigkeit von Wünschen und Launen
b. Lernen von Techniken zur Verhaltensvielfalt
c. Kommunikationstraining
d. Persönlichkeitsmodelle zur Analyse des eigenen Verhaltens

Du hast jetzt einen genauen Überblick über Deine zukünftigen Arbeiten in den 4 Hauptbereichen.

*Übungsaufgabe 1:* Bevor Du weiterliest, mache jetzt bitte einmal folgendes: geh noch einmal die genaue Aufstellung durch und überlege zu jedem einzelnen Punkt, was damit alles gemeint sein könnte. Nimm Dir dazu ein paar Blätter Papier und schreibe Deine eigenen Gedanken zu den Punkten auf.

**1. Körperliche Voraussetzungen:**

a. Verspannungen auflösen
b. Gelenkigkeit
c. Kondition
d. Reinigung der Nadis
e. Steigerung der Fähigkeit zur Gefühlsempfindung
f. Training der Sexualorgane

**2. Geistige Voraussetzungen:**

a. Konzentration entwickeln
b. Willensschulung
c. Trancetechniken

**3. Magische Voraussetzungen:**

a. Kennen von magischen Zuordnungssystemen
b. Fähigkeit zur Analyse der Ergebnisse mit Hilfe der Zuordnungssysteme
c. Beherrschung von Schutztechniken (Gottformen, Rituale etc.)
d. Üben der Technik des Astralreisens und der Astralvision
e. Wahrsagetechniken
f. Evokationstechniken
g. Verständnis für den Aufbau des Universums

**4. Individuelle Einstellungen:**

a. Erkennen der eigenen Abhängigkeit von Wünschen und Launen
b. Lernen von Techniken der Verhaltensvielfalt
c. Kommunikationstraining
d. Persönlichkeitsmodelle zur Analyse des eigenen Verhaltens

So, nachdem Du Dir jetzt genügend eigene Gedanken zu dem Thema gemacht hast, kannst Du jetzt damit beginnen, diese mit unserem Ausbildungssystem zu vergleichen. Finde Parallelen und Gegensätze. Mit Gegensätze sind von uns geschilderte Ausbildungsthemen gemeint, von denen Du z. B. der Meinung bist, sie wären für das Ausüben von Sexualmagie nicht nötig, sie wären zu schwierig oder solche Dinge kannst Du schon, solche Probleme hast Du nicht usw.

Setze Dich damit intensiv auseinander, und wenn Du anderer Meinung bist als wir, so schreibe uns. Wir werden dann darauf detailliert eingehen.

Diese Anregung gilt auch für die nächsten 3 Kurse, in denen dieses Thema systematisch weitergeführt wird.

Da dieses Thema doch erheblich umfangreicher wurde als zunächst geplant, werden wir ab diesem Monat jeweils einige Punkte aus unserem Schema behandeln. Alle 20 Punkte werden nach 4 Kursteilen abgehandelt sein.

Damit Du mit der Gliederung nicht durcheinander kommst, empfehlen wir Dir, vor jedem neuen Teil dieses Themas noch einmal auf die Tabelle zu schauen, damit Du weißt, um welche Punkte es geht, und Dir der Gesamtüberblick nicht verloren geht. Du kannst die bereits abgehandelten Punkte z. B. zur besseren Übersicht auf der Tabelle abhaken oder mit einem Marker markieren.

**Noch eine Anmerkung:** Das Thema „Wofür kann Sexualmagie verwendet werden“ haben wir auf einen späteren Zeitpunkt verschoben. Sicherlich haben sich die meisten von Euch schon besonders darauf gefreut. Aber wir sind zu dem Schluß gekommen, daß es sinnvoller ist, zwischen „Ziele“ und „Wege zum Ziel“ zu unterscheiden.

Wie im ersten Kursteil schon zu Beginn beschrieben wurde, hindert der Gedanke an das Ziel Dein Fortkommen, weil die Gedanken an das Ziel Dich von der Übung ablenken. Der Beitrag „Wofür kann Sexualmagie verwendet werden“ sollte Euch motivieren, so intensiv zu arbeiten wie es geht. Aber der Beitrag beschäftigt sich mit den Fernzielen, von denen man nur einen Bruchteil dessen, was damit möglich ist, durch Wörter jetzt verständlich machen könnte.

Es ist sehr viel sinnvoller, Teilziele (eben unsere Punkte aus dem Schema) aufzuzeigen, weil sie sehr viel schneller erreicht werden können und somit mehr Motivation bieten.

Dadurch, daß Du die einzelnen Teilziele besser verstehst, kannst Du durch **der Teilziele sehr viel genauer ableiten, was im Endeffekt tatsächlich dabei herauskommt, also was alles mit Sexualmagie möglich ist.**

Und dann kannst Du auch wesentlich mehr aus „Wofür kann Sexualmagie verwendet werden“ für Dich herausziehen.

**Aber fest versprochen.**

Dieses Thema wird sofort nach Abschluß dieses Themas behandelt. Aber auch im jetzigen Thema werden wir schon oft genug kleine Einblicke in die Möglichkeiten geben.

## Körperliche Voraussetzungen

**Verspannungen auflösen:** Körperverspannungen sind unbewußt gewordenen Muskelkontraktionen. Sie entstehen durch permanentes Unterdrücken von Gefühlen.
*Beispiel:* „Ich habe eine Wut im Bauch."
Jeder kennt dieses juckende, drückende, kribbelnde Gefühl im Bauch, wenn man auf etwas wütend ist. Wenn man seine Wut herausgelassen hat, ist es verschwunden.
Nur leider haben wir von Kindheit an gelernt, Gefühle zu unterdrücken. Man schreit nicht. Jungen dürfen nicht weinen usw.
Gefühle sind neurologisch nichts anderes als bestimmte Energieflüsse durch die Nervenbahnen, die wir als angenehm oder unangenehm empfinden.
Dieses kribblige Gefühl im Bauch zeigt uns an, daß sich dort eine Energie angestaut hat, die abgebaut werden möchte (z. B. durch Schreien, Toben etc.), aber durch unsere „gute Erziehung" krampfhaft festgehalten wird.
Um diesen Energiefluß zu stoppen, muß der Körper Muskeln zusammenziehen, in diesem Fall das Bauchfell und die Bauchmuskulatur.
Dazu benötigt der Körper Energie. Wenn nun bestimmte Gefühle immer und immer wieder unterdrückt werden, so wird die entsprechende Muskelkontraktion mechanisch und damit unbewußt. Dies führt zu chronischen Verspannungen.
*Beispiel:* „Man zeigt keine Gefühle" = Kontraktion bestimmter Gesichtsmuskeln, damit die starre Maske (z.B. der harte Mann) erhalten bleibt.
„Frauen sind immer freundlich" = wie oben, z.B. die immer lächelnde Frau.
„Sei still!" = Halsmuskeln und Nacken werden angespannt. Dadurch verliert die Stimme die Fähigkeit laut zu sprechen.
Die Beispiele können beliebig fortgesetzt werden.
**Am wichtigsten für uns ist die Erkenntnis, daß solche Muskelverspannungen Energie benötigen, um aufrecht erhalten zu werden. Energie, die wir für unsere magische Arbeit sehr viel sinnvoller nutzen könnten.**
Ein Sportler, der im Wettkampf abgelenkt ist, also Energie an irgendetwas anderes verschwendet, erzielt nicht seine Höchstleistung, weil ein Teil seiner Energie in eine andere Tätigkeit fließt.
Wenn es uns gelingt, diese unnötigen Verspannungen loszuwerden, ist es etwa das gleiche, als wären wir wochenlang mit einer Bleiweste herumgelaufen. Wir hätten uns daran gewöhnt. Würde uns jemand von dieser Last befreien, so wären wir überglücklich darüber, wieviel mehr Energie wir plötzlich hätten. Wir könnten wieder schneller laufen, würden nicht so schnell müde werden, hätten mehr Konzentration usw.
Der „Mensch", der uns diese Bleiweste abnimmt, ist zum Beispiel die Bioenergetik.
In der Bioenergetik geht es zum einen darum, den Energiefluß im Körper zu stärken, und zum anderen darum, die beschriebenen Verspannungen aufzulösen. Dies geschieht durch eine Kombination aus Massage und Dehnungsübungen, verbunden mit intensiver Bauchatmung.

Bioenergetische Arbeit beginnt mit Übungsreihen für den gesamten Körper, um das Körpergefühl wieder herzustellen. Danach werden alle Körperteile einzeln einer intensiven Behandlung unterzogen, wobei die Bauchatmung dazu dient, die angeregten Energien im Körper zu verteilen.
Wenn man einmal seinen gesamten Körper durchgearbeitet hat, benötigt man nur noch ab und zu diese Übungen, um erneute chronische Verspannungen zu verhindern..
Eine andere Technik, die gleichzeitig noch auf die inneren Organe wirkt, ist die Do In Massage. Hier werden Reflexionszonen massiert (hauptsächlich an Fuß, Hand und Gesicht) die eng mit den inneren Organen verbunden sind.
**Gelenkigkeit:** Während die Bioenergetik die Muskulatur geschmeidig macht, so tun dies bei bestimmten Sehnen und Gelenken die Dehnungsübungen und bestimmte Yoga-Techniken. Geschmeidige Muskeln allein nutzen uns nichts, wenn Sehnen und Gelenke nicht mitspielen. Weit auseinandergespreizte Oberschenkel z. B. bewirken beim Geschlechtsakt einen stärkeren Orgasmus und somit einen weitaus höheren Energiefluß.
Mit Hilfe von Yoga-Techniken kann man sehr effektiv die Wirbelsäule stärken und flexibler machen.
Gerade an der Wirbelsäule entlang verlaufen ja die Meisten Nervenstränge. Und nicht nur diese, sondern auch die sogenannten Nadis. Dies sind feinstoffliche Energiekanäle, in denen die Kundalini oder Sexualenergie aufsteigt.
Du kannst Dir sicherlich vorstellen, was mit einem Schlauch passiert, durch den Wasser fließt, und der plötzlich verstopft ist. Er platzt.
Ähnliches passiert auch, wenn Du zu früh mit sexualmagischen Kräften arbeitest, und Deine Nadis noch nicht genügend entwickelt sind, sodaß sie noch verstopft sind. Lähmungen, Knochenbrüche und Ähnliches sind die Folgen.
Ist aber Deine Wirbelsäule geschmeidig, und sind Deine Nadis durch entsprechende Atemtechniken gereinigt und trainiert worden, so kann die Energie frei bis zum Kopf fließen, von wo aus Du sie dann formen kannst.
**Reinigung der Nadis:** An dieser Stelle ist es sinnvoll, gleich auf die Reinigung der Nadis näher einzugehen. Wir lassen deshalb 1c erstmal bei Seite.
Von dieses Kanälen, den Nadis, gibt es drei verschiedene. Sie heißen Ida, Schuschumna und Pingala. Für uns sind zunächst Ida und Pingala besonders wichtig, denn es sind die beiden äußeren Kanäle, die Schuschumna einschließen, und die als erstes ausgeglichen werden müssen. Diese beiden metaphysischen Stränge enden an den Nasenflügeln.
Durch gleichmäßiges und tiefes Atmen abwechselnd durch unsere beiden Nasenlöcher werden die Nadis gereinigt und harmonisiert. Die Übung, die dies bewirkt, heißt Pranayama. Mit dieser Übung beginnen wir diesen Monat auch, mehr dazu deshalb im praktischen Teil.
Im nächsten Monat werden wir uns mit folgenden Punkten beschäftigen:

- Kondition, Steigerung der Gefühlsempfindung.
- Konzentration entwickeln.
- Erkennen der Abhängigkeit von Wünschen, Verhaltensvielfalt.

*Übungsaufgabe 2:* Schreibe selbst ein Beispiel körperlicher Verspannung auf, das Du bei Dir selbst bemerkt hast. (Es können auch mehrere sein.)
*Übungsaufgabe 3:* Skizziere kurz die Techniken und Wirkungsweisen der Körperarbeit, mit der Du Verspannungen auflösen und die Gelenkigkeit fördern kannst.

## Körperarbeit

### Bioenergetik - Grundübungen - Erweiterungen

Du hast sicherlich im ersten Monat neue Erfahrungen über Deinen Körper gesammelt. Deine Bauchatmung hat sich durch die Meditation verbessert. Solltest Du mit Deiner Bauchatmung noch nicht zufrieden sein, so übe sie täglich ca. 10 bis 15 Minuten.
Für die folgenden Bioenergetischen Übungen ist diese Bauchatmung sehr wichtig. Wir knüpfen an die vorigen Reihen an und nehmen neue Übungen hinzu. Außerdem ändern wir die Reihenfolge der einzelnen Übungen, sodaß die ganze Reihe zur Rückenentspannung wird. Wir beginnen mit Schultern und Nacken und gehen nächste Woche zum Rücken über.

## Körperarbeit erste Woche - Rückenentspannung I

### 1. Schulterlockerungsbewegungen

**a. Schulterzucken:** Setze Dich entspannt auf den Boden. Dein Rücken soll möglichst gerade sein. Atme in den Bauch. Jetzt hebe die Schultern an, lasse dabei Deine Arme locker, sodaß sie sich ebenfalls anheben. Lasse jetzt Deine Schultern herunterfallen. Die Atmung dabei geht so: beim Hochziehen der Schultern atmest Du ein, und beim Fallenlassen der Schultern atmest Du aus.

*Schrittweise erklärt:*

1. Setze Dich gerade auf den Boden.
2. Schultern anheben, Arme dabei locker lassen, Einatmen.
3. Schultern fallen lassen, dabei ausatmen.

**b. Schulterrollen:** Bleibe auf dem Boden sitzen. Strecke Deine Arme seitwärts von Dir weg. Drehe jetzt Deine Schultern nach oben, vorn, unten, hinten. Achte darauf, daß sich nur Deine Schultern kreisförmig bewegen. Der beschriebene Kreis soll möglichst groß sein.
Atme beim Rückwärts- und Aufwärtsdrehen ein, beim Nachvorne- und Runtergehen der Schultern aus.
Nach ca. einer Minute drehe die Schultern in die andere Richtung. Behalte die Atmung bei. Mache die ganze Übung 3 mal.

*Schrittweise erklärt:*

1. Setze Dich auf den Boden.
2. Drehe die Schultern nach oben, vorne, unten hinten. Bei hinten und oben einatmen, sonst aus.
3. Schultern in die andere Richtung drehen, Atmung beibehalten.
4. Wiederhole 2 und 3 noch 2 mal.

## 2. Das Nackenstrecken

Diese Übung hilft Dir dabei, Deine Nackenmuskulatur zu entspannen und damit Deinen Kopf beweglicher zu machen. Es kann passieren, daß Dir bei der Übung etwas schwindlig wird. Das liegt daran, daß Dein Kopf zu fest auf dem Nacken sitzt. Falls das bei Dir der Fall sein sollte, so unterbreche die Übung für eine kurze Zeit und mache dann vorsichtig weiter.

Stelle Dich etwa schulterbreit hin. Deine Knie sind leicht gebeugt, Dein Rücken ist gerade. Falte Deine Hände ineinander und lege sie mit den Handflächen in den Nacken, der leicht gebeugt ist. Drücke mit den Händen Deinen Nacken kräftig und langsam nach unten. Gebe keinen Widerstand mit dem Kopf. Atme dabei tief in den Bauch. Der Rücken soll dabei ganz gestreckt bleiben.

*Schrittweise erklärt:*

1. Stehe schulterbreit, Knie leicht gebeugt.
2. Hände falten und auf den Nacken legen.
3. Nacken nach unten drücken, Bauchatmung.
4. Strecke den Rücken dabei.

## 3. Nackenmassage

Stelle Dich hin wie in Übung 2. Lege Deine Hände in den Nacken. Taste Deine Nackenmuskulatur ab und massiere sie anschließend mit den Daumen. Der Kopf ist bei dieser Übung etwas nach unten gebeugt. Auch hier wieder tiefe entspannte Bauchatmung.

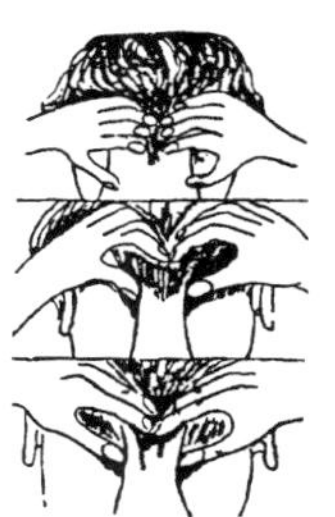

*Schrittweise erklärt:*

1. Schulterbreit stehen.
2. Nackenmassage, Bauchatmung.
3. Mache die Übung ca. 5 Minuten.

## 4. Den Kopf nach vorne schnappen lassen

In dieser Übung wird der Kopf nach oben und nach hinten gezogen. Stelle Dich wieder schulterbreit hin. Beuge Deinen Kopf herunter, ziehe ihn dann wieder hoch und lasse ihn dann nach vorne fallen. Beim Fallenlassen des Kopfes stößt Du einen lauten Ton aus. Atme beim Hochnehmen des Kopfes ein in den Bauch. Beginne etwas vorsichtiger und steigere dann den Schwung, mit dem Du den Kopf nach vorne schnellen läßt.

*Schrittweise erklärt:*

1. Stehe schulterbreit.
2. Beuge den Kopf nach unten, nimm ihn dann nach oben. Atme dabei ein in den Bauch.
3. Lasse ihn nach vorn herunterfallen. Dabei einen lauten Ton ausstoßen.
4. Wiederhole 2 immerwieder, ca. 1-2 Minuten lang.

### 5. Das Kopfrollen

Diese Übung kann wahlweise im Stehen oder Sitzen durchgeführt werden. Beuge Deinen Kopf nach vorne. Beginne damit, Deinen Kopf im Kreis zu drehen. Beschreibe auch hier wieder einen möglichst großen Kreis, sodaß Deine Halsmuskulatur richtig gedehnt werden kann. Wenn Du bei den Schultern ankommst, so versuche, in der Drehbewegung Deine Ohren an die Schulter heranzubringen. Ziehe dabei aber nicht die Schulter zum Ohr. Die Schultern sollen ganz locker herabhängen, und der ganze Oberkörper bleibt gerade und unbeweglich.
Wenn Dein Kopf nach vorne gebeugt ist, soll er den Brustkorb mit dem Kinn berühren. Mache die Übung mindestens 5 mal und wechsle dann die Drehrichtung.

*Schrittweise erklärt:*

1. Sitzen oder stehen.
2. Beschreibe mit Deinem Kopf einen möglichst großen Kreis. Die Ohren sollen die Schulter berühren, das Kinn den Brustkorb.
3. Schultern locker, Oberkörper gerade und unbeweglich.
4. In jede Richtung mindestens 5 mal, Bauchatmung nicht vergessen.

**Körperübungen erste Woche:**
Führe die Übungen in folgender Reihenfolge durch:

1. Bioenerg. Grundhaltung
2. Hecheln
3. Lebensfreudedehnung
4. Bio-Bogen
5. Schulterzucken
6. Schulterrollen
7. Nackenstrecken
8. Nackenmassage
9. Kopf nach vorne schnappen
10. Kopfrollen

## Meditationen - Stellungen für magische Arbeiten

### Asana

Um die folgenden Meditationen durchführen zu können, benötigst Du einen festen Sitz. Solch eine Meditationshaltung heißt **Asana**.
Es ist sehr wichtig, daß Du dieses Asana sehr regelmäßig machst. Denn auch viele sexualmagische Übungen werden in dieser Haltung durchgeführt, weil sie den Energiefluß sehr fördert.
Der **Drachensitz**, der weiter unten beschrieben wird, ist unser grundlegender Meditationsitz.
Das Sitzen in dieser Stellung wird verschiedene Stadien durchlaufen, die ebenfalls weiter unten beschrieben werden. Bis man fest und leicht über längere Zeiträume sitzen kann, geht doch einige Zeit vorüber. Deshalb ist es wichtig, daß Du **so früh wie möglich damit anfängst**, das Asanasitzen zu üben und die Übungsdauer auf **eine Stunde täglich** auszudehnen. Das kannst Du wahrscheinlich nicht vom ersten Tag an,

Du beginnst vielleicht mit einer ½ Stunde. Weite diesen Zeitraum so schnell es geht auf eine Stunde aus.
Die Schmerzen, die dabei auftreten, zeigen zum einen Muskelverspannungen an, zum anderen sind sie aber nur Phantomschmerzen psychischer Art, die daher kommen, daß sich innere Widerstände gegen das Stillsitzen in einer bestimmten Stellung regen. Schmerzen können in den verschiedensten Bereichen des Körpers auftreten, angefangen vom gesamten Fuß- und Beinbereich, bis zum Becken und hoch zum Rücken.
**Was immer auch auftreten mag, es ist weder gefährlich noch schädlich.**
Schmerzen sind auch ein Zeichen dafür, daß Energien da sind, die aber gehemmt in der Verspannung festsitzen und nicht frei fließen können. Anders ausgedrückt, **Du interpretierst Energie als Schmerz.**
Dies wird sich nach einiger Zeit ändern, d. h. zuerst weißt Du nicht mehr so genau, ob es Schmerz ist oder ein Wohlgefühl, bis ein orgasmusartiger Energieausbruch stattfindet, die Energien fließen und strömen durch Deinen Körper - und Du kannst schmerzfrei und bequem über lange Zeit sitzen.
Ferner entwickelt sich eine Art Körperstarre, d.h. Dein gesamter Körper wird steif wie ein Brett und bewegt sich keinen Millimeter mehr. Das Gefühl, wenn sich die Körperstarre entwickelt, mutet zuerst etwas seltsam an. Es ist, als würde man in eine Rüstung eingezwängt. Man gewöhnt sich jedoch recht schnell daran. Dieser Zustand ist deshalb für uns besonders wichtig, weil uns der Körper dann **überhaupt nicht mehr stört, das normale Körpergefühl ist verschwunden. Jetzt können wir all unsere Aufmerksamkeit der Meditation an sich widmen.** Das Asana für den Anfang, weil es am leichtesten zu praktizieren ist, ist der Drachensitz.
Knie Dich hin, das Hinterteil ruht auf den Fersen, die Zehen sind nach hinten gebogen. Die Hände hältst Du auf den Schenkeln, die Handflächen zeigen nach oben und sind entspannt, also leicht gekrümmt. Rücken und Kopf sind gerade. Das bedeutet aber nicht, daß Du eine militärische Haltung einnimmst. Jede Wirbelsäule hat eine ihr natürliche Stellung, in der sie sich gewissermaßen 'einhängt'. Nach ein paar Mal sitzen findet man die Stellung gewöhnlich heraus; behalte diese sodann ein.

Crowley schreibt über Asana:
'Das Problem, das vor uns liegt, kann einfach bestimmt werden:
**Ein Mensch wünscht sein Gemüt zu kontrollieren, fähig zu sein, einen bestimmten Gedanken ohne Unterbrechung solange wie möglich zu denken.**
Wie zum Anfang bemerkt wurde, entsteht die erste Schwierigkeit vom Körper aus, welcher ständig sein Vorhandensein dadurch geltend macht, daß er sein Opfer zum Jucken reizt und es auf andere Weise ablenkt. Er will sich recken, kratzen, niesen. Diese Plage ist so hartnäckig, daß die Hindus (in ihrer wissenschaftlichen Art) eine besondere Übung erfunden haben, um sie zu stillen.
Das Wort Asana bedeutet **Stellung**, aber wie bei allen Worten, die umstritten waren, hat sich seine genaue Bedeutung geändert, und es wird von mehreren Autoren in verschiedenen ganz bestimmten Bedeutungen gebraucht. Die größte Autorität des Yoga ist Patanjali ... Er sagt: 'Asana ist das, was fest und angenehm ist'. Dies kann als

der endgültige Erfolg der Übungen aufgefaßt werden. Auch Sankhya sagt: 'Stellung ist das, was ruhig und bequem ist.' Und noch einmal: 'Jede ruhige und bequeme Stellung ist ein Asana, eine andere Regel gibt es nicht.' Jede Stellung ist richtig.
In einem Sinn ist dies wahr, denn jede Stellung wird früher oder später unangenehm. Die Stetigkeit und Leichtigkeit zeigt einen definitiven Erfolg... Hindubücher, z.B. das 'Shiva Sanhita', geben zahllose Stellungen, viele, vielleicht die meisten davon, sind für den Erwachsenen, durchschnittlichen Europäer, unmöglich. Andere bestehen darauf, daß der Kopf, Hals und Rückgrat senkrecht und gerade gehalten werden sollten aus Gründen, die mit Prana (der Kraft des Atems, A.d.Ü.) zusammenhängen, welches an geeigneter Stelle behandelt werden wird.
Laßt uns also eine geeignete Stellung wählen und beobachten, was geschieht. **Es ist eine Art unglückliches Mittelding zwischen Schlaffheit und Straffheit, die Muskeln werden nicht angestrengt, und trotzdem ist es ihnen nicht erlaubt, völlig schlaff zu sein.**
Es ist schwierig das richtige Wort dafür zu finden, Angespanntheit ist vielleicht das Beste. **Ein Gefühl von physischer Wachsamkeit ist wünschenswert.** Denke an den Tiger, der zum Sprung bereit ist, oder an den Ruderer, der auf den Startschuß wartet.
Nach einer kleinen Weile wird sich jetzt Krampf und Müdigkeit einstellen. Der Schüler muß jetzt die Zähne zusammenbeißen und weitermachen.
Es wird erkannt werden, daß die kleineren Empfindungen des Juckens usw. vorübergehen, wenn sie entschlossen unbeachtet bleiben, aber Krampf und Müdigkeit werden sehr wahrscheinlich bis an das Ende der Übung zunehmen. Man kann mit einer 1/2 oder 1 Stunde anfangen. Der Schüler darf es nicht übel nehmen, wenn der Prozeß, das Asana zu beenden, ihm einige Minuten schärfste Schmerzen bereitet.
Es wird eine Menge an Entschlossenheit verlangt, um Tag für Tag zu Üben, denn in den meisten Fällen wird man finden, daß das Unbehagen und die Schmerzen größer werden statt kleiner.
Wenn der Schüler andererseits nicht auf den Körper achtet, vergißt, ihn zu beobachten, kann ein entgegengesetztes Phänomen eintreten. Er verändert seine Stellung, um es zu erleichtern, ohne daß er es merkt. **Um dies zu vermeiden, wähle eine Stellung, die normalerweise ziemlich krampfhaft und unbequem ist und bei der leichte Veränderungen der Stellung nicht zur Erleichterung ausreichen.** Sonst mag sich der Schüler in den ersten Tagen einbilden, daß er die Stellung beherrscht. Tatsächlich ist bei all diesen Übungen ihre scheinbare Einfachheit solcher Art, daß der Anfänger sich wundert, warum soviel Aufhebens davon gemacht wird, er denkt vielleicht sogar, daß er besonders begabt ist. Ähnlich wie ein Mann der niemals eine Ballkelle beim Golf in der Hand gehabt hat, der seinen Regenschirm nimmt und den Ball so nachlässig in das Loch treibt, daß er den besten Golfspieler der Welt entsetzen würde.
Wie auch immer, in allen Fällen wird aber nach einigen Tagen das Unbehagen anfangen. Wenn Du fortfährst, wird es immer früher im Verlauf der einstündigen Übung auftreten.
Die Abneigung gegen diese Übung mag fast unüberwindlich sein. **Der Schüler muß gewarnt werden, daß er sich nicht einbildet, irgendeine Stellung wäre leichter zu**

**bewältigen als die, die er gewählt hat. Wenn Du einmal beginnst zu wechseln, bist Du verloren.**
Vielleicht ist der Lohn nicht mehr so weit: Eines Tages wird es passieren, daß der Schmerz und die Tatsache der Anwesenheit des Körpers vergessen ist, und man wird finden, daß der Körper während des ganzen vergangenen Lebens immer im Grenzgebiet des Bewußtseins war, und dieses Bewußtsein war eines der Schmerzen. Und in diesem Moment wird man ferner mit einem unbeschreiblichen Gefühl von Erleichterung feststellen, daß nicht nur diese Stellung, die so schmerzhaft gewesen war, das wahre Ideal physischen Behagens ist, sondern daß alle anderen vorstellbaren Stellungen des Körpers umbequem sind. Dies Gefühl stellt den Erfolg dar.
Andere Schwierigkeiten gibt es bei der Übung nicht. Man wird fast mit dem selben Gefühl in sein Asana gehen, wie ein müder Mann in ein heißes Bad, und während er in dieser Stellung ist, kann er sich darauf verlassen, daß ihm der Körper keine Botschaft schickt, die das Gemüt stören könnte.'
**Anmerkung zum Asana:** Du hast jetzt gelesen, daß einige Schwierigkeiten auf Dich zukommen werden, wenn Du regelmäßig Asana sitzt. Diese Schwierigkeiten kann Dir leider keiner abnehmen. Aber mache Dir nicht allzuviele Illusionen: jede Stellung wird mit der Zeit etwas unangenehm.

## Meditation - Grundsätzliches

### Dein Tempel

Für Deine magische Arbeit benötigst Du einen speziell dafür hergerichteten Arbeitsraum. Das heißt einen Raum, in dem Du ausschließlich Deine magischen Übungen praktizierst. In diesem Raum sollst Du deine Meditationen, Körperübungen und Rituale machen.
In diesem Theorieteil soll es darum gehen, die symbolische Bedeutung und die pragmatischen Vorteile eines Tempels zu erklären.
**Die pragmatischen Vorteile:** Du hast es sicherlich schon einmal erlebt, daß bestimmte Örtlichkeiten oder Räumlichkeiten eine ganz spezifische Schwingung besitzen. Die Schwingungen in einer Kirche sind zum Beispiel vollkommen andere als auf einem Schlachtfeld oder Schlachthof. Wenn ich Dich mit verbundenen Augen in eine Kirche führe, wirst Du eine heilige, friedliche Atmosphäre wahrnehmen, dazu mußt Du garnicht sonderlich sensitiv sein.
Diese Schwingungen sind nichts anderes als freigesetzte mentale Energie, die aber an eine Räumlichkeit mehr oder weniger gebunden ist, da sich diese Energie ja auch auf die Räumlichkeit beschränkt. Viele Räume werden ja nur für eine bestimmte Tätigkeit genutzt, etwa ein Büro für verwaltende Arbeiten, ein OP Saal für Operationen und ein Tempel eben für Meditationen, Rituale usw.
Diese Schwingungen verfestigen sich nun, je regelmäßiger und intensiver sie von einer Person verbreitet werden. Das heißt, je mehr ein Raum für nur eine bestimmte Tätigkeit genutzt wird, desto klarere Schwingungen dieser Tätigkeit werden sich darin aufbauen. Ein Raum, in dem Tätigkeiten verschiedenster Art ausgeführt werden, wird nie reine Schwingungen enthalten.

Was bewirken nun diese Schwingungen?
Der Mensch ist an bestimmte äußere Reize geankert. Das heißt, Stimmungen, Gefühle, Körperreaktionen oder der Stimulus zu einer bestimmten Handlung sind an Sinneswahrnehmungen gekoppelt.
**Beispiel 1:** Du siehst ein Steak (äußerer, visueller Reiz) und bekommst Lust auf Essen (Stimmung), Dir läuft das Wasser im Munde zusammen (Körperreaktion).
**Beispiel 2:** Du hörst einen Schrei (äußerer auditiver Reiz) und Dich fröstelts (Körperreaktion) und Du bekommst Angst (Stimmung/Gefühl).
*Übungsaufgabe 4:* Finde weitere 3 Beispiele, vielleicht aus Deinem eigenen Erleben, für Anker.

a.
b.
c.

Solche Reaktionen sind zum Teil lebensnotwendig (Fluchtreflex), aber auch oft etwas hinderlich. Aber wir können sie uns auch zunutze machen. Denn wenn wir durch regelmäßiges Meditieren in ein und demselben Raum die entsprechenden Schwingungen aufgebaut haben, werden auch diese bei uns geankert sein. Das heißt: wenn Du diesen Raum, Deinen Tempel betrittst, wirst Du dich innerlich automatisch auf die Meditation vorbereitet haben. Deine Gedanken werden automatisch ruhiger, Du entspannst Dich. Einen Tempel für die magische Arbeit zu haben, ist also besonders hilfreich bei der Einschwingung auf entsprechende Arbeiten, auch oder gerade, wenn Du mal nicht so guter Stimmung bist. Das Aufnehmen dieser bestimmten Atmosphäre versetzt Dich automatisch in den richtigen Geisteszustand, weil der Körper die Tätigkeit des Meditierens an den äußeren Reiz der Schwingung geankert hat.
Genauso wird ein Mechaniker, der seinen Arbeitsoverall angezogen hat, eher „mechanistisch" denken, als hätte er eine Badehose an.
Es dürfte jetzt klargeworden sein, welchen praktischen Vorteil ein Tempel in Bezug auf Deine eigene Vorbereitung bringt. Es gibt noch einen weiteren Vorteil, der sich aus den Schwingungen ergibt, und gerade dieser ist für den Sexual - Magier besonders wichtig. Aber zunächst noch einmal eine Übungsaufgabe.
*Übungsaufgabe 5:* Schreibe noch einmal in Deinen Worten, was ein „Anker" ist.
Der andere Vorteil ist magischer Natur. Es ist wesentlich einfacher, einen Geist an einen „magischen" Ort zu rufen als in Dein Wohnzimmer. Denn der gerufene Geist, findet Dich nicht einfach so, wie dies eine andere Person anhand Deines rufens tun könnte. Eine höhere Wesenheit tritt aus höherdimensionalen Räumen in unser 4 dimensionales Kontinuum. Sie kann sich nicht nach Orten, wie wir sie verstehen, orientieren. Eine wesentlich bessere Orientierung für solch ein Wesen bieten gerade die Schwingungen, die sich in Deinem Tempel befinden. Entsprechende Gerüche, die dort geräuchert werden, tun das ihrige.
Auch ist es leichter, einen herbeigerufenen Geist auf den Raum des Tempels zu begrenzen. Sind die Schwingungen im ganzen Haus gleich, so kannst Du nicht erwarten, daß sich die Wesenheit nur in dem aufhält, was Du als Tempel definierst, denn für diese Wesenheit gibt es keine Wände, sondern nur verschiedene Arten von Schwingungen.

Als Sexual bist Du für bestimmte Sexualdämonen besonders interessant, weil Du starke Energien besitzt und ausströmst. Um Dich vor ihrem Zugriff zu schützen, ist es unerläßlich, einen speziellen Raum für Deine Arbeiten zu haben, den Du durch den Aufbau der Schwingungen und durch Schutztechniken, die Du noch lernen wirst, reinigen kannst.

### Die symbolische Bedeutung des Tempels

„Der Magier arbeitet mit einem Tempel, dem Universum, welches mit ihm selbst gleichbedeutend ist."
Dieses Zitat von Aleister Crowley ist sehr wichtig. Genau wie alle anderen Utensilien bestimmte Bedeutungen haben, die sich auch auf Dich beziehen, so ist es auch mit dem Tempel.
Der Tempel ist praktisch der Ort, an dem die Arbeit vollbracht wird. Oder der Raum, in dem die Arbeit vollbracht wird.
Genauso ist Dein Körper ein Tempel für den sich darin befindenden Geist, Dein Ich.

## Meditation erste Woche - Pranayama

Crowley schreibt in Magick:

> *„Pranayama ist auffallend nützlich, um die Gefühle und Begierden zu stillen, und ob durch den mechanischen Druck, den es ausübt, oder durch gründliche Verbrennung, die es in den Lungen hervorruft, jedenfalls scheint es vom Standpunkt der Gesundheit her ausgezeichnet zu sein. Besonders Verdauungsstörungen werden auf diese Art leicht beseitigt. Es reinigt sowohl den Körper als auch die niederen Seelenkräfte und sollte ganz bestimmt* ***nicht weniger als eine Stunde am Tag geübt werden...".***

Pranayama wird im Asana geübt. Du setzt Dich also hin und atmest erst ein paar mal tief durch. Dann atmest Du in den Bauch und in die Brust so tief ein, bis nichts mehr hineinpaßt. Dann nimmst Du deinen linken Daumen, spreizt ihn von der Hand ab und drückst die zur Handfläche gerichtete Seite des Daumens gegen Deinen linken Nasenflügel, wobei es genügt die Daumenkuppe zu nehmen. Am Nasenflügel gibt es eine Stelle wo es ganz leicht ist, das Nasenloch zu verschließen. Deinen Arm spreizt Du dabei leicht ab, so, daß er nicht gegen den Körper gepreßt wird. Die Hand darf auch nicht verkrümmt werden, sondern soll ausgestreckt bleiben.
**Man beginnt beim Pranayama immer mit dem Ausatmen.** Jetzt atmest Du durch das rechte Nasenloch 20 Sekunden lang aus und danach für 10 Sekunden ein. Danach verfährst Du genauso mit dem rechten Nasenloch.
**Ein Atemzyklus für ein Nasenloch umfaßt also immer einmal Ausatmen und einmal Einatmen, und erst dann wird das Nasenloch gewechselt.**
Später kommt noch das Luftanhalten hinzu. Erst wenn ein Rhythmus - Dein erster ist 20/10, also 20 Sekunden ausatmen und 10 Sekunden einatmen - eine Stunde lang ohne Unterbrechung und ohne allzuviel Schwierigkeiten durchatmen kannst, nimmst Du einen neuen, höheren Rhythmus.

Es werden verschiedene Phänomene beim Üben auftreten, weil der Körper sich gegen das Atmen wehren will. Wie Du aus der Bioenergetik weißt, atmet der Mensch normalerweise falsch und unregelmäßig, wobei Bauchatmung so gut wie garnicht vorkommt. Die Folge: ein niedriges Energieniveau, keine Kreativität - es reicht für 8 Stunden Arbeit, stereotype Freizeit, und nicht mehr.
Beim Pranayama nun kommt es auf die vollständige Atmung an. Du füllst Bauch und Lunge soweit an, bis Du meinst, daß nichts mehr hineinpaßt. Sodann nimmst Du noch einen Luftschnapper hinterher. Achte auch beim Ausatmen darauf, daß Du vollständig ausatmest, denn man neigt aus Sicherheitsgründen dazu, einen Sicherheitsvorrat an Luft in der Lunge zu behalten.
Die Entwicklung beim Pranayama durchläuft mehrere Stufen: Als erstes tritt Schweiß auf. Dieser unterscheidet sich von dem normalen **Schweiß** und verschwindet schon nach wenigen Minuten vollständig. Yogis schreiben diesem Schweiß besondere Eigenschaften zu und empfehlen, ihn **nicht abzuwaschen sondern ihn in die Haut zu massieren.** Die nächste Stufe ist die des **'Froschhüpfens'**, durch ruckartige Entspannungsvorgänge hüpft man in kleinen Sprüngen durch den Raum. Die darauffolgende Stufe ist die des **Schwebens**, man erhebt sich einfach in die Luft. Dies ist zwar für andere sichtbar, man selbst bemerkt es gewöhnlich nicht, da man sich in eine Art Trancezustand befindet. Man wundert sich hinterher nur, daß man nicht am selben Platz sitzt wie zuvor und fragt sich, wie man nun dahin gekommen ist .... Wundere Dich nicht wenn Dich Dein Körper glauben machen will, daß der Erstickungstod naht, oder beide Nasenlöcher urplötzlich verstopft sind, oder Du plötzlich permanent gähnen mußt und dergleichen mehr. Dies sind 'ganz normale' Phänomene, die Du nur dadurch in Griff bekommen kannst, wenn Du weitermachst!
Lies Dir nocheinmal Liber E - Pranayama - Regulierung des Atems durch.
Pranayama ist eine unserer Grundübungen und sollte jetzt jeden Tag mindestens eine halbe Stunde, besser eine Stunde lang geübt werden. Wenn Du das nicht tust, werden sich die Widerstände vergrößern und die Übung wird schwieriger. Pranayama ist eine Übung, die sich entwickelt und die man lange Zeit üben muß, bevor man höhere Rhythmen atmen kann. Deshalb **übe regelmäßig jeden Tag mindestens eine halbe Stunde:** Jedes Aussetzen wirft Dich in Deiner Entwicklung zurück.

*Hier die Übung noch einmal Schrittweise erklärt:*

1. Setze Dich in das Asana.
2. Atme jetzt tief ein, bis nichts mehr in die Lunge paßt.
3. Legen Deinen Daumen an das linke Nasenloch.
4. Der Arm wird dabei vom Körper weggehalten.
5. Atme jetzt 20 Sekunden durch das rechte Nasenloch aus.
6. Jetzt atme durch das rechte Nasenloch 10 Sekunden kräftig ein.
7. Wechsel jetzt das Nasenloch und atme 20 Sekunden durch das linke Nasenloch wieder aus, und 10 Sekunden ein.
8. Führe diese Übung mindestens 1/2 Stunde lang durch, besser eine Stunde.

## Körperarbeit zweite Woche - Rückenentspannung 2

### 1. Durchbiegen des Rückens

Für diese Übung benötigst Du eine zusammengerollte Decke. Lege Dich auf den Boden, die Decke schiebst Du unter den unteren Rücken. Der Hintern ist auf der Erde, die Knie sind leicht angezogen, Dein Kopf liegt ebenfalls auf dem Boden.
Atme leicht in den Bauch und bleibe solange liegen, bis Du die ersten Schmerzen im Rücken verspürst.

*Schrittweise erklärt:*

1. Zusammengerollte Decke.
2. Decke unter den unteren Rücken legen, Beine sind angewinkelt, Hintern und Kopf auf dem Boden.
3. Mit Bauchatmung entspannt liegen bleiben bis die ersten Schmerzen spürbar werden.

### 2. Ausgleich der vorherigen Übung

Lege nun die zusammengerollte Decke unter die Pobacken. Führe Deine Knie dicht an die Brust und verschränke Deine Arme um diese.
Dein Rücken liegt ganz entspannt auf dem Boden; Du wirst feststellen, daß diese Übung ein wohltuender Ausgleich zu Übung 1 ist.
Atme in den Bauch dabei. Mache die Übung genauso lange wie Übung 1, denn der Zeitraum von An- und Entspannung soll immer gleich sein.

*Schrittweise erklärt:*

1. Decke unter den Hintern.
2. Beine zur Brust.
3. Umfassen der Knie mit den Armen.
4. Bauchatmung, Länge der Übung wie 1.

### 3. Die Kobra

Lege Dich auf den Bauch (harte Unterlage).
Führe die Hände seitlich zur Brust und lege sie flach auf den Boden. Die Zehenspitzen zeigen nach hinten, die Fersen nach oben, und die Stirn berührt den Boden.
Aus dieser Stellung hebst Du langsam den Kopf, bis er im Nacken liegt. Dann stemmst Du den Oberkörper nach oben, läßt aber die Arme da, wo sie sind. Biege den Oberkörper durch Strecken der Arme so weit durch wie es geht. Presse dabei das Becken fest auf den Boden.
Der Hintern muß dabei locker bleiben. Bauchatmung. Mache die Übung etwa 1 Minute lang.
Beim Zurückgehen legst Du erst langsam den Oberkörper ab und dann den Kopf. Entspanne Dich etwa 30 Sekunden und wiederhole die Übung noch 2 mal.

*Schrittweise erklärt:*

1. Bauchlage, harter Untergrund.
2. Hände seitlich der Brust, Handflächen nach unten, Finger nach vorn.
3. Stirn berührt den Boden, Fersen nach oben, Ze-

hen nach hinten.

4. Kopf nach hinten biegen, Arme gerade machen, Oberkörper durchbiegen, Becken auf den Boden pressen. Bauchatmung, entspanntes Hinterteil.
5. 1 Minute halten.
6. Zurückgehen, erst den Oberkörper, dann der Kopf. 30 Sekunden entspannen.
7. Wiederhole noch zwei mal.

### 4. Die Heuschrecke

Wieder Bauchlage. Die Stirn berührt den Boden. Hände flach auf den Boden, in Höhe der Hüften, Finger zeigen nach hinten. Stemme jetzt Deine Hüften in die Höhe, indem Du die Arme dabei benutzt. (experimentiere mit dem richtigen Winkel der Arme). Das Kinn und die Brust sind auf dem Boden, die Beine sollen zusammen und möglichst gestreckt sein.
Halte solange diese Stellung wie Du kannst (es werden zu Anfang nur ein paar Sekunden sein).
Führe die Beine bei Beendigung langsam zurück.

*Schrittweise erklärt:*

1. Bauchlage. Stirn auf dem Boden.
2. Hände neben den Hüften, Handfläche nach unten, Finger nach hinten.
3. Beine und Hüfte hochheben, solange es geht.
4. Beine sind zusammen und gestreckt.
5. Langsam entspannen (30 Sekunden).

### 5. Hängebauchschwein

Knie Die mit allen vieren auf den Boden.
Drücke den Rücken nach unten (Hohlkreuz), dabei geht der Kopf in den Nacken und der Hintern nach oben. Zähle bis 20 und mache dann einen Rundrücken. Dabei geht der Hintern zurück und der Kopf an die Brust. Führe beide Stellungen 10 mal durch.

*Schrittweise erklärt:*

1. Auf allen vieren.
2. Hohlkreuz 20 Sekunden.
3. Rundrücken 20 Sekunden.
4. Wiederhole 2 und 3 10 mal.

**Körperübungen zweite Woche:**

1. Bioenerg. Grundhaltung
2. Hecheln
3. Schulterzucken
4. Lebensfreudedehnung
5. Nackenmassage
6. Bogen 3x
7. Durchbiegen des Rückens
8. Ausgleich von 7
9. Kobra
10. Heuschrecke
11. Hängebauchschwein

## Meditation zweite Woche

**Vorbemerkung:** Wir werden jetzt mit neuen Meditationstechniken voranschreiten, die jeden Tag gemacht werden sollen. Es ist aber weiterhin notwendig, daß Du auch Pranajama machst.

Dazu gibt es mehrere Möglichkeiten:

1. Du machst (z. B. morgens) eine Stunde Pranajama im Asana und (z. B. abends) eine Stunde lang die aktuelle Meditation.
2. Du machst die aktuelle Meditation 1 Stunde pro Tag und zusätzlich eine halbe Stunde Pranajama.
3. Du sitzt eine Stunde im Asana, wobei Du eine halbe Stunde Pranajama machst und eine halbe Stunde die aktuelle Meditation.
4. Du sitzt jeden Tag eine Stunde Asana und machst an den Tagen abwechselnd Pranajama und die aktuelle Meditation.

Die Effektivität und die Schnelligkeit Deines Fortschreitens nimmt natürlich in der Reihenfolge der aufgezählten Möglichkeiten ab. Aber Du mußt Dich natürlich auch danach richten, was Du sonst noch für Verpflichtungen hast. Lese Dir die Möglichkeiten nocheinmal durch und überlege Dir, welche für Dich die beste ist. Am wichtigsten ist es aber, daß Du tatsächlich darauf hin arbeitest, jeden Tag eine Stunde lang im Asana zu sitzen.

**Meditation zweite Woche:** Du hast im letzten Monat gelernt, durch Deine Genitalien zu atmen. Mache jetzt das gleiche, aber im Asana. Probiere wieder beide Varianten wie im letzten Teil, 3./4. Woche aus. Notiere Dir die Unterschiede zum letzten Monat im Liegen und trage sie in den Fragebogen am Schluß dieses Kurses ein.

## Körperarbeit dritte/vierte Woche

**Vorbemerkung:** In den nächsten zwei Wochen beschäftigen wir uns mit dem Becken. Dies ist der zentrale Ort, an dem sich sexuelle Energien bilden und sammeln. Um aber eine den gesamten Körper miteinbeziehende Ekstase zu erreichen, muß das Becken die Energien an den Körper abgeben können. Deshalb muß das Becken gelockert werden.

Das Becken gibt nach oben und unten Energie ab. Den Rücken haben wir schon ein wenig bearbeitet, bleiben also noch die Beine.

Deshalb machen wir in der dritten Woche mehr für die Beine eine, in der vierten mehr für das Becken.

## Körperarbeit dritte Woche - Bioenergetik Beine - Neue Übungen

### 1. Startstellung

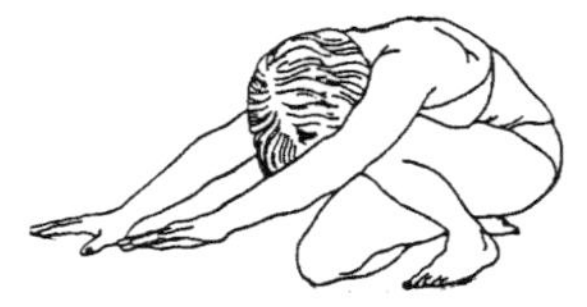

Knie Dich mit dem rechten beim auf den Boden, das andere beim winkelst Du so an, daß der Oberschenkel am Oberkörper liegt.
Beuge dann Deinen Oberkörper leicht nach vorn, sodaß Du in der linken Ferse eine Spannung spürst. Die Arme streckst Du dabei nach vorn weg.
Mache diese Übung ca. 1 Minute und wechsle dann das beim.

*Schrittweise erklärt:*

1. Rechtes Knie auf dem Boden, linkes beim angewinkelt.
2. Oberkörper nach vorne beugen über das rechte beim. Arme nach vorn strecken. 1 Minute durchführen, dann Seiten wechseln. Bauchatmung nicht vergessen.

### 2. Stehen auf einem Bein

Stehe aufrecht. Kreuze die Arme auf dem Rücken locker. Mit dem linken beim knickst Du etwas ein, das Gewicht ruht auf dem Ballen, aber der ganze Fuß liegt auf. Das rechte beim kannst Du zur Ausbalancierung des Körpers benutzen, indem Du nur den großen Zeh auf dem Boden abstellst, allerdings nicht Dein Gewicht darauf verlagerst. Bleibe solange stehen, bis Du Schmerzen im linken Oberschenkel verspürst. Wenn Du die Schmerzen nicht mehr aushalten kannst, wechsle das beim.
**Anmerkung:** Sie bei dieser Übung vorsichtig. Der Sinn der Übung ist folgender: bei dieser Art von Stehen verkrampft sich Deine Oberschenkelmuskulatur sehr stark. Du wirst spüren, wie die Muskeln von Sekunde zu Sekunde immer härter werden und zu brennen beginnen. Wenn diese Spannung vom Oberschenkel nicht mehr aufrecht erhalten werden kann, entspannt sich der Muskel schlagartig, indem er kollabiert. Wenn Dein beim beginnt zu zittern, ist das ein erstes Zeichen für das beginnende Kollabieren. Kümmere Dich einfach nicht darum, mache weiter, verlagere nicht das gewicht. **Gerade bei dieser Übung ist es besonders wichtig, in den Bauch zu atmen. Denn zum einen lindert es den Schmerz, verkürzt den gesamten Prozeß der Übung, und durch das Bauchatmen bekommst Du deine Gefühle in den Griff, die mit aller Gewalt erreichen wollen, daß Du die Übung vorher abbrichst.** Der Oberschenkel ist der größte Muskel im Körper. deshalb erhalten wir durch seine Entspannung (Kollabieren) den größten Energieschub.

*Schrittweise erklärt:*

1. Stehe aufrecht. Arme sind hinterm Rücken.
2. Stehe auf dem linken beim, das leicht eingeknickt ist. (je mehr es eingeknickt ist, umso schneller geht die Übung vorbei, weil die Anstrengung am größten ist). Das rechte beim soll angehoben sein, höchstens der rechte Zeh dient zur Ausbalancierung.
3. Stehe möglichst so lange, bis das beim kollabiert. Bauchatmung.
4. Danach wechsle das beim.

**Achtung:** Du brauchst nicht zu befürchten. Wenn das beim kollabiert, so fällst Du immer so, daß Du dich nicht verletzen kannst. Es ist ein unbewußter Reflex.
Am Anfang wirst Du vielleicht noch nicht bis zum Kollabieren kommen. Das macht nichts. Arbeite Dich langsam vor. Wenn Du eine Weile mit zitterndem beim stehen kannst, ist das schon ganz gut. Es ist ein Zeichen dafür, daß sich die Muskelfasern ruckartig entspannen. Von da an ist es bis zum Ende nicht mehr weit.

### 3. Rückenlage mit ausgestreckten Beinen

Lege Dich auf den Rücken. Hebe Deine Beine ausgestreckt in die Luft. Die Beine sollen dabei zusammen bleiben und mit dem Oberkörper einen 90 - Grad - Winkel bilden. Strecke die Fußspitzen zu Dir hin und halte diese Stellung, bis die Beine anfangen zu zittern.

*Schrittweise erklärt:*

1. Rückenlage.
2. Beine gestreckt und zusammen im 90 - Grad - Winkel zum Oberkörper.
3. Bauchatmung, so lange Position halten, bis Beine zittern.
4. Beine langsam wieder auf den Boden.

### 4. Der Bärengang

Stehe aufrecht. Biege Dich so weit nach unten, daß Du deine Handflächen mit den Fingern nach vorn so nah wie möglich an Deine Füße auf den Boden legen kannst.
Beginne dann zu „laufen“, indem Du mit der rechten Hand und dem rechten Fuß gleichzeitig nach vorne gehst.
Knie sind die ganze Zeit durchgedrückt und die Handflächen vollständig auf dem Boden. Laufe in dieser Haltung mindestens 3 Minuten durch die Wohnung.

*Schrittweise erklärt:*

1. Herunterbeugen, bis die Hände flach auf dem Boden nah bei den Füßen sind.
2. Knie durchgedrückt.
3. Laufen, rechtes beim und rechter Arm zusammen, links genauso.
4. Dauer ca. 3 Minuten.

**Körperübungen dritte Woche:**

1. Grundhaltung
2. Hecheln
3. Bogen
4. Stehen auf einem Bein
5. Bogen im Asana
6. Brücke
7. Startstellung
8. Rückenlage m. hochgestr. Beinen
9. Bärengang
10. Totenstellung

# Meditation dritte Woche - Mantram soft

Eine sehr wichtige Voraussetzung für jede Form der Meditation ist es, das Gemüt zur Ruhe zu bringen und eindringende Gedanken abzuwehren. Grundvoraussetzung hierfür wiederum ist, das Bewußtsein aller Körperfunktionen auszuschalten, was durch Asana erreicht wird, wenn man intensiv übt.

Ein Mantram wirkt auf die Gedanken sehr stark, genauso wie Pranayama auf den Atem. Alle eindringenden Gedanken werden von dem Mantram weggeschleudert, wie Stück Kitt von einem Schwungrad.

**Grundsätzlich kann jedes Wort und jeder Satz als Mantram genutzt werden.** Das ideale Mantram sollte rhythmisch, man möchte fast sagen musikalisch, sein. Nimmt man einen Satz, sollte man darauf achten, daß genug Betonung auf eine Silbe davon liegt, so daß die Aufmerksamkeit davon unterstützt wird. Ein Anfänger sollte jedoch zuerst ein kurzes Mantram wählen, da man es sonst zu leicht vergißt oder zumindestens zuviel Aufmerksamkeit auf die Gedächtnisleistung legen muß.

**Hat man ein Mantram gewählt, muß man auf jeden Fall dabeibleiben,** da es sich ähnlich wie ein Pendel immer tiefer in die verschiedenen Schichten des Bewußtseins eingräbt. Wechselt man sein Mantram, so beginnt der ganze Prozeß von vorne, wobei es diesmal erheblich schwieriger wird, da sich die Schwingungen des ersten Mantrams nicht so schnell verliert.

Wenn Du deine Mantram-Meditation beendet hast, können verschiedene Phänomene auftreten. Wundere Dich nicht, wenn es eine Weile dauert, bis Du dich wieder zurechtfindest. Die Farben mögen Dir leuchtender und das Licht strahlender erscheinen. Es kann auch sein, daß Dir für kurze Zeit alles 'fremd' und 'anders' erscheint. Dies sind alles Zeichen, daß Du tiefer in die Meditation gekommen bist.

### Die Technik der Mantram-Meditation:

Spreche das Mantram laut und langsam und verringere langsam die Lautstärke. Setze dies fort, bis sich nur noch Deine Lippen bewegen. Dann wiederhole das Mantram nur noch gedanklich, ohne es im Mund mitzuartikulieren.

Du tust also nichts anderes als Dein Mantram beständig zu wiederholen. **Konzentriere** Dich aber **nicht krampfhaft** darauf, sondern versuche es, wie von allein fließen zu lassen. Denn sonst verspannst Du dich, richtest all Deine Konzentration auf Dein Gedächtnis und es bleibt nichts mehr für Entspanntheit übrig. Nach einigen Wochen des Übens wird das Mantram wie von alleine fließen.

Du wirst nach kurzer Zeit bemerken, wie die Gedanken abgewandert sind und Du das Mantram nicht mehr denkst. Nimm einfach das Mantram wieder auf, und zwar **ohne Dich zu ärgern oder aufzuregen.** Dies ist deshalb wichtig, weil durch Erregung die vorher erreichte Beruhigung wieder zunichte gemacht wird.

Bleibe nach Beendigung der Mantram-Meditation noch einige Minuten ruhig sitzen, um langsam wieder zu Dir zu kommen.

Die Mantram-Meditation ist für viele Zwecke geeignet.

1. Als eigentliche Meditation über eine Stunde hinweg. Ein tiefer Beruhigungseffekt wird erzielt, man ist erfrischt und zu größerer Konzentration fähig.

2. Beim Lernen oder bei der Arbeit reichen oft schon 5 bis 10 Min., um wieder fitt zu sein. Ebenso wenn man eine andere Meditation machen will. Mantram-Meditation als Einstieg bewirkt, daß man sehr viel schneller von den Alltagsgedanken loskommt.
3. Zur allgemeinen Erholung und Entspannung über 20 Min. Nach dieser Zeit sind Streßphänomene oder Abgespanntheit verschwunden.

**Einige nützliche Mantrams:**

1. AUMGN
2. Thelema
3. IAO
4. Nuit - Hadit - Ra-Hoor-Khuit

## Körperarbeit vierte Woche - Bioenergetik, Becken - Neue Übungen

### 1. Leichtes Springen

Diese Übung eignet sich hervorragend zur Aufwärmung des Beckens. Die leichter „Erschütterungen" wecken das Becken. Außerdem wird die Bewußtheit auf das Becken gelenkt, da die Atmung bei dieser Übung sehr ungewohnt ist.
Springe aus dem stand locker hoch. Beuge dabei Deine Knie beim Runtergehen leicht ein. Die Arme bleiben ganz locker.

**Atme immer genau dann intensiv in den Bauch, wenn Du im Begriff bist zu springen.**

Dies ist zwar etwas ungewohnt, aber Du gewöhnst Dich sicher schnell daran. Mache diese Übung etwa 3 - 5 Minuten.

*Schrittweise erklärt:*

1. Springe aus dem Stand locker hoch.
2. Der gesamte Körper soll dabei locker sein.
3. Atme genau vor dem Abspringen in den Bauch.

### 2. Das Beckenkreisen

Stehe Schulterbreit, stemme Deine Hände in die Hüften und beginne, mit dem Becken zu kreisen.
Beschreibe einen möglichst großen Kreis. Der Oberkörper soll ruhig dabei bleiben. Drehe ca. 3 Minuten und wechsle dann die Richtung.

*Schrittweise erklärt:*

1. Schulterbreiter Stand, Hände in den Hüften.
2. Becken kreisen.
3. Nach 3 Minuten anders herum.

### 3. Das Entenschwänzeln

Stehe aufrecht und schulterbreit. Knicke mit den Knien leicht ein und beuge Deinen Oberkörper nach vorn, indem Du dich mit den Händen auf den Knien abstützt.
Beginne mit dem Hintern zu wackeln. Nur das Becken soll sich dabei bewegen.
Achte wieder auf die Bauchatmung und führe die Übung ca. 3 Minuten aus.

*Schrittweise erklärt:*

1. Aufrechter schulterbreiter Stand.
2. Oberkörper nach vorn, Hände auf den leicht eingeknickten Knien.
3. 3 Minuten wackeln, ohne etwas anderes als das Becken zu bewegen.

### 4. Mit dem Becken atmen

Lege Dich flach mit dem Rücken auf den Boden. Die Hände liegen seitlich am Körper, Beine leicht angewinkelt, Fußsohlen auf der Erde.

Atme tief in das Becken und hebe es gleichzeitig an, soweit es geht. Dann atmest Du aus und läßt das Becken wieder herunter.

Mache diese Übung etwa 5 Minuten. Wenn Dich dabei Gelüste überkommen sollten, so macht das nichts. Es ist ein Zeichen für gute Beckenentspannung und Beckenatmung.

*Schrittweise erklärt:*

1. Mit dem Rücken auf den Boden, Beine angewinkelt, Fußsohlen auf dem Boden.
2. Einatmen und Becken heben, ausatmen und Becken senken.
3. Dauer: 5 Minuten.

### 5. Der Schmetterling

Setze Dich gerade auf den Boden und ziehe Deine Beine so an, daß die Fersen an den Genitalien liegen und die Fußsohlen sich berühren. Umfasse mit den Händen die Füße.

Beginne dann mit den Beinen zu wippen (oben - unten).

Du kannst auch zwischendurch die Ellenbogen parallel auf die Waden legen und damit Druck nach unten auf die Beine legen. Bauchatmung nicht vergessen.

*Schrittweise erklärt:*

1. Aufrechter Sitz.
2. Beine an die Genitalien heranziehen und Füße umfassen.
3. Wippen (bzw. mit Ellenbogen drücken).
4. Bauchatmung dabei, ca. 5 Minuten.

### 6. Beckenklatschen

Lege Dich wie beim Beckenatmen auf den Boden. Hebe das Becken an und lasse es dann auf den Boden fallen. Stoppe den Fall nicht ab. Beginne vorsichtig und steigere dann die Intensität. Lasse das Becken 100 mal fallen und atme dabei in den Bauch.

Die Übung ist richtig ausgeführt, wenn Du danach im Becken ein Kribbeln spürst.

*Schrittweise erklärt:*

1. Auf den Boden legen.
2. Becken anheben und fallenlassen, 100 mal.

**Körperübungen vierte Woche:**

1. Grundhaltung
2. Hecheln

3. Bogen
4. Bogen im Asana
5. Beine strecken
6. Springen
7. Beckenkreisen
8. Entenschwänzeln
9. Beckenatmung
10. Schmetterling
11. Beckenklatschen
12. Totenstellung

## Meditation vierte Woche

Diese Meditation knüpft an die der zweiten Woche an. **Diese Übungen sind sehr sehr wichtig, um die Bewußtheit für die genitalien zu stärken.**
Sie führen nicht nur zu einem verbesserten Körpergefühl im Beckenbereich, sondern bilden auch die astralen Genitalien aus. (Mehr hierzu im nächsten Kurs).
**Die Übung:** Benutze die Technik, die bei Dir besser gewirkt hat. Jetzt mache folgendes zusätzlich: stelle Dir den Atemfluß als weißen leuchtenden Nebel vor.
**Wenn Du die Technik aus Teil 1, dritte Woche nimmst:** Ein weißer Strahl fließt beim Einatmen in den Mund durch Luftröhre und Lunge in den Bauch, von dort durch die Genitalien mit dem ausatmen heraus.
**Wenn Du die Technik aus Teil 1, vierte Woche benutzt:** Beim Einatmen fließt ein weißer Strahl durch die Genitalien in den Bauch, beim Ausatmen wieder aus dem Bauch durch die Genitalien heraus.

## Fragebogen Kursteil 2

1. Wie heißen die 4 Kategorien der praktischen Voraussetzungen für Sexualmagie?
2. Nenne 5 Unterpunkte.
3. Mit welchen Techniken kann man Verspannungen und Dehnungsprobleme lösen?
4. Was ist eine Verspannung?
5. Wie heißen die drei metaphysischen Energiekanäle?
6. Wie bist Du mit der Bioenergetik vorangekommen? Schreibe zu jeder Woche Deine Erfahrungen und Probleme.
7. Wie lange hast Du Pranajama gemacht? Welchen Rhythmus, wieviele Unterbrechungen?
8. Für welche der 4 Möglichkeiten, Pranajama und aktuelle Meditation auszuführen hast Du dich entschieden?
9. Wie kommst Du mit dem Mantram zurecht?

## Lösungshinweise zu den Übungsaufgaben

*Übungsaufgabe 1:* ------------------------------

*Übungsaufgabe 2:* ------------------------------

*Übungsaufgabe 3:* Vergleiche Deine Lösungen mit dem Text.

*Übungsaufgabe 4/5:* Alle Beispiele, in denen äußere Reize (Wahrnehmungen) an inneres Erleben (Gefühle etc.) gekoppelt sind, sind richtig.

Ein Anker bezeichnet diese Koppelung.

# Lehrhefte für Sexualmagie - Teil 3

## Theorie - Voraussetzungen für Sexualmagie praktischII. Teil

Hier nun wie versprochen der 2. Teil über die praktischen Voraussetzungen der Sexualmagie. Wir behandeln heute die 5 im letzen Kurs genannten Punkte. Um zu sehen, wie sie in unserem Gesamtschema stehen, schau Dir bitte noch einmal die Übersicht aus Deinem letzten Kursheft an.

### Körperliche Voraussetzungen

**Kondition:** Eine weitere, für unsere Arbeit nicht zu unterschätzende körperliche Voraussetzung, ist die Kondition. Unter Kondition versteht man im Allgemeinen so etwas wie Ausdauer. Wir meinen damit aber auch Kraft. Wir unterscheiden also zwischen lang anhaltenden Leistungen, also Ausdauer und kurzzeitigen Leistungen, also Kraft.

Mit Ausdauer bezeichnen wir eine normale Tätigkeit, die Überdurchschnittlich lange ausgeführt wird (z.B. ein 10.000 meter Lauf). Mit Kraft bezeichnen wir eine sehr kurze aber überdurchschnittliche Tätigkeit (z.B. ein großes Gewicht bewegen) aber auch eine normale Tätigkeit sehr schnell durchführen, also Schnellkraft.

Noch einmal zusammengefaßt: Kondition = Ausdauer und Kraft. Bei der Kraft unterscheiden wir noch die Schnellkraft von der reinen Kraftanstrengung.

Diese drei Trainingsarten Ausdauer, Kraft und Schnellkraft zusammengenommen ergeben eine hervorragende Methode, unsere Muskeln vollständig zu trainieren.

Je mehr unsere Muskulatur beansprucht wird, desto mehr wird sie angeregt und durchblutet, desto stabiler wird unser Kreislauf und damit unser allgemeiner Gesundheitszustand. Einseitige Trainingsmethoden, die nur die Ausdauer oder nur die Kraft trainieren, führen nicht zu optimalen Ergebnissen, weil nur ein Teil der Fähigkeiten der Muskulatur beansprucht wird.

Was hat nun das ganze mit Sexualmagie zu tun?

Nun, ganz einfach: Viele sexualmagische Operationen, speziell im Bereich von Evokationen, aber auch in der Prophetie, sind sehr lang. Außerdem müssen in vielen Fällen auch neben der Operation selbst ein bestimmter Text und bestimmte Formeln laut vibriert werden. Versuche Dir vorzustellen, daß Du zwei Stunden hintereinander einen Geschlechtsakt vollziehst und währenddessen einen Text rezitierst, in größter Lautstärke. Kannst Du Dir vorstellen, wie Du nach den zwei Stunden (wenn Du es überhaupt durchhältst) nach Luft schnappst?

Für einige Operationen benötigst Du also tatsache Kondition. Hinzu kommt, daß es für spezielle Arbeiten ganz spezielle, sehr komplizierte und anstrengende Stellungen gibt, auf die wir später noch zu sprechen kommen werden.

In nicht allzulanger Ferne, wenn Du deine Gelenkigkeit und Dehnbarkeit verbessert hast, und Deine Verspannungen abgebaut hast, werden wir bei den Körperübungen spezielle Übungsfolgen bekanntgeben, die alle drei Komponenten der Kondition beinhalten.

Nimm diese Übungen dann genauso ernst, wie die bisherigen, auch wenn es Dich an das Training von Leicht- oder Schwerathleten erinnern mag.
**Bedenke: Außer einem stabilen Kreislauf, besserer Atmung und verbesserter Verdauung hast Du hier auch die Möglichkeit, Deinen Willen ganz gezielt zu trainieren und ihn zu überprüfen.**
Denn Du kannst jede einzelne Übung dazu benutzen, Deinen Willen zu überprüfen. Du kannst z.B. mit hundert Kniebeugen beginnen und jeden Tag 20 Stück mehr machen. Du hast dann eine ganz genaue Skala, von der Du deinen Willen ablesen kannst. Du erinnerst Dich hoffentlich, daß der Wille ein wesentlicher Aspekt für magisches Arbeiten ist.
Solltest Du glauben, daß Dir Dein Körper sagt, wann Du nicht mehr kannst und daß es unmöglich ist, danach weiterzumachen, so verweisen wir dich auf einen unserer Artikel in unserem nächsten Heft, der da heißen wird: „ Wer beherrscht wen?- der Kampf zwischen Körper und Geist.“ Ein kleiner Vorgeschmack: Wir haben in unseren Reihen diverse Leute, die ohne große Mühe 30 Min. die Luft anhalten oder 90 Min. die Arme waagerecht halten können. Es ist nur die Frage, wer stärker ist, Dein Wille oder Du selbst oder Deine Ängste bzw. Dein Körper. Du kannst die Frage auch so stellen: Wer ist stärker, der von Dir evozierte Geist oder Du? - eine Frage des Überlebens - unter Umständen.
**Steigerung der Fähigkeit zur Gefühlsempfindung:** Gefühle sind, wie an anderer Stelle schon einmal erwähnt nichts anderes als Energie. Gefühle entstehen dadurch, daß ein schwacher Strom durch Deine Nervenbahnen fließt, den Du je nachdem als angenehm oder unangenehm interpretierst. Diese Energie ist im Prinzip immer die gleiche. Wie diese Energie von einem Menschen interpretiert wird, hängt von verschiedenen Faktoren ab. Einige wichtige Faktoren sind folgende: Wie stark fließt die Energie, wie lange fließt die Energie, welche Assoziationen ruft sie hervor, ist dieser Energiefluß neu oder schon bekannt, wie stark wird ein Energiefluß überhaupt wahrgenommen?
**Zu den einzelnen Faktoren:** Ein schönes Gefühl, aber auch ein schlechtes Gefühl können durch Reizintensivierung gesteigert werden. Dabei kann es aber auch dazu kommen, daß die Reizintensivierung plötzlich in das Gegenteil umschlägt. Wiederholte Orgasmen können z.B. sehr schmerzhaft werden. Die Art der Energie bleibt gleich, nur die Menge wird größer (erinnere Dich an das Beispiel mit der Glühbirne des ersten Kursheftes). Gefühle des Schmerzes können in extremen Fällen in extatische Zustände übergehen.
Die Assoziationen zu einem Gefühl sind sehr wichtig. Es gibt durchaus Leute,in denen die Tätigkeit des sich Schmerz zufügens (oder anderen Leuten) durchaus wollüstige Gefühle erweckt. Genauso gibt es Leute, die einen Orgasmus als unangenehm empfinden.
Die Wahrnehmung neuer Energieflüsse, die bisher unbekannt waren, werden meist zu Anfang als unangenehm empfunden. Dies einfach deshalb, weil dem Menschen neue Erfahrungen nicht geheuer sind, man kann etwas noch nicht einordnen, noch nicht abschätzen. Diese Erfahrungen werden oft von Schülern geschildert, die erste Eindrücke von fortgeschrittenem Asana oder Pranayama gesammelt haben. Je vertrauter man

mit den neuen Gefühlen wird, desto sicherer wird man, desto objektiver und ruhiger kann man sie aufnehmen, und desto angenehmer werden sie.
Viele Energieflüsse werden überhaupt nicht wahrgenommen. Es gibt ein Hunderasse, eine bestimmte Züchtung, deren Gefühlsempfindung so taub ist, daß ihre Exemplare nur eine sehr kurze Lebensdauer haben. Sie sind total schmerzunempflindlich. Sie rasen so oft gegen die Wand oder beißen sich so lange mit anderen Hunden, bis sie blutüberströmt bewußtlos liegen bleiben, oder tot sind.
Nicht ganz so krasse, aber doch ähnliche Fälle gibt es auch bei Menschen. Es gibt Menschen, die noch nie einen Orgasmus verspührt haben, ja noch nicht einmal den Begriff Lust kennen. Auch die Unfähigkeit, bestimmte Gerüche oder Geschmäcker zu unterscheiden, gehört hierzu.
Je vielfältiger unsere Wahrnehmung ist, desto mehr Energie können wir fließen lassen, desto mehr Energie steht uns zur Verfügung. Je objektiver wir Energie wahrnehmen, desto weniger Schmerzen empfinden wir.
Um zu diesem Ziel zu gelangen, müssen wir zunächst unsere Wahrnehmung optimieren. Danach müssen wir unsere Interpretationen überprüfen.
In diesen Bereich fallen Partnerübungen wie Sensitivübungen, Massagen, Meditationen mit allen Sinnesorganen und vieles mehr.
Um die Interpretationen unserer Sinneswahrnehmungen zu überprüfen, benutzen wir die Technik der 'Umkehrung der Sinne'. Wir prüfen unsere subjektiven Abneigungen, indem wir sie durchführen und uns dabei beobachten.
Hinzugefügt sei noch, daß Bioenergetik und Yoga schon erheblich dazu beitragen, unsere Gefühlsempfindungen zu verbessern.

## Geistige Voraussetzungen

**Konzentration entwickeln:** Erinnern wir uns nocheinmal an unsere 'Einführung in die Sexualmagie'. Es war dort die Rede von einer Glühbirne, die mit unserem Vorstellungsvermögen, unserer Imaginationskraft verglichen wurde.
Je stärker unsere Imaginationskraft ist, desto besser können wir durch Sexualmagie die gewünschten Ergebnisse erzeugen.
Imaginationskraft heißt aber nicht nur geistiges Sehen, wir müssen alle Sinne trainieren und lernen, mit ihnen gleichzeitig zu arbeiten.
Das gewünschte Ergebnis darf nicht nur vor dem geistigen Auge gesehen werden, wir müssen es auch hören, spüren, riechen und schmecken. Je mehr Sinne an dem Aufbau des gewünschten Bildes des Geistes beteiligt sind, desto besser sind unsere Erfolgschancen.
Wir werden in diesem Kurs damit beginnen, diese 'astralen Sinne' zu trainieren. Denn wenn wir uns der Sinne 'bewußt' werden, so bilden wir sie auch im astralem Körper aus. (Mehr dazu in der Meditation der ersten Woche)
Zu diesem Themenkomplex gehören folgende Übungen: Imaginationsübungen für jeden einzelnen Sinn, Bildmeditation, Augentraining, astrales Sehen, die Ausbildung des Astralkörpers, alle Formen von Pranayama, Dharana, Dhyana. (Die beiden letzten Techniken sind fortgeschrittene Formen der Imagination, in denen komplizierte und bewegte Objekte mit geschlossenen Augen 'gesehen' werden.)

## Individuelle Einstellung

**Erkennen der eigenen Abhängigkeit von Wünschen und Launen:** Das Erkennen der eigenen Abhängigkeit von Wünschen und Launen ist die Voraussetzung dafür, sein Verhalten zu ändern, ist die Motivation, an sich zu arbeiten, sich weiterzuentwickeln.

Ein Mensch, der meint, einen freien Willen zu haben, jederzeit frei entscheiden zu können, ist bedauernswert. Er erkennt nicht seine Misere. Er ist gefangen in seinen wenigen Verhaltensmöglichkeiten. Gurdijeff, Crowley und Don Juan (Castaneda) haben das sehr eindeutig formuliert.

Der Mensch ist eine Maschine, sagte Gurdieff, Crowley arbeitete an der Zerstörung seiner übernommenen Verhaltensprogramme, er nannte das Erheben zum Licht, den Kontakt mit seinem Wahren Willen, seinen heiligen Schutzengel.

Castaneda beschrieb den Menschen als in einer Blase steckend, die seine 'Realität' sei, seine eigenen Projektionen, aus denen er sich befreien muß.

Auch neuzeitliche Wissenschaftler haben dieses Problem erkannt. Timothy Leary spricht vom Menschen als domestizierten Primaten, der im Laufe der Erziehung 'geprägt' wird, und diese Prägungen, sprich bestimmte Verhaltensweisen niemals im Leben ändert.

Nehmen wir einmal an, ein Wassertropfen könnte denken. Er würde sich sagen: „Ich habe einen freien Willen. Ich könnte als Regen fallen, ich könnte verdampfen, ich könnte zu Kaffee werden, ich könnte mich in einem reißenden Fluß austoben oder sanft in einem Bach spielen, all diese Möglichkeiten habe ich, aber ich liege jetzt lieber ganz ruhig in einem Waldsee.“

Oder ein Stein, der in die Luft geworfen wird, sagt sich:“ich könnte jetzt in alle nur erdenklichen Richtungen fliegen, ich könnte auch einfach in der Luft stehen bleiben, aber ich entscheide mich jetzt dafür wieder auf die Erde zu fallen.“

Ganz genauso ist es mit dem Menschen. Das, was mit ihm passiert, egal ob Mensch, Wassertropfen oder Stein, ist immer die Resultante aus allen Umweltumständen.

Hätte der Mensch einen freien Willen, so hätten auch Stein und Wassertropfen denselben. Gurdijeff hat es einmal treffend beschrieben. Er verglich den menschlichen Geist mit einem Haus voller Diener, in dem der Hausherr fehlt. Das Haus ist der Geist, die Diener die Gedanken und der Hausherr das Ich, das Selbst oder der Wahre Wille.

In diesem Haus ohne Hausherren versucht nun jeder Diener, sich als Chef aufzuspielen, alle reden wie wild aufeinander los. Es ist ganz zufällig, welcher Diener gerade am lautesten ist und somit entscheidet, was passiert. Deshalb sieht es in dem Haus auch sehr unordentlich aus. Erst wenn der Hausherr zurückkommt, und jeden Diener in seine Schranken verweist, jedem wieder seine Aufgaben zuteilt, herrscht Friede und Ordnung.

Es ist wirklich nicht schwierig, das Problem nachzuvollziehen. Versuche einmal, eine Minute lang an irgendetwas zu denken, ohne an irgendetwas anderes zu denken. Du wirst feststellen, es geht nicht. Du wirst feststellen, daß die Gedanken mit Dir machen was sie wollen. Nach einiger Übung wirst Du sogar mehrere Gedanken gleichzeitig wahrnehmen. Es ist tatsächlich nur eine Frage des Zufalls, welcher Gedanke gerade

die Oberhand gewinnt. Das ist der Gedanke, den Du bewußt wahrnimmst, oder in die Tat umsetzt. Es könnte genauso gut jeder andere Gedanke sein. Ein fortgeschrittener Magier hat einmal folgendes Beispiel formuliert:
Ein Mensch, der in einem dunklen, schallisolierten Raum gesperrt wird, gerät in Panik. Hätte er die Möglichkeit, logisch zu überprüfen, so könnte er aus der Tatsache, daß er in einem dunklen Raum ist, nicht notwendigerweise ableiten, daß er sich in Todesgefahr befindet.
Fast alle Menschen, die in unserer Wohlstandgesellschaft arbeitslos werden, fühlen sich in ihrem Überleben bedroht, weil sie ein Absinken ihres Status, nämlich etwas wert zu sein, mit Untergang gleichsetzen. Ein genaues Überprüfen würde ihnen zeigen, daß sie durch Verlust ihrer Arbeit keineswegs bedroht sind, daß sie weder verhungern werden, noch verachtet werden könnten, denn daß ihnen das Verachtetwerden etwas ausmacht, ist das Ergebnis der Prägung. Genau die gleiche Prägung bei den Verachtenden die es als Aufstieg auf der Rangliste empfinden, wenn andere absteigen.
Ein völlig normaler Mann hat ein ganz gewisses Vorstellungsbild von der Frau seiner Träume. (Die Frauen sind nicht viel anders, obwohl sie eher Kompromisse eingehen, was aber mit der Erziehung des Anpassens zu tun hat.) Eine Frau, die dieses besagte Vorstellungsbild nicht erfüllt, könnte unseren Mann niemals wirklich erregen. Würde er seine Einstellung überprüfen, so würde er zu dem Ergebnis gelangen, daß es, biologisch und sexuell gesehen, überhaupt keinen Unterschied macht, ob die Frau blond oder schwarz, dick oder dünn ist. Letzteres Beispiel erklärt am eindringlichsten, daß der Mensch völlig unfähig ist, seine Programme zu änderen. Probiere es einfach einmal aus. Es gehört ein langes Training dazu.“ Das Erkennen dieses Problems kann praktisch oder auch theoretisch erfolgen. Theoretisch durch das Lesen der Schriften von Leary, speziell ‘Neuropolitik’ und ‘Exo Psychologie’. Schriften über Erkenntnistheorie sind brauchbar.
In der Praxis erkennen wir das Problem dadurch, daß wir uns heute vornehmen, morgen ganz bestimmt Asana machen zu wollen. Am nächsten Tag aber hat ein anderer Gedanke die Oberhand. Er erfindet alle möglichen Gründe, warum Asana heute nicht gemacht werden kann. Die allgemeinste, aber auch treffendste Formulierung für die erste Übung hierzu ist, alles was Du dir vorgenommen hast, auf jeden Fall, egal was kommt, unter allen Umständen durchzuführen. Jedes mal, wenn Du deine Launen besiegst, bist Du deinem wahren Willen näher gekommen.
*Übungsaufgabe 1:* Beschreibe noch einmal in eigenen Worten:

a. was wir unter folgenden Begriffen zu verstehen haben
b. warum wir diese Fähigkeiten benötigen
c. wie wir sie erlangen können

Kondition

a
b
c

Steigerung d. Gefühlsempfindung

a

b

c

Kommunikation

a

b

c

**Lernen von Techniken der Verhaltensvielfalt:** Haben wir unser Grundproblem, unsere Abhängigkeit von Wünschen und Launen erkannt, so kommt als nächstes die Aufgabe auf uns zu, unsere Verhaltensvielfalt zu fördern.

Was bedeutet Verhaltensvielfalt? Während wir in eine Gesellschaft hineinwachsen, lernen wir, auf alle sich ergebenden Situationen auf irgendeine Art und Weise zu reagieren. Wir lernen meist: 'Man reagiert halt so'. Es wird niemals hinterfragt, ob es nicht noch andere Verhaltensmöglichkeiten gibt. Wir reagieren z.B. 'sauer', wenn uns irgendetwas nicht gefällt. Dies führt aber meist nicht zu dem gewünschten Ergebnis, daß sich der unerwünschte Zustand ändert. Im Gegenteil, das 'Sauersein' steckt seine Umgebung an, es kommt zu Streit und Umstimmigkeiten, und alles wird nur noch schlimmer. Ist es nicht sinnvoller, das Verhalten, das nicht zum Ziel führt, also das 'Sauersein', zu ändern? Durch ein Verhalten zu ersetzen, das zum Ziel führt? Aber wer kann das schon auf anhieb? Es kostet halt Energie und Willen, nicht sauer zu sein, und seinen Wunsch zu formulieren.

Genau das ist aber für unsere magische Arbeit sehr wichtig und wird von den meisten sogenannten 'Magiern' verkannt.

Alle Umstimmigkeiten und Unzufriedenheiten werden nur verdrängt, vergessen. Sie leben aber im Unbewußten weiter und hindern uns an unserer magischen Arbeit.

Gerade wenn es um Partnerarbeit geht, ist es sehr wichtig, alle Probleme auszuräumen, den Partner wirklich zu verstehen, denn ohne diese Voraussetzung kommt garantiert nicht das gewünschte Ergebnis zustande.

Deshalb müssen für dieses Problem die Übungen aus 4 c/d gemacht werden (Kommunikationstraining und Persönlichkeitsmodelle zur eigenen Analyse des eigenen Verhaltens) die wir im nächsten Kurs behandeln werden.

**Im dritten Teil dieses Artikels lesen wir:**

4. Individuelle Einstellung
    c. Kommunikationstraining
    d. Persönlichkeitsmodelle

2. Geistige Voraussetzungen
    b. Willensschulung

3. Magische Voraussetzungen
    b. Analyse mit Hilfe der Zuordnungssysteme.
    a. Magische Zuordnungssysteme, Tarot, Astrologie, Kabbalah, Henoch

*Übungsaufgabe 2:* Schreibe auf ein Blatt Papier einmal alle Wünsche und Launen von Dir auf, die Dir einfallen und von denen Du meinst, daß sie Dich am meisten beeinflussen.

*Übungsaufgabe 3:* Was hat Verhaltensvielfalt mit Wahrnehmung zu tun?

# Meditation 1. bis 4. Woche

## Einleitung - Der Astralkörper

In den nächsten vier Wochen wollen wir uns mit der Bildung des Astralkörpers beschäftigen. Der Astralkörper ist ein feinstofflicher Körper, der genauso zu Dir gehört, wie Dein physischer Körper. Man könnte ihn auch als Deine Aura bezeichnen. Es ist ein Energiefeld, das Dich umgibt, und Dich durchdringt. Die meisten esoterischen Lehren gehen davon aus, daß der Mensch bereits einen kompletten Astralkörper hat. Das ist aber nicht ganz richtig.

Richtig ist, daß dieses Energiepotential latent vorhanden ist. Zu einem richtigen Astralkörper gehört aber auch ein voll entwickeltes Wahrnehmungsvermögen. Also astrales Fühlen, Sehen, Schmecken usw.

Wir müssen zuerst lernen, diese Energie, die uns umgibt, überhaupt wahrzunehmen. Danach können wir die Wahrnehmung intensivieren. Je stärker die Wahrnehmung der Einzelheiten des Astralkörpers, desto stärker ist er auch entwickelt. Wenn wir dies erreicht haben, so können wir damit beginnen, unser Bewußtsein dort hineinzuverlagern.

Danach bewegen wir uns im Astralkörper, auf dieser Ebene und auch auf anderen magischen Ebenen, Astralebenen etc. Die Entwicklung des Astralkörpers verlangt allerdings viel Geduld. Anfängliche Ergebnisse werden sehr begeisternd sein. Aber es werden durchaus auch Phasen auftreten, in denen Du meinen wirst, daß sich nichts mehr verändert. Hier gilt einfach weitermachen. Letztgenanntes ist einfach ein Zeichen dafür, daß bald Änderungen eintreten werden.

Der Astralkörper ist der eigentliche Körper des Magiers. Er ist darin genauso zu Hause wie in seinem physischen Körper.

Auch wenn es für Dich noch wie ein Märchen klingen mag: Du kannst Dich mit Deinem Astralkörper auf andere, phantastische Ebenen erheben, Du kannst Dich auch auf diesen Ebenen viel besser mit anderen Wesen verständigen, sie überhaupt ersteinmal optisch wahrnehmen. Wenn Du dabei bleibst, wird diese Utopie in nicht allzulanger Ferne ganz selbstverständlich für Dich sein.

# Meditation 1. Woche

Lies dir die folgende Meditationsbeschreibung ersteinmal genau durch, bevor du mit der Übung beginnst:

Wenn du deine Vorbereitungen abgeschlossen hast und deine Liegeposition kennst, fange mit der Übung an. Sie sollte ungefähr zwischen 60 bis 90 Minuten dauern. Die Zeitangaben sollen für dich Richtungweisend sein, und keine starren Vorlagen.

Suche dir in deiner Wohnung eine weiche Unterlage, auf der du dich vollständig gerade ausgestreckt hinlegen kannst. **Wähle aber keinesfalls dein Bett,** oder etwas anderes aus, auf dem du schläfst! Wenn du nichts anderes hast bereite dir mit einer Wolldecke eine weiche Unterlage auf dem Boden.

Leg dich auf den Rücken, ein **kleines** Kissen für den Kopf ist erlaubt. Die Beine sind gerade ausgestreckt und liegen so beieinander daß sich die Fersen nicht berühren. Die

Arme liegen entspannt neben dem Körper. Nichts an dieser Liegeposition soll unangenehm sein. Beengende Kleidung die irgendwo drückt oder zwickt sollte abgelegt werden. Probiere ein wenig herum, so daß du zum Schluß wirklich ohne Einschränkung mit deiner Position zufrieden sein kannst.
Nun nachdem du dich hingelegt hast, schließe deine Augen und beobachte etwa 5 bis 10 Minuten deinen Atem. Greife nicht in diesen Vorgang ein, spüre einfach wie sich der Brustkob hebt und senkt. Wie der Atemfluß langsam und ruhig wird.
Dann spüre in deine Arme, Beine, den Rumpf, den gesamten Körper. Spüre in ihn hinein. Laß dir Zeit dabei. Vergegenwärtige dir jedes Körperteil. Sei in der Lage jedes Körperteil einzeln zu spüren. (Zu Anfang dauert dies etwa 15 Minuten, später geht dies aber sehr viel schneller. Je genauer du die Übung ausführst desto schneller wird es später vorangehen.) Dann spüre alle Körperteile auf einmal. Spüre deine Körper als Gesamtheit. Fühle ihn. Wenn du ihn vollständig fühlen kannst, aber erst dann mache wie folgt weiter:
Während du weiter mit deinem materiellen Körper **bewegungslos** da liegst, **stell dir vor**, wie du langsam aufstehst. Stell es dir aber nicht nur bildlich vor, sondern spüre deine Bewegungen die mit dem Aufstehen verbunden sind. **Spüre und sieh und höre** wie du dich in deiner Vorstellung bewegst! Es sollten Empfindungen damit verbunden sein, als würdest du wirklich mit deinen materiellen Körper aufstehen. Stell dich zu deinen Füßen mit abgewandter Blickrichtung von deinem Körper, hin und „sieh“ dich um. Dann geh langsam zurück: stell dir vor wie du dich **langsam** wieder hinsetzt und hinlegst, so wie auch dein Körper liegt. Spüre diesen Vorgang, wieder so intensiv wie möglich.
Wenn du diese Übung vollständig beherrschst, kannst du auch ein bischen länger „draußen bleiben“, z.B. im Zimmer herum gehen. Aber bei all dem sollte Dir immer klar sein, daß du all das was du tust spüren solltest. Die reine Vorstellung des Körpers ist hier nicht erwünscht. Wenn du z.B. im Zimmer herum läufst, tue dies erst einmal ganz langsam materiell. Du wirst erstaunt sein wie viele Empfindungen damit verbunden sind, obwohl wir sie tagsüber kaum wahrnehmen. Beim laufen kannst du z.B. deine Kleidung bei jeder Bewegung spüren, du spürst wie deine Fußsohlen am Boden abrollen. Wie der Druck sich an den Fußsohlen während der Bewegung verändert usw., usw... **Noch ein Tip:** Je langsamer du dich bewegst desto mehr, desto intensiver wirst du empfinden. Unabhängig von dem was du ausprobieren magst, „geh immer zurück“ indem du dich wieder an das Fußende deines materiellen Körpers begiebst: stell dir vor wie du dich **langsam** wieder hinsetzt und hinlegst, so wie auch dein Körper liegt. Spüre diesen Vorgang, wieder so intensiv wie möglich.
Danach bleibe noch eine Weile (nach Belieben, doch solltest du dabei nicht einschlafen) einfach liegen und beobachte deinen Körper. Welche Empfindungen hast du? Wie fühlt sich dein Körper an. Spüre genau in ihn hinein. Dann steh **langsam** wieder auf. Langsam deshalb, damit dein Kreislauf Gelegenheit hat sich wieder zu normalisieren.
Notiere Dir danach was du während der Übung erlebst hast, was für Empfindungen du dabei hattest, oder was dir sonst irgenwie wichtig erscheint.

Du wirst, schon während, aber erst recht nach der Meditation ein neues 'Gefühl' wahrnehmen. Dies ist das erste Gefühl Deines Astralkörpers. Mache Deine Meditation möglichst jeden Tag.
Diese Meditation wird auch auf der Kassette „Astralreisen I" beschrieben. Diese ist beim Bohmeier Verlag auf Bestellung erhältlich und kostet 29,- DM.

## Körperarbeit: Bioenergetik 1. Woche - Bioenergetik - Becken

Zunächst, wie immer, die Erklärungen der neuen Übungen.

### 1. Beckenbewegung seitlich

Stehe in der Bioenergetischen Grundhaltung, die Füße parallel und etwa 30 cm voneinander entfernt. Verlagere jetzt Dein Gewicht auf den linken Fuß, indem Du das Becken nach links bewegst. Dann tue das gleiche zur rechten Seite. Achte darauf, daß der Oberkörper gerade und passiv bleibt. Achte dabei auf die Bauchatmung.

*Schrittweise erklärt:*

1. Grundhaltung
2. Beckenbewegung nach rechts und links durch Gewichtsverlagerung
3. Achte auf Bauchatmung, der Oberkörper bleibt gerade.

### 2. Beckenbewegung nach vorne und hinten

Du stehst in der gleichen Haltung wie gerade eben. Du verlagerst jetzt aber Dein Gewicht auf die Fußspitzen bzw. Fersen, indem Du Dein Becken nach vorne bzw. nach hinten schwingst.

*Schrittweise erklärt:*

1. Grundhaltung
2. Gewichtsverlagerung auf Zehen und Hacken.

### 3. Kreisen der Beckenbewegung

Diese Übung geht ähnlich wie ein Bauchtanz.
Du kombinierst jetzt die beiden vorherigen Übungen, indem Du das Gewicht kreisförmig auf die Füße verteilst. Also: Zehen rechts, Zehen links und rechts, Zehen links, Hacken links, Hacken links und rechts, Hacken rechts. Achte auch hier wieder darauf, daß Du in den Bauch atmest und daß der Oberkörper relativ gerade bleibt.

*Schrittweise erklärt:*

1. Grundhaltung
2. Kreisende Bewegungen durch Gewichtsverlagerung.

### 4. Vibrieren der Schenkel

Lege Dich flach auf den Rücken und ziehe die Beine leicht an. Die Füße sind etwa 60 cm auseinander. Bewege jetzt Deine Füße langsam auseinander, und wieder zurück, achte aber darauf, daß die Fußsohlen glatt auf dem Boden liegen bleiben. Die Bewegung soll sehr fließend sein. Bauchatmung.

*Schrittweise erklärt:*

1. Lege Dich auf den Rücken

2. Winkle die Beine an, die Füße berühren den Boden.
3. Bewege die Beine jetzt auseinander und wieder zusammen, die Fußsohlen bleiben auf dem Boden.

**Körperübungen 1. Woche:**

1. Grundhaltung
2. Hecheln
3. Lebensfreudedehnung
4. Bogen
5. Bogen im Asana
6. Beckenbewegungen nach rechts und links
7. Beckenbewegungen nach vorne und hinten
8. Beckenkreisen
9. Entenschwänzeln
10. Schmetterling (Flattern)
11. Vibrieren der Schenkel
12. Beckenklatschen

## Meditation 2. Woche

Diese zweite Meditation soll Deine Erfahrungen der letzten Woche intensivieren. Experimentiere mit einer anderen Reihenfolge, in der Du die Körperteile durchgehst. Achte besonders auf Deine Sinnesorgane und nimm die inneren Organe dazu. Hilfreich ist es, vor dem Üben einmal in einen Anatomieatlas zu schauen. Bedenke: Alles **was Du wahrnimmst,** ist Dein Astralkörper. Je intensiver die Wahrnehmung desto besser.

Nocheinmal die wichtigen Punkte:

1. Andere Reihenfolge antesten.
2. Besonders auf Sinnesorgane achten.
3. Innere Organe hinzunehmen (Herz, Lunge, Gehirn, Magen, Bauch, etc.)

# Körperarbeit 2. Woche - Yoga für den Rücken

Zunächst wieder alle Übungen genau erklärt:
Hierzu noch eine Anmerkung: Beim Yoga geht es um sehr bewußte, ästhetische Bewegungsabläufe. Die Reihenfolge der Übungen ist so gewählt, daß Du sie in einem Fluß geschmeidig hintereinander durchführen kannst. Bei der folgenden Beschreibung findest Du immer unterstrichen, wenn Du eine Pause machen sollst. Die Pause ist dann immer so lange, wie die letzte Übung gedauert hat. Optimal ist pro Übung 60 sec. Wenn Du dies noch nicht schaffst, so steigere langsam. Beim Yoga kommt es nicht auf Kraftakte oder Verrenkungen an.

## 1. Der Baum

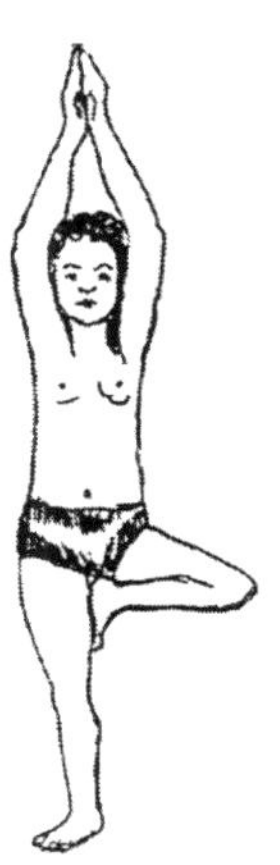

Stehe gerade aufrecht, die Füße zusammen. Atme in den Bauch. Jetzt hebst Du gleichzeitig Deine Arme in die Höhe und das rechte Bein. Die Endposition sieht so aus, daß Deine Arme völlig nach oben gestreckt sind, und sich die Hände berühren, während die Fußsohle des rechten Beins an der Innenseite Deines linken Oberschenkels liegt. Das angewinkelte Bein bildet einen rechten Winkel zum Körper. (siehe Zeichnung)
Du wirst vielleicht etwas Gleichgewichtsstörungen haben, aber das ist nur eine Frage der Übung. Je weiter Du deine Hände nach oben streckst, desto besser kannst Du das Gleichgewicht halten. Wechsel nach etwa 60 sec. langsam und bedächtig das Bein und gehe dann in die...

## 2. Hockstellung

...über. Lasse also langsam Deine Arme herunter, das Bein ebenfalls, und wenn beide Beine wieder nebeneinander stehen, gehe langsam in die Hocke. Achte beim Heruntergehen darauf, daß Dein Oberkörper möglichst gerade bleibt und daß die Fußsohlen gänzlich am Boden bleiben.
Wenn Du in der halben Hockstellung bist, lege Deine Hände auf Deine Knie. Du hockst zum Schluß ganz tief, die Arme sind ausgestreckt und der Oberkörper ganz gerade, Dein Gewicht liegt auf den Fußballen, der Hacken ist angehoben. (Siehe Zeichnung) Von dort gleite langsam in den...

## 3. Drachensitz

Hier machst Du jetzt eine Minute lang Pause. Mache dabei Bauchatmung. Wenn die Minute zu ende ist, gehst du in die...

## 4. Demutshaltung

...über. Weiter im Asana sitzend legst Du deinen Oberkörper ganz weit nach vorne, der Po bleibt dabei auf den Fersen. Deine Arme bilden auf dem Boden ein Dreieck, Deine Hände liegen nebeneinander und der Kopf ruht mit der Stirn auf den Händen.

Verbleibe in dieser Stellung 1 Min. und atme tief in den Bauch. Dann richte Dich wieder auf, bis Du im Asana sitzt. Danach machst Du die

**5. Brücke im Asana**

Diese Übung kennst du schon aus der Bioenergetik, mache sie genau so. Danach gleite zurück ins Asana und mache wieder eine Min. Pause. Gehe dann in die...

**6. Rückenlage**

Du liegst jetzt entspannt auf dem Rücken, die Arme liegen seitlich vom Körper, leicht angewinkelt, Handflächen nach unten, die Fußspitzen fallen auseinander. Hebe jetzt langsam beide gestreckten Beine in die Höhe. Achte darauf, daß der untere Rücken dabei auf dem Boden bleibt. Nach etwa 60 Sec. gehe langsam wieder hinunter und mache in der Rückenlage eine Min. Pause.

**7. Beinüberschlagen**

Hebe jetzt ähnlich wie in der vorherigen Übung ein Bein nach oben. Wenn Du die Endposition erreicht hast, so schlage es ausgestreckt über Dein anderes Bein, bis es auf dem Boden zum Liegen kommt. Achte dabei darauf, daß beide Beine gestreckt sind und daß Dein Rücken sich nicht bewegt. Mache diese Übung dreimal für jedes Bein und danach wieder eine Minute lang Pause.

**8. Angewinkelte Beine**

Ziehe jetzt aus der Rückenlage beide Beine zu Deinem Körper, so daß die Knie angewinkelt sind. Und die Fußsohlen auf der Erde liegen, die Knie bleiben bei dieser Übung zusammen. Jetzt kippe beide Beine langsam erst nach rechts und dann nach links und wiederhole dies 5 mal. Achte auch hier wieder darauf, daß der Rücken ruhig liegen bleibt. Mache hiernach wieder 60 sec. Pause.

**9. Kerze**

Hebe jetzt wieder aus der Rückenlage beide Beine gestreckt nach oben. Gehe aber diesmal weiter als bei den Übungen vorhin. Gehe in die Kerze. Das heißt, daß Deine Beine ausgestreckt nach oben zeigen, Dein Körpergewicht ruht nur auf den Schultern, das Kinn liegt an Deiner Brust. Gehe von dieser Stellung in den...

**10. Pflug**

...über. Das heißt, führe Deine gestreckten Beine bis hinter Deinen Kopf, bis sie auf dem Boden zu liegen kommen. Nimm Deine Hände nach hinten und umfasse Deine Fußgelenke, strecke die Knie richtig durch. Gehe nach etwa 60 sec. wieder zurück in die Kerze, knicke die Beine ein, bis die Knie nahe Deiner Augen sind, strecke dann die Beine langsam aus, rolle dich Wirbel für Wirbel ab und lege Deine Beine wieder zurück auf den Boden. Mache danach 2 Minuten Pause.

## 11. Kobra

Drehe Dich jetzt langsam auf den Bauch und mache die Kobra so wie Du sie in der Bioenergetik schon gelernt hast. Mache danach 60 sec. Pause.

## 12. Die Schaukel

Als nächstes winkelst Du deine Beine an, Du ziehst sie also in Richtung Po. Die Knie und die Fußgelenke bleiben zusammen. Du umfäßt jetzt mit den Händen Deine Fußgelenke. Jetzt ziehe mit den Händen kräftig an den Fußgelenken und ziehe mit den Füßen kräftig an den Handgelenken, so daß ein spannungsreicher Bogen entsteht. Wenn Du in dieser Stellung bist, atme tief in den Bauch. Du machst die Übung richtig, wenn Du beim atmen anfängst zu schaukeln. Nach etwa 60 sec. gehe wieder in die Ausgangsstellung und mache wieder 60 sec. lang Pause.

## 13. Die Heuschrecke

Führe die Übung so durch, wie du sie in der Bioenergetik schon gelernt hast. Mache nach 60 sec. eine ebensolange Pause.

## 14. Der Drehsitz

Setze Dich aufrecht auf den Boden, die Beine sind gerade durchgestreckt. Jetzt winkelst Du das linke Bein an, so daß die Ferse an Deinem Anus liegt und die Fußsohle den anderen Schenkel berührt. (etwa wie ein halber Schneidersitz) Dann hebst Du das andere Bein über das angewinkelte Bein, so daß der Fuß etwa in Höhe des angewinkelten Knies zum stehen kommt. Jetzt nehme Deinen rechten Arm und stecke ihn durch das Loch, das durch das herübergestellte Bein entsteht. Stecke also den Arm unterhalb der Kniekehle des rechten Beins durch das entstandene Loch. Die Handfläche ist dabei nach oben gerichtet. Jetzt gehst Du mit Deinem angewinkelten linken Arm an Deinen Rücken und versuchst die andere Hand zu greifen. Diese Übung ist etwas schwierig zu beschreiben, schaue Dir deshalb die Zeichnung genau an. Achte bei der Übung darauf, daß Dein Oberkörper ganz gerade gestreckt ist. Nach 60 sec. wechselst Du einfach die Seite. Solltest Du Probleme mit dieser Übung haben, die schon sehr viel Gelenkigkeit erfordert, so reicht es für den Anfang, wenn Du den einen Arm durch das entstandene Loch streckst und den anderen Arm einfach gerade hinter Dir auf den Boden legst. Wenn Du dich nach beiden Seiten einmal gedreht hast, dann stehe jetzt auf und mache den

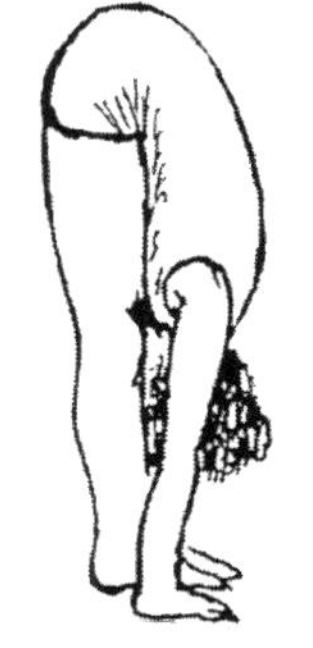

## 14. Kniekuß

Stehe gerade, die Knie sind durchgedrückt, die Füße liegen nebeneinander. Umfasse jetzt mit Deinen Händen die Hinterseite Deiner

Oberschenkel. Führe die Hände langsam an den Beinen herunter und beuge Dich dabei nach vorne. Die Hände sollten zum Schluß die Fußgelenke umfassen und Dein Oberkörper sollte so weit nach unten gebeugt sein, daß die Nase die Knie berührt. Achte aber darauf, daß die Knie die ganze Zeit durchgedrückt sind. Atme intensiv in den Bauch. Danach kommst du langsam wieder hoch und gehst sofort zur nächsten Übung weiter.

### 15. Strecken im Stehen

Wenn Du die Ausgangsposition erreicht hast, dann nehme langsam Deine Arme nach oben und versuch Dich soweit zu strecken wie Du nur kannst. Nach ca. 60 sec. nimm die Arme herunter, lege dich auf den Rücken und entspanne Dich noch 5 Min.

## Meditation 3. Woche

Du hast nun Deinen Astralkörper soweit ausgebildet und bewußt gemacht, daß Du erste Experimente mit ihm machen kannst. Beginne erst mit der Körpermeditation, wie Du sie jetzt aus den letzten beiden Wochen kennst. Du solltest jetzt schon in der Lage sein, die Meditation in der Hälfte der Zeit zu schaffen.
In der anderen Hälfte machst Du folgendes: Führe, nachdem Du die Körpermeditation gemacht hast, im Geiste einen Geschlechtsakt mit einer Person Deiner Wahl durch. Achte darauf, daß Du möglichst alle Sinne daran beteiligst.
Im nächsten Kurs werden wir Anregungen geben, wie einzelne Probleme, die aus diesen Übungen resultieren, gelöst werden können.

## Körperarbeit 3. und 4. Woche - Do-In für den Genitalbereich

Beim Do-In geht es um die massierende Stimulation von Nervenpunkten, Akkupressurpunkten, die die verschiedensten Körperfunktionen anregen, beleben und wiederherstellen, sollten sie defekt sein.
Treten bei der Massage solcher Punkte Schmerzen auf, so ist dies ein deutliches Zeichen dafür, daß Körperfunktionsstörungn vorliegen.
Die Schmerzen können bei längerem Üben stärker werden, oder erst nach einigen Tagen auftreten. Einfach weitermachen. Die Schmerzen rühren von Schadstoffablagerungen her. Sind diese herausmassiert, endet der Schmerz und die Funktion ist wieder hergestellt.
Wir arbeiten für die nächsten zwei Wochen einmal anders also sonst. Wir wollen Dir diesmal Gelegenheit geben, ein wenig selbständiger zu arbeiten. Im folgenden erhältst Du von uns eine Menge Übungsbeschreibungen. Diese Übungen regen alle die Blasen- und Genitalfunktionen an. Bastle Dir aus dem reichhaltigen Angebot selbständig die Übungsreihen zusammen, die Du in dieser und der nächsten Woche machen wirst. Eine bestimmte Reihenfolge ist bei diesen Übungen nicht so wichtig.
Bevor Du einen neue Zusammenstellung ausprobierst, solltest Du aber eine Reihe mindestens 3 Tage, besser noch 5 Tage durchgeführt haben. Du hast also die Möglichkeit, in den nächsten zwei Wochen zwischen drei und fünf verschiedenen Übungsreihen auszuwählen.

# Übungen an Kopf und Nacken

## 1. Nackenmassage

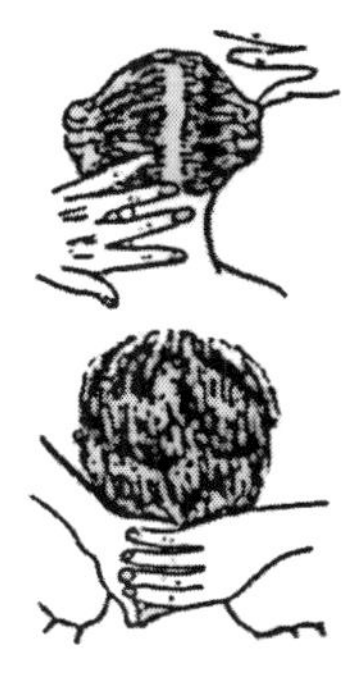

Beginne damit, den Nacken mit den flachen Fingerspitzen zu reiben. Fange so tief wie möglich am Halsansatz an und reibe so kräftig Du kannst. Der Hals wird sich sofort erwärmen und Du kannst direkt merken, wie die Energien fließen. Als nächstes mache mit der linken Hand eine Faust, lege diese auf den Nacken, die andere Hand darüber und drücke kräftig, bis die Verspannungen sich weich anfühlen.
Durch diese Massage werden die Meridiane für Blase- und Gallenblase angeregt.

Zum Schluß stimulierst Du den Dreifachen Erwärmer. Lege dazu beide Hände um den hinteren Teil des Kopfes, daß sich die Fingerspitzen berühren. Ertaste mit Deinen Daumen die zwei Einbuchtungen, die symmetrisch sind und am unteren Teil des Schädels liegen. Sie sind sehr deutlich zu spüren. Presse dort kräftig Deine Daumen hinein. Der dritte Druckpunkt des Dreifachen Erwärmers befindet sich im Zentrum der unteren Schädelbasis. Du findest ihn, indem Du deine Hand mit den Fingern nach oben um den Hinterkopf legst. Der Dreifache Erwärmer sammelt und reguliert die Ki Energie der Sexualfunktion. wenn er massiert wird, hat dies eine Gesamtenergetisierung zur Folge.

*Schrittweise erklärt:*

1. Nackenmassage mit den flachen Fingern.
2. Nackendrücken.
3. Massage des Dreifachen Erwärmers.

## 2. Kiefermassage

Massiere die untere Seite Deines Kiefers. Damit wirkst du direkt auf die Lympfe. Ziehe mit Daumen und Zeigefinger das Fleisch nach vorne. Beklatsche danach das Kinn.

## 3. Massage der Nasenwurzel

Stimuliere als nächstes den Blasenpunkt an Deinem Augeninnern durch kreisende Bewegung. Er befindet sich in Höhe der Augenwinkel auf der Nasenbrücke. Wenn Du ihn mit Daumen und Zeigefinger massierst, wirst Du sofort bemerken, wie neue Energien durch Deinen Körper strömen.

## 4. Augenübung

Reibe Deine Hände sehr kräftig aneinander, bis sie heiß werden. Lege sie dann mit den Handballen auf die geschlossenen Augen und drücke die Augäpfel kräftig. Drücke danach die Augäpfel mit den Mittelfingern stark nach innen. Wenn bei dieser Übung Schmerzen auftreten sollten, so deutet dies auf Fehlfunktionen der Nieren und Blase hin.

*Schrittweise erklärt:*

1. Hände reiben.
2. Die Handballen auf die geschlossenen Augenlider legen und kräftig drücken.
3. Mit den Mittelfingern die Augäpfel nach innen drücken.

### 5. Nasenübungen

Nimm Deinen Zeigefinger, lege ihn auf die Nasenspitze und reibe diese kräftig kreisförmig in beide Richtungen. Lege danach Deinen Zeigefinger auf den Mittelfinger und massiere kräftig die Nasenwände und Nasenflügel. Danach drücke den Knorpel unter den Augenwinkeln und atme dabei ein und aus. (hierbei können Flüssigkeitsabsonderungen der Augen auftreten, sie sind aber bei dieser Übung ganz normal). Zum Abschluß drückst Du mit dem Zeigefinger kräftig den Knorpel unter der Nase.

*Schrittweise erklärt:*

1. Die Nasenspitze mit den Zeigefinger kräftig massieren.
2. Nasenwände und Nasenflügel massieren.
3. Den Knorpel unter den Augenwinkeln drücken.
4. Den Knorpel unter der Nase drücken.

### 6. Massage der Oberlippe

Nimm Deine Oberlippe zwischen Daumen und Zeigefinger und schüttle sie kräftig hin und her. Gehe danach zu kreisenden Bewegungen über.

## Übungen an der Hand

### 7. Massage des Mittel- und Ringfingers

Diese Übung stimuliert den Dreifachen Erwärmer und die Geschlechtsorgane. Massiere kräftig mit Daumen und Zeigefinger das äußerste Glied Deines Mittel- und Ringfingers der anderen Hand. Wechsel danach die Hand. Danach machst du folgendes. Lege Deine linke Hand auf Deinen Schenkel, die Handfläche zeigt nach oben, winkle Deine Finger dabei an. Drücke jetzt kräftig mit dem Daumen der rechten Hand auf den letzen Knöchel Deines Mittel- und Ringfingers. Dabei entsteht ein Knackgeräusch. Wechsel danach die Hand.

*Schrittweise erklärt:*

1. Massage des Mittel- und Ringfingers.
2. Handwechsel.
3. Knacken der Fingergelenke.
4. Handwechsel.

### 8. Massieren der Maus

Die ‘Maus’ an der Hand ist der Bereich, der die Verlängerung des Daumens bis zum Handgelenk bildet. Es ist die weichste Stelle an Deiner Hand. Massiere diese kräftig mit dem Daumen der anderen Hand.

## Übungen an den Füßen

### 9. Fußtrommeln

Setze Dich auf den Fußboden, verschränke die Arme über der Brust und strecke die Beine vor Dich aus, die Knie sind dabei leicht angewinkelt. Trommel jetzt mit den Fersen auf den Boden und bewege dabei die Füße aufeinander zu und voneinander weg. Mache dies etwa eine Min. lang.

### 10. Kneifen der Achillesferse

Massiere die Achillessehne mit Daumen und Zeigefinger. Kneife dabei kräftig in diesen Bereich hinein.

### 11. Kneifen in den Hacken

Nimm Deine Ferse in die Hand und kralle die Finger der anderen Hand in den Bereich über den Fersenknochen. Kratze dann mit der gleichen Hand von der Mitte der Fußsohle aus bis zur Ferse die Fußunterseite, dies regt die Geschlechtsorgane an und ist außerdem gut für die Nieren.

### 12. Massage der Fußsohle

Leg den rechten Fuß auf den linken Oberschenkel, sodaß die Fußsohle nach oben zeigt. Jetzt massiere mit beiden Händen, mit dem Daumen die gesamte Fußsohle von oben nach unten. Massiere besonders die Stellen, die schmerzhaft sind. Nach ca. 3 Min. wechsel den Fuß.

## Übungen an Bauch und Becken

### 13. 'Punkt der Jungend'

Füge Deine Finger der rechten Hand aneinander und drücke sie senkrecht in den Unterleib, wobei die linke Hand auf die rechte gelegt zur Verstärkung dient. (Siehe Abbildung) Danach lege Dich auf den Rücken und massiere Deinen Bauch, wobei Du die Spur des Darms (Spirale) nachziehst. Danach lege die Fingerenden der rechten Hand flach auf den Nabel, drücke leicht mit der linken Hand darauf und gehe mit kreisenden Massagebewegungen bis zur Blase, danach wieder zurück.

*Schrittweise erklärt:*

1. Den Punkt der Jugend drücken.
2. Bauchmassage.
3. Nabel-Blasenmassage.

### 14. Drei Übungen zur Aufladung des Bauchzentrums

a. Lege Dich auf den Rücken, die Arme liegen seitlich am KÖrper, die Beine sind etwas gespreitzt. Atme tief ein und stehe dann, während Du ganz plötzlich durch den Mund ausatmest, auf. Strecke die Arme dabei nach vorne und drehe sie um sich selbst, damit sich die Handrücken gegenüberstehen und die Handflächen nach außen zeigen. Dies verstärkt die Konzentration auf das Bauchzentrum. Wiederhole dies 5 mal.

*Schrittweise erklärt:*

1. Rückenlage, Beine leicht gespreizt.
2. Ruckartiges Aufrichten des Oberkörpers bei gleichzeitigem Ausatmen durch den Mund.
3. Gleichzeitig die Hände nach vorne nehmen und die Handflächen nach außen drehen.

b. Führe die gleiche Übung nocheinmal aus, aber winkle beim Aufrichten des Oberkörpers gleichzeitig die Beine an.
c. Mache wieder die gleiche Übung, aber aus einer anderen Ausgangsposition heraus. Die Ausgangsposition ist ähnlich wie unser Asana, nur, daß der Po nicht auf den Fersen ruht, sondern zwischen den Fersen.

## Meditation 4. Woche - Geschlechtsumwandlung

Dies ist eine Meditation, vor der sich immer wieder viele Schüler völlig grundlos fürchten. Sie befürchten, durch diese Übung ihre Identität zu verlieren, oder ihr Rollenverständnis von sich als Mann bzw. Frau. Beim genauen Hinterfragen kommen aber plötzlich völlig andere Probleme zu Tage. Viele Schüler nehmen dabei erschrocken zur Kenntnis, daß sie bisexuell veranlagt sind. Erschrocken deshalb, weil Homosexualität meist verpöhnt ist und jedem Kind schon im Ansatz als etwas schlechtes und böses dargestellt wird. Es gibt aber überhaupt keinen Grund, über sich selbst erschrocken zu sein, denn auch die Biologen und Verhaltensforscher kommen zu den gleichen Ergebnissen.
In der Genesis heißt es: „Und Gott schuf den Menschen nach seinem Ebenbilde." Kenner der Kabbalah können in der Originalschrift des Hebräischen jedoch etwas herauslesen, was in allen nachfolgenden Bibelübersetzungen getilgt wurde. Im Hebräischen steht für Gott 'Elohim'. Dies ist eine Form, die es eigentlich gar nicht gibt. Wörtlich übersetzt müßte sie 'Göttiner' heißen, also eine Mischung aus Gott und Göttin. Wenn dieses androgyne (Zweigeschlechtliche) Wesen, nun nach seinem Ebenbild erschuf, so ist es klar, daß Du nicht erschrocken sein mußt. Oder glaubst Du etwa, daß Du in all Deinen Inkarnationen immer das gleiche Geschlecht hattest?
Dieser kleine Exkurs möge hier erst einmal genügen. Im nächsten Kursteil wollen wir weiter an dieser Meditation arbeiten. Nun zu der Übung selbst: Du machst zunächst die Körpermeditation, wie Du sie von der Übungskassette her kennst. Du solltest nach etwa 20 - 30 Min. damit fertig sein. Jetzt beginnst Du damit, die sekundären Geschlechtsmerkmale umzuwandeln. Wenn Du ein Mann bist, stellst Du Dir vor, wie Dir längere Haare wachsen, die Haut weicher und glatter wird, die Schultern schmaler etc. Wenn Du eine Frau bist, so wächst Dir ein Bart, die Schultern und Oberarme werden kräftiger, die Haut behaarter etc. Danach änderst Du die primären Geschlechtsorgane, also Genitalien und Brust.
Versuche, im Geiste alles genau zu fühlen und zu sehen. Höre Dich auch mit der andersgeschlechtlichen Stimme sprechen. Sperre Dich nicht vor dieser Übung, sie ist sehr wichtig. Du wirst feststellen, daß Du nach dieser Übung Deinen Partner wesentlich besser verstehen kannst als vorher. Und dies ist für spätere Arbeiten sehr hilfreich.

## Fragebogen 3. Teil

1. Was verstehen wir unter Kondition?
2. Was bewirkt Konditionstraining?
3. Was ist ein Gefühl?
4. Wovon ist es abhängig, wie ein Gefühl interpretiert wird?
5. Was verstehen wir unter Konzentration?
6. Erkläre uns, warum der Mensch von seinen Wüschen und Launen abhängig ist.
7. Was ist der Astralkörper und wie wird er entwickelt?

Schreibe ein Resüme für den letzten Monat, indem Du deine Entwicklung der letzen vier Wochen beschreibst: welche Übungen klappten besonders gut? Mit welchen von ihnen hattest du Schwierigkeiten? Wenn du dies getan hast, weist du auf welche Übungen du den nächsten Monat dein Augenmerk richten mußt um zu noch besseren Ergebnissen zu kommen. Hier ein paar Fragen um dir das Resüme zu erleichtern:

8. Wie bist Du mit der Meditations-Reihe zurecht gekommen? Beschreibe, welche Gefühle Du wahrgenommen hast.
9. Welche Körperpartien ließen sich schwerer erfühlen?
10. Beschreibe Deine Erfahrungen bei den Beckenübungen.
11. Was bewirkten die Yoga Übungen?
12. Wie war Dein astraler Geschlechtsakt?
13. Wie bist Du mit der neuen Arbeitsweise, Körperarbeit 3./4. Woche klar gekommen?
14. Welche Erlebnisse hattest Du bei der Geschlechtsumwandlung?
15. Machst Du noch Pranayama? Beschreibe Deine Fortschritte.

## Lösungshinweise zu den Übungsaufgaben

*Übungsaufgabe 1:* siehe Text.
*Übungsaufgabe2:* --------------
*Übungsaufgabe 3:* vgl. mit dem Text zur Verhaltensvielfalt.

# Lehrhefte für Sexualmagie - Teil 4

## Theorie - Voraussetzungen für Sexualmagie praktisch III

### Individuelle Einstellung

**Kommunikationstraining/Analysemodelle:** Wir haben im letzten Monat festgestellt, daß der Mensch total abhängig von seinen Wünschen und Launen ist.

Der Mensch lebt in seiner Umwelt. Das heißt, er nimmt Dinge um sich herum wahr und reagiert darauf. Umwelt und Individuum stehen also in Interaktion miteinander. Das gilt natürlich auch für eine spezielle Teilmenge dieses Interaktionsrahmens, nämlich die Kommunikation.

Unter Kommunikation verstehen wir normalerweise 'Unterhaltung', reden etc.

Wir müssen diesen Begriff aber genauer definieren.

**Kommunikation ist jede Art von Informationsaustausch.**

Nach dieser Definition stoßen wir sofort auf zwei Probleme:

1. Es ist nicht möglich, nicht zu kommunizieren.
2. Was ist überhaupt die Information, die gesendet wurde? - Wie können wir Störungen zwischen Sender und Empfänger erkennen und eleminieren?

Betrachten wir das Ganze einmal im einzelnen.

**Zum Punkt 1:** Wenn Du in das Wartezimmer eines Arztes kommst, erlebst Du oft folgendes: Die dort schon sitzenden Personen schauen kurz neugierig und wenden sich dann verlegen ab oder verstecken sich hinter ihrer Zeitung. Du wirst jetzt vielleicht sagen, sie kommunizieren nicht mit Dir. Aber stimmt das denn wirklich? Du kannst das ganz einfach überprüfen: Nämlich, indem Du dich fragst, was die Reaktion der anderen in Dir auslöst. - Na? Du findest bei Dir selbst sicher eine Reaktion darauf. Vielleicht: Die sind alle verlegen, ängstlich, arrogant oder ähnliches. Egal, was es ist, Du löst mit jedem Verhalten bei anderen Reaktionen aus - und deshalb: Es ist nicht möglich, nicht zu kommunizieren.

Hier kommen wir aber gleich **zum Punkt 2:** Lies noch einmal den vorletzten Absatz. Welche Einschätzung ist denn nun richtig? Arrogant? Verlegen? Ängstlich? Oder Was? Drei verschiedene Leute, die Du danach fragen würdest, wenn sie den Warteraum betreten haben, würden sehr wahrscheinlich 3 verschiedene Meinungen abgeben.

Jeder von den dreien wird hundertprozentig davon überzeugt sein, daß seine Einschätzung richtig ist. Da aber niemand gleichzeitig arrogant, verlegen und ängstlich sein kann, müssen also zwei (mindestens zwei, es könnten ja auch noch beliebig viele andere Interpretationen gegeben werden) Einschätzungen falsch sein.

Welche Einschätzung nun richtig ist, können wir nur dadurch herausbekommen, daß wir den Sender befragen. Wir fragen also jemanden, der sich hinter seiner Zeitung versteckt hat, warum er dies tat.

Er wird uns vielleicht zur Antwort geben: „Nun, ich habe höllische Angst davor, angesteckt zu werden. Und ich verstecke mich hinter der Zeitung, damit mich keiner anspricht, was die Ansteckungsgefahr erhöhen würde."

Da haben wir's. Darauf wären wir von allein sehr wahrscheinlich nicht so schnell gekommen.
Ein anderer würde vielleicht antworten: „Ich fürchte, daß mich jemand fragt, was ich habe. Ich kann nicht lügen. Und dann müßte ich ihm sagen, daß ich Tripper habe, und das beschämt mich so."
Dies sind nur ganz banale Beispiele. Aber sie passieren uns ständig. Ständig gehen wir von Dingen aus, die wir niemals überprüft haben. Und oft können ganz kleine Mißverständnisse zu Riesenproblemen führen.
Zum besseren Verständnis für die Auswirkungen solcher 'kleinen Mißverständnisse' hier einige Beispiele:
Mann: „Wo sind meine Manschettenknöpfe?"
(Möchte nur eine Information haben.)
Frau: „Warum meckerst Du schon wieder? Diesmal habe ich sie ganz bestimmt nicht verlegt."
(Fühlt sich angegriffen, weil sie die Frage so verstanden hat, daß sie der Mann für das Verschwinden der Manschettenknöpfe verantwortlich macht, weil das schon einmal früher passiert ist.)
Mann:"Also suche sie gefälligst, hättest Du sie nicht verbummelt, würdest Du dich auch nicht verteidigen."
(Geht davon aus, daß sie sich ihrer Tat bewußt ist und sich deshalb verteidigt. Nach dem Motto: Jemand mit reinem Gewissen muß sich nicht verteidigen.)
Frau: Beginnt zu schluchzen.
(Fühlt sich mißverstanden, weiß nicht mehr, was sie sagen soll.)
Etc, etc, etc.
Ein anderes Beispiel:
Frau: „Du liebst mich nicht."
(Sie meint das eigentlich nicht ernst. Sie möchte vielmehr durch ihre Aussage eine Bestätigung des Gegenteils bekommen.)
Mann: „Aber Liebling, wie kommst Du denn darauf. Ich habe Dir doch erst gestern gesagt, daß ich dich liebe."
(Er meint das vollkommen ernst. In seinem Bild der Welt drückt man seine liebsten Gefühle durch Worte aus.)
Frau: „Sagen kann mir das jeder, aber das überzeugt mich nicht."
(In der Gefühlswelt der Frau, ist ein Liebesbeweis kinestätischer Natur, d. h. sie möchte das fühlen können, in den Arm genommen werden, gestreichelt werden etc.)
Mann: „Soll das etwa heißen, daß ich ein Lügner bin?"
(Ist zutiefst gekränkt. Nach seinem Empfinden hat er ihr ganz ehrlich und offen gezeigt, daß er sie liebt. Er zweifelt jetzt daran, ob sie ihn überhaupt liebt, denn sie hat es ihm noch nie gesagt.)
Etc., etc., etc.
Dies ist ein genauso typisches Problem. Er äußert seine Liebe verbal und betrachtet auch nur eine diesbezüglich verbale Äußerung von ihr als Liebesbeweis. Bei ihr gilt das gleiche für gefühlsmäßige Äußerungen und Gesten. Beide werden völlig grundlos der Meinung sein, mißverstanden und nicht geliebt zu werden.

Diese Beispiele könnten jetzt beliebig weit fortgeführt werden. Krame einfach mal in Deinen Erinnerungen. Dir werden bestimmt Situationen einfallen, in denen Du der Meinung warst, völlig mißverstanden worden zu sein. Spiele solche Situationen einmal durch und versuche plausible Erklärungen zu finden.
Es dürfte jetzt klar geworden sein, wie wichtig es ist, richtig kommunizieren zu lernen, also so zu kommunizieren, daß sichergestellt ist, daß ich den anderen auch vollkommen verstehe.
Diese Techniken zu erlernen ist nicht so einfach. Das liegt daran, daß wir uns damit schwer tun, lebenslang bestätigte Vorurteile abzubauen. Weltanschauungen und eigenes Selbstverständnis geraten oft dadurch ins Schwanken. Und Selbsterkenntnis ist immer eine schmerzliche Erfahrung - zu Anfang, genauso, wie es uns schwerfällt, wirklich einzugestehen, daß wir Roboter sind. (Siehe letzten Monat)
Jetzt auf alle Techniken einzugehen, würde ganze Bücher füllen. Deshalb seien hier nur einige kurz erwähnt.
Eine Technik, die aus Amerika kommt, ist das sogenannte Meta-Modell der Sprache, auch NLP, Neuro- Linguistisches Programmieren genannt.
Dieses Modell beschäftigt sich mit der Struktur der Sprache. Das Metamodell der Sprache untersucht die Aussage von Sätzen und bietet einen Katalog von Fragen an, mit denen getilgtes Material hinterfragt werden kann.
Z. B.: „Er redet nie mit mir."
Frage: „Redet er wirklich nie mit Dir - ohne Ausnahme?"
Antwort: „Naja, nicht nie. Manchmal schon."
Frage: „Worüber redet er mit dir deiner Meinung nach nie?"
Antwort: „Er redet nie mit mir über das Kinderkriegen."
Frage: „Wer kriegt Kinder, von wem?"
Antwort: „Na er redet nie mit mir darüber, daß ich ein Kind von Ihm will."
Frage: „Bist Du Dir ganz sicher, daß ihr euch, so lange ihr euch kennt, wirklich niemals darüber gesprochen habt?"
Antwort: „Doch, ganz zu Anfang, da hat er gesagt, er möchte keine."
Usw., usw., usw...
Wir sehen, daß durch gezieltes Hinterfragen einer Aussage: „Er redet nie mit mir" - „Er hat, seit er sich einmal so geäußert hat, daß er mit mir kein Kind haben will, nicht mehr mit mir darüber gesprochen" geworden ist.
Um dieses Problem zu lösen, müßten jetzt noch andere Techniken dazu kommen. Der Mann müßte gefragt werden, wie es dazu kommt, daß er kein Kind mit ihr haben will. Danach müßten sogenannte Zielübungen gemacht werden, um für beide eine akzeptable Lösung zu finden. Etwa dadurch, daß man hinterfragt, ob er gar kein Kind haben will oder nur unter bestimmten Umständen nicht.
Ein weiterer wichtiger Übungskomplex sind die sogenannten Wahrnehmungsübungen.
Nach gezieltem Training kann man durch Beobachten bestimmter, kaum erkennbarer Körperreaktionen fast hundertprozentig genau sagen, was in einem anderen vor sich geht. Das klingt vielleicht utopisch, aber es ist Tatsache so.

Für jeden in dieser Technik geschulten ist jeder andere Mensch, der vor ihm steht, durchschaubar wie ein Buch.
Um diese Technik jedoch erfolgversprechend anwenden zu können, ist auch notwendig, die entsprechende Verhaltensvielfalt parat zu haben.
Wenn mein Verhalten bei einer anderen Person nicht zu meinem gewünschten Ziel führt, dann ist das nur meine Schuld. Ich muß ein Verhalten finden und anwenden, was zu meinem Ziel führt. Wenn ich nur ein Verhalten auf eine bestimmte Situation habe, bin ich in solch einem Fall machtlos. Deshalb müssen wir lernen, neue Verhaltensweisen zu trainieren. Je mehr Verhaltensvielfalt wir haben, desto weniger Probleme haben wir.
Wir werden speziell auf dieses Thema Verhaltensvielfalt in einem der nächsten Kurse ganz intensiv eingehen.

## Geistige Voraussetzungen

**Willensschulung:** Es heißt nichts anderes als seine Ziele zu erreichen, egal, welche Schwierigkeiten auftreten werden. D. h. eine Sache, zu der man sich entschlossen hat, unter allen Umständen zu Ende zu führen. (Vergleiche mit Pkt. 4 des letzen Monats)
Nur wenn wir uns so verhalten, können wir unsere zeitweiligen Wünsche und Launen besiegen, die uns am Erreichen des Fernziels hindern.
Auf magisches Arbeiten bezogen, heißt das auch, im Asana durchzuhalten, seine Furcht zu bekämpfen usw.
Wir können uns das ganze vorstellen wie eine Waage. Auf der einen Waagschale sind die Wünsche und Launen, auf der anderen Seite unser eigenes Selbst. Die Waagschale sieht momentan so aus, ähnlich nach der Beschreibung des Hauses ohne Hausherren mit den vielen Dienern.

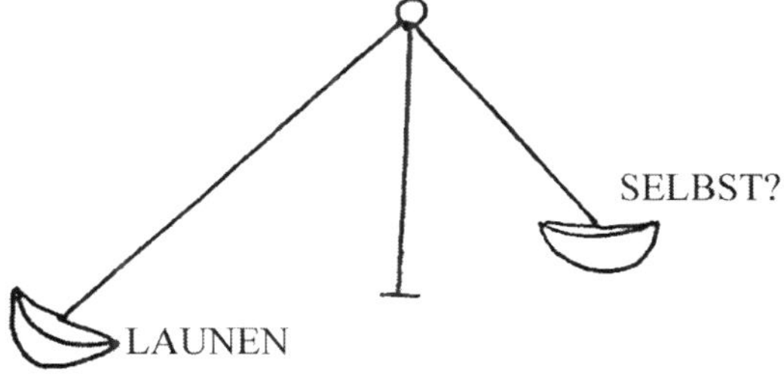


Die Launen haben das Übergewicht, die Oberhand. Sie bestimmen über unser Verhalten, auch wenn wir nicht immer damit einverstanden sind.
Die ideale Waage soll natürlich so aussehen:

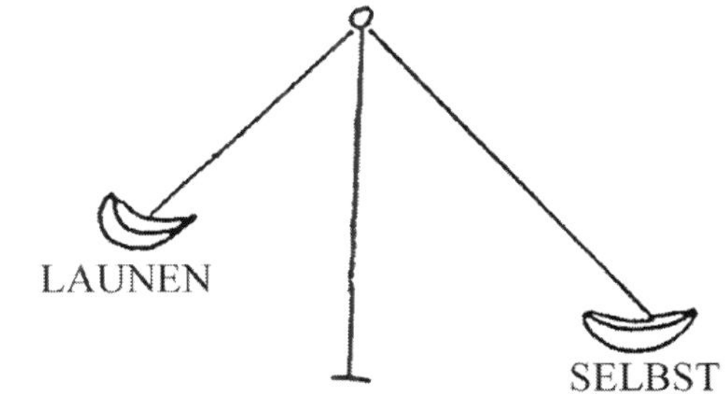


Das heißt natürlich nicht, daß die Launen unterdrückt werden sollen. In der Waagschale ist ja auch noch etwas drin. Aber das eigene innerste Selbst hat die Oberhand, und entscheidet selbst, wann welche Laune erfüllt wird.
Der ganze Mechanismus ist, so

einfach er auch klingen mag, der: immer wenn das Selbst, unser Wille gegen die Launen gewinnt, nimmt das Gewicht der Selbst -Waagschale zu und das der Launen - Schale ab. Wenn die Launen gewinnen, umgekehrt.

**Einige praktische Beispiele:** Immer, wenn wir eine Stunde Asana durchhalten, trotz größter Schmerzen, haben wir den Launen ein Schnippchen geschlagen und unseren Willen durchgesetzt.

Denn das Gefühl des Schmerzes ist nichts anderes als eine Laune, Langeweile, Furcht oder ähnliches. Wenn Du einfach sitzen bleibst, wirst Du irgendwann bemerken, daß der Schmerz gar kein Schmerz ist, sondern ein ungeheueres Fließen von Energien. Und Du wirst Dich dabei unsagbar wohl fühlen und meinen, alles, was nicht dieses Gefühl erweckt, bedeutet Schmerz. Ganz genauso ist es auch mit magischen Energien. Du kannst nur lernen, mit ihnen zu arbeiten, wenn Du sie zuläßt. Wenn Du dich fürchtest, so unterdrückst Du sie. Du mußt Deine Furcht durch den Willen besiegt haben, weil Du sonst diese ungeheuren Energien nicht lenken kannst, sie lenken dann Dich, was verheerende Folgen haben kann.

Kennst Du nicht auch dieses befriedigende Gefühl, Dein Ziel erreicht zu haben, Dein Selbst durchgesetzt zu haben?

**Für sein Ziel zu kämpfen erweckt zusätzliche Energien.**

## Magische Voraussetzungen

**Kennen von magischen Zuordnungssystemen und angewandte Analyse mit Hilfe dieser Systeme: Wozu benötigen wir magische Zuordnungssysteme?**

Magische Arbeiten durchführen heißt, mit Hilfe seines Willens Veränderungen im Universum herbeizuführen. Magische Arbeit könnte man auch als Metaphysik bezeichnen.

Durch diesen Begriff wird deutlich, daß wir auch in der Magie genauso wie in jeder anderen Wissenschaft nicht ohne die Kenntnisse über die Gesetze, die in ihr gelten, vorankommen.

Wenn wir in der Physik einen Zustand A in den von B umwandeln wollen, so müssen wir die Gesetze kennen, die sowohl den Umstand A als auch den Umstand B charakterisieren.

Mit Hilfe dieser Gesetze können wir auch genau analysieren, in wiefern sich B von A unterscheidet, und danach entscheiden, was wir tun müssen, also welche Eigenschaften wir wie ändern müssen, um von A nach B zu gelangen.

Wir können auch viel simplere Beispiele nehmen: Wenn wir einkaufen wollen, müssen wir wissen, in welcher Art von Geschäft wir den gewünschten Artikel erhalten, und wie wir dort hinkommen. Außerdem müssen wir uns noch an bestimmte Vereinbarungen wie Geschäftszeiten und Zahlungsweisen halten.

Ganz genauso ist es in der Magie.

Wenn ich z.B. eine Information zur Heilung benötige, muß ich wissen, von welchen Intelligenzen ich diese Information erhalten kann, wie ich dort hinkomme, wie ich mich verhalten muß etc. Dazu kommt die Sprache, die ich können muß, um die Informationen zu verstehen.

Erklären wir die einzelnen Faktoren etwas genauer: Wir gehen davon aus, daß es außer unserer normalen Wahrnehmung unendlich viele andere Existenzebenen gibt. Diese Ebenen sind feinstofflicherer Natur als unsere materielle Welt. Wir können sie mit unserem Astralkörper, wenn wir entsprechende Techniken beherrschen lernen, wahrnehmen. Wir müssen aber auch wissen, wie wir auf diese entsprechende Ebene gelangen. Auf diesen Ebenen gibt es unter anderem auch Wesen, die von Dingen wissen, die uns unbekannt sind. Und es gibt dort Verhaltensregeln, die uns unbekannt sind.

Die Intelligenzen, mit denen wir in Kontakt kommen mögen, können auch wesentlich höher entwickelt sein als wir. D.h., es besteht auch das Problem der Kommunikation.

Das Kennen der magischen Zuordnungssysteme hilft uns, alle bisher geschilderten Probleme zu lösen.

Das wichtigste, weil umfassendste System, ist die Kabbalah. Mit Hilfe der Kabbalah können wir sowohl die Ebenen als auch die entsprechenden Intelligenzen, die wir für unsere spezielle Arbeit benötigen, herausfinden.

Wir finden die Symbole und Techniken, um zu diesen Ebenen zu gelangen, und wir haben mit ihr auch die Sprache, um uns mit diesen Intelligenzen zu verständigen.

Tarot und Astrologie sind nur Teilgebiete der Kabbalah.

Mit Hilfe der Astrologie können wir die günstigsten Zeiten für unsere Operation berechnen.

Das henochische System läßt sich auch in die Kabbalah integrieren, ist aber auch ein eigenständiges, recht komplexes System.

Wir wollen jetzt im einzelnen kurze Einführungen in diese Systeme geben.

## Tarot

**Allgemeines:** Über den Ursprung des Tarot ist man sich nicht ganz im klaren. Die Forschungen, die am weitesten zurückführen, gehen bis in das Ägyptische Reich. Der Gott Thoth wurde damals als Götterbote, Herr des göttlichen Wortes und Herr der göttlichen Schrift, sowie als Schutzgott der Magier und Priester verehrt. Seine offenbarten Mysterien wurden an die Wände der ihm zu Ehren errichteten Tempel gemalt. Es handelte sich um Darstellungen der Geheimnisse des Kosmos und der Entwicklung des Menschen.

Diese Bilder wurden von den weisen Priestern zur Weissagung benutzt, indem sie Stäbe warfen, die der Gott Thoth auf das richtige Bild lenkte. Um diese Offenbarungen bei sich tragen zu können, wurden kleine Abbildungen hergestellt, die der Vorläufer der heutigen Tarotkarten waren.

Es handelt sich um sehr komplexe bildliche Darstellungen, die ungeheuer viele Symbole beinhalten. Darunter auch Astrologische, Kabbalistische, sogar auch Symbole aus dem I Ging.

Die Bilder wurden mit der Zeit immer mehr verfälscht, und ihre ursprüngliche Bedeutung ging verloren.

Der Interessierte steht einem riesigen Angebot an Literatur und Tarotspielen mehr oder weniger hilflos gegenüber. Die einzelnen Karten der verschiedenen Spiele haben überhaupt keine Ähnlichkeit mehr miteinander. Viele abgebildete Symbole auf ein-

zelnen Karten sind völlig falsch, und auch die Karten eines Spieles untereinander bilden kein homogenes System.
Da unser Symbolsystem Urbilder unseres Unterbewußtseins enthält, können wir uns, da das Unterbewußtsein bei allen archetypisch ist, leicht vorstellen, was passiert, wenn wir mit falschen Karten arbeiten. Wir werden keine vernünftigen Aussagen treffen können.
Außerdem benötigen wir auch für die intuitive Deutung, bei der wir uns die Bilder anschauen, die optimalen Darstellungen. Das einzige Tarotspiel, das alle diese Bedeutungen erfüllt, also korrekte Symbole, Zusammenspiel der einzelnen Karten und Anregung des Unterbewußtseins durch die Abbildungen, ist das von Aleister Crowley entworfene.
Aleister Crowley, der Welt größter Magier und Mystiker des 20. Jahrhunderts, hat fünf Jahre gebraucht, um mit Lady Frieda Harris als Zeichnerin die Karten völlig zu überarbeiten. Crowley hat sich sein Leben lang mit Magie Kabbalah und anderen esoterischen Systemen befasst, und sein gesamtes Wissen floß mit in diese Karten ein. Das letzte von vielen Büchern, das er schrieb, war das Buch Thoth, eine Meisterarbeit über den ägyptischen Tarot, in der er die veralteten Zuordnungen richtig stellte und somit ein völlig homogenes uns symmetrisches System entwickelte, das durch die Richtigstellung des Symbolgehaltes der Karten zu frischem Leben erwacht.

## Das Grundwissen

Ein komplettes Tarotspiel hat 78 Karten. Davon sind 22 Trümpfe, die restlichen 56 Karten bestehen aus vier verschiedenen Farben, ähnlich wie im normalen Kartenspiel. Die Farben sind: Stäbe, Kelche, Schwerter, Pentakel.
Jede Farbe hat die Zahlkarten 1 (As) bis 10, also 10 Stück, und vier Bildkarten.
Diese sind: König oder Ritter, Königin, Prinz, Prinzessin.

### 22 Trümpfe

| | Stäbe | | Kelche | | Schwerter | | Pantakel | |
|---|---|---|---|---|---|---|---|---|
| | Ass | | Ass | | Ass | | Ass | 22 |
| | 2 der Stäbe | | 2 der Kelche | | 2 der Schwerter | | 2 der Scheiben | |
| | 3 der Stäbe | | 3 der Kelche | | 3 der Schwerter | | 3 der Scheiben | |
| | 4 der Stäbe | | 4 der Kelche | | 4 der Schwerter | | 4 der Scheiben | |
| | 5 der Stäbe | | 5 der Kelche | | 5 der Schwerter | | 5 der Scheiben | |
| 10 | 6 der Stäbe | | 6 der Kelche | | 6 der Schwerter | | 6 der Scheiben | |
| | 7 der Stäbe | | 7 der Kelche | | 7 der Schwerter | | 7 der Scheiben | |
| | 8 der Stäbe | | 8 der Kelche | | 8 der Schwerter | | 8 der Scheiben | |
| | 9 der Stäbe | | 9 der Kelche | | 9 der Schwerter | | 9 der Scheiben | |
| | 10 der Stäbe | | 10 der Kelche | | 10 der Schwerter | | 10 der Scheiben | |
| | König d. Stäbe | | König d. Kelche | | König d. Schwerter | | König d. Scheiben | |
| | Königin d. Stäbe | | Königin d. Kelche | | Königin d. Schwerter | | Königin d. Scheiben | |
| 4 | Prinz d. Stäbe | | Prinz d. kelche | | Prinz d. Schwerter | | Prinz d. Scheiben | |
| | Prinzessin d. Stäbe | | Prinzessin d. Kelche | | Prinzessin d. Schwerter | | Prinzessin d. Scheiben | |
| 14 | | + | 14 | + | 14 | + | 14 | = 56 |
| | | | | | | | | 78 |

Die 22 Trümpfe stellen die Geschichte der Seele dar. Sie werden nummeriert von 0 bis 21.

| Die vierzig Zahlkarten sind den vier Elementen zugeordnet | | |
|---|---|---|
| Stäbe | Das Feuer | Symbolisiert männliche Kraft. Es ist das aktive Element und besitzt die Eigenschaften von Hitze und Trockenheit. |
| Kelche | Wasser | Ist die passive, empfangende Kraft, das Weibliche. Seine Eigenschaften sind Kälte und Feuchtigkeit. |
| Schwerter | Luft | Repräsentiert den Intellekt. Ihre Eigenschaften: Hitze und Feuchtigkeit. |
| Pentakel | Erde | Stellt das Materielle dar, Kälte und Trockenheit. |

Auch die 16 Bildkarten sind den Elementen zugeordnet. Die vier Bildkarten der Farbe Stäbe dem Feuer, die der Kelche dem Wasser u.s.w., genau wie oben. Aber jede Bildkarte selbst ist noch einmal einem Element zugeordnet, und so stellen diese die Unterordnungen eines jeden Elementes dar. So repräsentiert der Ritter der Stäbe Feuer des Feuers, also den feurigsten Aspekt des Feuers. Der Ritter der Kelche ist Feuer des Wassers, also der aktivste Aspekt des Empfangenden.

| | | | |
|---|---|---|---|
| Ritter d. Stäbe | △ des △ | Ritter d. Kelche | △ des ▽ |
| Königin d. Stäbe | ▽ des △ | Königin d. kelche | ▽ des ▽ |
| Prinz d. Stäbe | 🜁 des △ | Prinz d. kelche | 🜁 des ▽ |
| Prinzessin d. Stäbe | 🜃 des △ | Prinzessin d. Kelche | 🜃 des ▽ |
| Ritter d. schwerter | △ der 🜁 | Ritter d. Scheiben | △ der 🜃 |
| Königin d. Schwerter | ▽ der 🜁 | Königin d. Scheiben | ▽ der 🜃 |
| Prinz d. Schwerter | 🜁 der 🜁 | Prinz d. Scheiben | 🜁 der 🜃 |
| Prinzessin d. Schwerter | 🜃 der 🜁 | Prinzessin d. Scheiben | 🜃 der 🜃 |

Die reinsten Eigenschaften der jeweiligen Elemente stellen also folgende Karten dar:

| **Die reinsten Elemente:** | |
|---|---|
| Für Feuer | der Ritter der Stäbe |
| Für Wasser | die Königin der Kelche |
| Für Luft | der Prinz der Schwerter, und |
| Für Erde | die Prinzessin der Scheiben. |

Daß die Elemente sehr eng miteinander verknüpft sind, zeigt die Tatsache, daß jeweils zwei Elemente eine Eigenschaft besitzen, die sie gemeinsam haben, Feuer hat mit Luft die Eigenschaft der Hitze gemeinsam. Erde hat mit Wasser die Eigenschaft Kälte gemeinsam. Feuer hat mit Erde die Eigenschaft Trockenheit gemeinsam, und Wasser hat mit Luft die Eigenschaft Feuchtigkeit gemeinsam.
Durch diese gemeinsamen Eigenschaften kann man folgende Liste aufstellen:

| | | |
|---|---|---|
| Das Feuer | ist Luft und Erde freundlich | dem Wasser feindlich |
| Das Wasser | ist Luft und Erde freundlich | dem Feuer feindlich |
| Die Luft | ist Feuer und Wasser freundlich | der Erde feindlich |
| Die Erste | ist Feuer und Wasser freundlich | der Luft feindlich. |

Dies muß bei der Deutung beachtet werden, wenn z.B. eine Stabkarte (FD) neben einer Kelchkarte (WD) liegt. Durch das Unterteilen der Elemente in seine Unterelemente ergeben sich folgende Eigenschaften, die die gemischten Qualitäten der zwei Elemente darstellen:

| **Durch das Unterteilen der Elemente in seine Unterelemente ergeben sich folgende Eigenschaften, die die gemischten Qualitäten zweiter Elemente darstellen:** | |
|---|---|
| Feuer und Wasser | Leichtes Gewicht, schnelle Bewegung |
| Feuer und Luft | Große Hitze, intensive Bewegung |
| Feuer und Erde | Große Trockenheit, Verschwommenheit |
| Wasser und Luft | Große Feuchtigkeit, intensive Bewegung |
| Wasser und Erde | Große Kälte, Dunkelheit, große Festigkeit |
| Luft und Erde | Wenig Gewicht, Verschwommenheit, wenig Bewegung |

**Der Baum des Lebens**

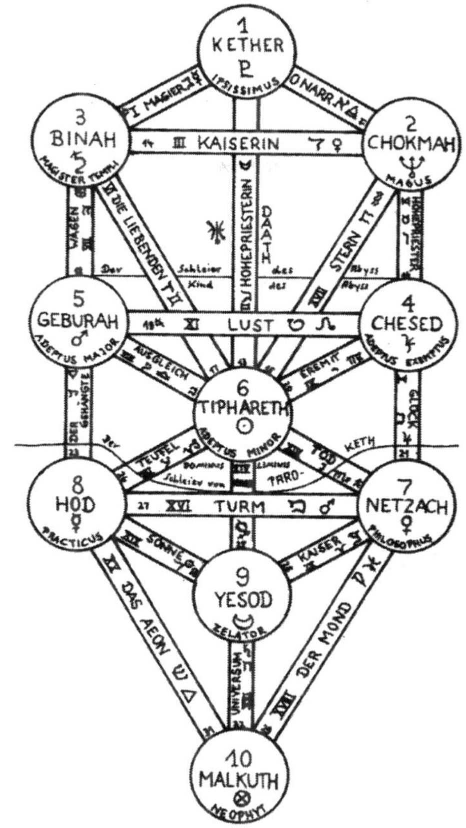


Um die Bedeutung der 40 Zahlkarten näher zu erläutern, müssen wir den Kabbalistischen Baum des Lebens näher betrachten. Der Baum des Lebens (siehe Abb.) stellt das Universum dar. Er zeigt die Struktur des Menschen als die genaue Abbildung es Kosmos, der Mikrokosmos Mensch als Teil des Makrokosmos.

Der Baum des Lebens besteht aus 10 gleichgroßen Kreisen, welche Sephiroth (Einzahl Sephirah) genannt werden. Sie stellen die Entstehung und die Einzelaspekte des Universums dar. Die Sephiroth werden verbunden durch 22 Pfade.

Die erste Sephirah stellt die Essenz eines Menschen dar. Die zweite und dritte repräsentieren die höchsten kreativen und aufnehmenden Kräfte. Die vierte bis neunte stellen daraus entstehende Qualitäten dar. Die zehnte stellt die Erde dar als Ergebnis der ersten neun.

Die 22 Pfade sind ausgleichende Kräfte zwischen den Sephiroth. Sie stellen den Weg des Menschen von unten nach oben dar, den er in seiner spirituellen und evolutionsmäßigen Entwicklung gehen wird.

Der Baum des Lebens bildet die Grundlage für den Tarot. Alle 78 Karten können ihm zugeordnet werden. Die 22 Trümpfe werden 22 Pfaden zugeordnet. Die Zahlkarten werden den Sephiroth zugeordnet, die vier Asse der ersten Sephirah, die vier Zweien der Zweiten usw. Die Bildkarten werden wie folgt zugeordnet:

Die vier Ritter der zweiten Sephirah, das höchste Prinzip auf der aktiven Säule (rechts).

Die vier Königinnen der dritten Sephirah, als höchstes Prinzip der passiven Säule (links).

Die vier Prinzen der sechsten Sephirah.

Die vier Prinzessinnen der zehnten Sephirah.

## Der Baum des Lebens und die Trümpfe

Die 22 Trümpfe sind, wie schon gesagt, den Pfaden zugeordnet. Diese stellen den aktiven verbindenden Aspekt zwischen zwei statischen Zuständen, den Sephiroth, dar. Die Pfade sind auch Bewußtseinszustände, bestimmte Entwicklungsphasen. Den Pfaden und damit auch den Trümpfen sind die 22 Buchstaben des Hebräischen Alphabeths zugeordnet. Diese teilen sich in drei Gruppen, denen Elemente, Tierkreiszeichen und Planeten zugeordnet werden. Es sind die drei Mutterbuchstaben Alef, Mem und Shin. Die sieben doppelten Buchstaben entsprechen den sieben Planeten der Alten. Es sind Bet für Merkur, Gimmel für Mond, Dalet für Venus, Kaph für Jupiter, Pe für Mars, Resh für Sonne und Tau für Saturn. Die zwölf einfachen Buchstaben werden den zwölf Tierkreiszeichen zugeordnet (siehe Tabelle).
Jeder Hebräische Buchstabe repräsentiert auch eine Zahl und hat auch eine bestimmte Bedeutung, somit sind jedem der 22 Trümpfe ein Pfad, ein Buchstabe, ein Zahlwert, ein Symbol und eine Bedeutung zugeordnet. Diese Zuordnungen müssen auf jeden Fall für das Verständnis der Trümpfe mit herangezogen werden.

| Hebräischer Buchstabe | Deutscher Buchstabe | Lautwert | Bezeichnung | Zahlwert |
|---|---|---|---|---|
| א | A | a (stumm) | Alef | 1 |
| ב | B | b, v | Bet | 2 |
| ג | G | g | Gimel | 3 |
| ד | D | d | Dalet | 4 |
| ה | H | h (He als Lesestütze wird nicht übertragen) | He | 5 |
| ו | V | v, o, u | Waw oder vau | 6 |
| ז | S | s (z) (wie s in sehen) | Sajin | 7 |
| ח | Ch | ch (wie ch in Bach) | Chet | 8 |
| ט | T | t | Tet | 9 |
| י | J,Y,I | j, i y | Jod | 10 |
| כ | K | k, ch (wie ch in Bach) | Kaf | 20 |
| ך | K | am Ende eines Wortes | | 500 |
| ל | L | l | Lamed | 30 |
| מ | M | m | Mem | 40 |
| ם | M | am Ende eines Wortes | | 600 |
| נ | N | n | Nun | 50 |
| ן | N | am Ende eines Wortes | | 700 |
| ס | Ss | ß (wie ss in Essen) | Samech | 60 |
| ע | Aa | o, aa, ng (eigentlich stumm) | Ajin | 70 |
| פ | P / PH | P / f | Pe / Fe | 80 |
| ף | Ph | am Ende | | 800 |
| צ | Z, Ts | Z (wie z in Zaun) | Zade, tsaddi | 90 |
| ץ | Z, Ts | am Ende | | |
| ק | Q | k (weich) | Kof | 100 |

| ר | R | r | Resch | 200 |
|---|---|---|---|---|
| ש | Sch, Ss, Sh | sch, ß (sch wie in schon), ss (wie in essen) | Schin (sin) | 300 |
| ת | T,Th | t | Taw, tau | 400 |

# Kabbalah

## Was ist Kabbalah - das Magische Alphabeth

Die Kabbalah stellt einen unbegrenzten Wissensschatz dar, der eng mit Tarot und I Ging zusammenhängt und somit unschätzbare Dienste bei der magischen Arbeit und bei der Behandlung philosophischer und mystischer Fragen leistet.
Kabbalah bedeutet 'Überlieferung' (Erhalten, Empfangen). Sie stellt die gesamte Geheimlehre der Juden dar. Sie wird auch geheime Weisheit genannt. Ähnlich wie die Lehre des I Ging beschreibt die Kabbalah die Entstehung des Universums.
Der Ursprung der Kabbalah ist ungewiss, man vermutet, daß er vor dem des alten Testamentes liegt, als die Kabbalah noch mündlich weitergegeben wurde. Man findet hauptsächlich zwei Versionen ihrer Entstehungsgeschichte:
Gott lehrte einer ausgewählten Gruppe von Engeln die Kabbalah, und diese gaben nach dem Sündenfall das Wissen an Adam weiter, der damit die Möglichkeit erhalten sollte, wieder in den Himmel zurückkehren zu können. So wurde die Kabbalah mündlich von Generation zu Generation weitergegeben.
Die zweite Version besagt, daß Moses der Begründer der Kabbalah ist, der sie auf dem Berg Sinai von Gott erhielt und sie dann verschlüsselt in den fünf Büchern Moses niederlegte.
Die klassische Kabbalah teilt sich grob gesagt in vier Teile: Die mündliche Überlieferung, die schriftliche Kabbalah, die Buchstabenkabbalah und die praktische Kabbalah.
Die mündliche Kabbalah ist die Überlieferung der Lehren von Vater zu Sohn oder von Lehrer zu Schüler, wie sie wohl zu allererst angewandt wurde, und wie wir sie auch heute noch von einigen Geheimbünden praktiziert sehen.
Die schriftliche Kabbalah entstand aus den Versuchen, die mündliche Überlieferung schriftlich festzuhalten. Als Bücher seien genannt das Sepher Yetzirah und der Sohar. (Sepher Yetzirah ist das Buch der Schöpfung und behandelt die Entstehung der Welt anhand der 22 hebräischen Buchstaben. Der Sohar wird auch Kommentar zu den fünf Büchern Moses genannt, was aber wohl nicht ganz richtig ist. Diese beiden mögen als Ergänzungsliteratur empfohlen werden.)
Die Buchstabenkabbalah befaßt sich mit Entschlüsseln von Texten und Wörtern durch die Analyse der jeweiligen Buchstaben. Jedem hebräischen Buchstaben ist ein Zahlwert, ein Objekt und eine archetypische Idee zugeordnet, und jeder Buchstabe hat einen Platz auf einem Pfad auf dem Baum des Lebens, so jeweils zwei Sephiroth verbindend. Weiterhin sind den Buchstaben Planeten, Elemente oder Tierkreiszeichen zugeordnet und noch vieles mehr.
Man kann somit aus einem Wort mehrere Aspekte seiner Bedeutung herausfinden, indem man die Bedeutungen der einzelnen Buchstaben miteinander kombiniert. Man

kann aus einem Wort auch einen Satz bilden, indem man jeden einzelnen Buchstaben des Wortes als Anfangsbuchstaben eines anderen Wortes benutzt. Dafür ein Beispiel: BRAShITH, aus Beraschith kann man so folgende Sätze bilden: BRAShITh RAH ALHIM ShIQBLV IShRAL ThVRH, Beraschith Rahi Elohim Shiequebelo Israel Tora, 'am Anfang sah Elohim, daß Israel das Gesetz annehmen würde'. BN RVCh AB ShLVShThM IChD ThMIM, Ben, Ruach, Ab, Schalohschetem, Achad, Thaomim, 'Der Sohn, der Geist, der Vater, ihr sollt ihre Dreiheit gleichermaßen verehren.'

## Der Baum des Lebens

Der Baum des Lebens ist die Grundlage der Kabbalah und stellt sozusagen ein Abbild oder eine Landkarte des Universums dar. Er besteht aus den 10 Emanationen der Gottheit oder den 10 Sephiroth und den 22 Pfaden, die die Sephiroth verbinden.

Den Sephiroth sind die Zahlen von 1 bis 10 und den Pfaden die Buchstaben des hebräischen Alphabets zugeordnet. Die 22 Pfade entsprechen so auch den 22 Trümpfen im Tarot.

Die grundlegende Idee der Kabbalah ist, daß alle Dinge im Universum ein Teil eines Ganzen sind, und daß zwischen allen Dingen Entsprechungen oder Verbindungen bestehen. Der Mensch wird als Abbild des Universums betrachtet, Mikrokosmos und Makrokosmos. Somit stellt der Baum des Lebens folgendes dar: Das Urprinzip des Kosmos, die Entstehung des Kosmos, den Menschen selbst (z.B. seine Energiezentren im Körper, fast analog zu dem indischen System der Chakras) und den Weg, den er über die Pfade gehen muß, um zum Göttlichen Urprinzip zurückzugelangen.

Die verschiedenen Prinzipien am Baum des Lebens.

Der Baum des Lebens läßt sich auf unterschiedliche Arten betrachten:

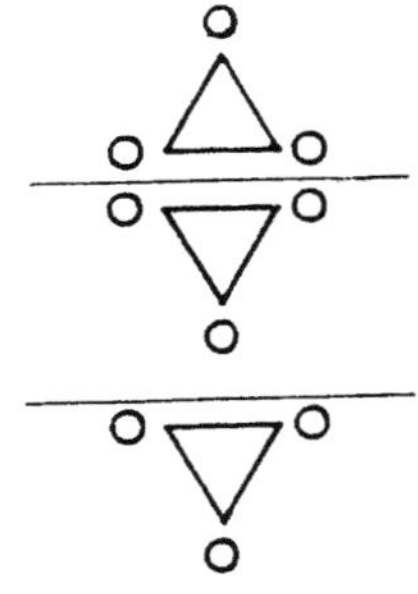

1. In der Darstellung des Universums wird unsere materielle Welt in der untersten Sephirah dargestellt, Malkuth oder das Königreich.
2. Jede einzelne Sephirah kann auch für sich als Baum des Lebens betrachtet werden, eine Welt für sich, dem ganzen genau entsprechend.
3. Insgesamt gibt es das System von vier Welten, die der göttlichen Kräfte, der Erzengel, der Engel und der materiellen Kräfte und Hüllen. Diese heißen Aziluth, Briah, Yetzirah, und Asiah. Jede dieser 4 Welten enthält also einen Baum des Lebens und genauso jede einzelne Sephirah, so daß sich für jede Welt 10 x 10 Bäume, zusammen 400 Bäume ergeben.

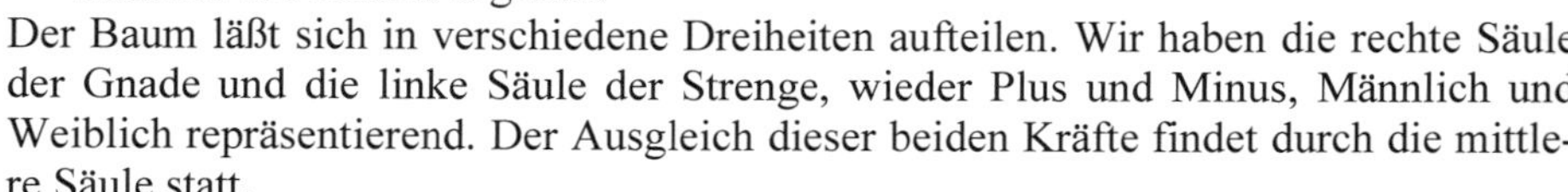

Der Baum läßt sich in verschiedene Dreiheiten aufteilen. Wir haben die rechte Säule der Gnade und die linke Säule der Strenge, wieder Plus und Minus, Männlich und Weiblich repräsentierend. Der Ausgleich dieser beiden Kräfte findet durch die mittlere Säule statt.

Ebenso finden wir drei Dreiheiten, wenn wir den Baum horizontal untersuchen. Wir finden die höchste Triade Kether - Chockmah - Binah reflektiert in Chesed - Geburah - Tiphareth, der zweiten Triade. Die erste Triade wird noch ein zweites mal reflektiert

und bildet so Netzach - Hod - Yesod, und aus diesen drei Dreiheiten entsteht die materielle Welt mit Malkuth.
Diese Unterteilungen in die vier Ebenen entspricht wiederum den vorhin beschriebenen Welten: Die drei obersten Sephiroth entsprechen Atziluth, die zweite Dreiheit entspricht Briah, die dritte Yetzirah und Malkuth entspricht Asiah.
Auch die drei Teile der Seele sind dem Baum zugeordnet. Zu den Höchsten drei gehört Neschamah, die höheren Strebungen der Seele, zu Sephirah 4-9 gehört der Intellekt mit seinem Sitz in Tiphareth, Ruach genannt. Die instinktiven und Triebkräfte werden Malkuth zugeordnet.

Der Baum zeigt weiter die 10 Emanationen Gottes. Bevor der Baum in Erscheinung treten kann, existieren die 3 Schleier der negativen Existenz, Ain, Ain Soph, Ain Soph Aur, was soviel wie nichts, ohne Grenze und grenzenloses Licht bedeutet. Im grenzenlosen Licht ist die Summe aller Möglichkeiten enthalten, und das erste daraus entstehende ist der Punkt, der weder Größe noch Position besitzt - Kether.

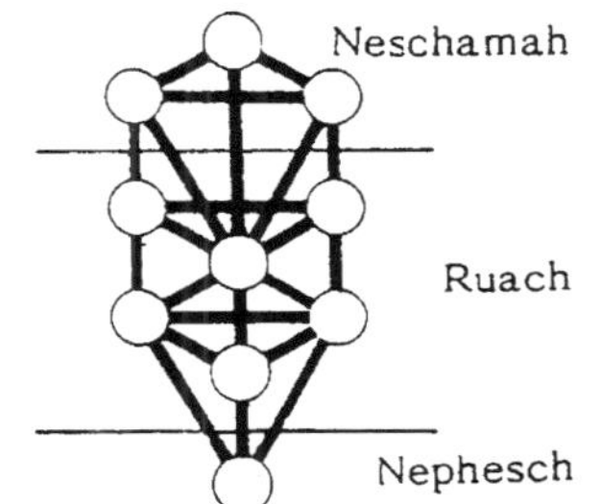


Dieser Punkt ist an sich noch nicht existent, da er, weil er keinen Bezugspunkt zu irgend etwas hat, auch keine Position hat. Es kommt die Idee des zweiten Punktes dazu, somit eine Linie bildend - Chokmah.
Es fehlt aber noch das Maß der Länge, um existent zu sein. Bis jetzt kann man nur sagen, daß zwei Punkte existieren, die irgendwie voneinander entfernt sind. Um überhaupt etwas unterscheiden zu können, benötigt man einen dritten. Erst dadurch kann man Beziehungen definieren. (Punkt A ist näher zu B als A zu C). Es entsteht das Dreieck, eine Fläche - Binah.
Erst der nächste Schritt führt zu der Idee der Materie, dadurch, daß der vierte Punkte die Idee der räumlichen Ausdehnung enthält. Aus der Fläche wird ein Körper - Chesed.
Nach diesen vier Punkten haben wir praktisch die Idee einer Existenz, die sich aber nicht weiterentwickeln kann. Deshalb muß man die Idee der Bewegung hinzunehmen. Diese Idee der Bewegung schließt die Idee der Zeit mit ein, denn nur durch Bewegung in Raum und Zeit kann einiges geschehen. - Geburah, Zahl 5, die vierte Dimension, der Begriff der Zeit.
Dadurch, daß sich ein Punkt jetzt bewegen kann und fähig ist, sich selbst in Begriffen der vorhergehenden Punkte zu bestimmen, entsteht das Bewußtsein, bei 6 - Tiphareth. Die Zahlen 7,8,9, Netzach, Hod, Yesod, geben die Ideen von Sein, Denken und Seeligkeit an, Qualitäten, die ein Punkt mindestens besitzen muß, um sich durch seine Sinne selbst wahrnehmen zu können.
Aus diesen 9 entsteht dann die 10, die materielle Verfestigung der ursprünglichen Idee der 1 - Malkuth.

## Henochische Magie

Die henochische Magie ist von Dr. John Dee und Edward Kelly, Ende des 16. Jahrhunderts, überliefert. Die Originalunterlagen befinden sich in den Sloane Manuskripten, in der Manuskriptabteilung des Britischen Museums im Ashmolean Museum in Oxford.

Dee war Mathematiker, Alchemist und Hofastrologe. Er wählte für die damalige Königin Elisabeth I den 14.1.1559 als Tag ihrer Krönungsfeierlichkeiten.

Kelly war ein Medium. Er konnte Geister wahrnehmen und mit ihnen verkehren. Kelly sagte unter anderem vier Jahre, bevor die Ereignisse geschahen, die Hinrichtung der Maria Stewart, der Königin von Schottland, und das Auslaufen der Spanischen Flotte gegen England voraus.

Die Zusammenarbeit zwischen beiden ging so vor sich, daß Kelly in den Schaustein oder Kristall starrte, der Dee nach eigener Aussage von einem Engel durch das Fenster gebracht worden war, und beschrieb, was die Geister oder Engel sagten oder taten. Manchmal kamen auch Geister aus dem Stein heraus ins Zimmer.

Die 19 Henochischen Schlüssel wurden Kelly in der Henochischen Sprache oder der Sprache der Engel diktiert. Kelly starrte in den Kristall. Dort sah er den Engel Nalvage oder Gabriel mit einer Buchstabentafel und einem Stab. Kelly berichtete dann, auf welche Reihe und Linie der Engel zeigte. Dee hatte vor sich eine gleiche Tafel wie der Engel, fand aus dem beschriebenen Quadrat den Buchstaben heraus und schrieb ihn nieder. Die Sammlung dieser Tafeln heißt 'Liber Logaet'. Die Wörter in denen auf diese Weise erhaltenen Texten waren rückwärts diktiert, weil die direkte Kommunikation sofort starke Kräfte angerufen hätte.

Das in den Aufzeichnungen im Britischen Museum niedergelegte System ist aber nur sehr rudimentär und hat zu dem außerordentlich durchstrukturierten System der henochischen Magie nur eine lockere Verbindung.

Über den Ursprung des ganzen Systems, der Sprache, der Tafeln, der Pyramiden und der Zuordnungen gibt es nur wenige Informationen. Im Adeptus Minor Ritual des Ordens der Goldenen Dämmerung wird gesagt, daß Christian Rosenkreutz und seine Kollegen einiges von der magischen Sprache, welche die der Elementartafeln ist, übertrugen. Weitere Informationen besagen, daß Dee und Kelly in Europa Zugang zum Henochischen System erhielten, und daß dieses System die Wiederherstellung einer Form der uralten Magie des untergegangenen Kontinentes Atlantis ist. Hier ist eine Paralelle zu Lovekrafts Beschreibungen der versunkenen Stadt R'lyeh usw. zu finden.

Diese ganzen Informationen sind auf normalem Wege nicht überprüfbar.

Eine unzweifelbare Tatsache ist es aber, daß die Tafeln, die Sprache und das ganze System Realitäten jenseitiger Dimensionen darstellen, was schon durch kurzes Studium und praktische Anwendung klar wird.

Ein interessanter Aspekt ist auch die Tatsache, daß die Henochische Sprache im Gegensatz zu den oft zu findenden Barbarischen Namen der Evokation eine wirkliche Sprache mit eigener Grammatik ist, die wörtlich übersetzt, nicht nur sinngemäß übertragen werden kann. Philologen (Sprachwissenschaftler) halten es für unmöglich, eine Sprache künstlich zu erstellen und einzuführen. Dennoch gibt es in der ganzen

überlieferten offiziellen Geschichte der Erde bis zu den ältesten Zeiten keine Aufzeichnungen in dieser Sprache, oder Überlieferungen, daß sie irgendwo und irgendwann als lebende Sprache gesprochen wurde. Hinweise können jedoch an Felsensäulen und Tempelresten, die so alt sind wie die Menschheit, gefunden werden, auch in den heiligsten und geheimsten Mysterien der ältesten Religionen der Welt.
In den frühen Tagen Roms wurde der Hohepriester des Jupiter 'Flamendialis' genannt. Die Bedeutung des Wortes Dialis ist bis heute unbekannt, wenn es auch von einigen Autoritäten als altetruskisch bezeichnet wird. Im Henochischen finden wir als einen der drei heiligen geheimen Namen Gottes auf der Erdtafel Dial.
Das berühmte Mantram Aum Om der Hindus taucht in der Henochischen Sprache als Wurzel für Verständnis oder Wissen auf. In den slavischen Sprachen bezeichnet diese Wurzel Um Intelligenz.
Dies alles spricht dafür, daß es sich tatsächlich um die geheime Sprache der Engel oder die dem Menschen unbekannte Sprache anderer Dimensionen handelt.
Nehmen wir einerseits Engel als überirdische Wesenheiten, die in der Lage sind, das, was uns als Realität erscheint, zu ändern oder Wunder zu wirken.
Nehmen wir andererseits die in der ganzen Geschichte überlieferte Macht des Wortes, das schöpferische Wort z.B.:
*Am Anfang war das Wort, und das Wort war bei Gott und das Wort war Gott. Dies war am Anfang bei Gott. Durch dieses ist alles geworden, und ohne es ward nichts von allem, was geworden ist. In ihm war das Leben, und das Leben war das Licht der Menschen. Und das Licht leuchtet in der Finsternis, allein die Finsternis hat es nicht begriffen.* (Johannes Evangelium I, 1-5)
Fügen wir nun unsere physikalischen Kenntnisse hinzu, daß Worte, Laute, Klang, Schwingungen sind, und daß Materie auch Schwingung oder Welle ist, so kommen wir dem Verständnis der geheimen Sprache der Engel näher.
Die geheime Sprache der Engel besteht aus Worten, die, wenn sie richtig ausgesprochen und intoniert werden, die Schwingungen ergeben, die Realität ändern oder anders ausgedrückt, schöpfen können. Es ist dann die Sprache der Schöpfung, was die Möglichkeit, durch ihre Anwendung andere Dimensionen zu erreichen, impliziert.
Versuche mit dem Vibrieren der Schlüssel führen auch bei Ungeübten rasch zu bemerkenswerten und oft erschreckenden Resultaten, die die obigen Darstellungen bestätigen. Sie sollten daher sehr vorsichtig gehandhabt werden.

## Astrologie - Was ist ein Horoskop?

Das Wort 'Astrologie' kommt aus dem Lateinischen und Griechischen. Astrum (lat.) = Stern, Logos (gr.) = Kunde, also Sternenkunde oder Sterndeutungskunst.
Die Astrologie ist die Lehre von der Abhängigkeit des Menschen und seiner Entwicklung vom Lauf der Gestirne. Bestimmte Sternkonstellationen am Himmel bewirken durch ihre Strahlung bestimmte Stimmungen im Menschen und bilden somit bestimmte Voraussetzungen für bestimmte Handlungsweisen.
So wie der Mond auf die Gezeiten und den Zyklus der Frau einwirkt, so wirken auch andere Himmelskörper auf chemische, physikalische, biologische, physiologische und psychologische Prozesse des Menschen, der ihrer Wirkung ja pausenlos ausgesetzt ist.

Es konnte noch keine direkte Strahlung, von den einzelnen Planeten ausgehend, nachgewiesen werden, die den Menschen beeinflußt, aber vor einiger Zeit war auch der Gedanke an Röntgen- oder UV Strahlen noch absurd. Die Astrologie ist - noch - eine Wissenschaft, die auf Erfahrung beruht. Bestimmte Planetenkonstellationen haben mit hoher Wahrscheinlichkeit eine vorhersagbare Wirkung auf einen Menschen, die aber noch von unzähligen anderen Faktoren mitbeeinflußt wird. Charakter und Lebenssituation eines Menschen spielen eine Rolle, die Einflüsse der anderen Planeten in Beziehung gesetzt, Witterungsverhältnisse und Unterschiede in der Kultur müssen bei der Interpretation ebenfalls berücksichtigt werden.
Durch langjähriges Studium und praktische Erfahrungen kann Astrologie zu einer der sichersten Orakelmethoden gemacht werden, da die angewendeten Symbole tatsächlich existieren und im Menschen ihre Entsprechung haben. Aber die Durchführung eines Orakels ist sehr kompliziert. Man benötigt zur Berechnung von Sternkonstellationen und Horoskopen eine größere Anzahl von Tabellen, Horoskopformularen und Arbeitsgeräten. Um eine Frage korrekt zu beantworten, benötigt man nicht nur Geburtshoroskope der an der Frage beteiligten Personen, sondern auch Direktionen, Transite, Progressionshoroskope, vorgeburtliche-, Mundan- und Stundenhoroskope. Und dann entsteht das Problem, aus diesem Wust von Informationen eine klare Antwort abzuleiten.
Ein Horoskop ist eine schematische Darstellung einer Sternkonstellation zu einem bestimmten Zeitpunkt, zu einem bestimmten Ort. Durch die Bewegung der Himmelskörper und der Erde selbst sind an einem Ort die Sternkonstellationen von einer Minute zur anderen nicht mehr identisch. Sie unterscheiden sich um so mehr, je größer der Zeitunterschied ist. Für zwei Menschen an verschieden Orten sind zur gleichen Zeit die Sterne am Himmel auch verschieden, da die Winkel der Planeten zum Beobachter völlig anders sind.
Im nächsten Monat schließen wir dieses Thema ab: Training der Sexualorgane, Trancetechniken, magische Voraussetzungen.
*Übungsaufgabe 1:* Schreibe selbst ein Beispiel zur Auswirkung „kleiner Mißverständnisse, wie es auf der 2. Seite des Theorieteils gemacht wurde.
*Übungsaufgabe 2:* Schreibe in eigenen Worten, was folgender Satz ausdrückt: Für sein Ziel zu kämpfen erweckt zusätzliche Energien.
*Übungsaufgabe 3:* Schildere einige magische Zuordnungssysteme.

## Körperarbeit 1. - 4. Woche

### Das Sonnengebet

Wir wollen in diesem Monat einmal etwas für unsere Kondition tun. Dafür ist das Sonnengebet bestens geeignet. Darüber hinaus trainiert es aber auch unsere Dehnbarkeit und unsere Koordinationsfähigkeit.
Das Sonnengebet stärkt unsere Herzmuskulatur und den Lungenapparat, stabilisiert unseren Kreislauf und fördert die Durchblutung des Gehirns. Darüberhinaus regt es die Nieren- und Darmtätigkeit an und fördert somit auch die Sexualfunktionen.
**Unser Plan für die nächsten vier Wochen:**

**Erste Woche:** Erlernen der Bewegungsabläufe.
**Zweite Woche:** Schnelligkeits- und Koordinationstraining.
**Dritte und vierte Woche:** Konditionssteigerung.

## Körperarbeit - 1. Woche

Erlernen der Bewegungsabläufe:
Das Sonnengebet besteht aus 10 Stellungen, die an einen spezifischen Atemrhythmus gebunden sind.
Geatmet wird bei den Übungen im Gegensatz zu westlichen Techniken nur durch die Nase.

### Das Sonnengebet

**1. Stellung – Grundstellung:** Konzentration auf die Muskulatur. Stehe aufrecht, die Unterarme angewinkelt, die Hände vor der Brust zusammengelegt. Atme ein und beginne, die Muskulatur von den Zehenspitzen, Schritt für Schritt aufwärts anzuspannen, zu versteifen. Richte Deinen Blick geradeaus.
*Wirkungsweise:* Die Grundstellung dient zur meditativen oder konzentrativen Einstimmung auf das Sonnengebet. Das Anspannen der Muskulatur von den Zehen aufwärts steigert das Bewußtsein für Deinen Körper. Auf die Bedeutung der Bewußtheit bei Körperübungen brauchen hier nicht weiter hinzuweisen.

**2. Stellung – Klappmesser:** Beuge Dich in der Taille, die Knie sind durchgedrückt, Oberkörper und Kopf bilden eine Linie. Die Hände liegen flach auf dem Boden. Atme dabei vollständig aus. Die Stirn sollte die Knie berühren.
*Wirkungsweise:* Streckung des Rückgrats. Diese Stellung spannt die Muskeln des Rückens und des Rückgrats stark an. Die Spannung setzt sich fort über die Hüfte und Taille, den hinteren Teil der Schenkel und die Waden.

**3. Stellung – Startstellung:** Die Hände bleiben, bis die Grundstellung wieder eingenommen wird, als Angelpunkt fest am Boden. Lass Dich jetzt auf das rechte Knie herunter, die Arme bleiben dabei gestreckt. Der linke Oberschenkel übt auf die linke Köperseite Druck aus. Den Kopf legst Du so weit es geht nach hinten. Während dieser Stellung atmest Du ein.
*Wirkungsweise:* Auch diese Übung streckt das Rückgrat, aber in einer anderen Lage. Außerdem wirkt sie durch den Schenkeldruck auf den Unterleib auf Leber und Milz. Durch das Einatmen in dieser Stellung wird Druck auf die unteren Lungenflügel ausgeübt, was einer starken Lüftung dieses Lungenbereichs gleichkommt.
**4. Stellung - umgekehrtes V:** Die eingeatmete Luft bleibt während der ganzen nächsten Übung im Körper. Stelle das rechte Bein neben das linke und hebe den Körper.

Du bildest jetzt die Form eines umgekehrten V's. Der Kopf bildet mit den Armen eine Linie. Die Beine sind durchgestreckt und die Füße berühren vollständig den Boden.

*Wirkungsweise:* Durch diese Übung werden speziell die Muskeln hinter den Knien und Fesseln auf's äußerste angespannt. Deshalb ist die Übung für Menschen mit dicken oder unbiegsamen Fesseln sehr hilfreich.

**5. Stellung - Flach auf dem Boden:** Laß Dich auf dem Boden nieder, so daß Stirn, Nase, Brust und Zehen den Boden berühren. Hüfte und Unterleib sind angehoben. Atme dabei aus und achte auf Deine Hände, die fest auf dem Boden sein müssen. Der Körper oberhalb der Knie ist durch die Arme gestützt.

*Wirkungsweise:* Das Stützen des Körpers durch die Hände führt zu einer Kräftigung der Handgelenke und der Oberarme. Die Muskeln des Halses und der Kehle werden durch die gebeugte Haltung des Kopfes gestreckt.

**6. Stellung – Kobravariante:** Strecke die Arme und hebe den Oberkörper. Hände, Knie und Zehen bleiben in der selben Lage wie bei der vorherigen Übung. Mit dem Unterleib ruhst Du auf dem Boden. Der Kopf liegt im Nacken. Atme dabei ein.

*Wirkungsweise:* In dieser Übung werden die Halsmuskeln gestreckt, die vorderen Halswirbel dehnen sich aus, die hinteren werden gepreßt. Durch das Strecken der Arme und das Zurückbeugen des Kopfes wird der Brustkorb stark gedehnt, was durch das Einatmen in dieser Position noch erhöht wird.

**7. Stellung - umgekehrtes V:** Hebe den Körper an, beide Arme sind gestreckt. Du stehst jetzt wieder in der Form des umgekehrten V's (vergleiche 4. Stellung.) Du atmest dabei aus.

*Wirkungsweise:* Von hier ab werden die Übungen 1-4 wieder rückwärts aufgerollt bis zurück in die Ausgangsposition.

**8. Stellung – Startstellung:** Atme ein. Gehe zurück in die Startstellung. Diesmal lass Dich jedoch auf das linke Knie nieder. Dies geschieht im Wechsel. Hast Du mit dem rechten angefangen, nehme jetzt das linke Bein.

**9. Stellung – Klappmesser:** Stelle den linken Fuß neben den rechten, die Knie sind durchgedrückt. Atme jetzt vollständig aus. Du stehst jetzt genauso wie in der 2. Stellung beschrieben.

**10. Stellung – Grundstellung:** Zum Schluß hebst Du die Hände vom Boden und stellst Dich wieder aufrecht hin wie in der Ausgangsposition beschrieben. Atme dabei ein und beginne den Zyklus von vorne.

**Zusammenfassung:**

| | |
|---|---|
| 1. Grundstellung | Einatmen |
| 2. Klappmesser | Ausatmen |
| 3. Startstellung | Einatmen |
| 4. Umgekehrtes V | Atem anhalten |

5. Flach auf dem Boden — Ausatmen
6. Kobravariante — Einatmen
7. Umgekehrtes V — Ausatmen
8. Startstellung — Einatmen
9. Klappmesser — Ausatmen
10. Grundstellung — Einatmen

Mache diesen Ablauf 15 mal hintereinander. Am besten ist es, wenn Du es vor dem Frühstück machst, Du fühlst Dich dann fit für den ganzen Tag.

Mache in dieser Woche die Übung in den ersten beiden Tagen meditativ, also langsam und ganz exakt, damit Du die Bewegungen sicher beherrschst.

Die restlichen fünf Tage mache fünfzehn Sonnengebete hintereinander. Du solltest dafür nicht länger als 15 Min. benötigen. Wenn Du es nicht gleich schaffst, so übe mehrmals am Tag.

## Meditation 1. und 2. Woche

Wir wollen die ersten beiden Wochen des Monats dafür nutzen, unsere Körpermeditation weiter zu verbessern. Erfahrungsgemäß treten zu Anfang immer die gleichen Probleme auf.

Ein Hauptproblem ist, daß bestimmte Körperteile nicht oder nur ganz schwach wahrgenommen werden. Hierfür gibt es verschiedene Lösungsansätze, die wir jetzt aufführen wollen und mit denen Du experimentieren sollst.

1. Beginne mit den schwach wahrgenommen Körperteilen.
2. Mache vor der Meditation eine die entsprechenden Körperteile anregende Körperübungsreihe oder Massage.
3. Versuche, die Körperstellen nicht nur zu fühlen, sondern vor dem geistigen Auge auch zu sehen.
4. Atme in die entsprechenden Körperteile hinein. Atme also ein und stelle Dir beim Ausatmen vor, daß der Atem in die entsprechenden Körperteile fließt und sie sozusagen aufpumpt.
5. Spanne entsprechende Körperteile ganz leicht an und spüre nach.
6. Wenn 5. noch nicht ausreicht, berühre oder kneife den Körperteil und lenke Deine Aufmerksamkeit auf das abklingende Gefühl.

Du hast hier insgesamt 6 Möglichkeiten, die Dir bei Deinen speziellen Problemen helfen werden.

Experimentiere mit ihnen, probiere sie alle aus, kombiniere sie, wechsel die Reihenfolge. Du findest dann irgendeine Methode, bei der Du das beste Ergebnis erzielst. Bei dieser kannst Du dann bleiben.

## Körperübungen 2. Woche

### Sonnengebet - Schnelligkeit und Koordination

**Dreißig Sonnengebete in 6 Min.!** Dies ist das Ziel, das Du diese Woche erreichen sollst. Die Bewegungen sollen trotzdem korrekt sein - auch die Atmung. Übe mehrmals am Tag. Die Wirkung dieser Übung ist anders als die von letzter Woche. Beachte die Unterschiede und merke sie Dir für den Fragebogen vor.

## Wer beherrscht wen? - Extra Teil zur Willensschulung

Wie versprochen gehen wir diesen Monat näher auf den Willen ein. Du erinnerst Dich sicher an unsere 'Willensfrage' aus dem Theorieteil dieses Monats. Wir haben dort folgendes festgestellt: Immer wenn unser Intellekt sich gegen unsere Launen durchsetzt, haben wir das Gewicht der Waage zugunsten des Willens verändert. Aber warum ist das eigentlich so?
Um dies zu erklären, müssen wir uns einmal den Mechanismus von Launen und Wünschen genauer anschauen. Wir müssen uns die Frage stellen: 'Wodurch entstehen Wünsche oder Launen?'
**Nehmen wir ein paar Beispiele:**
1. Wir haben uns gerade vorgenommen, ein Buch zu schreiben. Wir wollen, da wir gerade eine Idee hatten, auf jeden Fall ein Kapitel zu Ende schreiben, ohne Unterbrechung. Wir sind mitten dabei. Plötzlich erreicht der Duft eines Sonntagsbratens, der durch das Fenster hereinkommt, unsere Nase. Plötzlich ist das Kapitel vergessen. Wir verspüren einen tiefen Hunger, laufen in die Küche und machen uns etwa leckeres.
2. Jemand ist noch nie in seinem Leben Karussel gefahren. Er wird immer wieder von Freunden ermuntert, es doch einmal zu versuchen, es sei völlig harmlos und ungefährlich.
Er nimmt sich ganz fest vor, es diesmal endlich auszuprobieren. Er geht zum Rummelplatz. Er schaut noch eine Fahrt zu und überlegt sich dabei noch einmal, daß es überhaupt kein Problem sein kann, mitzufahren. Er sieht auch, wie fröhlich die Leute beim Karusellfahren sind und freut sich schon richtig auf seine erste Fahrt. Er kauft eine Karte und setzt sich erwartungsvoll in das Karussell. Als der Signalton ertönt, ergreift ihn plötzlich eine Panik, und er springt im letzten Moment ab. Kurz danach ärgert er sich über sich selbst, daß er es nicht geschafft hat. Er versteht sich selbst nicht.
3. Ein Mann hat einen erfolgreichen Tag hinter sich. Tatendurstig und zufrieden mit sich selbst beschließt er heute Abend mit seiner Frau ins Kino zu gehen. „Nichts soll mich davon abhalten“, sagt er zu sich selbst. Er kommt nach Hause und kann es kaum erwarten, seiner Frau diese freudige Nachricht zu überbringen. Er schließt die Tür auf und ruft: „Liebling, ich habe eine Überraschung für...“
Er merkt, daß sie nicht da ist. Kein Essen steht bereit für ihn. Plötzlich hat er garkeine Lust mehr, ins Kino zu gehen. Wenn sie ihn so behandelt, dann hat sie das nicht verdient. Dies denkt er sich, und die gute Laune ist vorüber. Es hilft auch überhaupt nichts, daß die Frau nach Hause kommt und ihm schildert, daß die U-Bahn eine halbe Stunde lahmgelegt war und sie deshalb nicht pünktlich sein konnte.
Wenn wir die drei geschilderten Fälle untersuchen, so kommen wir zu dem Schluß, daß es bei allen dreien eigentlich überhaupt keinen Grund gibt, vom ursprünglichen Willen abzuweichen.

**Im ersten Fall:** Der Körper meldet sich ganz von allein, wenn er Hunger hat. Und das geschieht auch nicht plötzlich sondern allmählich.
**Zum zweiten Fall:** Es läßt sich kein überzeugender Grund dafür finden, warum er plötzlich wieder absteigt, wo er doch vorher die fröhlichen Menschen gesehen hat und sich selbst schon darauf gefreut hat.
**Zum dritten Fall:** Was hat die U-Bahn Panne seiner Frau mit dem Launenwechsel zu tun? Es besteht kein Zusammenhang.
Auch hier können wir wieder ganz deutlich feststellen, daß wir nicht unser eigener Herr sind. Wir können nicht mit hundert prozentiger Sicherheit behaupten, daß wir irgendetwas, was wir uns vorgenommen haben, wirklich zu Ende führen. Ob dies geschieht, ist wirklich rein zufällig.

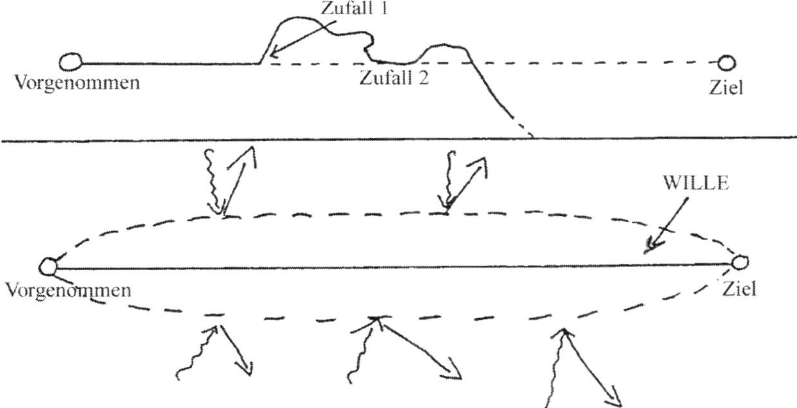


In der ersten Zeichnung sehen wir folgendes: Zufall 1 lenkt uns von unserem Thema ab, wir kommen zwar darauf zurück, aber wir haben Zeit verloren. Zufall 2 bringt uns völlig von unserem Thema ab.
Abb. 2 zeigt wie es sein soll: Unser Wille (der Schutzschirm) ist so stark, daß uns nichts von Erreichen unseres Ziels abbringen kann. Die „Zufallspfeile“ prallen an unserem Willen ab.
Kommen wir jetzt auf die Frage zurück, wodurch unsere Launen entstehen.
Unser Intellekt arbeitet, wenn er nicht von Gefühlen beeinflußt wird, streng logisch und objektiv. Um aber die Tätigkeit des Denkens auszuführen, benötigt er sogenannte Synapsen. Das sind Schaltstellen im Nervensystem. Sie stellen die Weichen für den Nervenimpuls, auf welcher Nervenbahn er weiterläuft. Die Synapsen sorgen also dafür, daß ein Nervenimpuls weitergeleitet wird oder nicht. Ein Nervenimpuls muß eine hohe Anzahl Synapsen passieren, ehe er die Zentrale, das Gehirn erreicht. Genauso umgekehrt zurück vom Gehirn zu den Organen.
Nun ist das Problem, daß nicht nur bewußte Körpereaktionen durch sie gesteuert werden sondern auch unbewußte. Ein unbewußter Impuls kann dafür sorgen, daß ein gerade losgeschickter Gedankenimpuls nie sein Ziel erreicht, weil ein unbewußter Impuls eine Synapse dazu bewegt, den Fluß zu unterbrechen.

Jedes Gefühl hat sein ganz spezifisches Muster, indem die Synapsen auf bestimmte Art und Weise offen oder geschlossen sind.
Als nächstes müssen wir uns das Problem der Assoziation klarmachen. Denken ist ohne Assoziation nicht möglich. Wenn wir zum Beispiel das Wort „Laufen" hören, assoziieren wir gehen, rennen, sich fortbewegen, aber auch still stehen (denn Gehen ist ohne sein Gegenteil nicht möglich).
Ganz genauso ist es in unserer Gefühlswelt. Irgendein äußerer Stimulus, denn wir mit unseren Sinnen wahrnehmen, löst ein assoziiertes Gefühl aus, ohne daß tatsächlich ein Zusammenhang zwischen Stimulus und Gefühl besteht.
Irgendwann war unser Karusselfreund vielleicht Zeuge eines Autounfalles, bei dem kurz vorher eine Hupe ertönte. Immer wenn er eine Hupe hört, assoziiert er jetzt deshalb Furcht.
Erst wenn Du wirklich erreicht hast, daß Dein intellektueller Wille die Oberhand hat, kannst Du davon ausgehen, daß Du dich selbst verwirklichst.
Aleister Crowley sagt dazu in „Magick without tears":

> *„Keine Handlung in sich selbst ist richtig, sondern nur in Bezug auf den Wahren Willen der Person, die ihn zu tun beabsichtigt. Dies ist die Relativitätstheorie, angewandt in der moralischen Sphäre."*

## Körperarbeit 3./4. Woche

Wir wollen unser Sonnengebet auf längere Zeiten ausdehnen.
Mache in dieser Woche 60 Sonnengebete und in der nächsten 90.
Dabei soll jede Bewegung in einer Sekunde gemacht sein. Du machst also in dieser Woche in 20 Minuten 60 Stück und in der nächsten Woche 90 Stück in 30 Minuten.
Wenn Du den Sekundentakt noch nicht schaffst, mache auf jeden Fall die 60 bzw. 90 Stück und werde allmählich schneller.
Es ist nicht ganz einfach, aber zu schaffen, wenn Du Dein bestes gibst. Dein Körper wird es Dir lohnen.

## Meditation 3./4. Woche

Die nächsten beiden Wochen sind dem Sexual- und Astraltraining gewidmet. Wir knüpfen an den astralen Geschlechtsakt und an die Geschlechtsumwandlung an.
Du erhältst hiermit wieder einen Rahmen, innerhalb dessen Du experimentieren sollst.
Beginne alle Übungen mit der Körpermeditation (etwa 20 Min.). Die restliche Zeit machst Du eine der folgenden Übungen:

1. Nachdem Du Dein Geschlecht umgewandelt hast, vollführst Du einen Geschlechtsakt.
2. Nachdem Du Dein Geschlecht umgewandelt hast, vollführst Du einen Geschlechtsakt mit einem/r Gleichgeschlechtigen.
3. Vollführe einen gleichgeschlechtlichen Akt ohne Umwandlung.

*Zusammengefaßt:*

| Nr. | ♂ | ♀ |
|---|---|---|
| 1 | ♀ - ♂ | ♂ - ♀ |
| 2 | ♀ - ♀ | ♂ - ♂ |
| 3 | ♂ - ♂ | ♀ - ♀ |

♂ = Männlich, ♀ = Weiblich
Die linke Spalte ist für Männer, die rechte für Frauen.
Die waagerechten Reihen beziehen sich auf die drei Übungsanweisungen.
Du solltest alle drei Übungen ausprobieren, und zwar drei Tage hintereinander. Die restlichen Tage wähle selbst aus.

## Lösungshinweise zu den Aufgaben

*Übungsaufgabe 1:* ---
*Übungsaufgabe 2:* Diese Frage bezieht sich auf den Teil 2b. Willensschulung, vergleiche dort.
*Übungsaufgabe 3:* Bezieht sich auf 3a und 3b, vergleiche dort.

## Fragebogen zum vierten Kursteil

1. Was ist Kommunikation?
2. Was ist das Meta Modell?
3. Wie kann man seinen Willen trainieren?
4. Wozu benötigen wir magische Zuordnungssysteme?
5. Wie bist Du mit dem Sonnengebet klargekommen?
6. Was macht Dein Pranayama?
7. Was haben Dir die ersten beiden Meditationswochen gebracht?
8. Wie waren die Meditationen der dritten und vierten Woche?

# Lehrhefte für Sexualmagie - Teil 5

## Voraussetzungen für Sexualmagie praktisch, IV. Teil und Schluß

### Training der Sexualorgane

„Der Magier sei ausgerüstet mit seinem Stab und der mystischen Rose".

Solch eine oder ähnliche Anleitung finden wir in vielen magischen Büchern. In fast allen Fällen ist dabei - na was? - gemeint? Stab und Rose sind Synonyme für Phallus und Kteis, also für die Sexualorgane. Es handelt sich also bei solch einer Anweisung um eine sexualmagische. (D. h. natürlich nicht, daß immer, wenn von einem Stab die Rede ist, damit der Penis gemeint ist. Aber die Kombination Stab und Rose ist eindeutig).

Um Sexualmagie betreiben zu können, benötigen wir gut ausgebildete und durchtrainierte Sexualorgane. D.h. wir müssen unsere Sexualorgane genauso trainieren wie den Rest unseres Körpers.

Dabei sind drei Faktoren besonders wichtig. Unsere Sexualorgane müssen genügend Ausdauer besitzen, die Empfindung muß gesteigert werden und wir müssen sie kontrollieren können.

An der Empfindungsfähigkeit haben wir bereits gearbeitet, z.B. durch die Meditationen der Geschlechtsumwandlung. Weitere Übungen sind Partnerübungen, wodurch Massagen und Verspannungen gelöst werden. Erhöhte Empfindungsfähigkeit führt zu erhöhtem Energiefluß. Diese Energie kann dann in entsprechende magische Energie umgewandelt werden.

Kontrolle und Ausdauer gehören ziemlich zusammen. Mit Ausdauer ist nämlich hauptsächlich gemeint, daß wir über längere Zeiträume agieren können, ohne vorzeitige Ejakulation oder verfrühten Orgasmus.

Um dies zu erreichen, müssen wir Kontrolle über unsere Schließmuskeln erlangen. Die Schließmuskeln treten dann in Aktion, wenn wir auf die Toilette müssen, diese aber besetzt ist. Mit genau der gleichen Muskeltätigkeit können wir auch den Orgasmus kontrollieren. Mit den ersten praktischen Übungen dazu werden wir in diesem Monat beginnen.

### Magische Voraussetzungen

**Schutztechniken:** Es kann uns bei unserer magischen Arbeit passieren, daß das Ergebnis nicht dem Gewünschten entspricht. Es können Dinge auftreten, die uns nicht gefallen, oder die wir nicht gebrauchen können. Z.B. erscheint etwas anderes als wir eigentlich herbeirufen wollten. Oder Kräfte werden plötzlich unkontrollierbar.

In solchen Fällen müssen wir unsere Kiste mit den Schutzmaßnahmen öffnen. Schutzmaßnahmen können Energie erzeugen, die die unkontrollierte Energie bändigt oder neutralisiert. Es können auch astrale Barrieren sein, in Form von astralen Siegeln oder in Form von Lauten, die vibriert werden und dadurch die Erscheinung bannen.

Eine sehr wirkungsvolle Methode ist die Annahme von Gottformen. Hierbei stellt man sich seinen astralen Körper in Gottesgestalt vor und identifiziert sich mit diesem.

Man wird sozusagen zu diesem Gott und fühlt sich auch dann entsprechend mächtig. Die bekanntesten Formen sind der Horus und der Harpokrates.
Sie stellen ägyptische Götter dar, Horus wirkt eher angreifend, aktiv, während Harpokrates verteidigend, beschützend, passiv ist.
Wie diese Techniken angewandt und geübt werden, lesen wir in den nächsten Monaten.
Bei den Ritualen gibt es die sogenannten bannenden und anrufenden Rituale. Zum Schutz werden meist die bannenden Rituale benutzt es sind hauptsächlich das Pentagramm- und Hexagrammritual. Das Pentagrammritual bannt elementare Kräfte, das Hexagrammritual planetare Kräfte.
Bannende Rituale dienen zum Schutz von Räumlichkeiten und zur Befreiung von unerwünschten Einflüssen. Das passiert dadurch, daß durch Astralprojektion die entsprechenden Symbole im Raum platziert werden, die unerwünschte Einflüsse fernhalten, oder bereits bestehende Einflüsse neutralisieren.
Ein Raum kann auch so bearbeitet werden, daß er für astrale Wesen unsichtbar wird. Hierfür ist z.B. das Rosenkreuzritual brauchbar.
Eine dauerhafte Wirkung können richtig hergestellte Amulette bewirken. Ganz einfach ausgedrückt, wird ein Schutzamulett folgendermaßen hergestellt: Ich rufe entsprechende Energien herab, die mich schützen sollen. Dann gebe ich einen Teil dieser Energien in das Amulett, was dieses dann permanent abstrahlt und böse Einflüsse fernhält.
Es gibt noch diverse andere Schutzmethoden, die hier aber zu kompliziert sind, um sie zu so einem frühen Zeitpunkt erklären zu wollen. Aber die hier kurz skizzierten Techniken genügen uns für unsere nächsten Arbeiten vollkommen.
**Astralreisen und Astralvision:** Über Astralebenen bist Du schon informiert. Es sind sozusagen Parallelwelten auf einer anderen Schwingungsebene. In diesen Welten erwarten uns viele neue Informationen und Erlebnisse, die wir aber leider nicht mit unserem materiellen Körper erleben können, da dieser für diese Welten nicht gebaut ist.
Deshalb bilden wir unseren Astralkörper aus und gehen mit ihm zu diesen Welten. Ein komplett entwickelter Astralkörper ist genauso wahrnehmungsfähig wie unser materieller Körper. Ja, er hat sogar noch zusätzliche Wahrnehmungsfähigkeiten, von denen Du später sehr überrascht sein wirst.
Magische Siegel, Tarotkarten und Tattwas sind nichts anderes als die Türen zu anderen Universen. Imaginiere mit Deinem Astralkörper solche Siegel und gehe hindurch. Die Siegel stellen Dich sozusagen auf die richtige Wellenlänge ein, auf die richtige Schwingungsebene.
Astralvision ist eine etwas andere Art der Kommunikation mit anderen Ebenen, bei denen Du Siegel als Bildschirm benutzt. Die siehst dann Bilder dieser Ebene, ohne Dich direkt dorthin zu begeben.
**Wahrsagetechniken:** Wahrsagetechniken dienen nicht nur der Zukunftsschau. Du erhältst mit ihrer Hilfe, auch Tips zur monentanen Situation, zur Lösung Deiner Probleme.

Tarot und Astrologie sind brauchbar. Es gibt aber auch noch einige andere Möglichkeiten, die hier nur angeführt werden sollen. Wer sich hierfür näher interessiert, dem seien entsprechende Bücher empfohlen.

Es gibt die chinesische Methode des I Ging, wo Münzen geworfen werden. Dazu kann man insgesamt 64 Hexagramme bilden, die auch noch in sich variieren können. Eine andere Methode ist die Geomantie, wo man auf ähnliche Art und Weise Figuren bildet. Die Geomantie ist allerdings nicht so genau wie das I Ging.

**Evokation:** Evozieren heißt beschwören, herbeirufen. Dies ist eine sehr fortgeschrittene Technik, die sehr viel Kraft und Konzentration erfordert, damit sie funktioniert und nicht gefährlich wird.

Diese Methode holt andere Wesen auf unsere Ebene herab. Das ist natürlich wesentlich schwieriger als Astralreisen, zu mal diese Wesen nicht immer unbedingt damit einverstanden sind. Die Evokation erfordert viele Vorsichtsmaßnahmen, da die Wirkung auf dieser Ebene sehr viel direkter ist und verheerender sein kann.

**Der Aufbau des Universums:** Wenn wir eine Maschine bedienen wollen, so müssen wir wissen, wie die Maschine funktioniert. Damit wenden wir auch Naturgesetze an, die nichts mit der Maschine direkt zu tun haben. Das geschieht ganz unbewußt, so daß wir uns voll und ganz auf einzelne Handgriffe konzentrieren können.

Wenn wir z.B. mit dem Auto langsam in eine Kurve fahren, wenden wir unterbewußt unser Wissen über Fliehkraft, Massenträgheit und Gravitation an.

Wir wissen, daß wir ins Schleudern kommen, wenn wir zu schnell in die Kurve fahren.

Ohne daß wir uns dessen bewußt sind, wenden wir ständig dieses Wissen an, konzentrieren uns aber bewußt nur auf das Lenkrad und die verschiedenen Pedale.

Ganz genauso ist es bei unserer magischen Arbeit.

Bewußt wenden wir die Rituale und Beschwörungen an. In unserem Unterbewußtsein müssen aber die Gesetze verankert sein, die unsere Arbeit bedingen und ermöglichen.

Was bedeutet das: Paralleluniversen? Wie ist das Aufheben von Dualitäten denkbar? Was ist die 4. Dimension? Was ist Unendlichkeit? Was ist Wirklichkeit?

- Dies sind nur einige Fragen, die wir uns stellen müssen. Aber darüber hinaus müssen wir eine Antwort finden - und diese ist für den 'normalen Menschenverstand' nicht immer nachvollziehbar. Wir werden über diese Fragen sehr sehr intensiv nachdenken und meditieren müssen.

Glücklicherweise sind die Erkenntnisse der Physik und der Philosophie inzwischen so weit, daß sie uns für unsere Fragen sehr hilfreiche Dienste erweisen können.

Es seien hier zunächst nur einige Beispiele genannt. Die Physik der Quantenmechanik gibt uns Aufschluß über die Natur des Universums, speziell über die Natur von Raum und Zeit, Paralleluniversen, Inkarnationen usw. Der radikale Konstruktivismus vertritt die Theorie, daß das, was wir wahrnehmen, nur ein Abbild der wirklichen Wirklichkeit ist. Eine Theorie, die für die fernöstliche Mystik und für einen Magier nicht neu ist. Die moderne Erkenntnistheorie behandelt die Frage, wie Erkenntnis überhaupt möglich ist.

**Trancetechniken:** Trancetechniken dienen dazu, das Bewußtsein abzuschalten, so daß wir Zugang zu dem Unbewußten erhalten. Oft hindern uns an intensiver Meditation die oberflächlichen Gedanken, die wir einfach nicht abschalten können.
Mit Hilfe von Trancetechniken können wir atavistische Teile unseres Selbst aktivieren. Für Sexualmagie ist die richtige Trance von besonderer Wichtigkeit, denn mit ihr läßt sich wesentlich mehr Extase, also Energiefluß erzeugen. Wir kennen alle die extatischen Tänze von Urvölkern oder Schamanen.
Schnelle Bewegungen führen zur Trance. Eine Vorstufe zu tiefer Trance ist auch z.B. Autogenes Training. Hier führt man sich selbst in immer tiefere Entspannungszustände. Die Todesstellung von Austin Osman Spare (Voodomagie) führt in einen todesähnlichen Schlaf, in dem der Kontakt zu höheren Wesen erleichtert wird. Andere Techniken schalten eine Gehirnhälfte aus und führen so zu völlig anderen Wahrnehmungen.
*Übungsaufgabe 1:* Wie und warum trainieren wir die Sexualorgane?
*Übungsaufgabe 2:* Nenne Schutztechniken vor unerwünschten Einflüssen.
*Übungsaufgabe 3:* Nenne Wahrsagetechniken und ihre Bedeutung für den Sexualmagier.
*Übungsaufgabe 4:* Wofür verwenden wir Trancetechniken?

## Schluß

Wir hoffen, Du hast durch diese Serie einen tieferen Einblick in das weite Aufgabenfeld der Magie erhalten. Wir haben absichtlich die einzelnen Punkte etwas unterschiedlich behandelt. Wir sind auf die Punkte, die für Deinen momentanen Entwicklungsstand am wichtigsten sind, genauer eingegangen. Wir meinen, daß Dir damit mehr gedient ist, als hätten wir genaueres zu sehr fortgeschrittenen magischen Techniken geschrieben. Denn um letztere zu verstehen, ist ein gehöriges Vorwissen und Verständnis für die Natur des Universums notwendig. Beides sind Dinge, die nicht einfach auf ein paar Seiten Papier abgehandelt werden können. Viel Dinge sind erst durch Erfahrung möglich. Dein Geist wäre unnötigerweise mit Dingen beschäftigt gewesen, die für ihn noch gar nicht relevant sind.
Wir können Dir nicht das Einmaleins erklären, in dem wir Dir die Integralrechnung versuchen einzutrichtern.
Als wir unsere Anmeldeformulare für den Fernkurs entworfen haben, waren wir uns nicht ganz sicher, wie der Zusatz ‘unbegrenzt’ bei den Magiekursen ankommen könnte. Viele haben eben die Vorstellung, Magie kann man wie eine Lehre absolvieren, mit Abschlußzeugnis und in voraussehbarer Zeit.
Wir hoffen, Dir ist jetzt klar geworden, daß Magie nicht nur ein Studium, sondern eine Lebensauffassung ist. Eine Lebensauffassung deshalb, weil man nie alles erfahren kann. Es gibt immer wieder neues zu entdecken und zu erleben.
Das ist der ganze Sinn des Lebens, sich an seinen Erfahrungen zu erfreuen. „Schamlos tanzen sie in der Sonne“. In diesem Sinne wünschen wir Dir weiterhin viel Erfolg.

## Körperarbeit 1. - 4. Woche - Training der Sexualorgane

Wir beginnen diesen Monat mit 'richtigen' sexualmagischen Übungen. 'Richtige' steht in Anführungsstrichen, weil viele meinen, sexualmagische Übungen haben immer mit den Geschlechtsorganen zu tun.
Du hast aber inzwischen sicherlich erkannt, daß das nicht so ist, daß andere Übungen für unser Ziel mindestens genauso wichtig sind.
Diese speziellen sexualmagischen Übungen (so wollen wir sie einmal nennen) müssen in regelmäßigen Abständen immer mal wieder aufgegriffen werden.
Wenn sie regelmäßig gemacht werden, führen sie zu bestimmten Teilergebnissen, die durch die anderen Übungen, die wir gemacht haben, erreicht werden können. Auf diesen Ergebnissen aufbauend, bekommst Du neue Aufgaben in allen Bereichen, die dann wieder in speziellen Übungen ihren Höhepunkt finden.
Studiere unsere Anweisungen sehr genau. Halte Dich genau daran und übe mäßig aber regelmäßig.

## Körperabeit 1. und 2. Woche

Studiere in diesen ersten beiden Wochen Deine Kontrollfähigkeit über Deinen Orgasmus. Arbeite mit Dir selbst, also ohne einen Partner. Masturbiere. Laß Dir Zeit dabei, bewege Dich langsam. Versuche, den Punkt herauszufinden, kurz bevor der Orgasmus unaufhaltsam ist.

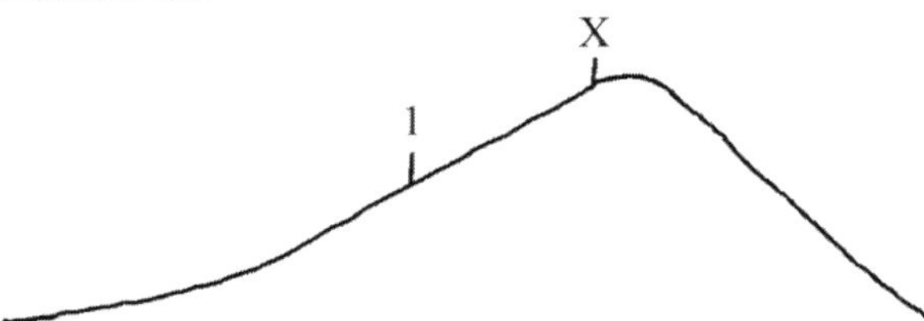


Mache genau an diesem Punkt eine Pause, bis die Erregung merklich abgeklungen ist. Wiederhole dann das Ganze.
Zu Anfang hörst Du vielleicht an Pkt. 1 (s. Zeichnung) auf. Du bemerkst dann, daß Du noch ein wenig weitergekommen wärst. Ein anderes mal gehst Du vielleicht zu weit und kannst den Orgasmus nicht unterdrücken.
Ziel ist es, genau den Pkt. X zu treffen (s. Zeichnung), den letztmöglichen Punkt, bevor der Orgasmus eintritt.
Versuche, diesen Punkt so oft wie möglich zu erreichen. Steigere die Zahl allmählich.
Wichtig: **Übe Deinen Willen. Beende diese Übung nicht mit einem Orgasmus. Erlaube Dir dies nur beim letzten Tag der Übung, also am 14. Tag.** (Dies gilt natürlich nur für diese Übung, es ändert nichts an Deinem gewöhnlichen Geschlechtsleben.)

# Meditation 1. Woche - Nadabrahma

Unsere heutige Meditation nennt sich Nadabrahma. Zugrunde liegt der Begriff der Nadis, die man am besten als feine Energiekanäle im Körper bezeichnen könnte. Da die Nadis gewöhnlich durch Ablagerungen verstopft sind, weil sie nie benutzt werden, können die feinstofflichen Energien nicht frei durch den Körper fließen. Nadabrahma nun reinigt die Nadis und erhöht ganz allgemein Dein Energiepotential. Diese Energien sind für den Aufbau des Astralkörpers besonders wichtig.

**Die Technik von Nadabrahma:**

Du setzt Dich ins Asana. Nun beginnst Du zu summen. Die Tonhöhe sollte nicht bewußt gesucht werden, sie pendelt sich von ganz alleine ein. Ebenso die Lautstärke; wähle zunächst eine, die Dir passend scheint. Die für Dich richtige stellt sich von alleine ein. Du erkennst die richtige Tonlage daran, da beim Summen Deine Lippen vibrieren und da sich nach kurzer Zeit ein Kribbeln in Brust und Bauch zeigt, das Deinen Körper zu durchdringen scheint. Du summst immer beim Ausatmen, beim Einatmen nicht. Lasse dies eine halbe Stunde fortgehen.

Danach folgt für eine Viertelstunde das Harmonisieren, welches in zwei gleiche Abschnitte gegliedert ist. Die erste Hälfte hältst Du deine Hände nach oben in Brusthöhe vor Dich und beginnst mit nach außen gerichteten Kreisbewegungen. Nach einer Weile werden sich Deine Hände wie von allein bewegen und Umfang des Kreises und Geschwindigkeit selbst bestimmen. Wirke nicht bewußt darauf ein! Die zweite Hälfte verfährst Du genau umgekehrt, d. h. die Handflächen weisen nach unten und die Kreisbewegung ist nach innen gerichtet. Achte darauf, daß Du dich dabei nicht in den Schultern verspannst, sondern locker und entspannt sitzt.

Beim Summen werden die Energien in der Bauchgegend gesammelt, beim Harmonisieren werden diese Energien gleichmäßig im Körper verteilt. Deshalb ist es besonders wichtig, daß Du das Harmonisieren in jedem Falle bis zum Schluß machst. Denn sonst befinden sich unausgeglichene Energien in Deinem Körper, was unangenehme Auswirkungen haben kann.

Das Verhältnis von Summen und Harmonisieren ist immer zwei zu eins, d. h. bei 45 Min., 30 Min. Summen und 15 Min. Harmonisieren, letzteres aufgeteilt in zwei mal 7 1/2 Min. für die beiden Bewegungsrichtungen. Oder bei 60 Min. entsprechend 40 Min. Summen und zweimal 10 Min. Harmonisieren. Führe diese Übung jedoch erst einmal nur mit 45 Min. aus und horche die letzte Viertelstunde in Deinen Körper hinein. Stelle fest, was sich geändert hat. Wie ist Dein Körpergefühl? Wie empfindest Du deine Hände? Notiere wie immer in Deinem Tagebuch alle Ergebnisse.

Nachts wirkt Nadabrahma übrigens am besten. Nachdem Du schon 2-3 Stunden geschlafen hast, setzt Du dich ins Asana, machst die Übung und schläfst danach weiter. Dein Körper ist dann nämlich ausgeruht und entspannt, so daß die Wirkung erheblich größer ist als am Tage. Es kann sein, daß Du zu Anfang danach Schwierigkeiten hast, wieder einzuschlafen und daß Du am nächsten Morgen wie leicht verkatert erwachst. Letzteres legt sich nach etwa einer halben Stunde und insgesamt nach ein paar Tagen. Die Phänomene kommen von der Umstellung des Körpers und sind nicht schädlich.

## Meditation 2./3. Woche - Pranayama

Lese, bevor Du fortfährst, bitte nocheinmal den Text Pranayama im 2. Teil, Meditation 1. Woche durch.
Pranayama wird erfahrungsgemäß von fast allen Schülern sträflich vernachlässigt. Das liegt wohl daran, daß die Übung sehr anstrengend ist, und daß - oberflächlich gesehen - nicht allzuviel Neues dabei passiert.
Dies ist aber ganz falsch! Es passiert deshalb nicht so viel, weil die Übung nicht intensiv und regelmäßig genug gemacht wird. Und das, weil sie schwer fällt.
Aber gerade bei magischen Übungen gilt: **Je schwieriger die Übung, desto wertvoller das Ergebnis.**
Du kannst Dir ganz sicher sein, daß wir nur mit den Übungen arbeiten, wo sich der Aufwand auch lohnt. Es gibt soviel zu tun, wir können es uns alle nicht leisten, Zeit mit Übungen zu verplempern, die nichts bringen.
Es kann nicht deutlich genug gemacht werden, daß gerade Pranayama eine der wichtigsten Übungen überhaupt ist, gerade für Sexualmagie. Es ist absolut wichtig, den Atemrhythmus von 20 sec. ausatmen, 10 sec. einatmen und 30 sec. Luft anhalten zu erreichen. **Dieser Rhythmus muß eine Stunde ohne Unterbrechung, völlig ruhig und gleichmäßig geatmet werden.** Das ist Grundvorrausetzung, um an weitere sexualmagische Übungen heranzugehen.
Wenn Du den oben genannten Rhythmus beherrschst, so hast Du bewiesen, daß Du deine Gefühle halbwegs kontrollieren kannst und fähig bist, mit Streßsituationen umzugehen. Erst dann kannst Du die nächsten Übungen gefahrlos überstehen, weil dabei schon starke Energien frei werden.
Deshalb sei hier einmal genügend Zeit gelassen, um an dieser Hürde zu arbeiten. Mache jeden Tag eine Stunde Pranayama. Wenn Du einen Rhythmus beherrschst, so nehme den nächst höheren. (Diese Rhythmen findest Du ebenfalls im 2. Teil Sexualmagie, Meditation 1. Woche).
Teile uns regelmäßig Deine Fortschritte bei dieser Übung mit. Wenn Du dieses Ziel erreicht hast, so beginnen wir sofort mit den folgenden Übungen. Du wirst reichlich für diese Mühen belohnt werden.

## Körperarbeit 3. - 4. Woche

In den nächsten beiden Wochen werden wir unsere Übung etwas abgewandelt durchführen. Die Übung geht genauso weiter. Achte aber noch zusätzlich auf folgendes:
1. Mache die ganze Zeit Bauchatmung - nicht intensiv sondern ganz entspannt und regelmäßig. Denke daran, wie ein Schlafender atmet - ruhig und gleichmäßig in den Bauch.
2. Achte darauf, daß Du nicht die Pobacken zukneifst. Entspanne die Schließmuskeln ganz bewußt. Achte besonders darauf, wenn Du dich dem Höhepunkt näherst.

3. Bei der Masturbation stimuliert sich jeder zusätzlich dadurch, daß er erregende Bilder vor dem geistigen Auge sieht oder etwas Erregendes hört. Wenn Du dich dem Höhepunkt näherst, denke einfach an andere Dinge, z.B. an die Schwiegermutter, an Essen oder an andere ‚unerotische Dinge'.
Vergleiche mit Deinen Erfahrungen der ersten beiden Wochen.

## Meditation 4. Woche - Astrale Übung

Damit es nicht ganz so langweilig wird hier wieder etwas neues.
Setze Dich in Dein Asana. Zähle langsam innerlich von 100 - 0. Wenn Du bei Null angelangt bist, so stelle Dir vor dem geistigen Auge eine weiße Leinwand vor. Sitze vor dieser Leinwand, als würdest Du einen Film erwarten.
Beobachte alles, was auf der Leinwand erscheinen mag. Verändere nichts, lass einfach geschehen. Zeichne alles Erlebte sorgfältig auf und versuche, in dem Geschehenen einen Sinn zu erkennen.
Durch die Technik des Herunterzählens regst Du Dein Unterbewußtsein an. Mit der Leinwand gibst Du ihm die Möglichkeit Dir etwas mitzuteilen. Finde heraus, was es ist. Oft erhältst Du durch diese Technik Hinweise auf Probleme oder Lösungen. Wenn Du nicht weiterkommst, so schreibe uns dann Deine Erfahrungen, wir helfen Dir gern.

## Vom Hellsehen und vom Lichtkörper

Innerhalb des menschlichen Körpers befindet sich ein anderer Körper von annähernd gleicher Gestalt und Größe, aber er besteht aus feiner und weniger illusorischer Materie. Natürlich ist er nicht 'wirklich', aber ebensowenig ist es der andere Körper. Ehe das Hellsehen behandelt wird, muß kurz diese Frage der Wirklichkeit erörtert werden, denn durch falsche Auffassung dieses Gegenstandes ist eine endlose Verwirrung entstanden. Es gibt eine Geschichte von einem Amerikaner, der im Eisenbahnzug saß und einen anderen Amerikaner sah, der einen Korb von ungewöhnlicher Form trug. Die Neugier übermannte ihn, und er beugt sich vor und sagte: 'Sagen sie Fremder was haben sie da in ihrem Korb?' Der andere mit hagerem Gesicht antwortete: 'Mongus.' (Pharaonsratte eine Art Herpestesmongo aus Indien, tötet Schlangen.)
Der erste Mann war ziemlich verblüfft, da er noch nie von einer Mongus gehört hatte. Nach einer Pause fuhr er fort, auf die Gefahr hin, eine abweisende Antwort zu bekommen: 'Aber sagen Sie mir, was ist eine Mongus?' 'Mongus frißt Schlangen', erwiederte der andere. Das war wieder eine harte Nuß, aber er fragte weiter:'Wozu in aller Welt brauchen Sie einen Mungus?' 'Ja sehen Sie', sagte der Mann im vertraulichem Flüserton, 'Mein Bruder sieht Schlangen'. Der erste Mann stand vor einem noch größeren Rätsel als vorher, doch nach langem Nachdenken sagte er ziemlich patetisch: 'Aber sagen Sie, das sind doch keine wirklichen Schlangen.' 'Gewiß' sagte der Mann mit dem Korb, 'Aber dieser Mongus ist ja auch nicht wirklich.'
Dies ist ein vollkommenes Gleichnis für Magie. Es gibt im wahrnehmbaren Universum nicht so etwas wie Wahrheit. Bei jeder Idee, die man analysiert, findet man, daß sie einen Widerspruch enthält. Es ist ziemlich sinnlos (außer als vorübergehendes

Hilfsmittel), eine Klasse von Ideen einer anderen als ‘mehr wirklich’ gegenüberzustellen. Das Näherkommen zu Gott bedeutet auch nicht notwendig auch ein Näherkommmen zur Wahrheit.

Alle philosophischen Systeme sind in Verfall geraten. Aber jede Klasse von Ideen besitzt wahre Beziehungen von sich selbst. Es ist, nach Berkley, (natürlich hat der wirkliche Berkley nichts dergleichen gesagt, der Berkley, von dem wir hier reden, ist ein gedachtes Tier, daß Dr. Johnson in standhafter britischer Unwissenheit erfand) möglich, die Existenz von Wasser und Holz zu leugnen, aber trotzdem schwimmt Holz auf Wasser. Der Magier wird identisch mit dem unsterblichen Osiris, doch der Magier stirbt. Man sollte lieber sagen: der Magier wird sich eines Teiles seiner selbst bewußt, den er den unsterblichen Osiris nennt, und dieser Teil ‘stirbt’ nicht.

Nun ist dieser innere Körper des Magiers, von dem wir am Anfang des Kapitels sprachen, tatsächlich vorhanden und kann gewisse Kräfte ausüben, wozu sein natürlicher Körper nicht in der Lage ist. Er kann z.B. durch ‘Materie’ hindurchgehen und sich nach jeder Richtung frei im Raum bewegen. Das kommt aber daher, daß ‘Materie’, in dem Sinne, in dem wir das Wort gewöhnlich gebrauchen, auf einer anderen Ebene ist. (Wir nennen einen elektrischen Widerstand oder staatswissenschaftliche Gesetze nicht unwirklich, weil sie nicht direkt mit unseren Sinnen wahrnehmbar sind. Unsere magische Lehre wird von Skeptikern allgemein angenommen, nur wollen sie Magie selbst zu einer Ausnahme machen.)

Nun nimmt dieser feine Körper ein Universum wahr, welches wir gewöhnlich nicht wahrnehmen. Er bemerkt nicht notgedrungen das Universum, welches wir normalerweise wahrnehmen, obgleich ich also in diesem Körper durch das Dach gehen kann, folgt nicht daraus, daß ich im Stande dazu wäre, zu sagen, wie das Wetter ist. Vielleicht könnte ich es, vielleicht aber auch nicht. Aber wenn ich es könnte würde dies nicht beweisen, daß ich mich in der Annahme getäuscht habe, ich sei durch das Dach gegangen. Dieser Körper, der von verschiedenen Autoren astraler Doppelkörper, Lichtkörper, Feuerkörper, Wunschkörper, feiner Körper und mit zahllosen anderen Namen benannt wird, ist von Natur aus dazu geeignet, Gegenstände seiner eigenen Art wahrzunehmen. Insbesondere die Erscheinungen auf der Astralebene.

Zwischen den astralen und den materiellen Wesen besteht eine vage und unbestimmte Art der Verwandtschaft, und bei großer Erfahrung ist es möglich, aus dem astralen Aspekt, den sie den Augen des Lichtkörpers darbieten, tatsache etwas über materielle Dinge herzuleiten. (Dies kommt daher, daß zwischen den Ebenen eine gewisse notwendige Übereinstimmung besteht, so wie im Falle der Leber eines Angloindianers und seines Tempraments. Die Verwandtschaft erscheint nur insofern unklar und unbestimmt, als man möglicherweise die Gesetze nicht kennt, die die Sache bestimmen. Die Lage ist analog der des Chemikers vor der Entdeckung des Gesetzes der kombinierten Gewichte.

Diese astrale Ebene ist so mannigfaltig und so wechselnd, daß zwei Hellseher, die den selben Gegenstand anschauen, vielleicht gänzlich verschiedene Berichte über das Geschehene geben, und doch können beide richtige Schlüsse ziehen. Beim Betrachten eines Mannes würde der erste Hellseher vielleicht sagen: „Die Kraftlinien sind alle heruntergesunken“, der zweite: „Es sieht alles schmutzig und fleckig aus“, ein dritter:

„Die Aura sieht sehr zerrissen aus“; dennoch stimmen alle in der Schlußfolgerung überein, daß der Mann sich im schlechten Gesundheitszustand befindet. In jedem Fall sind alle solche Schlußfolgerungen ziemlich unverläßlich.
Man muß außerordentlich geübt sein, ehe man sich auf das Sehen verlassen kann. Sehr viele Leute denken, daß sie diese Sachen sehr gut verstehen, während sie tatsächlich nur gelegentlich im Verlaufe von hunderten vergessenen Fehlschlägen ein paarmal richtig geraten haben. (Woran sie sich natürlich erinnern). Die einzige Art, das Hellsehen zu überprüfen, besteht in einem sorgfältigen Bericht über jedes Experiment.
Der Magier kann sich gar nicht genug bemühen, diese Kraft in sich selbst zu entwickeln. Sie ist ihm außerordentlich nützlich, um sich gegen Angriffe zu verteidigen, Warnungen zu erhalten, Charaktere zu beurteilen und besonders, um den Hergang bei seinen eigenen Zeremonien zu beobachten.

## Zur weiteren Planung - Der magische Partner

Sexualmagischearbeit ist auf vielerlei Arten zu realisieren und man sollte dies zumindest am Anfang nach den persönlichen Vorlieben gestalten.
Am häufigsten, weil effektivsten, ist die hetrosexuelle Arbeit, also die Arbeit mit einem andersgeschlechtlichen Partner.
Die Übungen die in diesem Buch geschildert werden, gehen deshalb von einer Mann-Frau Beziehung aus. Allerdings sind die Übungen auch bei anderen Neigungen leicht abwandelbar, ein wenig Kreativität bei den Übenden vorausgesetzt.

Dennoch solltest Du einmal über deine Sitution nachdenken – deshalb hier ein paar grundsätzliche Fragen die Du dir selbst einmal in einer ruhigen Minute beantworten solltest:
Möchtest Du allein arbeiten oder nicht?
Suchst Du einen Partner?
Hast Du einen Partner in Aussicht?
Ist dieser auch bereit, mit Dir zusammen zu arbeiten?

## Fragebogen

1. Berichte bitte über Deine Erfahrungen mit der Körperarbeit. Vergleiche die Ergebnisse der ersten und der zweiten Übung. Wie wirkt sich die Übung auf Dein normales Geschlechtsleben aus?
2. Was macht Dein Pranayama? Schildere detailliert.
3. Welche Effekte hatte Nadabrahma bei Dir?
4. Schreibe ausführlich Deine Gedanken zur Arbeit mit einem Partner. Berichte über Deine diesbezügliche momentane Situation.

## Übungsaufgaben

Vergleiche Deine Ergebnisse mit dem Text und wiederhole gegebenenfalls.

# Lehrhefte für Sexualmagie - Teil 6

## Theorie: Wofür kann Sexualmagie verwendet werden?

### Einleitung

Nachdem wir nun den umfangreichen Theorieblock über die Voraussetzungen für Sexualmagie abgeschlossen haben, ist es an der Zeit, einmal Beispiele für sexualmagische Arbeiten zu liefern.
Dafür werden wir uns der Aufzeichnungen von Magiern bedienen.
Hierbei müssen wir natürlich berücksichtigen, daß solche Aufzeichnungen nicht immer ganz eindeutig formuliert sind. Gefundene Tagebuchaufzeichnungen können immer zum Nachteil des Besitzers verwendet werden. Wenn man bedenkt, mit welcher Zurückhaltung, Furcht und Unwissen die Allgemeinheit der Magie begegnet, wird solch eine vorsichtige Verhaltensweise sehr viel verständlicher.
Die Geschichte bietet zahllose Beispiele dafür, was mit Menschen passiert ist, die ihrer Zeit voraus waren, mit welchen Mitteln die aufgebrachte Masse alles schonungslos eleminierte, was sie nicht verstand und ihr Angst einflößte.
Die Aufzeichnungen, die wir abdrucken, sind von Aleister Crowley. Aleister Crowley war der größte Magier des 20. Jahrhunderts. Er hat sich Zeit seines Lebens mit Magie und Yoga beschäftigt. Sein größtes Ziel war es, das Studium der Magie wieder zu dem zu machen, was es einmal war. Die verborgenen Anweisungen und Mysterien sind im Laufe der Zeit immer mehr verwaschen worden. In Europa ist davon kaum etwas übergeblieben, weil durch die Verfolgung der Kirchen vieles vernichtet wurde oder alle Magier dazu gezwungen wurden, im geheimen zu arbeiten.
Deshalb enthielten alle Überlieferungen zwar einen wahren Kern, dieser war aber umgeben von falschen Übersetzungen und Interpretationen. Viele Anweisungen waren durchtränkt von Ansichten, die auf die neue Zeit und unsere Kulturen überhaupt nicht mehr zutrafen.
Aleister Crowley hat versucht diesen wahren Kern der Lehren von ihrem Ballast zu befreien, was ihm auch in vielen Fällen gelungen ist. Er hat eine Synthese geschaffen aus westlicher Magie und östlichem Yoga, die ihresgleichen sucht. - Dafür können wir ihm sehr dankbar sein. Ohne seine Vorarbeit wären wir jetzt nicht das, was wir sind.
Aber Crowley stand auch sehr allein mit dieser Problematik da. Er war ein einsamer Pionier auf diesem Gebiet. Er hatte die längste Zeit seines Lebens keinen Lehrer, der ihn anleiten konnte. Seine Arbeit war echte Forschung. Er mußte oft nach der Versuch-und-Irrtum-Methode arbeiten. Deshalb können wir nicht verwundert sein, wenn seine Experimente nicht immer von Erfolg gekrönt waren. Dies wird deutlich aus seinen Aufzeichnungen hervorgehen. Ein anderer Grund für Mißerfolge ist der Umstand, daß er oft mit Assistentinnen arbeiten mußte, die absolut ungebildet in Magie waren. Seine Ergebnisse sind aus diesem Grund aber erst recht bemerkenswert. Die Tagebuchauszüge sollen auch hier nur den Sinn erfüllen, Dir einen Einblick darin zu geben, welche Ziele man bei sexualmagischen Operationen verfolgen kann. Nach den

Tagebuchauszügen werden wir im nächsten Kurs noch andere Techniken schildern. Sehr fortgeschrittene Techniken, die der Initiation und der Erschaffung von magischen Wesen dienen. Aus dem anfangs erwähnten Grund bringen wir keine eigenen Aufzeichnungen oder Aufzeichnungen von Bekann-ten. Wir können aber ganz sicher aus eigener Erfahrung bestätigen, daß alle angeführten Techniken brauchbar sind. Wir können sogar behaupten, daß wir sie perfektioniert haben, und daß man mit ihnen sehr viel erfolgs-versprechender arbeiten kann, als es die Auszüge von Crowley vielleicht vermuten lassen.

## Rex de arte Regia -Auszüge aus Crowleys sexualmagischen Tagebüchern[1]

### I - 3. Sept. 1914

Marie Maddingley - respektable, verheiratete Frau.

*Objekt*: sexuelle Kraft und sexuelle Anziehung, um die Ausbildung des 9. Grades für diese Experimente zu erleichtern.

Das Mädel war sehr schwach weiblich, leicht erregbar und sehr scharf. Es war das erste mal, daß sie Ehebruch beging. Operation hochorgiastisch und Elixier von erstklassiger Qualität.

*Resultat*: Ich beweise vollständigen Erfolg aus der Art der folgenden Aufzeichnungen Nr. 2

### II, II A, II B - 6. Sept.:

Christina Rosalie Byrne (Peggy Marchmont) Piccadilly Prostituierte.

*Objekt*: Erkenntnis der Mysterien des neunten Grad und Kraft, dieselben auszudrücken.

Die Frau ist eine Hure von etwa 26. Die Orgie dauerte mit seltenen kurzen Intervallen von 11.00 Uhr vormittags bis 10.00 Uhr abends, und die Zeremonie wurde dreimal vorgenommen. Ich war überhaupt nicht erschöpft und hätte die ganze Nacht weitermachen können. Obgleich sie in arger Bedrängnis war, verweigerte sie sogar ein freundliches Präsent.

*Resultat*: Vollständiger Erfolg, denn ich schrieb de Arte Magica, De Hommunculo, De Natura Deorum, De Nuptis Sexretis Deorum cum Hominibus, worin sehr große Weisheit der Götter über diese ganze Angelegenheit gefunden wird. Aber ich nehme an, daß ich irgendeinen großen Fehler machte, denn ich bemerkte unmittelbar eine Spannung, welche sich kurz darauf als Venenentzündung mit Thrombose des linken Fußes herausstellte und den Verlauf der Experimente unterbrach. Daher das Datum von Nr. 3. Oder kann die Krankheit Teil des Erfolges sein, weil sie mir die Möglichkeit zum Schreiben gibt?

### III - 14. Okt.:

Violet Duval, Chorgirl, ein alter Freund, die dreimal heilige Soror L.B. (Leila Waddell) assistierte mir bei dem Werk.

*Objekt*: Gesundheit. Zur Zeit ist mein Bein noch sehr geschwollen und widerspenstig. Ich bin seit drei Tagen angezogen und auf den Beinen, aber es war entschieden ein Risiko die

---

[1] Crowley fährt 1914 in die USA und beginnt dort am 3. September sein Magischen Tagebuch „Rex de Arte Regia (abgedruckt in: The Magical Record of the Beast 666, herausgegeben von J. Symonds 1972)“ zu führen. Wir dürfen hier leider aus Copyrightrechtlichen nur in einem engen Bereich zitieren und verweisen deshalb direkt auf den O.T.O. „Ordo Templi Orientis, International Headquarters, Postfach 33 20 12, D-14180 Berlin“ der Ihnen sicherlich sagen kann, ob die Texte z. Zt. in Deutschland publiziert werden.

Zeremonie vorzunehmen. Nach so langer Abstinenz war sie auch schnell und leichtgehend. Aber der Wille schien konzentriert. Es hat wenigstens mein Gehirn befreit, welches seit drei oder vier Tagen verstopft war.

*Resultat*: Plötzliche, neue fast alarmierende Symptome in der gleichen Nacht. Aber große Verbesserung folgte, so daß ich heute am 17. Okt. fast wie gewöhnlich umhergehe.

**1. Nov:** Die Symptome sind noch nicht völlig verschwunden. Ich hatte aber ganz sicher drei Tage nach dem Ritus das Gefühl der Gesundheit, ein unbeschreibliches aber gut bekanntes Gefühl. Ich begann viele energiereiche Dinge, und hier bin ich in New York.

**21. Nov.:** Die penibelste Untersuchung konnte keinen Defekt in dem Bein entdecken. Dies ist ein Monat früher, als der Doktor prognostizierte.

**29. Nov.:** Nicht vollkommen in Ordnung dieses Bein. Aber allgemeine Gesundheit durchaus besser als ich sie seit Jahren gekannt habe.

**15. Dez.:** Ich werde die Aufzeichnungen mit dem Wort zweifelhaft beschließen.

## IV - 7. Nov.:

Babalon per mentis imaginen manu sinistra (Babalon geistig imaginiert und mit der linken Hand, d.h. es handelte sich um einen Akt der Masturbation, während Crowley das Bild von Babalon visualisierte).

*Objekt*: Erfolg. Die Dinge haben sich soweit langsam und schlecht entwickelt. Der Zeitsprung zwischen diesem Eintrag und dem nächsten ist wegen des Fehlens an Muße und Gelegenheit.

*Resultat*: Viele Magier mögen erfreut sein zu sehen, daß ich am 12. Nov. für 500 Pfund Bücher verkaufte, und daß heute, am 14. Nov., all meine Schwierigkeiten in anderen Angelegenheiten sich aufgeklärt zu haben scheinen.

Ich hatte auf diese Operation folgend fast eine Erkältung. Ich hatte ein Gefühl oder eine Intuition, daß diese Methode insgesamt nicht richtig ist. Divination sagt: Daß sie richtig ist.

**22. Dez., Sonne in Schütze:** Ich denke, ich kann sagen, daß ich im Ganzen Erfolg gehabt hatte, obgleich die Resultate gänzlich noch nicht manifest sind. Aber ich hatte Liebe, Geld, Schüler, Klienten, Ruhm, und meine Aussichten sind rundherum sehr strahlend, ja ich werde dies Erfolg nennen.

P.S. 14. Febr. Jeder dieser scheinbaren Erfolge materialisierte sich nur teilweise. Sie schwanden wieder fast auf einmal. Dies ist alles Teil der Merkurformel. Ich weiß offensichtlich nicht, wie das Flüchtige zu fixieren ist, obgleich die erste Hälfte der Operation in Ordnung ist.

## V - 14. Nov.:

Elsie Edward, korpulente, irische Prostituierte vom mütterlichen Taurustyp, 3 Dollar.

*Objekt*: Danksagung, der Ruhm des heiligen Phallus und die Etablierung des heiligen Königreiches in diesem Land.

Die Unattraktivität des Assistenten machte diese Operation schwierig. Aber es war notwendig, irgendwie anzufangen, und bisher hat New York mir nichts von seiner sexuellen Seite gezeigt. Mag der Herr mir auch in dieser seine Gunst gewähren.

Ich finde mich eher dazu geeignet, mich auf diese Artikulierung der Worte, welche den Willen kontrollieren, zu konzentrieren, als auf die Substanz des Willens selbst. Dies ist sicherlich a priori falsch.

* * *

Dieser Auszug sollte nur einen Eindruck vermitteln, wie solcherlei Arbeiten stattfinden und wie man ein solches Tagebuch verfassen kann.

## Körperarbeit Monat 6 und 7

Hier ein kleiner Überblick zu den folgenden zwei Monaten. Wir werden uns in dieser Zeit mit Kondition und fortgeschrittener Bioenergetik befassen. Der Ablauf ist dabei folgender: Die beiden Schwerpunkte werden wöchentlich gewechselt.
Dies hat zwei Gründe: Zum einen fällt es Dir dadurch leichter, die Konditionsübungen zu machen. Diese sind nämlich sehr anstrengend, und Du bist besser motiviert, wenn Du immer nur eine Woche diese Arbeit vor Dir siehst statt vier Wochen.
Der andere Grund ist der, daß sich beide Schwerpunkte sehr gut ergänzen und sich gegenseitig unterstützen. Die Bioenergetikübungen sind nämlich von uns modifiziert und verschärft worden. Man benötigt auch bei diesen Übungen ein wenig Ausdauer. Ein anderer Teil dieser modifizierten Übungen befaßt sich mit speziellen Atemtechniken, die das Bauchfell und den Brustkorb entspannen sollen. Dies fördert die Atmung und den Kreislauf, was Dir wiederum bei den Konditionsübungen sehr zu gute kommen wird.
Ziel ist es, mit Hilfe dieser Übungen Dich auf die nächsten Sexübungen vorzubereiten. Lese jetzt bitte diesen Abschnitt noch einmal und schreibe dann Sinn und Zweck sowie die Zusammenhänge zwischen den Übungsschwerpunkten noch einmal mit Deinen eigenen Worten auf (eventuell ein zusätzliches Blatt Papier verwenden).

_______________________________________________

_______________________________________________

_______________________________________________

_______________________________________________

_______________________________________________

Es ist wirklich sehr wichtig, daß Du die nächsten zwei Monate sehr intensiv und regelmäßig an Deinem Körper arbeitest. Die darauffolgenden Sexübungen können Dir zwar (noch nicht) schaden, aber sie werden Dir nur sehr wenig bringen, wenn Du dich nicht richtig vorbereitet hast.
Denke in diesem Zusammenhang auch an Pranayama.
Und nun ran ans Werk.

## Körperarbeit 1. Woche - Kondition 1

Zuerst Aufwärmübungen zum Vermeiden von Verletzungen der Muskeln und Sehnen:

1. Bioenergetische Grundhaltung.
2. Bioenergetischer Bogen 3x à 60 sec.
3. Laufen auf der Stelle, Knie dabei hochziehen, 1 min.

... und dann geht's los:

4. 20 Flugliegestütz, dabei mußt Du in die Hände klatschen können und die Füße hochwerfen. Kannst Du nicht mehr weiter, so mache normale Liegestütz.
5. 50 Kniebeugen, Füße und Knie zusammen, Arme ausgestreckt, Füße bleiben auf dem Boden.

6. Für den Bauch: 20 Sit-ups. Lege Dich auf den Rücken, verschränke Deine Arme hinter den Kopf, hebe jetzt nur Deinen Oberkörper an, so daß er im rechten Winkel zu den Beinen ist. Deine Füße liegen die ganze Zeit lang auf dem Boden, die Beine sind leicht angewinkelt.

Zur Entspannung:

7. Rückenlage: Beruhige Deinen Atem durch Bauchatmung, entspanne Deinen ganzen Körper. Achte besonders auf Rücken, Gesicht speziell Kiefer.

**Wichtig: mache zwischen den Übungen möglichst keine Pause!**

## Meditation 1. Woche - Kerzenmeditation

In dieser Woche lernst Du eine sehr wichtige Augentechnik zur Vorbereitung auf astrale Arbeiten. Durch Starrhalten der Augen erreicht man bewußtseinsverändernde Prozesse und Gedankenberuhigung. Beides sind Grundvoraussetzungen für die Arbeit mit dem Astralkörper. Die Technik der Kerzenmeditation ist sehr einfach. Du setzt Dich vor eine Kerze ins Asana und fixierst die Flamme mit starrem Blick, ohne zu blinzeln. Stelle die Kerze soweit entfernt von Dir auf, daß Du sie mit gerade gehaltenem Kopf bei gesenkten Augenlidern anschaust. Am besten, Du stellst die Kerze vor Dich auf den Boden. Dadurch, daß Dein Kopf gerade ist, mußt Du den Blick senken, um die Kerze sehen zu können. Dadurch senken sich die Lider ganz automatisch. **Achte darauf, daß Du nicht angestrengt starrst, sondern daß Dein Blick entspannt ist, so daß Du deine Augen nicht verkrampfst.**

Nach kurzer Zeit werden sie anfangen zu tränen. Das hängt damit zusammen, daß die Augen nicht feucht genug sind. Lasse die Tränen einfach laufen, reibe Dir nicht die Augen, sonst wird es nur noch schlimmer. Nach einer Weile haben sich die Augen daran gewöhnt und hören von ganz alleine auf zu tränen.

**Achte vor allem darauf, daß Du nicht blinzelst!** Wenn die Augen an die Kerze gewöhnt sind, kann man ohne zu blinzeln eine Stunde lang mit der Übung fortfahren. Gestatte es Deinen Augen auf keinen Fall, von der Kerze abzuweichen. Wenn Du bemerkst, daß Deine Augen beginnen zu flackern, dann schaust Du zu angestrengt, oder aber, wenn die Kerze beginnt zu verschwimmen, ist dies ein Zeichen dafür, daß Deine Konzentration zu erlahmen be-ginnt. Versuche also, die ganze Zeit zwar locker und entspannt, aber doch konzentriert und aufmerksam zu sein.

Es können bei der Meditation verschiedene Phänomene auftreten. Zum einen wird eine Art Identifikationsprozeß eingeleitet, so daß eine Art kommunikative Wechselbeziehung zwischen Dir und der Kerze eintritt. Es können sich auch Gestalten oder Gesichter in der Kerze zeigen. Nimm dies erst einmal zur Kenntnis, ohne weiter darauf einzugehen, notiere aber sorgfältig alles, was bei der Meditation passiert. Der Mechanismus ist, daß man durch diese Art des Sehens einen Zugang zu anderen Ebenen bekommen kann, d. h. man bekommt für kurze Zeit einen Einblick. Die Gase, die von einer brennenden Kerze aufsteigen, sind auch für Materialisationen geeignet, wenn man eine be-stimmte Form der Beschwörung verwendet.

# Körperarbeit 2. Woche - Übungsfolge 1: Bauchkontraktion - Brustdehnung

### 1. Vollständige Atmung

Setze Dich in den einfachen Lotussitz oder den Schneidersitz. Deine Hände ruhen mit den Handinnenflächen auf den Knien, die Fingerspitzen zeigen nach innen.
Atme tief durch die Nase aus und ziehe Deinen Bauch dabei ein. Danach atme wieder ein und presse Deinen Bauch dabei heraus, dehne dann Deine Brust, hebe Deine Schultern an und presse Deine Hände immer noch einatmend auf die Knie.
Danach atme wieder tief aus, entspanne dabei Schultern und Brust, ziehe Deinen Bauch ein.
*Wiederhole die Übungsfolge 10x.*

### 2. Bauchkontraktion

Nim die Grundposition wie in 1. ein. Atme flach ein, spanne Deine Bauchmuskeln an und drücke Deinen Bauch dabei heraus.
*Wiederhole die Übung 10x.*
(Sollte Deine Bauchdecke anfangen zu zittern, so ist es ein Zeichen für die richtige Durchführung)

### 3. Vollständige Hebung

Selbe Grundposition wie oben. Atme so weit aus, bis keine Luft mehr in der Lunge ist. Sauge jetzt Deinen Bauch ein, und zwar nach innen und nach oben (ähnlich, als wolltest Du deinen Bauch unter die Rippen ziehen). Halte die Stellung, während Du langsam bis 5 zählst. Atme danach wieder ein und entspanne Dich.
*Wiederhole die Übungsfolge 5x.*

### 4. Variation von Übung 3

Wieder die selbe Grundpositition. Atme vollständig aus und halte den Atem an. Lasse jetzt mit einem kräftigen Schub Deinen Bauch herausschnellen, atme ein und beginne von vorne.
*Wiederhole die Übung 5x.*

### 5. Brustdehnung

Grundposition: stehe aufrecht, der Körper ist entspannt, Deine Beine sind gerade, aber nicht durchgestreckt, die Arme hängen seitwärts am Körper.
Hebe Deine Arme langsam bis zur Brust, führe Deine Arme ausgestreckt nach hinten, wobei die Handflächen nach außen zeigen. (ähnlich wie eine Schwimmbewegung)
Führe die Arme weiter nach hinten, während sie in Schulterhöhe bleiben. Spüre das Strecken der Schultern.
Senke jetzt die Arme, immernoch hinter dem Rücken, und verschränke die Finger ineinander. Beuge Dich langsam zurück, bis Deine Arme in den Kniekehlen liegen. Schaue dabei nach oben.
**Halte die Position 10 Sek. unbeweglich.**

Beuge Dich jetzt nach vorne, Deine Hände sind immernoch verschränkt, bemühe Dich, Deine Spannung auf den Armen zu halten. Berühre mit Deinem Kopf die Knie.
*Wiederhole die Übungsfolge insgesamt 3x*

**6. Vollständige Atmung im Stehen - Nase**

Stelle Dich hin wie in Übung 5. Atme aus, ziehe den Bauch ein, Deine Muskeln sind völlig entspannt.
Atme danach tief ein, presse den Bauch heraus, Deine Arme heben sich seitwärts mit den Handflächen. Weite dabei Deine Brust. Lege Deine Hände mit gestreckten Armen über den Kopf zusammen und stelle Dich hoch auf die Zehenspitzen.
Bleibe bis 5 zählend in der Position starr stehen, halte den Atem an.
Führe jetzt die Arme wieder herunter und stelle Dich auf den ganzen Fuß. Führe dieses langsam durch und atme tief aus.
*Wiederhole die Übung 10x*

## Meditation 2. Woche - Körpermeditation und Kerzenmeditation

In dieser Woche kombinieren wir zwei Techniken. Du beginnst mit der Körpermeditation, wie Du sie im 3. und 4. Monat gelernt hast. Du solltest etwa in 30 Minuten das komplette Körpergefühl aufgebaut haben.
Danach öffnest Du ganz langsam die Augen und machst die Kerzenmeditation. (Du mußt also schon vor Beginn der Meditation eine brennende Kerze korrekt vor Dir plaziert haben.)
Achte darauf, daß Du das Körpergefühl nicht verlierst und halte die Augen starr.
Am besten ist die Wirkung, wenn Dein Meditationsraum völlig dunkel ist und keine Gegenstände außer der Kerze in Deinem Blickfeld sind.
Zeichne alles sorgfältig auf.

## Körperarbeit 3. Woche - Kondition 2

**Aufwärmen:**

1. Lebensfreudedehnung.
2. Bogen 3x

**Kondition:**

3. Laufen auf der Stelle, 2 Min., hebe dabei die Knie hoch.
4. 20 Flugliegestütz
5. 70 Kniebeugen
6. 25 Sit-ups

**Entspannung**

Rückenlage und Bauchatmung.

## Meditation 3./4. Woche - Astralreise

Setze Dich in Dein Asana und dann mache eine Reise.
Wähle Dir irgendeinen schönen Ort aus der Erinnerung oder aus der Phantasie.

Begib Dich mit Deinem Geist dorthin, erlebe alles ganz intensiv, Du mußt selbst in dem Bild drin sein, Du darfst Dich also nicht selbst sehen.
Beziehe alle Sinne in Dein Erlebnis mit ein, sieh Dich um, höre Vögel oder Wasser, spüre Wärme oder Wind, das Gras unter den Füßen, rieche die Blumen, koste Früchte.
Je mehr Sinne Du mit einbeziehst, desto klarer wird die Meditation.
Wenn Du die Meditation beendest, so spanne alle Muskeln an und öffne die Augen.
Zeichne alles sorgfältig auf.

## Körperarbeit 4. Woche - Übungsfolge 2

### 1. Erweiterte Brustdehnung

Führe die letzte Übung aus der Übungsfolge 1 fünf mal durch.

### 2. Bauchkontraktion im Stehen

Stelle Dich hin, Deine Fersen berühren sich, deine Füße sind etwa im 45o Winkel gespreizt. Die Knie zeigen nach außen und sind leicht eingeknickt. Stütze Dich mit Deinen Armen auf den Oberschenkeln ab, die Finger zeigen dabei nach innen, und die Ellbogen sind leicht angewinkelt.
Atme jetzt tief aus, bis keine Luft mehr in der Lunge ist. Ziehe den Bauch wieder nach innen und nach oben und stütze Dich dabei auf den Oberschenkeln ab. Lasse den Bauch wieder herausschnellen, atme ein und beginne von vorne.
*Führe die Übung 10 mal durch.*

### 3. Überstreckter Ibis

Stelle Dich locker hin. Deine Arme hängen entspannt am Körper. Hebe nun den rechten Arm über den Kopf. Verlagere gleichzeitig Dein Gewicht auf das rechte Bein. Umfasse mit der linken Hand den linken Fuß und ziehe ihn soweit wie möglich nach oben. Führe langsam den rechten Arm weiter nach hinten, schaue zur Decke.
Verharre in der extremsten Position, wo Du langsam bis 5 zählst.
Gehe dann langsam und fließend in die Ausgangsposition zurück.
*Wiederhole diese Übungsfolge 3 mal. Danach wechsel das Bein.*

### 4. Tänzerstellung

Stelle Dich aufrecht. Die Hände werden, mit den Fingerspitzen nach oben, auf dem Kopf gehalten. Beuge langsam die Knie, bis Du die Hocke erreichst. Achte darauf, wie sich das Körpergewicht immer mehr auf die Fußballen verlagert.
Verharre nicht in der Hocke, sondern richte Dich ohne Unterbrechung ganz langsam wieder auf, bis Du auf den Zehenspitzen stehst.
*Wiederhole die Übungsfolge 5 mal.*

### 5. Rückwärtsbeuge

Grundposition: Asana
Lege Deine Hände hinter Dich flach auf den Boden, sodaß Deine Fingerspitzen parallel von Dir wegzeigen. Neige Deinen Kopf nach hinten und schiebe Deine Hände nach hinten, soweit Du kannst. In der extremsten Position schiebst Du deinen Rumpf

hoch, wobei der Hintern auf den Fersen bleibt und die Knie auf dem Boden geschlossen bleiben. Verharre in der Extremposition und zähle langsam bis 20.
*Wiederhole die Folge 5 mal.*

## Fragebogen

Schreibe wieder ein Resüme, wie im letzten Monat:

1. Was hast Du aus den Aufzeichnungen Aleister Crowleys gelernt?
2. Wie kommst Du mit den Konditionsübungen voran?
3. Wie bekommen Dir die Spezialübungsfolgen?
4. Kannst Du eine gegenseitige Wirkung der Übungen spüren?
5. Was macht Dein Pranayama?
6. Berichte über die beiden Kerzenmeditationen.
7. Schildere detailliert eine Deiner Astralreisen.

# Lehrhefte für Sexualmagie - Teil 7

## Weitere Beispiele für sexualmagische Praxis

### Erotocomatose - Erleuchtung durch Sexualmagie

Der Kandidat wird für die Prüfung durch allgemeines athletisches Training und Fasten vorbereitet. Am festgesetzten Tag assistieren ihm ein oder mehrere Ausgewählte und erfahrene Assistenten, deren Aufgabe es ist:

a. Ihn sexuell durch jedes bekannte Mittel zu erschöpfen und

b. ihn durch jedes bekannte Mittel sexuell zu erregen.

Jeder Trick und Kunstgriff der Kurtisane ist zu verwenden und jede bekannte physikalische Stimulanz (Alkohol, Äther und Strichnin können reichlich verwendet werden, aber Kokain sollte mit einer gewissen Bedachtsamkeit gereicht werden. Abreibungen mit Weinbrand und auch leicht verdünntem Eau de Cologne können für den Phallus selbst gebraucht werden und ein Spray aus spanischem Pfeffer und Äther kann für die Bauchmuskeln verwendet werden.) Die Assistenten sollten der Gefahr nicht achten, sondern ihr festgelegtes Opfer erbarmungslos zur Strecke bringen.
Schließlich wird der Kandidat in einen Schlaf äußerster Erschöpfung, dem Koma ähnelnd, sinken und jetzt müssen Fingerspitzengefühl und Geschicklichkeit exquisit sein. Aus diesem Schlaf soll er durch Stimulation eindeutiger und exklusiver sexueller Art erregt werden. Wenn geeignet, wird weise regulierte Musik helfen. Die Assistenten werden sorgsamst auf Zeichen des Erwachens achten, und in dem Moment, in dem diese auftreten, müssen alle Stimulationen sofort aufhören und dem Kandidaten erlaubt werden, wieder in Schlaf zu fallen. Aber sofort, wenn dies geschehen ist, wird die vorherige Übung wiederholt. Dieser Wechsel wird unbegrenzt fortgesetzt, bis der Kandidat in einem Zustand ist, welcher weder Schlaf noch Wachen ist, und in welchem sein Geist, freigesetzt durch vollkommene Erschöpfung des Körpers und dennoch daran gehindert, in die Stadt des Schlafens einzutreten, mit dem höchsten und heiligsten Herrn, Gott seines Sein, Schöpfer des Himmels und der Erde, kommuniziert.
Die Prüfung endet durch Mißerfolg - das Auftreten des Schlafes ist unüberwindlich - oder durch Erfolg, in welchem dem letzten Erwachen die letzte Durchführung des Sexualaktes folgt. Dem Initiierten mag dann erlaubt werden zu schlafen oder die Übung wird erneuert und fortgesetzt, bis der Tod alles beendet. Der erstrebenswerteste Tod ist der, welcher während des Orgasmus auftritt, und er wird Mors Justi genannt.
Wie es geschrieben steht, laß mich sterben den Tod des Gerechten und laß mein letztes Ende sein wie seins.
(Aus De Arte Magica, die Kunst der Magie)

## Der Homunculus, das magische Kind

Als „Homunculus (lat. „Menschlein“) bezeichnet einen künstlich geschaffenen Menschen. Die Idee des Homunculus wurde im Spätmittelalter im Kontext alchemistischer Theorien entwickelt, häufig erscheint der Homunculus als dämonischer Helfer magischer Praktiken. Das Motiv des Homunculus wurde in der Literatur oft aufgegriffen, insbesondere um die Ambivalenz der modernen Technik zu illustrieren. Die vielleicht bekannteste Verwendung der Homunculusidee findet sich in Goethes Faust II.

Der Begriff des Homunculus hat zudem in der Philosophie und Neurowissenschaft weitere Bedeutungen erhalten. In der Philosophie der Wahrnehmung und der Philosophie des Geistes wird mit dem Begriff „Homunculus“ auf die Idee Bezug genommen, dass es im Kopf nochmals ein Wesen gebe, das Reize wahrnimmt und Erlebnisse hat. Zwar glaubt vermutlich kein Philosoph, dass es einen Homunculus im Kopf gibt, allerdings werfen Philosophen gelegentlich bestimmte Theorien auf, welche die Existenz eines derartigen Wesens unausgesprochen enthalten. Wenn man etwa annimmt, dass in der visuellen Wahrnehmung ein Bild auf die Netzhaut projiziert wird, das als Bild dann in das Gehirn gesendet wird, dann müsste es im Kopf nochmals ein Wesen geben, das sich diese Bilder anschaut. Mit solchen Gedankengängen sollen bestimmte Vorstellungen über die Wahrnehmung und den Geist ad absurdum geführt werden.

In der Neuroanatomie wird veranschaulichend von einem sensorischen Homunculus und einem motorischen Homunculus gesprochen. Diese Homunculi entstehen als epistemische Hilfskonstruktionen, wenn man die Gehirnregionen den Körperteilen zuordnet, für die sie jeweils zuständig sind.

Das Wort „Homunculus“ ist bereits bei Cicero, Plautus und Apuleius belegt. Dort bedeutet es als Diminutiv von „homo“, d. h. als Verkleinerungsform des lateinischen Wortes für „Mensch“, nicht mehr als ‚kleiner Mensch, Menschlein’. Ein kulturhistorisch bedeutsames Konzept wurde mit diesem Wort erst im Spätmittelalter verbunden, als die viel älteren Spekulationen über die Erzeugung künstlicher Menschen (vgl. den Pygmalion-Mythos) eine neue, chemisch-medizinische Richtung einschlugen. Der Arzt Arnaldus von Villanova soll sich im 13. Jahrhundert bereits über die alchemistische Herstellung von künstlichen Menschen Gedanken gemacht haben. Es gibt sogar noch frühere Berichte über Homunculi. Clemens Romanus erklärte um 250 n. Chr., dass Simon Magus einen Menschen geschaffen hätte, indem er Luft in Wasser, Wasser in Blut und schließlich Blut in Fleisch verwandelt habe.

Genau beschrieben wird die angebliche Herstellung eines Homunculus in der Schrift De natura rerum (1538), die allgemein Paracelsus zugeschrieben wird. Dort bekommt auch der Begriff des Homunculus zum ersten Mal seine alchemistische Bedeutung. Paracelsus, mit bürgerlichem Namen Theophrastus Bombastus von Hohenheim, war ein Arzt, Alchemist und Mystiker des frühen 16. Jahrhunderts. In De natura rerum wird aus der Tatsache der Putrefaktion (dem Verfaulen und Verwesen organischer Stoffe) in warm-feuchter Umgebung abgeleitet, dass auch die Entwicklung des bebrüteten Vogeleies und die Entwicklung des männlichen Samens in der Gebärmutter eine solche Putrefaktion darstelle. Somit ließe sich eine künstliche warm-feuchte Umgebung für das Wachstum eines Lebewesens schaffen. Paracelsus gibt eine konkrete Anleitung für die Erzeugung eines Homunculus: Man müsse menschliche Spermien 40 Tage in einem Gefäß im (wärmenden) Pferdemist verfaulen lassen. Was sich dann rege, sei ‚einem Menschen gleich, doch durchsichtig'. 40 Wochen lang müsse man dieses Wesen dann bei konstanter Wärme mit dem Arcanum des Menschenbluts nähren, und schließlich werde ein menschliches Kind entstehen, jedoch viel kleiner als ein natürlich geborenes Kind." Quelle: wikipedia.org

Dieses Konzept wird später im O.T.O.[2] aufgegriffen:

### „1. Kapitel

1. Der Homunculus ist ein lebendes Wesen, welches in der Form dem Menschen ähnelt und jene Qualitäten des Menschen besitzt, welche diese von den Tieren unterscheidet, nämlich Intellekt und die Kraft zu sprechen, welches aber weder nach der Art der menschlichen Zeugung gezeugt und geboren ist, noch von einer menschlichen Seele bewohnt wird.
2. So würde es, angenommen daß das reinkarnierende Ego den Fötus im dritten Monat der Schwangerschaft betritt, nicht helfen, solch einen Fötus von der Mutter zu entfernen und zum Leben zu zwingen, denn er ist schon Mensch. Aber ein Fötus von 2 Monaten kann ein Homunculus werden.
3. Ein menschliches Wesen kann nur ein Homunculus werden, wenn es von einem Dämon in solch einem Ausmaß besessen ist, daß die menschliche Seele unwiderruflich bis zum gleichen Grad ausgestoßen ist wie beim Tod und vollständig befreit, nur daß sie eine neue Wohnung sucht, und von der alten vollständig abgeschnitten ist. Aber sogar das, selten wie es außer bei Geisteskrankheit ist, schließt eine Ausdehnung des natürlichen Bedeutung Homunculus ein.
4. Im dritten Kapitel diskutieren wir unsere Methode, das zu produzieren, welches, wenn es kein wahrer Homunculus ist, wenigstens allen geeigneten dazugehörenden Zwecken dient.

### 2. Kapitel

1. Die klassische Methode der Erschaffung des Homunculus ist das Ei einer Frau zu nehmen und außerhalb des Uterus die normalen Bedingungen der Schwangerschaft so eng wie möglich darauf zu reproduzieren.
2. Denn im Fall der nachgebildeten Schwangerschaft ist es für das Ei klar möglich, sich für eine beträchtliche Periode zu entwickeln. Und es wurde bekannt, daß ein Kind von viereinhalb Monaten, welches neun Unzen wog, nach der Entbindung über eine Stunde lebte. Diese Erwägungen ermutigen uns. Leben ist unendlich anpassungsfähig. Und Leben erschien ursprünglich auf einem Planeten, welcher durch Temperaturen von vielen tausend Grad Celsius bakteriologisch sterilisiert war. Es gibt daher jeden Grund zu hoffen, daß beginnend, wie wir es tun wollen, mit der geeigneten

---

2 Wir möchten noch anmerken, dass Crowley die damalige Konzeption in seinem Buch „Moonchild" (Kersken-Canbaz Verlag, ISBN: 978-3-89423-014-2), ausführlich beschreibt.

ersten Materie wir fähig sein werden, Bedingungen für ihr Wachstum in einer Kultur zu schaffen, genauso, wie wir es im Falle von einfacheren Organismen getan haben.
Wie es geschrieben steht: 'Mit Gott sind alle Dinge möglich', und ist nicht unser Motto 'Deus est Homo'?
Die weiße Tinktur der Alchemisten war in dieser Verbindung eine Replik Liqur amnii und ihre rote Tinktur ein Substitut für Blut.
3. Gewisse magische Hilfen für die physiologischen Experimente, welche oben angedeutet wurden, wurden immer in Ehren gehalten. Es muß jedoch dem Adepten überlassen werden, diese zu ersinnen, in so einer kleinen Abhandlung haben wir kein Platz für eine Angelegenheit, so sternengroß wie diese."

* * *

(Zitiert nach einer geheimen Instruktion des IX° O.T.O.)

## Körperarbeit 1. Woche - Kondition III

**Aufwärmen:**

1. Grundhaltung - Lebensfreudedehnung
2. Bogen

**Kondition:**

1. Laufe auf der Stelle 5 Min. lang. Wechsel innerhalb der 5 Min. Dein Tempo und Deinen Schritt wie folgt: Dauerlauf, Spurt, Knie hoch.
2. Liegestütz: Wenn Du es schaffen solltest, so mache 20 Flugliegestütz, ohne Pause. Schaffst Du es nicht, so mache 20 Liegestütz auf den Fingerspitzen.
3. Führe 70 Kniebeugen aus, verharre zwischendurch 5x in halber Höhe für etwa 10 sec. mache dann normal weiter.
4. 30 Sit ups
5. Laufe im Bärengang, s. Sexualmagie II

**Entspannung:**

Rückenlage und Bauchatmung.

## Meditation 1. Woche - Phallusmeditation

Diese Meditation ist eine sehr hilfreiche Technik, sich auf sexualmagische Operationen vorzubereiten. Wenn Du sie richtig ausführst, werden verschiedene Phänomene auftreten, die Du sorgfältig aufzeichnen sollst.
Die Übung geht folgendermaßen:
Setze Dich in Dein Asana, mache 5 Min. lang Bauchatmung, um Dich zu beruhigen und zu entspannen.
Dann stellst Du Dir vor, daß sich Dein ganzer Körper, so wie er jetzt da sitzt, sich in einen riesigen Phallus verwandelt. Dein Unterkörper wird Dein Hoden, Dein geradesitzender Oberkörper der Penis, wobei Dein Kopf die Eichel bildet.
Dies hört sich zunächst sehr schwierig an, ist es aber überhaupt nicht. Erinnere Dich an die Geschlechtsumwandlungsübungen, dort hast Du auch Deinen Körper verwandelt. Wenn Du bis zu diesem Schritt gekommen bist, so stelle Dir gleichzeitig vor,

daß Du, der Du jetzt ein erigierter Penis bist, nach Befriedigung dürstest. Du wartest auf eine riesige Vagina, in die Du dich versenken kannst.
Diese Übung ist gleichermaßen für Mann und Frau. Schreibe alle Erlebnisse sorgfältig auf.

## Körperarbeit 2. Woche - Kondition 4

**Aufwärmen:**

1. Grundhaltung - Lebensfreudedehnung
2. Bogen

**Kondition:**

1. Laufe auf der Stelle 7 Min. lang.
   Wechsel wieder zwischendurch die Laufarten, nehme aber diese Woche noch Springen in der Hocke und Fersen an den Po mit in das Programm.
2. Liegestütz:
   Suche Dir eine Erhöhung, die etwa einen halben Meter hoch ist. Stelle Dich mit den Zehen darauf, Deine Hände sind auf dem Boden. Mache solange Liegestütz, bis Du wirklich nicht mehr kannst.
3. 35 Sit ups.
4. 70 Kniebeugen, davon 5x in halber Höhe 10 Min. verharren.
5. Bärengang

**Entspannung:**

Rückenlage und Bauchatmung

## Meditation 2. Woche - Pranayama mit Gen-Atmung

In dieser Woche wollen wir an unserer Empfindungsfähigkeit arbeiten. Dazu sind alle Genitalien-Atmungs-Techniken geeignet, besonders aber Pranayama.
Und zwar deshalb, weil Pranayama Sexualenergien nicht nur mobilisiert, sondern durch die intensive Atmung auch im ganzen Körper verteilt. Dies führt zu sehr intensiven Erregungszuständen, die aber nicht nur (wie im gewöhnlichen Geschlechtsakt) auf die Genitalien beschränkt sind. Mit Hilfe von Sex-Pranayama-Kombinationen kann man den Orgasmus verlängern und sehr stark intensivieren.
Setze Dich in Dein Asana und mache den Pranayamarhythmus, den Du ohne Unterbrechung gerade eine Stunde atmen kannst. Jetzt stelle Dir vor, daß Du mit den Genitalien atmest. Wenn Du einatmest, fließt Luft durch die Genitalien, Bauch und Lunge, beim Ausatmen umgekehrt.
Wundere Dich nicht, wenn Dir bei dieser Übung das Atmen vielleicht schwerer fällt, als würdest Du nur Pranayama machen. Pranayama 'glättet' bekanntlich die Gefühle, beruhigt das Gemüt. Jede Art von Gefühl macht Pranayama schwieriger. Bei dieser Atemtechnik werden Gefühle auftreten.

# Körperarbeit 3. Woche

## 1. Brustdehnung

- Normale Brustdehnung (s. ÜF. 1) 5 mal
- Extreme Brustdehnung (s. ÜF. 2) 5 mal
- Ergänzung zur Brustdehnung: Grundposition wie vorher, stelle nun Dein linkes Bein im Winkel von ca. 45° durchgestreckt zur Seite. Winkle das rechte Bein leicht an. Falte Deine Hände hinter dem Rücken und spreize Deine durchgestreckten Arme ab.
- Beuge Dich nun langsam nach vorne. Die Stirn zeigt auf die Kniescheibe des gestreckten Beines. Führe die Übung ganz langsam durch, bis Du deine Extremposition erreicht hast, halte diese dann, während Du bis 10 zählst.
- Wiederhole die Übungsfolge 5x, wechsel dann auf das andere Bein über und wiederhole wieder 5x.

## 2. Ergänzung zum gestreckten Ibis

- Anormaler Ibis, 5x
- Strecke jetzt den rechten Arm nach vorne, spreize das linke Bein vom Körper weg, so daß beide Arme eine Linie bilden. Verharre in der Extremposition, während Du langsam bis 10 zählst.

Wiederhole die Übung 5x, dann wechselst Du Arme und Beine und wiederholst ebenfalls 5x.

## 3. Ergänzung zur Rückwärtsbeuge

- Grundposition einnehmen
- Neige den Kopf nach hinten und schiebe die Hände, so weit wie Du kannst, nach hinten c) Biege Deinen Körper in dieser Position nach oben durch, so weit du kannst und halte die Extremposition, während Du langsam bis 20 zählst.

Wiederhole diese Übungsfolge 5x.

## 4. Rückenstrecken

- Grundposition: Sitze mit ausgestreckten, nebeneinanderliegenden Beinen, umfasse die Knie, Finger nach außen, Daumen nach hinten, und Deine Arme sind leicht angewinkelt.
- Schiebe die Finger langsam nach unten, bis Du die Fußgelenke umfasst, ziehe Deinen Oberkörper mit hinunter, so daß die Stirn auf die Kniescheibe zielt. Die Ellbogen bleiben nach außen gebogen, die Knie getreckt.
- Halte die äußerste Position, während Du langsam bis 20 zählst. Wiederhole die Übung 5x.

## 5. Vollständiger Drehsitz

- Sitze mit geradem Oberkörper, die Beine vor Dir ausgestreckt. Führe Deinen rechten Arm zum linken Oberschenkel, ziehe den Fuß soweit wie möglich ran.

- Schwinge Deinen linken Fuß über das rechte Knie und stelle ihn fest, mit der ganzen Fußfläche auf den Boden.
- Führe den rechten Arm über das linke Bein.
- Drehe langsam den Kopf und Rumpf so weit wie möglich nach links.
- Verschränke Deine Hände auf dem Rücken.
- Halte die Extremposition, während Du langsam bis 10 zählst. Wiederhole die Übungsfolge 5 mal.

## Meditation 3. Woche - Bauchatmung

Diese Woche dient zur Vorbereitung auf die in der nächsten Woche folgenden Übungen. Du sitzt im Asana und machst 60 Min. lang nichts anderes, als in den Bauch zu atmen. Atme ganz bewußt und konzentriert und tief und so voll wie möglich in den Bauch. Achte dabei aber darauf, daß Du dich nicht ver-spannst. Beginne zunächst ganz gemächlich, bis Du dich an die Bauchatmung gewöhnt hast. Dann atme immer tiefer in den Bauch hinunter und nimm mehr Luft. Wenn der Bauch gefüllt ist, atme wieder aus. (Also nur in den Bauch, nicht in die Lunge atmen). Das ganze soll in Deinem normalen Atemrhythmus passieren.

## Körperarbeit 4. Woche

### 1. Vollständige Atmung im Stehen

### 2. Bauchkontraktion auf allen Vieren

- Lasse Dich auf allen vieren nieder, achte darauf, daß Deine Knie geschlossen, Arme parallel, Finger geradeaus, Kopf gesenkt und Bauch entspannt ist.
- Atme tief aus.
- Lifte Deinen Bauch, d.h. Du ziehst den Bauch so tief und hoch ein, wie es Dir möglich ist. Lasse dann den Bauch 5 mal hintereinander herausspringen, ohne dabei einzuatmen.
- Atme wieder ein.

Wiederhole diese Übungsfolge 5 mal

### 3. Ergänzung zur Rückwärtsbeuge

- Grundposition: Setze Dich ins Asana, verlagere Dein Gewicht auf die Fußspitzen
- Lehne Dich so weit wie möglich nach hinten, ohne daß sich Deine Knie vom Boden abheben. Stütze Dich auf Deine Fingerspitzen. Verharre in Deiner Extremposition, während Du langsam bis 20 zählst.

### 4. Gleichgewichtsübungen mit getreckten Armen

- Stelle Dich aufrecht mit geschlossenen Beinen hin, die Arme hängen locker an den Körperseiten runter.

- Mache jetzt folgendes gleichzeitig: 1. Du gehst langsam auf die Zehenspitzen, bis Du nicht mehr höher kannst. 2. Du führst Deine Arme langsam nach oben, bis sie in Brusthöhe sind.
- Fixiere jetzt Deinen Handrücken.
- Drehe jetzt Deinen Körper, immer noch auf den Zehen stehend und den Handrücken fixierend, nach links, soweit es Dir möglich ist.
- Mache die gleiche Bewegung nach rechts, wiederhole 5x

### 5. Brustdehnung

- Grundposition: Lotussitz
- Verschränke Deine Hände hinter dem Rücken, Deine Arme sind gestreckt.
- Hebe Deine Hände soweit wie möglich an, achte aber darauf, daß Dein Rücken dabei gerade bleibt.
- Halte die Extremposition, während Du langsam bis 10 zählst, wiederhole 5x.

### 6. Ellbogen zum Knie

- Sitze aufrecht im Lotussitz, verschränke die Finger hinterm Kopf, biege die Ellbogen nach hinten.
- Beuge Dich ganz langsam nach links, bis Deine Ellenbogen den Boden berühren. Deine Knie müssen auf dem Boden bleiben.
- Halte Deine Extremposition, während Du langsam bis 10 zählst.
- Biege Dich in die entgegengesetzte Richtung, wiederhole auf jeder Seite 5x

## Meditation 4. Woche

In der letzten Woche hast Du intensive Bauchatmung gelernt. Wenn Du es richtig gemacht hast, so konntest Du nicht verhindern, daß dabei Lustgefühle geweckt wurden. Diese Gefühle wollen wir uns jetzt zu nutze machen. Die Bauchatmung sollte jetzt schon wesentlich automatischer geschehen. Jetzt stellst Du Dir vor, daß Du einen Geschlechtsakt vollführst. *Für Männer*: Wenn Du einatmest, dringst Du ein. Beim Ausatmen holst Du wieder aus. *Für Frauen*: Wenn Du einatmest, dringt er in Dich ein, beim Ausatmen holt er aus.

## Fragebogen

1. Versuche zu erklären, wie Erotocomatose funktioniert und was sie bewirkt.
2. Was ist ein Homunculus und wozu wird er erzeugt?
3. Beschreibe, wie sich Deine Kondition und allgemeine physische Konstitution in den letzten beiden Monaten geändert haben. Mache dazu am besten eine Liste 'vorher - nachher'.
4. Welche Phänomene sind bei der Phallusmeditation aufgetreten?
5. Konntest Du in der 2. Woche den Pranayamarhythmus ohne Unterbrechung halten? Welche Gefühle sind dabei aufgetreten?
7. Beschreibe genau Deine Erfahrungen in der dritten und vierten Meditationswoche.

# Lehrhefte für Sexualmagie - Teil 8

## Theorie - Der Körper als magischer Tempel

Der physische Körper ist der Tempel der Seele, der Mikrokosmos des Universums. In diesem Tempel sind alle kosmischen Prinzipien zu finden. Die Tantras lehren, daß kein Tempel an Helligkeit den 'Tempel des Körpers' übertrifft. Alle Elemente - Raum, Luft, Feuer, Wasser und Erde - sind zusammen mit ihren Eigenschaften im Körper zu finden. Der körperliche Tempel dient als Ort der Verehrung Gottes. Dieser Gott ist - gemäß Tantra - unser höchstes Selbst oder unsere Seele. Dieser Gott ist durch unseren Körper kennenzulernen, und durch den Tempel des Körpers soll ihm gedient werden.

Tantra lehrt, daß es neun 'Tore' zum körperlichen Tempel gibt. Sie sind aufgeteilt zwischen dem oberen Teil und dem unteren Teil. Die 'unteren Tore' sind die Öffnungen von Anus und Geschlechtsorganen. Die 'oberen Tore' sind Mund, Nase, zwei Augen, zwei Ohren und die Fontanelle oben am Kopf. Die Fontanelle ist als Öffnung deutlich sichtbar zum Zeitpunkt der Geburt, schließt sich aber während des ersten Lebensjahres allmählich. Östliche esoterische Tradition sagt uns, daß durch die offene Stelle, bekannt als 'Öffnung von Brahma', die Seele den körperlichen Tempel betritt und verläßt. Zwar mögen auch die übrigen Tore zur Reise der Seele benutzt werden, aber es ist diese oberste Öffnung, die zu höheren geistigen Bereichen führt.

Der Tempel des subtilen Körpers enthält drei 'Hauptflüsse', von denen zahllose Nebenflüsse abzweigen. 'Ein Großer Fluß' oder 'Psychischer Pfad' führt von der Region der unteren Tore, dem Perineum, über das Rückgrat bis zum obersten Tor an der Spitze des Kopfes. Dies wird manchmal als 'Große Achse', als 'Heiliger Berg Meru' oder ganz einfach als 'Großer Pfad' bezeichnet. Er verbindet das Individuum mit dem Kosmos.

An jeder Seite des zentralen 'Großen Flusses' gibt es zwei 'Flüsse', die der gleichen Quelle entspringen und zu den oberen 'Toren' führen. Diese sind mit den solaren und lunaren Energien verbunden und beziehen sich auf die rechte oder linke Seite des Körpers. Man stellt sich vor, daß sie an verschiedenen Stufen des Aufstiegs den zentralen 'Großen Fluß' kreuzen, so wie sich zwei Schlangen um eine Mittelstange ringeln. Dieses Symbol, bekannt als Caduceus oder Merkurstab, ist vom medizinischen Berufsstand als Emblem übernommen worden.

Der Akt der Verehrung im Tempel des Körpers besteht darin, sich der kreativen Haltung bewußt zu werden, indem die sexuelle Energie nach oben geleitet wird. Dieser evolutionäre Vorgang, als ekstatischer Schauer erlebt, beginnt in der Sexualregion und flammt zum Solarplexus empor. Die vierundsechzig vitalen Flammen verbrennen alle Negativität und reinigen die psychischen Pfade. Das Feuer der Liebe fließt durch die drei Flüsse; die solaren und lunaren Energien vereinigen sich und erleuchten so den Tempel. Dieser psychokosmische Vorgang manifestiert sich als die ekstatische Emotion, die mit Worten niemals richtig beschrieben werden kann. Durch die Kenntnis der psychischen Pfade wird das sexuelle Erlebnis mächtiger. Durch

Anwendung und Ausübung der geheimen Techniken des Tantra kann man den Orgasmus und das nachfolgende transzendentale Entzücken bewußt erleben.
Der psycho-kosmische Vorgang oder die 'Selbstverehrung' im Tempel des Körpers findet auf jeder Ebene statt, von der physischen bis zur subtilsten. Es ist wichtig, den Körper wirklich als Tempel zu betrachten. Sich seines physischen und subtilen Zustandes bewußt zu werden, ist ein integraler Bestandteil der kreativen Haltung. Der körperliche Tempel sollte rein, gesund und harmonisch gehalten werden, und zwar aus Achtung vor der Göttlichkeit darin. Man sollte ihm Freude bereiten und keine Mühe scheuen, um der Tempel-Göttlichkeit vollkommene Befriedigung zu sichern. Zurückhaltung ist nicht angebracht, denn wahre Verehrung ist ein spontaner und totaler Akt der Liebe. Wird im Tempel des Körpers während des Liebens Verehrung praktiziert, so wird alles Verlangen erfüllt. Sinnliche Liebe ist ein Akt von großer magischer und spiritueller Wirksamkeit; dies ist eins der Hauptprinzipien des Tantra.

## Kundalini: Die Schlangenkraft

Die meisten esoterischen Traditionen erwähnen eine große Kraft, die dem menschlichen Psycho-Organismus innewohnt. Diese Kraft wird in den Tantras als eine 'innere Frau' oder Kundalini Shakti bezeichnet; sie wird mit einer gefährlichen, zusammengeringelten Schlange verglichen. Diese normalerweise latente Kraft kann kreativ oder destruktiv wirken, positiv oder negativ.
Kundalini kann sowohl auf einer physischen als auch auf einer metaphysischen Ebene verstanden werden. Die Wortwurzel Kunda bedeutet 'Gefäß', und die Kundalini der Welt ist der Schmelztiegel der uranfänglichen Elemente im Kern der Erde. Diese irdische Kundalini pulsiert mit regelmäßiger Frequenz und bewirkt gelegentlich Naturkatastrophen wie Erdbeben und Vulkanausbrüche.
Die Kundalini der Menschheit ist in der Sexualregion jedes Individuums konzentriert und stellt ein 'inneres Feuer' mit ungeheurem Potential dar. Diese Kundalini Shakti ist die Macht des Sex; sie kann eine Person entweder behindern oder befreien.
Als latente Macht, notwendig für Vergeistigung, ist Kundalini von besonderer Bedeutung für diejenigen, die die Mysterien der Sexualität zu verstehen suchen.
Die Tantras lehren verschiedene Methoden für das 'Wecken' und Kanalisieren der Kundalini-Energie.
Die Gheranda Samhita stellt fest: „Die große Göttin Kundalini, die uranfängliche Energie des Selbst, schläft in der Sexualregion des Körpers. Sie hat die ungefähre Form einer Schlange, die dreieinhalb Windungen aufweist. Solange sie im Schlaf verharrt, ist die individuelle Seele (Jiva) eingeschränkt; wahres Wissen erwächst nicht. Aber so, wie der richtige Schlüssel eine besondere Tür aufsperren kann, so schließt Hatha Yoga die Tür von Kundalini auf und gestattet dem Selbst, Brahman zu erfahren und zur Erlösung zu gelangen."
Dieselbe Schrift erklärt weiter, wie Atemanhalten, Visualisierung, geistige Wiederholung spezifischer Klang-Schwingungen und bestimmte psychische Bewegungen, alle zusammen, die allmächtige Kundalini wecken und beherrschen können:

„Sitze in einer bequemen Stellung. Atme voll ein. Stelle Dir den vitalen Prana (die evolutionäre Lebensenergie) als vereinigt mit dem Apana (der abwärts fließenden Energie des Körpers) vor. Ziehe das Rektum zusammen (durch Betätigung des analen Schließmuskels). Stelle Dir vor, wie die vitalen Atemströme in die zentrale Große Achse in der Region unmittelbar über der Basis des Rückgrats eindringen. Durch die Zurückhaltung des inhalierten Atems kommt sich die schlangenförmige gewundene Kundalini eingeengt und erstickt vor. Sie beginnt sich zu rühren. Dann wecke die schlafende Göttin Kundalini, indem Du im Geiste den allmächtigen Geheimlaut 'Hum' (ausgesprochen 'Hung') wiederholst. Sage zu Dir selbst: 'Soham' (was 'Ich bin Er' bedeutet), während Du Dir vorstellst, Du wärst von Shakti erfüllt und in Vereinigung mit Shiva. Ziehe die Kundalini-Energie aus der untern Region noch oben. Meditiere über die Vereinigung des reinen Shiva-Geistes mit der uranfänglichen Shakti-Energie."

Yogis verbringen oft viele Jahre damit, sich auf die Freilassung der Kundalini vorzubereiten. Das bewußte Wecken und die Beherrschung der Kundalini erfordert Geisteskraft, Bewußtheit der natürlichen Aufwärts-Bewegung dieser ungeformten Sexualenergien und einen physischen Körper in harmonischem Gleichgewicht. Da physisches Wohlbefinden mit Diät, Übung und geistiger Haltung verbunden ist, sollte man sich mit diesen Faktoren zuerst beschäftigen und die notwendigen Vorbereitungen im Lebensstil treffen, bevor man der Kundalini gestattet, sein Leben zu verändern. Jedes Stadium der Vorbereitung ist einfach genug zu befolgen, falls man dazu bereit ist. Sind die Grundbegriffe erst einmal verstanden, sind nur noch Offenheit, ernsthaftes Verlangen und Anwendung notwendig, um zum Erfolg zu gelangen.

Sexueller Kontakt ist ganz besonders geeignet, die Kundalini im Inneren zu wecken und zu stimulieren. Liebende erleben Kundalini manchmal ganz spontan durch die natürliche Konvergenz der Lebensenergie während des Liebens. Schwere physische Anstrengung, besonders bei heterosexuellen Liebesakten, kann die für das Wecken der Kundalini notwendigen Bedingungen nachbilden; der richtige Atem, die Bewegung der Sexualregion, Zusammenfließen und Austausch vitaler Atemströme sowie das Keuchen und andere Liebesgeräusche (wie z.b. 'Hmmm', 'Hah' oder 'Oooh' usw.) sind alles Faktoren, die beim Stimulieren der Schlangenkraft eine Rolle spielen.

Das Erlebnis der aufsteigenden Kundalini ist unverkennbar. Es wird als innerer Schauer empfunden, als 'flüssiges Feuer', gleichzeitig heiß und kalt, elektrisierend, nahezu lähmend, das ganze Sein öffnend, erleuchtend und erlösend, atemberaubend. Manchmal kann das Wecken von Kundalini ein furchteinflößendes Erlebnis sein, aber wenn die korrekte geistige Haltung zum Tragen gebracht wird, ist es leicht, die Energie positiv zu leiten. Visualisierung, die kreative Vorstellung, körperliche Bewußtheit und mehrere physische Techniken helfen alle mit, negative Kundalini-Erlebnisse zu überwinden.

Wenn die Kundalini durch spontanes, von Freude erfülltes Lieben erweckt wird, bietet sich dem Paar eine großartige Gelegenheit, die Höhen des Geistes zu erforschen. Für ein Paar beim tantrischen Lieben ist die Kundalini eine Verbündete, die viel dazu beitragen kann, zu Ekstase und Befreiung zu gelangen.

Ihre Macht verwandelt biologische Instinkte in den Drang nach Transzendenz. Man stelle sich die Kundalini im eigenen sowie im Körper des jeweiligen Partner vor. Man führe SIE sorgfältig und liebevoll auf IHRER Reise nach oben. Man führe SIE während der Vereinigung von den sexuellen Regionen in die Krone des Kopfes. Das Paar sollte seine Herzen mit der freudigen Energie von Shiva und Shakti überfluten. Man stelle sich vor, wie man sich erhebt, wie man sich von Bindungen und der Dualität der Welt löst.

In den letzten Jahren ist so viel über Kundalini-Yoga gesagt worden. Doch es ist kein theoretischer, sondern ein praktischer Gegenstand, direkt mit der Sexualität verbunden. Selbst wenn Kundalini-Yoga für sich allein praktiziert wird, so ist es doch die sexuelle Energie, die nach oben geleitet wird, und dieser Vorgang erfordert immer erotische Visualisierung. Bei manchen Leuten ist schon erotische Phantasie ausreichend, um die Kundalini zu wecken, aber es kommt nur selten vor, daß eine solche Person auch die Fähigkeit besitzt, diese Energie kreativ zu nutzen. Die zahlreichen Tantraschriften tragen ganz besonders dazu bei, richtig zu verstehen, wie Kundalini zu beherrschen und ihre potente Macht auf wahrhaft kreative Art zu nutzen ist. Übersinnliche Phänomene wie Hellsehen und Heilen sind Beispiele dafür, wie die Schlangenkraft angezapft werden kann, um praktisch genutzt zu werden. Aber erst im physisch heterosexuellen Zusammenhang können sich die Kundalinis beider Partner miteinander verbinden und so wahrhaft ihr Potential für Transformationen enthüllen.

Solche Ergebnisse des Kundalini-Yoga führen direkt zu kosmischem Bewußtsein, zur freudvollen Ekstase des Einsseins mit dem Universum, außerhalb der Beschränkungen durch die Zeit.

Die Rolle der Kundalini ist für diesen Vorgang von höchster Bedeutung, denn ohne ihre übersinnliche Energie kann körperliche Energie nicht zu den höheren Ebenen des Bewußtseins vorstoßen. Die Meisterung von Kundalini, der 'inneren Frau', sollte das Ziel von Yogis und Liebenden gleichermaßen sein. Denn, um es mit den Worten eines populären tantrischen Sprichwortes auszudrücken: 'Es gibt weder in dieser noch in der nächsten Welt etwas, was über die Domäne von Kundalini hinausgeht'.

Stelle Dir die Kundalini als sinnliche Frau vor, als eine Göttin, extrem schön und voll Erotik erfüllt. Versuche, ihre besonderen Gesichtszüge und sonstige Merkmale zu erahnen und an ihrer allmächtigen Weisheits-Energie teilzuhaben. Die Kundalini ist stets und immer bereit, das Individuum zu den Höhen des kosmischen Einsseins zu tragen. Denke oft an sie. Rede mit ihr. Verführe sie. Teile private Wünsche mit ihr. Versuche immer, ihr zu gefallen und sie zu erfreuen. Dann wird sie Erfüllung gewähren.

Auf ihrer Reise nach oben passiert die Kundalini-Shakti die als Chakras bekannten physischen Zentren. Diese Brennpunkte subtiler Schwingungen werden durch den Kontakt mit der aufsteigenden Kundalini transformiert. Gelegen sind diese Zentren längs des Rückgrats in der Sexualregion zwischen den Genitalien und dem Anus, der Milz-Region über den Genitalien, in der Nabelregion, in der Herzregion und schließlich im Kopf zwischen den Augenbrauen. Dies sind eher subtile denn physische Zentren; sie fungieren als 'Umwandler' und schalten Impulse von einer Frequenz auf

die andere. Sie spielen eine wichtige Rolle sowohl in der tantrischen Kosmologie als auch bei der Evolution des Geistes.
Anandagiri, ein großer Hindu-Lehrer aus der frühen mittelalterlichen Periode, beschreibt das Aufsteigen der Kundalini wie folgt: „Die innere Frau betritt die königliche Straße und ruht sich in Intervallen in den geheimen Zentren aus. Schließlich umarmt sie den obersten Herren im Lotos des Kopfes. Aus dieser Vereinigung fließt exquisiter Nektar, der den Körper überflutet und durchdringt. Dann wird die unaussprechliche Wonne erlebt."
Die Kundalini kann außer durch den hier beschriebenen Techniken auch durch viele andere geweckt werden. Drogen können die Kundalini wecken; desgleichen Körperübungen, Tanzen (besonders Herumwirbeln), plötzlicher Schock oder bestimmte Töne, die in Harmonie mit der Kundalini-Frequenz widerhallen. In solchen Fällen besteht aber die Gefahr, daß diese machtvolle Energie außer Kontrolle geraten kann und psycho-physische Probleme schaffen kann. Der sicherste Weg, die Kundalini-Energie in die richtigen Bahnen zu leiten, besteht immernoch in tiefer Verpflichtung zur transzendentalen Liebe.
Wenn das Leben der Kundalini verlängert wird, ist es möglich, einiges von ihrer Energie ins Herz-Zentrum zu destillieren und dort zu speichern. Die Wirkung besteht darin, daß Emotionen verstärkt werden; leidenschaftlich mitfühlende Liebe erfüllt das Herz-Zentrum.
Die Tantras lehren, daß es einen subtilen Nerv gibt, der das Herz mit den beiden Augen verbindet. So kann destillierte Kundalini-Energie durch die Augen nach außen geleitet und auf eine Person gerichtet werden, um auch in ihr die Kundalini-Energie zu wecken. Solche Erlebnisse sind selten von Dauer, es sei denn, daß die betreffende andere Person selbst die bewußte Kontrolle über ihre eigene 'innere Frau' gewinnen kann.
Wenn ein Paar lernt, die Kundalini-Energie bewußt zu wecken und zu leiten, dann nimmt sein Lieben eine vollkommen neue Dimension an. Wird die Kundalini als Freundin oder Verbündete behandelt, kann das Paar in einem Moment reiner, spontaner Freude über die Grenzen des gewöhnlichen Bewußtseins hinausgehoben werden und die mystische Bedeutung von Liebe erleben.

## Das Geheimnis der Atmung

Es gibt ein wohlbekanntes Sprichwort: „Atem ist Leben." Wenn der Atmungsprozeß aufhört, erlischt sehr schnell das Leben. Und doch nehmen Leute das Atmen für viel zu selbstverständlich hin. Wenn ein Baby geboren wird, ist der erste Atemzug lebenswichtig. Falls es irgendein Hindernis oder eine Verzögerung gibt, wird das Kind sterben. Am anderen Ende des Lebens markiert der letzte Atemzug das Dahinscheiden des Individuums in eine andere Dimension. Zwischen diesen beiden Punkten - Geburt und Tod gibt es stets und ständig Atmung, die den meisten Leuten vollkommen unbewußt bleibt.
Die Yoga-Lehren betonen nachdrücklichst die enorme Bedeutung des Atems. Gemäß alten Yoga-Schriften macht der gesunde Erwachsene während eines kompletten Tages

und einer Nacht im Durchschnitt 21.600 Atemzüge. Das bedeutet einen allgemeinen Durchschnitt von fünfzehn Atemzügen pro Minute oder alle vier Sekunden einen Atemzug. Üblicherweise atmet eine Person weniger häufig, wenn sie ruht, aber wesentlich schneller bei extremen Anstrengungen. Der Liebesakt löst ein Ansteigen der Atemfrequenz aus, etwa vergleichbar mit der Auswirkung eines längeren Dauerlaufes. Ein besonders energischer Akt des Liebens schafft all die physischen Symptome einer sportlichen Hochleistung; das Herz hämmert, das Blut rauscht durch die Adern. Östliche mystische Lehren betonen den Wert verlängerten Liebens in Verbindung mit tiefer und kontrollierter Atmung.
Nach yogischen Traditionen hängt die Lebenserwartung von der Atemfrequenz ab. Dies scheint ganz entschieden auf Reptilien und Säugetiere zuzutreffen. Die Schildkröte atmet sehr langsam und lebt sehr lange, wohingegen die Maus sehr schnell atmet und dafür auch nur ein sehr kurzes Leben hat.
Dazu die Gheranda Samhita, ein yogisches Quellenbuch aus der mittelalterlichen Periode: „Durch Absenken der Atemfrequenz findet eine Steigerung der Lebensenergie statt; durch Steigerung der Atemfrequenz wird die Lebensenergie vermindert."
Eine andere bedeutende indische Schrift, die Shiva Samhita, stellt fest: „Der Körper einer Person, die Atemregulierung praktiziert, wird harmonisch entwickelt, verströmt süßen Duft und wird stark und schön. Der klug Praktizierende zerstört mit Sicherheit all sein Karma, ob nun in diesem Leben oder in der Vergangenheit erworben, durch die Regulierung des Atems."
Viele Yogis widmen sich ausschließlich dem Bemühen, bewußte Kontrolle über die Atemfunktion zu erlangen; sie glauben, dadurch Herren ihres Schicksals werden zu können.
Machen wir sofort ein Experiment. Lege Dich - ohne Deinen Atem zu ändern - eine Hand auf den Leib, unmittelbar unter dem Solarplexus. Stelle fest, ob Deine Atmung bis dorthin reicht. Achte darauf, ob sich Dein Leib nach vollendetem Einatmen ausgeweitet hat. Natürlicher Atem sollte auf diese Weise wirken: Die untere Region sollte beim Einatmen vorgewölbt und beim Ausatmen zusammengezogen werden. Die meisten Leute atmen jedoch auf genau gegenteilige Art und Weise. Im allgemeinen wird der Atem nur bis zur Brustregion eingezogen. Außerdem atmen viele Leute nur durch den Mund, statt durch die Nase, und bei physischer Anstrengung keuchen sie mit weit geöffneten Mund. Solche Atemtechnik hat folgende Langzeitwirkung: Verlust der Konzentrationsfähigkeit, physische Schwäche und Herzbeschwerden.
Tantrische Lehren erklären: Wenn Liebende auf unnatürliche Art atmen und sich ungemein anstrengen, besteht die echte Gefahr vorzeitigen Alterns, der Impotenz, der Unfähigkeit zum Höhepunkt, emotionaler und geistiger Probleme sowie ganz allgemein physischer Schwäche. Sowohl tantrische als auch taoistische Lehren betonen mit Nachdruck, daß Liebes-Atem vorzugsweise tief sein sollte; vom Zwerchfell aus, durch die Nase, das Bewußtsein auf die Zurückhaltung der Lebensenergie konzentriert.
Erhältlich sind viele populäre Bücher, die sich ausgiebig mit Yoga-Stellungen (Asanas) und Atemtechniken (Pranayama) befassen. Da wir dieses Thema vom Standpunkt der Sexualität aus behandeln, werden wir nicht versuchen, eine umfassende

Lehre über Yoga-Atmung zu erteilen. Es ist jedoch hilfreich, hier ein oder zwei Punkte in Betracht zu ziehen. Sei Dir zunächst einmal der natürlichen Teilung des Atemprozesses bewußt; er hat drei Teile: Einatmen, Anhalten und Ausatmen.
Das Einatmen sollte natürlich und niemals gezwungen erfolgen. Luft sollte als Resultat der Ausdehnung des Leibes in den Körper strömen.
Wenn der Atem angehalten wird, sollte der untere Teil des Körpers die Form eines Topfes annehmen. Der Yoga-Begriff dafür lautet kumbhak und bedeutet 'Krug'. Das Anhalten des Atems ist der Punkt der größten Wirksamkeit. Während dieser Periode wird die inhalierte Luft zum Teil von den Lungen absorbiert und belebt den ganzen Köper.
Das Ausatmen oder die Exhalation befreit das gesamte System von Schlacken und überflüssigen Abfallprodukten.
Tantrische Lehren raten, sich während des Einatmens vorzustellen, wie man die lebensspendenden Energien von Brahma absorbiert. Beim Anhalten des Atems sollte man sich darauf konzentrieren, die Lebenskraft aus der Luft zu extrahieren und durch den gesamten Körper zirkulieren zu lassen. Während des Ausatmens sollte man sich vorstellen, wie alles Negative, physische Krankheiten und Gebrechen oder Spannungen den Körper verlassen und zwecks Reinigung zur Erde zurückkehren.
Diese drei Teile des Atemprozesses sollten glatt ineinandergreifen und ohne harte, ruckende Bewegungen durchgeführt werden. Außerdem sollte man geistiges Bewußtsein der Atmungsbewegung pflegen, sowohl beim Ein- als auch beim Ausatmen.
Das entscheidendste Element aber ist das Anhalten des Atems. Bewußtes Atem-Anhalten kräftigt den Kreislauf und stärkt die subtilen Verbindungen zwischen allen Körperteilen. Ferner bewirkt es ein Ansteigen der KörperSekretionen, besonders des Speichels, der - nach yogischen Lehren - belebende und nährende Wirkung hat.
Das Gorakshashtankam, eine yogische Schrift aus der mittelalterlichen Periode, stellt treffend fest: „Man sollte den Atem langsam inhalieren und genauso exhalieren; das eine sollte das andere nicht übertreffen, auch nicht die Fähigkeit, den Atem anzuhalten. Vor allem sollte man nicht zu schnell ausatmen. Atemkontrolle löst die Bande des Karma und stellt im gesamten Organismus Harmonie und Gleichgewicht her."
Der vollkommene Atem - bewußtes Einatmen, Anhalten und Ausatmen - ist der erste Schritt, um die Atemfunktion als Mittel zur Befreiung zu benutzen. Hat man ein gesundes und harmonisches Atemmuster entwickelt, kann man zu spezifischen Atem-Rhythmen übergehen. So ist z.B. der heilende Atem extrem einfach und kann jederzeit praktiziert werden. Er besteht in bewußter Änderung der Zeitspannen, die für jeden Teil des Atemzyklus gebraucht werden. Dieser neue Atem-Rhythmus ist besonders geeignet, um vitale Energie aus der Atmosphäre zu ziehen. Das neue Atemtempo wird zunächst unnatürlich erscheinen, und der Körper wird einige Zeit brauchen, um sich daran zu gewöhnen. Man sollte also nichts erzwingen, sondern Geduld haben.
Beim heiligen Atem ist das Verhältnis von Einatmen über Anhalten zum Ausatmen 1:4:2. Das Anhalten dauert also viermal solange wie das Einatmen, und das Ausatmen dauert doppelt solange wie das Einatmen. Das Einatmen setzt das Maß für die beiden anderen Zeitspannen fest. Mache also zuerst Einatmen ein wenig länger als normal; passe die Perioden des Anhaltens und Ausatmens entsprechen an. Danach steigere

allmählich das Einatmen und passe es allmählich den Perioden der beiden anderen Teile an. Das Ergebnis dieser Praxis ist eine Verlangsamung des Atemprozesses; dies wiederum entspannt und heilt sowohl den Körper als auch den Geist.
Praktiziere jedoch die Technik des heilenden Atems niemals bis zum Punkt physischer Anstrengung. Wenn Du müde wirst, wenn Dir schwindelig wird, wenn Dein Herz heftig zu schlagen beginnt, dann übertreibst Du deine Atmungen. Lasse es also wieder etwas ruhiger angehen. Das Verhältnis der drei Teile kann am Herzschlag gemessen werden (indem Du die Finger bewegst, ohne dabei zu zählen) oder an einer Uhr. Aber die Proportionen sollten niemals geistig mitgezählt werden, denn das Zählen während der Meditation könnte die guten Wirkungen der Meditation wieder aufheben. Der Grund besteht darin, daß der Geist mit dem logischen Prozeß des Zählens gefüllt wird und sich so selbst von abstrakten Prozeß der Meditation abschneidet.
Es gibt eine ideale Methode, um den Atemprozeß zu messen. Konzentriere Deinen Geist auf die Geräusche, die beim Ein- und Ausatmen verursacht werden. So schaffst Du Dir mit dem Audio-Rhythmus einen Maßstab.
Verschiedene yogische Schriften erwähnen unterschiedliche Atemgeräusche. So stellt z.B. die Gheraqnda Samhita fest:
„Beim Ausatmen verursacht jede Person den Laut 'Sah', beim Ausatmen den Laut 'Ham'. Diese beiden Laute zusammen bilden das Machtwort 'Saham' (oder 'Soham', was 'ich bin es' bedeutet) oder 'Hamsa' (mit der Bedeutung von 'Großer Schwan' oder 'Vogel der Seele'). Jedes lebende Wesen wiederholt ständig diesen Vorgang, der aber normalerweise unbewußt bleibt. Dieser subtile Laut findet an drei Stellen sein Echo; im sexuellen Zentrum (zwischen Anus und Geschlechtsorganen), im Herz-Zentrum (Herz) und im Zentrum des Dritten Auges (unmittelbar über der Stelle, wo sich die Nasenlöcher vereinigen). Der Yogi sollte diese Wiederholung bewußt vornehmen, die Zeitspanne des Einatmens messen und verlängern sowie das Anhalten und Ausatmen dementsprechend anpassen."
Es gibt noch eine zusätzliche und wirksame Methode, um das Atemverhältnis zu messen. Schaffe Dir eine positiv aufgeladene Machtformel; z.B. 'Ich bin von einer positiven, schützenden Aura umgeben.' Benutze die Länge dieses Satzes als Maßstab, während Du Dir vorstellst, daß Dein Körper von dieser Aura wie von einem goldenen Lichtschein umgeben wird. Auf ähnliche Weise kannst Du auch ein Mantram oder ein Machtwort gebrauchen, das Du für jeden Teil des Atemzyklus wiederholst. Das Gehen ist eine ideale Zeit, um den heilenden Atem zu praktizieren und zu entwickeln, da Du deine Schritte als Zeitmaß für das Verhältnis von Einatmen, Anhalten und Ausatmen benutzen können.
Das korrekte Üben des vollkommenen und heilenden Atems belebt und kräftigt den gesamten Körper. Auch der Geist profitiert davon und kann durch diese Übung unter bewußte Kontrolle gebracht werden.
Die Hathayoga Pradipika stellt fest: „Wenn der Atem in der Bewegung ist, ist auch der Geist in Bewegung; wenn der Atem kontrolliert wird, wird auch der Geist kontrolliert."

Das Ziel aller yogischen Atemübungen besteht letzten Endes in einer verlängerten Phase des Atem-Anhaltens; dies führt zu supernormalen Kräften und ‘verbrennt’ alle Karmas.
Wenn die vitalen Kräfte im Körper unter die Macht des kreativen Geistes gebracht werden, so erlebt man sofort eine unmittelbare Wirkung im sexuellen Zentrum. Man verspürt ein generelles Anwachsen der Energie und Sensitivität. Die Sinne sind aufeinander abgestimmt und können so effektiver funktionieren.
Jedes Paar, das die Ekstase der tantrischen Liebe erfahren und erleben möchte, sollte deshalb den vollkommenen Atem entwickeln, bis dieser absolut natürlich ist. Danach sollte der heilende Atem praktiziert werden, damit die vitalen und subtilen Kanäle des Körpers gereinigt und gekräftigt werden. Dies verhindert physischen oder emotionalen Schaden durch die sehr hohen Intensitäts- und Energie-Ebenen der tantrischen Liebe.
Die Bewegungen der vitalen Luft, des Geistes und der sexuellen Energie stehen alle miteinander in Verbindung. Wird eine dieser drei Funktionen gestoppt, werden auch die beiden andern beeinflußt. Hier können wir sehen, welch enge Beziehung der Atemfluß mit der sexuellen Funktion und mit dem subtilen Vorgang des Geistes hat, wie z.B. dem Denken und Vorstellen.
Einer der wichtigsten Aspekte der sexuellen Vereinigung ist ein gemeinsames Atem-Erlebnis, denn Emotionen sind direkt mit dem Atem verbunden. Wahre physische Liebe produziert eine totale Verschmelzung der Atem-Rhythmen des Paares. Dieses Erlebnis birgt den Schlüssel zu ungeheuerer Macht.
Verschiedene andere Atemtechniken können ebenfalls helfen, ein Paar auf die tantrischen Liebe vorzubereiten. So gibt es z.B. eine geheime Technik, die als ‘Krähenschnabel’ bekannt ist. Sie besteht darin, die Seiten der Zungen nach innen zu stülpen und gleichzeitig leicht vorzustrecken. Dann wird die Luft durch die Nase eingeatmet, um den ‘Topf’ der Lungen und des Zwerchfells zu füllen. Den Atem solange wie möglich anhalten und dann durch beide Nasenflügel ausatmen.
In der Shiva Samhita lesen wir darüber: „Wenn eine Person am frühen Morgen und in der Abenddämmerung Luft durch Krähenschnabel trinkt, werden alle Krankheiten oder physischen Schwächen vernichtet. Diese Praxis führt zu den Kräften der Hellseherei sowie anderer wunderbarer Fähigkeiten.“
Yoga-Traditionen erwähnen ständig eine fünffache Teilung des Atems, genannt Prana (Lebenskraft). Es wird gesagt, daß der ursprüngliche Prana noch vier andere Pranas enthält. So wie ein König Beamte beschäftigt, die über verschiedene Teile seines Königreiches herrschen, so ist auch jeder der anderen vier Pranas dazu bestimmt, über eine spezifische Körperfunktion zu herrschen. Von dieser fünffachen Unterteilung des subtilen Atems sind der ursprüngliche Prana, der sich nach oben bewegt, und der Apana, der sich nach untern bewegt, besonders wichtig. Das tantrische Yoga zielt darauf ab, den Fluß dieser beiden Lebensströme umzukehren, sie zur Kombination zu veranlassen und so eine totale Transformation des Psycho-Organismus zustande zu bringen.
Die Bhagavad Gita erklärt: „Manche Yogis opfern das Prana in den Apana; andere den Apana in den Prana.“

Das Gorakshashtakam stellt fest: „Der Jiva (die individuelle Seele) ist der Sklave von Prana und Apana. Wer diese beiden Kräfte kennt und beherrscht, ist ein wahrer Kenner des Yoga und bekommt sehr schnell die Ekstase der Selbsterlösung zu kosten. Während man den Apana aufwärts zieht, sollte man ihn mit dem Prana vereinigen."
Die Teilung des inhalierten Atems in die fünf subtilen Atemströme findet während der Periode des Atem-Anhaltens statt. Dieser natürliche Vorgang kann die Basis einer wichtigen Meditation sein. Stelle Dir vor, die Luft, die durch die Nase einströmt, wäre eine Flüssigkeit von geringerer Dichte als Wasser. Sauge die Flüssigkeit ein, indem Du den unteren Teil des Leibes die Form eine Topfes gibst. Wenn der Vorgang des Inhalierens abgeschlossen ist, wechsle über zum Atem Anhalten; dabei stelle Dir vor, daß alle körperlichen Öffnungen (Ohren, Nase, Mund, Anus etc.) versiegelt sind. Stelle Dir vor, wie sich die Luft in fünf Teile aufteilt und die Natur der Fünf Großen Elemente annimmt (Raum, Luft, Feuer, Wasser und Erde), um nun die verschiedenen Körperteile zu nähren. Versuche diesen Vorgang mit dem geistigen Auge 'zu sehen'. Während diese Periode der bewußten Atem-Anhaltung versuche, nur die besten Teile aus der inhalierten Luft herauszuholen. Dann wechsle zum Ausatmen über und stelle Dir dabei vor, wie alle Unreinheiten, Negativa oder physische Gebrechen den Körper verlassen und zwecks Regeneration zur Erde zurückkehren.
Für die konkrete Ausübung tantrischer oder taoistischer Liebestechniken ist Atemkontrolle von vitaler Bedeutung.
Atemübungen sollten niemals unmittelbar nach einer Mahlzeit oder nach schwerer Anstrengung durchgeführt werden. Im allgemeinen ist es am besten, bewußtes Atmen allmählich in Dein Leben einzuführen. Hab keine Angst vor der Macht des Atems. Lerne stattdessen, ihn sorgfältig zu benutzen. Mit dem Atem als Verbündeter liegt für Dich und Deinem Partner Ekstase in Reichweite.

## Körperarbeit 1. und 2. Woche - Yoga-Reihe (Wiederholung), kombiniert mit Bioenergetik

Du hast in dem Fernkurs Sexualmagie III schon einmal die Yoga-Reihe gelernt.
Du hast jetzt folgende Aufgabe. Stelle Dir eine eigene Yoga-Reihe für die erste und zweite Woche zusammen, Du sollst aber diesmal zusätzlich noch andere Übungen mit hinzuziehen, wie z.B. Lebensfreudedehnung, Bogen, Hecheln etc., also Übungen aus der Bioenergetik.
Stelle die Übungen aber so zusammen, daß Du in der zweiten Woche nicht die selben Übungen wie in der ersten Woche machst. Teile Dir also die Übungen in zwei Teile und entscheide dann, welchen Teil Du in der ersten und welchen Teil Du in der zweiten Woche übst.
**Das ganze hat folgenden Sinn:** Damit die Individualität nicht zu kurz kommt, hast Du hier einmal die Möglichkeit, auf Deine ganz persönlichen körperlichen Probleme einzugehen. Yoga und Bioenergetik kombiniert erzielen die besten Ergebnisse bei der „Bekämpfung" von Verspannungen.

Vergegenwärtige Dir die Körperregionen, mit denen Du am meisten Probleme hast, und suche Dir die Übungen heraus, von denen Du meinst, daß sie am effektivsten sind.

## Meditation 1. und 2. Woche

### Einleitung

Wir wollen jetzt langsam mit der praktischen Arbeit beginnen. Um erste sexualmagische Arbeiten durchführen zu können, müssen wir es gelernt haben, einen Orgasmus herbeizuführen ohne Hilfe von erotischen Gedankenbildern - oder Geräuschen. Das ist, Du wirst es bald merken, gar nicht so einfach.
Weiter haben wir gesagt, daß im Moment des Orgasmus nur das gewünschte Bild im Kopf sein darf.
Wir beginnen deshalb diesmal mit der sexuellen Technik und wenden uns im nächsten Monat den Imaginationsübungen zu.

### Die Technik

Du kennst noch die Übung, bei der Du den kontrollierten Orgasmus trainieren solltest. Es war die Übung, wo Du den 'kritischen Punkt' herausfinden solltest (5. Kursmonat). Jetzt hast Du folgende Aufgabe.
Sitze in Deinem Asana mit offenen Augen. Beginne zu masturbieren. Ziel davon ist folgendes: Erst nach 60 Minuten solltest Du einen Orgasmus haben. Während der ganzen Zeit mußt Du die Augen offen haben. Versuche am besten an gar nichts bestimmtes zu denken. Immer wenn erotische Bilder aufkommen sollten, denke sofort an irgendetwas Belangloses. Solltest Du zu schnell sein, mache eine kurze Pause und beginne von neuem. Mache auch die ganze Zeit Bauchatmung und zeichne Deine Erfahrungen sorgfältig auf.

## Körperarbeit 3. Woche

### Genitalienübung I

**1. 3x den Bogen, danach Hecheln.**
**2. Kniekreisen:** Dies ist eine Übung, die sehr nützlich ist, die Muskeln in Deinen Beinen und Deinem Bauch zu lockern. Lege Dich auf den Rücken und Deine Hände auf den Bauch. Um sicher zu gehen, daß Du deine Bauchmuskeln nicht benutzt, wenn Du deine Beine anziehst. Ziehe jetzt Deine Beine sehr langsam an, ziehe Deine Hacken an, so daß Deine Beine mit herabhängenden Unterschenkeln noch über Deinen Körper kommen. Erlaube Deinen Beinen auseinander zu fallen, sich zu öffnen, und führe sie dann wieder auf den Boden zurück.

1) 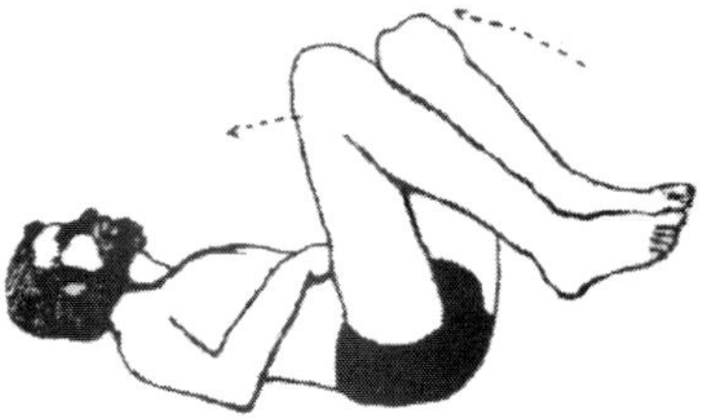 2)

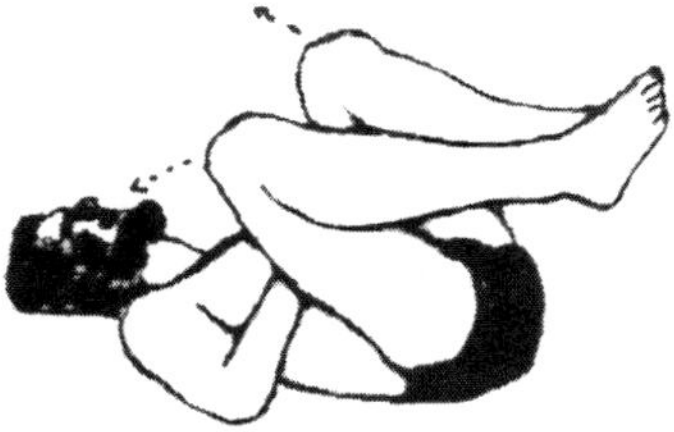

3) 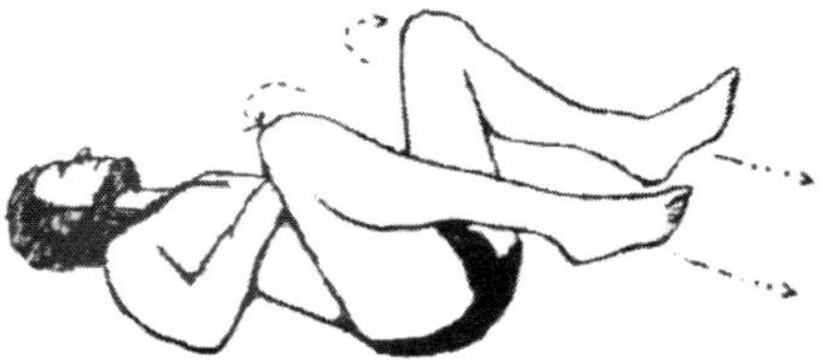 4)

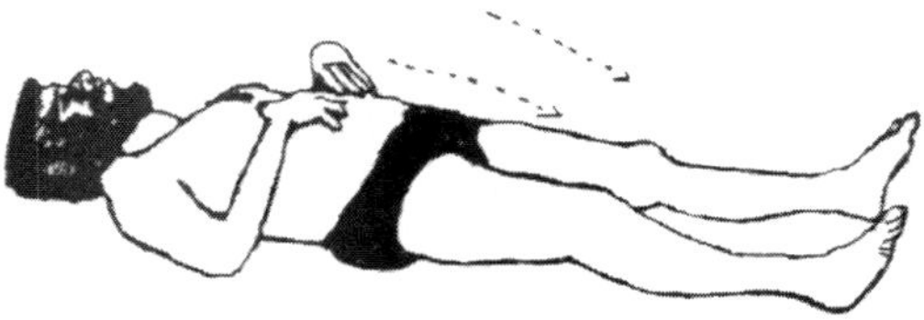

5)

**3. Aufprellen des Beckens:** Lege Dich, während Du mit angezogenen Knien auf dem Boden liegst, Dein Becken vom Boden hoch und lasse Dein Becken aufprallen. Führe diese Übung mindestens 25 mal durch.

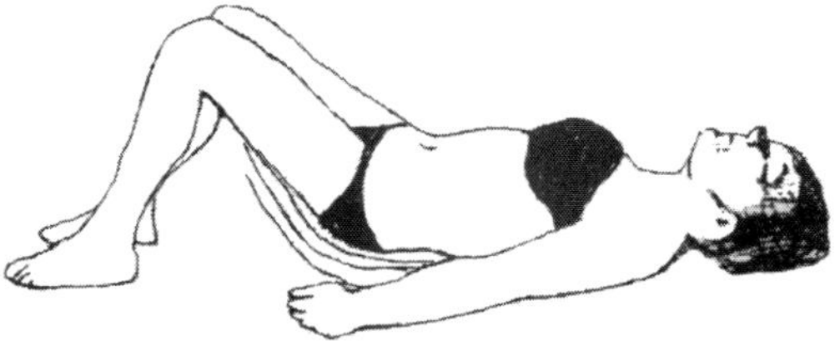

**4. Umkehrung der vorherigen Übung:** Drehe Dich herum und mach diese Prellbewegung in der anderen Richtung. Es hilft Dir, wenn Du beim Aufprellen die Füße an einer Wand abstützt. Prelle Dein Becken mindestens 25 mal in beiden Ausgangsstellungen auf den Boden, dies wird Dein Becken 'aufwecken', und es wird anfangen lebendig zu werden.

**5. Beckenschaukeln:** Während Du wieder auf dem Rücken liegst, legst Du die Hände auf Dein Becken und läßt es beim Einatmen in einer runden Bewegung nach hinten kommen, wobei Dein Rücken einen leichten Bogen bildet. An diesem Punkt ist es sehr wichtig, daß Du die Betonung Deiner Atmung veränderst. Stelle Dir vor, daß Du

die Atemluft durch Deine Genitalien aufnimmst und sie durch den gleichen Ort ausatmest. Laß Deinen Mund dabei offen, und fange an zu seufzen während Du ausatmest. Nachdem Du beim Einatmen das Becken nach hinten geschoben hast, schiebst Du jetzt, wieder in einer runden Bewegung, das Becken nach vorne, wenn Du ausatmest.
Halte das Becken nach oben, bis Du wieder bereit bist einzuatmen.
Wenn Du Dir in den Beckenbewegungen sicher bist, laß Deine Hände von den Hüften fallen und setze die Bewegung in entspannter Weise 15 mal fort.
Deine Ausatmung sollte ein Loslassen sein, Deine Magengegend soll nicht angespannt sein. Treibe das Becken künstlich an. Wiege Dein Becken nur ganz leicht nach vorne und laß dabei den Atem heraus. Diese runde Beckenbewegung ist die richtige Art des Vorwärtsdrängens beim Geschlechtsverkehr. Wenn Du Dein Becken nicht frei schaukeln läßt, kannst Du nur starr, mit Deinem ganzen Rumpf, vorwärtsdrängen. Wenn Du diese runden Beckenbewegungen erst einmal raus hast, wirst Du sie allem, was Du bisher tatest, vorziehen.

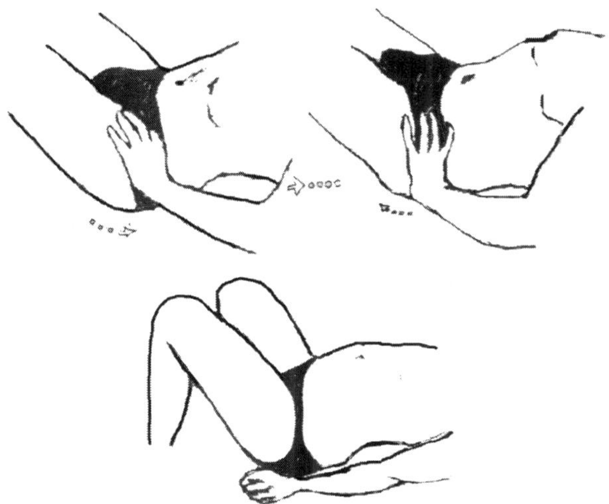

**6. Beckenkreisen.**
**7. Durchbiegen des Rückens.**
**8. Ausgleich der vorherigen Übung.**
(Die Übungen 6 - 8 kannst Du im Kursteil II nachlesen)

## Meditation 3. und 4. Woche

Mache die gleiche Übung wie die letzten beiden Wochen, mit folgender Änderung: Mache die ganze Zeit über sprechend Mantram.
Nimm Dir ein beliebiges Mantram wie z.B. 'Aum Mani Padme Hum' und spreche es die ganze Zeit über, auch im Moment des Orgasmus.

Zeichne wieder sorgfältig auf. Vermeide sexuell stimulierende Gedanken.
Mantram-Technik ist genauso gut brauchbar wie die Technik, Bilder zu energetisieren. Man kann auch beide Techniken kombinieren. (Nächsten Monat werden wir mit Bildern üben und übernächsten mit Mantram.)

## Körperarbeit 4. Woche

Führe die Übungen **1-5** der letzten Woche noch einmal durch. Achte diesmal besonders darauf, daß Du die Übungen langsam durchführst. Du mußt versuchen, jeden Muskel und jede Sehne zu spüren, die bei der jeweiligen Übung in Anspruch genommen werden.
Mache zusätzlich folgendes:
**6. Erdung gegen die Wand:** Stelle Deine Füße hoch gegen die Wand und mache Deine Atembewegung, indem Du Dein Becken zurückziehst, während Du Luft holst; atme jetzt aus, wobei Du es vorwärts schwingst und vom Boden abhebst und dabei in einer fließenden Bewegung, aber deutlich nacheinander jedes einzelne Wirbelglied für sich miteinbeziehst. Deine Füße sind an der Wand und Du ruhst auf Deinen Schultern.
Bleibe so, bis Du fühlst, daß Du nach unten willst. Du kannst anfangen, das Gefühl für den Gebrauch der Streckmuskeln auf der Vorderseite der Schenkel zu bekommen, um das Becken hoch und vorwärts zu ziehen, und dafür, deine Energie mit der Wand oder Deinen Füßen 'erdend' zu verbinden. Führe das langsam 5 bis 10 mal durch. Erinnere Dich daran, durch Deinen Genitalienbereich ein- und auszuatmen.

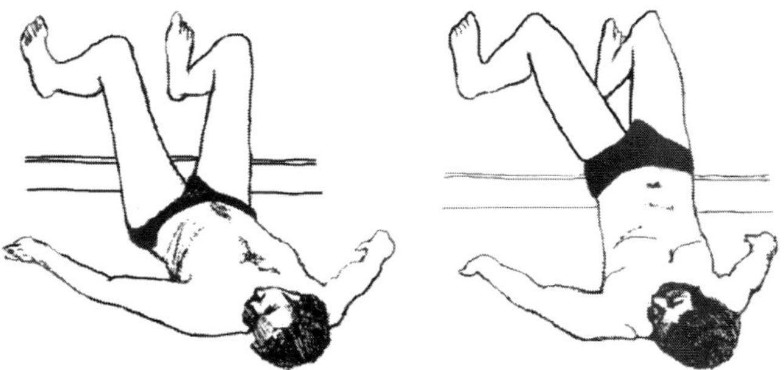

## Fragebogen

1. Wie verstehst Du deinen Körper als Tempel?
2. Was ist Kundalini - Wie wird sie erweckt und wie funktioniert sie?
3. Welche Arten der Atmung gibt es und wie wirken sie?
4. Wie bekommt Dir Deine eigene Übungsreihe?
5. Beschreibe genau Deine Meditationsfortschritte und eventuelle Probleme!
6. Konnten die Genitalienübungen Deine Meditationsfortschritte beschleunigen?

# Lehrhefte für Sexualmagie - Teil 9

## Theorie - Das kleine - und große Pentagrammritual (PTR)

### Einleitung

Die Pentagrammrituale können zum Schutz oder zur Anrufung verwandt werden. Sie werden immer dann benutzt, wenn wir mit elementaren Kräften arbeiten, also mit den Elementen Feuer, Wasser, Erde, Luft und Geist (s. letzter Kursteil).
Aber auch wenn wir mit höheren Elementen arbeiten, z.B. mit Planetar- oder Zodiakalkräften, arbeiten wir uns langsam hoch und beginnen mit bannenden oder anrufenden Pentagrammen, ja nach Art der Arbeit.
Die Pentagrammrituale sind das Grundhandwerkszeug für jeden Magieschüler. Sie müssen so lange geübt werden, bis Du sie im Schlaf kannst. Sie müssen Dir in Fleisch und Blut übergegangen sein.
Lese Dir deshalb die folgenden Seiten sehr aufmerksam durch. Übe alles sehr intensiv, bis Du alle Formen des Pentagrammrituals vollkommen beherrschst. Bevor Du mit den Übungen beginnst, lese erst den ganzen Theorieblock.

## Das kleine Pentagrammritual

I. Berühre Deine Stirn und sage **Ateh** (*Dein ist*)
II. Berühre die Brust und sage **Malkuth** (*das Reich*)
III. Berühre die rechte Schulter und sage **va-Geburah** (*und die Macht*)
IV. Berühre die linke Schulter und sage **va-Gedulah** (*und die Herrlichkeit)*
V. Falte die Hände auf der Brust und sage **le-Olahm, Amen** (*in Ewigkeit, Amen*)
VI. Drehe Dich nach Osten, mache das Pentagramm (das der Erde), mit der rechten Waffe (gewöhnlich ein Stab) und vibriere **I H V H.** („*Jehova*")
VII. Drehe Dich nach Süden, tue das selbe, aber vibriere **A D N I**. („*Adonai*")
VIII. Drehe Dich nach Westen, tue das selbe, aber vibriere **A H I H**. („*Ehieh*")
IX. Drehe Dich nach Norden, tue das selbe, aber vibriere **A G L A**. („*Agla*")
X. Breite die Arme in Form eines Kreuzes aus und sage:

- **Vor mir Raphael;**
- Hinter mir Gabriel;
- Zu meiner Rechten Michael;
- Zu meiner Linken Auriel.

Denn um mich flammt das Pentagramm, und in der Säule steht der 6strahlige Stern.
X. - XV. Wiederhole (I.) bis (V.), das kabbalistische Kreuz.

## Das große Pentagrammritual

Die Pentagramme werden mit einem Schwert oder mit einer anderen Waffe in die Luft gezeichnet, die Namen laut gesprochen und die Zeichen wie angegeben benutzt.

## Die Pentagramme des Geistes

Gleichgewicht des Aktiven
Name: AHIH (Ehieh)

Gleichgewicht der Passiven
Name: AGLA (Agla)

Die Zeichen des Portals (siehe Illustrationen): Strecke die Hände vor Dir, die Handflächen nach außen. Nimm sie auseinander, als ob Du einen Schleier oder Vorhang auseinander reißen wolltest (aktiv), und dann führe sie zusammen, als ob Du ihn wieder zuschließen würdest, und laß die Hände zur Seite fallen (passiv).

## Die Pentagramme des Feuers

Name: ALHIM (Elohim)
Die Zeichen der Salamander: Erhebe die Arme über den Kopf, und verbinde die Hände so, daß die Fingerspitzen und die der Daumen sich treffen, indem sie ein Dreieck bilden.

## Die Pentagramme des Wassers

Name: AL (Al)
Das Zeichen der Undinen: Erhebe die Arme, bis sich die Ellbogen auf der Höhe der Schultern befinden, bringe die Hände über die Brust zusammen, daß sich die Daumen und Fingerspitzen berühren, um ein Dreieck mit der Spitze nach unten zu bilden.

## Die Pentagramme der Luft

Name: IHVH (Je-ho-vah)
Das Zeichen der Sylphen: Strecke beide Arme nach oben und außen, die Ellbogen rechtwinklig, die Hände zurückgedreht mit den Handflächen nach oben, als ob sie ein Gewicht trügen.

## Das Pentagramm der Erde

Name: ADNI (Adonai)
Das Zeichen der Gnome: Stelle den rechten Fuß vor, strecke die rechte Hand nach oben und vorn aus, die linke nach unten und hinten, die Handflächen sind offen.

# Das Ritual des Pentagramms

Das Pentagramm ist ein sehr mächtiges Symbol, das die Wirkung des ewigen Geistes und der 4 Elemente unter der Herrschaft der Buchstaben des Namens JEHESHUA darstellt. Die Elemente selbst werden durch IHVH beherrscht, und der Buchstabe Shin repräsentiert den Ruach Elohim, den göttlichen Geist. Wird dieser Buchstabe in die Mitte eingefügt, so entsteht der Name IHShVH, YEHESHUA.

Von jeder Spitze des Pentagrammes erstrahlt ein flammender Blitz der Ausstrahlung des Göttlichen. Deshalb wird es zur Bestätigung der göttlichen Energie, die darin gefunden wird, das flammende Pentagramm genannt. Als Symbol des Guten, der Herrschaft des göttlichen Geistes, wird der einzelne Punkt nach oben gestellt. Zeigen 2 Punkte nach oben, so bestätigt es die Herrschaft der Materie über den Geist und kann so als böses Symbol betrachtet werden. (Es gibt aber auch andere Interpretationen.)

Wenn es notwendig ist, mit einem Geist böser Natur zu verkehren und ihn festzuhalten, ohne ihn zu quälen, so muß dieses umgekehrte Pentagramm verwandt werden. In diesem Fall wird die Spitze des magischen Schwertes auf den einzelnen unteren Punkt des Pentagramms gehalten, bis es dem Geist erlaubt wird, wieder zu gehen. Bedenke, daß Du kein Recht hast, solch einen Geist zu verletzen oder ihn lächerlich zu machen.

Wenn Du das Pentagramm als Symbol anfertigst, welches Du bei Dir tragen kannst, so zeichne es in den entsprechenden Farben auf einen schwarzen Grund. Außer dem Zeichen des Pentagramms befinden sich darauf die Zeichen für Löwe, Adler (Skorpion), Stier und Mensch (Wassermann), jedes an der ihm zugeordneten Spitze. Die Kraft, welche Du mit dem Pentagramm anrufst, hängt immer davon ab, an welcher Spitze Du beginnst und in welche Richtung Du es ziehst. Der Kreis oder das Rad entspricht dem alles durchdringenden Geist. Der arbeitsame Ochse (Stier) ist das Symbol der Erde, der

Löwe ist die verzehrende Kraft des Feuers, der Adler das wie mit Flügeln aufsteigende Wasser, wenn es durch Hitze verdampft wird, der Mensch ist die Luft, subtil und gedankenvoll die verborgenen Dinge durchdringend.

Der Luft ist ein wässriges Symbol (das Zeichen des Wassermanns) zugeordnet, weil sie Regen und Feuchtigkeit enthält. Feuer hat die Form der Löwenschlange (Leo), Wasser hat den alchemistischen Adler der Destillation (oder das Zeichen Skorpion), Erde hat den arbeitsamen Stier, und der Geist hat das Rad mit den 8 Speichen, das eine, welches in allen Dingen wirkt.

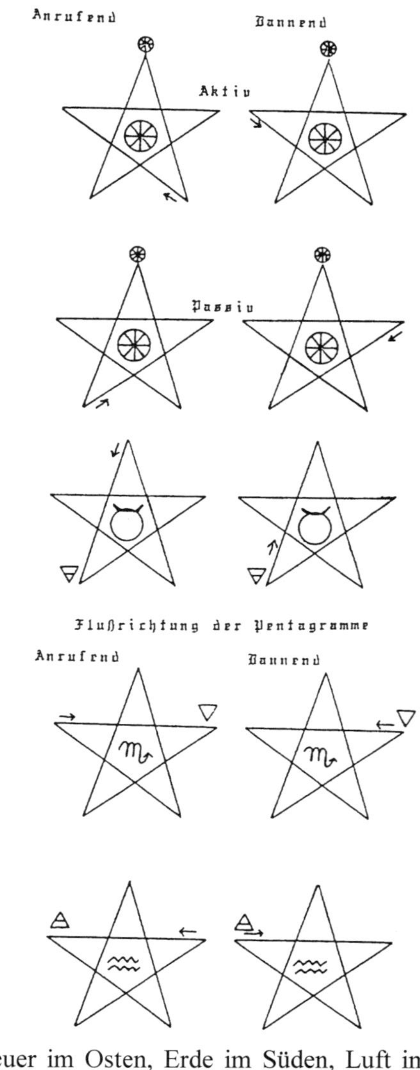


Luft und Wasser haben viel gemeinsam. Und weil eins das andere enthält, wurden ihre Symbole oft miteinander ausgetauscht. Der Adler wurde der Luft und Aquarius dem Wasser zugeordnet. Dies ist auch der Grund dafür, daß das anrufende Pentagramm des einen Elementes das bannende des anderen ist.

Obgleich die Elemente den 4 Himmelsrichtungen zugeordnet sind, haben sie dort keinen festen Ort, sondern sie schwingen zwischen den Himmelsrichtungen. Diese Zuordnung wird von der Natur der Winde abgeleitet. Der östliche Wind ist spezieller von der Art der Luft, der südliche Wind bringt meist Hitze, der westliche Feuchtigkeit und Regen, während der nördliche Kälte und Trockenheit bringt und damit der Erde ähnelt. Der Süd-West-Wind ist gewaltsam und explosiv, die Vermischung der entgegengesetzten Elemente Feuer und Wasser. Die Nord-West- und Süd-West-Winde sind harmonischer, sie vereinigen den Einfluß der zwei aktiven und passiven Elemente.

Die zodiakale Zuordnung ist eine andere. Feuer im Osten, Erde im Süden, Luft im Westen und Wasser im Norden. Luft schwingt daher zwischen Westen und Osten, Feuer zwischen Osten und Süden, Wasser zwischen Norden und Westen, Erde zwischen Süden und Norden. Geist schwingt zwischen Höhe und Tiefe.

Wenn Du anrufst, ist es besser, wenn Du dich nach der Position der Winde richtest, weil die Erde, die sich immer um ihre Pole dreht, ständig ihrem Einfluß unterworfen ist.
Wenn Du dich aber erhebst, wenn du in der Geistvision zum Wohnort der Kräfte gehst, ist es besser, wenn Du dich nach ihrer zodiakalen Anordnung richtest.
Die Ströme, welche von Feuer zu Luft und von Erde zu Wasser fließen, sind die des Geistes, des Mittlers zwischen den aktiven und passiven Elementen. Diese zwei Geist-Pentagramme gehen jeder Anrufung vorher und schließen sie, da sie die Elemente ausgleichen und die Harmonie ihres Einflusses herstellen. Um eine Anrufung zu beenden, werden die Ströme zum Bannen von Luft zu Feuer bzw. von Wasser zu Erde geführt.

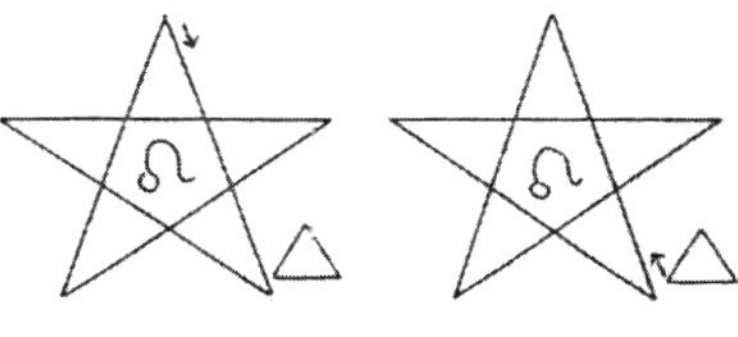

Flußrichtung der Pentagramme

Bei den anrufenden und bannenden Pentagrammen des Geistes wird im Zentrum das Siegel des Rades gezeichnet. Bei dem anrufenden Pentagramm der Erde wird die Energie von Geist zur Erde heruntergezogen. Beim bannenden Pentagramm wird die Energie von der Erde zum Geist zurückgeführt. Das Zeichen des Stiers wird in das Zentrum gezeichnet. Diese beiden Pentagramme werden im kleinen Pentagramm-Ritual zum Anrufen oder Bannen benutzt.
Dieses kleine Pentagramm-Ritual ist nur in allgemeinen und unwichtigen Anrufungen nützlich. Die Kandidaten lernen es, damit sie einen Schutz gegen feindliche Kräfte haben, und eine erste Idee davon erhalten, wie sie geistige und unsichtbare Dinge anziehen und mit ihnen in Beziehung treffen können. Das bannende Pentagramm der Erde dient auch als Schutz, wenn Du es zwischen Dir und einer feindlichen astralen Kraft in die Luft zeichnest. In allen Fällen müssen die winkle des Pentagramms sorgfältig geschlossen werden, insbesondere der Anfangs- und der Endpunkt.
Das anrufende Pentagramm der Luft beginnt bei der Wasserspitze und das des Wassers bei der Luftspitze, die von Feuer und Erde an der Geistspitze. Das kerubische Zeichen des Elementes wird jedesmal in das Zentrum gezeichnet. Bei den bannenden Pentagrammen werden die Ströme umgekehrt. Aber beachte immer, daß der Kreis um Deinen Arbeitsplatz geschlossen ist, denn dieses ist der Schlüssel zur Wirksamkeit.
**Um die Pentagramme herum darf kein Kreis gezogen werden, außer Du willst die Kraft des Pentagramms einschränken oder begrenzen, z.B. um die Kraft auf ein Symbol oder einen Talisman zu konzentrieren und darin zu sammeln.**
**Regeln:**

**Anrufen** - zu dem Punkt, dem das Element zugeordnet ist.
**Bannen** - von dem Punkt, dem das Element zugeordnet ist, weg.

Den Kreis um den Arbeitsplatz immer vervollständigen.
Wenn Du ein Pentagramm zeichnest, gib immer das Zeichen des entsprechenden Elementes. Für Geist das Zeichen des Schleiers, für Erde das Zeichen der Gnomen, für Luft das der Sylphen, für Wasser das der Undinen und für Feuer das der Salamander. (s. Gradzeichen).

Immer, wenn Du ein Siegel zeichnest, mußt Du an der linken Seite des Siegels oder Symbols beginnen und es in Richtung des Sonnenlaufs zeichnen.
Wenn Du zodiakale Kräfte anrufst, mußt Du ein astrologisches Diagramm des Himmels für die Zeit der Arbeit anfertigen, damit Du weißt, in welche Richtung Du während der Arbeit schauen mußt. Denn ein Zodiakal-Zeichen kann während einer Tageszeit im Osten und während einer anderen im Westen sein.
Immer, wenn Du den Beginn irgendeiner magischen Arbeit vorbereitest, wird es ratsam sein, den Arbeitsplatz durch das kleinere bannende Pentagramm-Ritual zu reinigen und zu weihen. In manchen Fällen, speziell wenn Du mit den Kräften der Planeten arbeitest, kann es ratsam sein, auch das kleine bannende Hexagramm-Ritual durchzuführen.
Damit Du dich möglichst vollständig auf die angerufene Schwingung einstellen kannst, ist jedem winkle eine Kraft, eine Strömungsrichtung, eine Farbe und ein Klang zugeordnet, welche gemeinsam das Symbol bilden. Die zugeordneten hebräischen Namen und die Namen von den henochischen Tafeln werden zusammen mit dem Ziehen des Pentagramms vibriert. Die Zuordnung der winkle des Pentagramms ist der Schlüssel zu seinem Ritual.
Benutze die hebräischen Namen während der normalen Anrufung ohne den Gebrauch der Tafeln der Elemente. Z.B. vibrierst Du den göttlichen Namen AL mit dem Pentagramm des Wassers, Elohim mit Feuer usw. Aber wenn Du mit den elementaren oder henochischen Tafeln arbeitest, gebrauche die von diesen Tafeln in der Sprache der Engel abgeleiteten göttlichen Namen z.B. für Erde **Emor Dial Hectega** usw. und für Geist die 4 Worte **Exarp** im Osten (Luft), **Hecoma** im Westen (Wasser) usw.
Bei der Aussprache dieser Namen nimm einen tiefen Atemzug und vibriere sie innerlich so stark wie möglich mit dem ausströmenden Atem, während Du sie etwa so aussprichst: A-a-a-el-ll oder Em-or-r Di-a-ll Hec-te-e-g-ah. Dies muß nicht notwendigerweise äußerlich laut sein, es muß nur innerlich stark vibrieren. Zur Verstärkung kannst Du auch noch die Buchstaben oder Siegel dieser Namen in die Luft zeichnen.
Um die Kräfte der 4 Elemente aus den 4 Himmelsrichtungen zusammen anzurufen, beginne im Osten und zeichne das ausgleichende Pentagramm des Aktiven und das anrufende Pentagramm der Luft mit der Vibration der entsprechenden Namen. Dann ziehe mit der Spitze Deines Stabes den Kreis von Ost nach Süd, ziehe dort das ausgleichende Pentagramm des Aktiven und das anrufende Pentagramm des Feuers mit den entsprechenden Namen, dann ziehe im Westen das ausgleichende Pentagramm des Passiven und das anrufende Pentagramm für Wasser, im Norden das ausgleichende Pentagramm des Passiven und das anrufende Pentagramm der Erde und vervollständige den Kreis im Osten.
Bannen geschieht in der gleichen Art, nur mußt Du statt der anrufenden die bannenden Pentagramme ziehen. Du mußt immer alle angerufenen Kräfte wieder bannen, außer, Du wünschst eine Kraft für eine gewisse Zeit zurückzuhalten z.B. in einem Talisman. Dann darfst Du nicht bannen, denn sonst würdest Du ihn entladen.
Alle Anrufungen sollen mit dem kabbalistischen Kreuz eröffnet und beendet werden. In speziellen Fällen können auch andere Namen als die der Engel und Geist verwendet werden.

Wenn Du mit dem Element arbeitest, sollst Du nur das ausgleichende Pentagramm des Geistes (für Feuer oder Luft das Aktive, sonst das Passive), und die anrufenden Pentagramme des Elementes ziehen, nicht aber die anderen. Ist es z.B. das passive Element im Norden, so ziehst Du nur das ausgleichende Pentagramm des Passiven und das anrufende Pentagramm der Erde in die 4 Himmelsrichtungen. Das Bannen folgt dem gleichen Gesetz. Du verwendest dabei auch nur die zu diesen Pentagramm gehörigen Namen.

## Das kleine Pentagramm-Ritual, 1. Teil

### Vorübung

Das Pentagramm ist seit uralten Zeiten als Zeichen der Kraft bekannt. Es wird gebraucht als Zeichen

1. der positiven Kräfte (Einheit, männlich, dynamisch, Lingam) mit der Spitze nach oben, genau ausgerichtet,
2. der negativen Kräfte (Zweiheit, weiblich, passiv, Yoni) mit der Spitze nach unten.

**Wichtig:** Das Pentagramm muß an allen Winkeln fest geschlossen sein. Ein offenes Pentagramm symbolisiert Verwirrung der Kräfte, unharmonische Verfälschung.
Den verschiedenen Punkten des Pentagramms sind Elemente, Zeichen und bestimmte Worte der Kraft zugeordnet.

Geist (Äther)

Aquarius
Luft
YHVH

Scorpio
Wasser
EL

Tuarus
Erde
ADONAI

Leo
Feuer
ELOHIM

Zur Durchführung des Rituals stelle Dich mit dem Gesicht nach Osten und zeichne mit dem Zeigefinger der rechten Hand ein ca. 1,50 m hohes Pentagramm in die Luft. Es muß in der Form perfekt sein und am Anfangspunkt wieder geschlossen werden. Ausgehend von der Erdecke wird das Pentagrammziehen solange geübt, bist es perfekt beherrscht wird. Erst wenn Du damit vertraut bist, kannst Du das Pentagramm beleben (entflammen). Das geschieht, indem Du Dir die in die Luft gezogenen Linien als glühend vorstellst.
Wenn dies genau und fortwährend geübt wird, wird es eine automatische und unverwechselbare Handlung. Das ist sehr wichtig, weil es die Grundlage für die Reinigung der Atmosphäre von unerwünschten Einflüssen ist, und diese Reinigung muß voll-

kommen beherrscht werden, bevor man ein wirklich magisches Werk durchführen kann.
Eine gute Hilfe für das Erlernen dieser Übung ist es, wenn man sich eine Zeichnung dieses Pentagramm macht. Nimm also ein Stück Zeichenkarton und male darauf ein ca. 1,50 m hohes Pentagramm in Leuchtfarbe, hefte es an die Wand und mache davor die Übung, erst mit geöffneten, dann mit geschlossenen Augen.

### Anfertigung eines Pentagrammes

Zeichne auf einem Stück Zeichenkarton zwei Kreise mit einem gemeinsamen Zentrum, der eine mit einem r=4 cm der andere r=6 cm. Zeichne mit feinen Bleistiftstrichen, welche später ausradiert werden können. Jetzt teile den äußeren Kreis in fünf gleiche Teile und verbinde jeden dieser Punkte mit dem Mittelpunkt. Beginne die Teilung am obersten Punkt des äußeren Kreises, so daß die obere Spitze des Pentagramms nach oben zeigt. Der leichteste Weg, den Kreis in fünf Teile zu teilen, ist, indem man mittels eines Winkelmessers 72 abträgt. Als nächstes beziffere die 5 Teilstriche im Uhrzeigersinn von 1 - 5. Jetzt verbinde die 5 Punkte der Kreise wie folgt - 1 - 3 - 5 - 2 - 4 - 1. Du hast jetzt ein doppeltes Pentagramm, welches farbig ausgemalt werden kann. Versuche es für die erste Übung mit Gold oder einer ähnlichen Farbe. Zur Zeichnung eines größeren Pentagramms brauchen die fünf Radien nur entsprechend verlängert werden. Das Verhältnis des äußeren zum inneren Pentagramm beträgt für den rituellen Gebrauch immer 2:3 (äußerer z.B. 1,50 innerer = 1m)

## Das kleine Pentagramm-Ritual, 2. Teil

Wir kommen jetzt zu einer der wichtigsten Praktiken, welche als das 'Bannende Ritual des Pentagramms' bekannt ist.
Stelle Dich mit dem Gesicht nach Osten. Imaginiere ca. 2m vor Dir ein ca. 1,50m hohes Pentagramm in der Farbe, in der Du es (im 1. Teil) gezeichnet hast. Vollziehe den 4-fältigen Atem und lade Dich mit Kraft auf.
Strecke Deine Hand zur Erdecke über Deinem linken Fuß, nimm den Zeigefinger (wenn vorhanden Stab oder Dolch) und richte ihn genau auf den Winkelpunkt der Erde, um damit die glühende Energie zu der imaginierten Figur zu übertragen. Jetzt fahre damit zu der oberen Spitze des Pentagramms und übertrage dabei gleichzeitig die glühende Energie. Es geht dann genauso weiter zur rechten unteren Ecke (rechter Fuß), linke obere Ecke (linke Schulter), rechte obere Ecke (rechte Schulter) und zurück zum Ausgangspunkt.
Das Pentagramm und die Kraftübertragung müssen sicher und genau ausgeführt sein. Jetzt steche ich den Mittelpunkt, damit ist die Figur vollendet. Du hast jetzt ein vibrierendes, glühendes Bild eines astralen Pentagrammes.
Vom Mittelpunkt des Pentagramms gehe mit der ausgestreckten Hand - Kraft auf den imaginierten Kreis übertragend - nach Süden und vollziehe hier das gleiche Ritual. Dann genauso im Westen und Norden, um den Kreis schließlich im Osten zu schließen. Du hast dann in jeder Himmelsrichtung ein glühendes Pentagramm so, daß der Raum gesäubert und geschützt ist vor allen unerwünschten Einflüssen.

Mit der Durchführung dieses Rituals mußt Du völlig vertraut sein, auch ohne diese Seiten zur Hilfe zu nehmen.
**Bedenke:** Für den Magier heißt imaginieren sehen. Genauso sehen, als stünde das imaginierte vor Dir. Imaginieren heißt erschaffen. Alles Erschaffene kann gesehen werden.

## Das kleine Pentagramm-Ritual, 3. Teil

Stelle Dich Richtung Osten. Danach mit der rechten Hand:

1. Berühre Deine Stirn und vibriere: **Ateh**
2. Berühre Deine Brust und vibriere: **Malkuth**
3. Berühre Deine r. Schulter u. v. : **va Geburah**
4. Berühre Deine l. Schulter u. v. : **va Gedulah**
5. Falte die Hände auf der Brust u. v.: **Le Olahm, Amen**

(Während Du dieses tust, imaginiere, wie das weiße Licht der universellen Energie herunterkommt und in Deinem Körper ein leuchtendes Kreuz bildet, welches jedes Organ und jede Zelle mit Energie auflädt. Die vibrierten Wörter sind hebräisch, die wesentlichen Namen sind die der Sephiroth. Du versetzt Dich damit in einen kraftvollen Zustand, um das kleinere Pentagrammritual zu zelebrieren.)

6. Wende Dich nach Osten und ziehe mit dem entsprechenden Werkzeug, gewöhnlich der Dolch oder der Stab, das bannende Pentagramm der Erde, vibriere **YE-HO-VAH**. Setze das Werkzeug ins Zentrum und
7. Wende Dich gen Süden, ziehe das Pentagramm und vibriere: **ADONAI**
8. Wende Dich nach Westen, ziehe das P. und vibriere: **EHIEH**
9. Wende Dich gen Norden, ziehe das P., vibriere: **AGLA**
10. Wende Dich gen Osten und vervollständige den Kreis, indem Du das Werkzeug in das Zentrum des ersten Pentagramms zurückbringst. Dann breite die Arme in Kreuzform aus und sage:
11. **Vor mir Raphael**
12. **Hinter mir Gabriel**
13. **Zu meiner Rechten Michael**
14. **Zu meiner Linken Auriel**
15. **Denn um mich flammt das Pentagramm**
16. **und in der Säule steht der 6strahlige Stern.**
17. Wiederhole das kabbalistische Kreuz Nr. 1 - 5.

(Anmerkung: alle Namen, die fett gedruckt sind, werden vibriert!)
**Allgemeines:** Dieses Ritual eleminiert alle unerwünschten Einflüsse vollständig, insbesondere wenn Deine visuelle Vorstellung der Pentagramme korrekt und vollständig ist. Durch die Imagination der Pentagramme (Kreis der Pentagramme) wird um Dich herum eine Barriere aus Astralfeuer aufgebaut, zusätzlich werden Astralbilder der Engelsfiguren in ihren verschiedenen Figuren aufgebaut, wenn Du die Engelsnamen vibrierst.

**1. Raphael im Osten** ist eine riesige Engelsfigur in konventionellem Stil mit einer Robe aus schimmerndem Licht in leuchtend gelber und hellvioletter Färbung, welche blitzt und vibriert. Die Figur muß strahlend und luftig sein, getragen von einer sanften Brise von hinten.
**2. Gabriel im Westen** ist in blau mit kontrastierendem gelb gefärbt. Er hält nach oben einen Kelch mit Wasser und steht in einem Strom von klarem fließendem Wasser, welches von einem Wasserfall hinter ihm kommt.
**3. Im Süden Michael**, bei dem die vorherrschende Farbe ein flammendes Rot ist, unterbrochen von lebhaften Blitzen von Smaragdgrün. In der Hand hält er ein stählernes Schwert, dessen Spitze nach oben gerichtet ist. Flammenzungen lecken auf der Erde zu seinen Füßen, und eine intensive Hitze wird gefühlt.
**4. Im Norden Auriel** hat eine Mischung aus Zitron, braunrot und schwarz. Er steht auf einem sehr fruchtbaren Boden, Gras und Weizen wachsen über seine Füße. In seinen ausgestreckten Händen hält er Korngarben.
5. Schließlich fühlst Du das Pentagramm auf Deiner Brust und das Hexagramm auf Deinem Rücken. Bei letzterem ist das aufsteigende Dreieck rot, das absteigende blau.
Diese Übung erscheint sehr schwierig, aber durch die vorhergehenden Teilübungen sollte sie doch erträglich leicht zu erlernen sein, und erfolgreich durchgeführt werden können.

## Anmerkungen für Magie- und Sexualmagiekursler

Wenn Du beide Kurse belegt haben solltest, dann wirst Du bemerkt haben, daß es in einigen Themenbereichen zu Überschneidungen in den beiden Kursen kommt. Dies läßt sich leider nicht umgehen, - gerade bei den Grundlagen der Magie.
Wenn eine Änderung der Reihenfolge der verschiedenen Ausbildungsthemen nicht machbar ist, weil nachteilig für den Schüler, dann nehmen wir Überschneidungen in Kauf.
Wir können aber versichern, daß, je weiter wir fortschreiten, die Überschneidungen immer seltener werden, weil die Kurse immer spezieller werden.
Wir hoffen auf Dein Verständnis.

## Körperarbeit 1. Woche

### 1. Erweiterte Brustdehnung

- In beide Richtungen so weit wie möglich beugen.
- Wiederhole die Übungsfolge 5 mal.

### 2. Triangel

- Grundposition: geschlossene Fersen, Ellbogen über den Kopf heben, Handflächen nach innen.
- Langsam so weit wie möglich nach links beugen, Deine Arme müssen parallel bleiben. Zähle in der Extremposition langsam bis 10.
- Gehe zurück in die Ausgangsposition.

- Beuge Dich langsam nach rechts, achte wieder auf eine parallele Armstellung, in der Ausgangsposition zählst Du langsam bis 10.
- Wiederhole diese Übungsfolge für jede Seite 5 mal.

### 3. Dreieckstellung (Wirbelsäule)

- Grundposition: Stehe in der Grätsche, strecke die Arme in Schulterhöhe auseinander.
- Atme ein und halte den Atem an.
- Gehe mit Deiner rechten Hand zur rechten Zehenspitze (halte die Armstellung) und schau nach links zur linken Handspitze hoch.
- Gehe in die Ausgangsposition und atme aus.
- Wiederhole die Übungsfolge in beide Richtungen 5 mal.

### 4. Kniekuß (Wirbelsäule)

- Grundposition; Stehe, Beine zusammen und durchgedrückt, Hände hinten an den Oberschenkeln.
- Atme langsam ein, beuge dabei langsam Deinen Oberkörper noch vorn und nach unten, bis Du so weit wie es möglich ist, mit dem Oberkörper an Deine Oberschenkel herankommst.
- Die Hände rutschen dabei an Deinen Beinen hinunter.
- Gehe dann langsam hoch, lasse Wirbel für Wirbel abrollen und atme tief aus. Wiederhole diese Übungsfolge 10 mal.

### 5. Übung zur Erhöhung des Atemvolumens

- Grundposition: Sitze mit gegrätschten, gestreckten Beinen auf dem Boden, Deine Arme werden nach hinten gebogen, Dein Kopf ist im Nacken.
- Atme tief ein.
- Die Arme werden über den Kopf gehoben, parallel und gerade, beuge Dich zu Deinem rechten Bein hinunter und atme aus.
- Gehe langsam in die Ausgangsposition zurück, während Du tief einatmest.
- Mache jetzt keine Pause, mache die gleiche Übungsfolge auf dem linken Bein.
- Achte auf folgendes: mache keinen runden Rücken, halte den Kopf hoch, nimm die Schultern etwas nach hinten, neige Dich vom Becken abwärts mit Deinem Oberkörper auf die Oberschenkel.
- Wiederhole die Übungsfolge 10 mal.

### 6. Dehnung der Lendenwirbel

- Grundposition: sitze in der Grätsche, winkle die Beine an, fasse die Füße unter der Sohle und atme ein.
- Strecke die Beine in der Grätsche auseinander und senke den Oberkörper so weit wie möglich zum Boden, halte auch hier Kopf und Schultern hoch
- Richte Dich langsam auf, während Du langsam ausatmest.

### 7. Fisch (Wirbelsäule - Anregung der Schilddrüsen)

- Grundposition: lege Dich auf den Rücken, Arme und Hände neben Deinem Körper, Handflächen nach unten, die Arme sind leicht angewinkelt.
- Wölbe den Brustkorb nach oben durch, Dein Kopf ruht mit dem Scheitel auf dem Boden, genau wie Beine, Gesäß und Ellbogen. Der Rücken wird nach oben durchgedrückt.
- Atme ruhig drei Minuten in dieser Position, achte auf Deine Rippen und die Dehnung Deines Oberkörpers.

### 8. Krokodil

- Grundposition: liege auf dem Rücken, die Arme sind seitwärts in Schulterhöhe vom Körper abgespreizt, die Beine sind gerade ausgestreckt.
- winkle das rechte Bein so weit wie möglich an, ziehe es an den Oberkörper, strecke es dann so weit wie möglich über Deinen Kopf, die Knie sind durchgedrückt.
- Führe Dein rechtes Bein jetzt langsam über Dein linkes Bein.
- Drehe den Kopf dabei nach rechts.
- Die Schultern bleiben entspannt und locker.
- Halte die Extremposition, während Du langsam bis 10 zählst.
- Gehe zurück in die Ausgangsposition und mache das gleiche in die andere Richtung.
- Wiederhole für jede Seite fünf mal.

## Meditation 1. Woche - Imagination I

Wähle Dir einen einfachen Gegenstand. Z.B. ein rotes Quadrat oder einen grünen Kreis o.Ä. Male Dir diesen Gegenstand auf ein weißes Blatt Papier. Hänge dieses Blatt in Augenhöhe vor Dir, wenn Du im Asana sitzt. (Setze Dich also vor eine Wand ins Asana) Jetzt betrachtest Du aufmerksam Deine gewählte Figur. Nach einiger Zeit schließt Du entspannt die Augen. Du wirst bemerken, daß sich vor Deinem geistigen Auge der Gegenstand abbildet - und zwar in der Komplementärfarbe. Wenn der Gegenstand grün war, so wirst Du ihn jetzt rot sehen. Wenn er gelb ist, so siehst Du jetzt Violett. (Die Komplementärfarbe ergibt sich immer aus der Mischung der beiden Grundfarben Rot-Gelb-Blau. Blau also Komplementär zu Rot + Gelb = Orange. usw.) Versuche nun, dieses Bild vor Deinem geistigen Auge so lange wie möglich zu halten, ohne daß es sich verändert. Wenn es sich verändert hat, beginne von vorn.
Die Übung geht umso leichter, je entspannter und ‘gleichgültiger’ Du gegenüber dem Bild bist. Du darfst nichts erzwingen wollen. Ärgere Dich nicht, wenn die Übung zu Anfang schwer fällt. Nach einer Woche müßtest Du es schaffen, das Bild 1 - 2 Min. zu halten.

# Körperarbeit 2. Woche

## 1. Hebung Seitwärts

- Grundposition: lege Dich auf die linke Seite, Beine sind geschlossen, Kopf liegt in der aufgestützten linken Hand, rechte Handfläche liegt vor Dir auf dem Boden, die Fingerspitzen weisen nach oben (Kopfrichtung), der Arm bildet einen rechten winkle.
- Hebe Dein rechtes Bein ganz langsam so hoch wie möglich, das Bein bleibt dabei gestreckt.
- Halte die Extremposition, während Du langsam bis 20 zählst.
- Senke das Bein langsam
- Hebe nun beide Beine langsam, presse die Hand dabei fest auf den Boden. Beachte dabei: Die Beine müssen gestreckt und geschlossen bleiben, das Heben geschieht aus der Taille heraus.
- Halte die Extremposition, während Du langsam bis 10 zählst.
- Senke die Beine langsam
- Wiederhole für jede Seite 5 mal.

## 2. Heuschrecke

- Grundposition: Liege auf dem Bauch, Beine zusammen, Nase auf dem Boden, die Arme parallel. Balle die Hände zu Fäusten, mit dem Daumen nach unten
- Presse Deine Fäuste gegen den Boden, hebe Dein linkes Bein, gerade ausgestreckt, so hoch wie möglich.
- Halte die Extremposition, während Du langsam bis 10 zählst.
- Senke Dein Bein langsam
- Wiederhole diese Übungsfolge mit dem rechten Bein, immer abwechselnd, insgesamt für jedes Bein 5 mal.
- Atme flach ein und halte den Atem an. Presse die Fäuste gegen den Boden und hebe beide Beine.
- Halte die Extremposition, während Du langsam bis 10 zählst.
- Senke die Beine langsam und atme gleichzeitig aus.
- Wiederhole die Übungsfolge 10 mal.

## 3. Ergänzung zum Schulterstand

- Grundposition: Führe die Kerze aus, und bleibe auf den Schultern stehen, Deine Arme liegen flach auf dem Boden, dann gehe in den Pflug.
- Wenn Du die Extremposition erreicht hast, zähle langsam bis 10.
- Dann spreize langsam die Beine so weit Du kannst. (Achte auf die gerade gestreckte Wirbelsäule), und verharre in der Extremposition, während Du langsam bis 20 zählst.
- Schließe langsam die gespreizten Beine und gehe zurück in die Ausgangsposition.
- Wiederhole 5 mal.

### 4. Brücke

- Grundposition: Liege auf dem Rücken, ziehe die Fersen an den Rumpf, die Füße sind dabei flach auf dem Boden. Die Handflächen liegen, Fingerspitzen weisen in die Deinen Füßen entgegengesetzte Richtung, parallel, nah am Kopf, Handballen etwa in Ohrenhöhe.
- Presse die Hände und Füße gegen den Boden und stemme Deinen Körper hoch, bis Du mit der Schädeldecke aufliegst, Knie bleiben geschlossen.
- Biege Deinen Körper so intensiv wie möglich durch und halte die Extremposition, während Du langsam bis 20 zählst.
- Gehe langsam zurück in die Ausgangsposition. Wiederhole die Übungsfolge 5 mal.

### 5. Bogen

- Grundposition: Liege auf dem Bauch, Kinn auf dem Boden, Arme liegen mit den Handflächen nach oben, seitwärts am Körper.
- Beuge die Knie und bringe die Füße nach vorn und umfasse sie mit den Händen.
- Bringe nun Kopf und Füße so weit wie möglich zusammen.
- Halte die Extremposition, während Du langsam bis 20 zählst.
- Gehe dann langsam zurück in die Ausgangsposition.
- Wiederhole die Übungsfolge 5 mal.

## Meditation 2. Woche - Imagination II

Wir schreiten jetzt weiter voran. Nimm Dir wieder das Blatt Papier mit Deiner Figur darauf und setzte Dich davor ins Asana.
Betrachte sie eine Zeitlang. Schließe dann die Augen und versuche jetzt, vor Deinem geistigen Auge genau diese Figur zu sehen - wieder so lange wie möglich. Vergleiche immer wieder mit dem Original, bis beide Bilder identisch sind. Es geht zu Anfang leichter, wenn Du Dir vorstellst, Du könntest mit geschlossenen Augen das Original sehen. Werde nicht müde, gib nicht auf.

## Körperarbeit 3. Woche - Kondition 5

1. Laufen auf der Stelle, 10 Min. Dabei wechselst Du schnelles Laufen, Hüpfen, Kniebeugen, Liegestütz, ohne Pausen zu machen.
2. 35 Situps.
3. 30 mal Rückenrollen.
   Setze Dich in den Schneidersitz, fasse Deine großen Zehen über Kreuz und lasse Dich nach hinten fallen, rolle nach vorne und nach hinten, so schnell wie möglich.
4. 3 Min. Froschhüpfen.
5. 3 mal den Bogen.

## Meditation 3. und 4. Woche

Nachdem Du jetzt diese einfache Figur gemeistert hast, können wir sie etwas erweitern und ausschmücken.
Wenn Du dich schon ganz sicher fühlst, kannst Du eine neue Farbe dazu nehmen und das Bild erweitern.
Wenn Du noch nicht so sicher bist, bleibe bei der gleichen Farbe und ändere die Form.
Die Farben sollten sehr grell und sehr unterschiedlich sein. (Also nicht hell- und dunkelgrün)
Vergleiche immer wieder Form und Farben.
Wenn Du das neue Bild gemeistert hast, füge wieder etwas Neues hinzu.
Aber verändere das Bild wirklich nur, wenn du es ganz klar im Geist nachbilden kannst. Übertreibe nicht - gehe ganz langsam Schritt für Schritt weiter.

**BEISPIELE:**

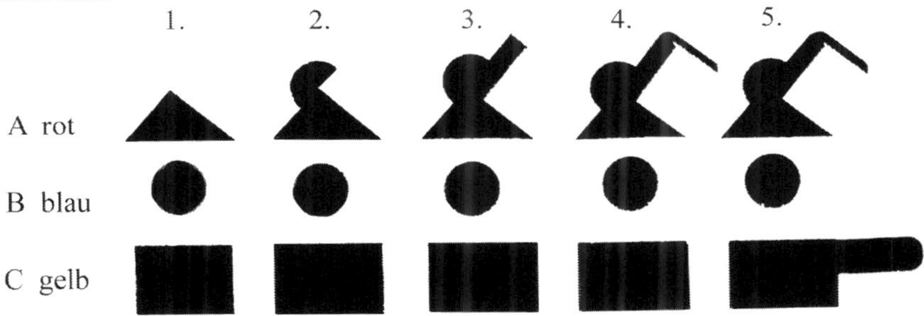


## Körperarbeit 4. Woche - Kondition 6

1. Laufe 12 Min. Wieder abwechselnd, Hüpfen, Dauerlauf, Schnell laufen, Kniebeugen etc. Ohne Pause.
2. 35 Situps
3. Liegestütz normal, bis Du nicht mehr kannst.
4. Entengang 4 Min. (laufen in der Hocke)
5. 3 mal den Bogen.

## Fragebogen

1. Beherrschst Du die Pentagramme?
2. Welche Erfahrungen hast Du bei den HATHOR-Übungsfolgen diesmal gemacht?
3. Wie ist Deine momentane Kondition?
4. Beschreibe Deine Erfahrungen mit den Imaginationsübungen detailliert und zeichne die letzte Form auf, mit der Du gearbeitet hast.

# Lehrhefte für Sexualmagie - Teil 10

## Theorie - Die Wahl des geeigneten Partners

**Aleister Crowley schrieb zu diesem Thema 1938:**

> *„Ich glaube nicht, daß die hübsche Art von Frauen so gut ist. Die Plumpen sind die besten. Menschen, deren Fortpflanzungsinstinkt von Natur aus exzessiv ist, aber durch den einen oder anderen Grund in die Bahnen von Lüsternheit oder extremer Libido gedrängt wurde. Mit Libido meine ich den Gebrauch des Wortes in seinem umfassendsten und weitesten Sinne - eine intensive und instinktive Lust an verschiedenen Dingen."*

Crowley war weiterhin der Meinung, daß eine unmittelbare, gegenseitige Anziehung zwischen den betroffenen Parteien ein Zeichen von magischer Kompetenz sei. Der Partner hatte sozusagen durch die Götter erwählt zu werden. Er begründet dies in de arte magica.

> *„Die Wahl des Helfers erschien so wichtig, daß sie vielleicht der Laune, d.h. der unbewußten Anziehung überlassen werden sollte. In der Wahl von jemanden zum Dienst an diesem Sakrament ist der Mensch geistig so verwirrt und wird in dieser Angelegenheit so leicht irre geführt, daß es uns nicht unvernünftig erscheint, die volle Hingabe an die Laune des Momentes zu erlauben. Denn diese sogenannte Laune ist in Wahrheit vielleicht die Stimme des Unbewußten, d.h. es ist die beabsichtigte Wahl des heiligen Phallus selbst... Aber der bewußte Wille muß völlig dem großen Werk gewidmet sein, dann wird der unbewußte Wille unvermeidbar das berufene Vehikel der Arbeit wählen."*

Diese Aussage Crowleys ist zumindest ein wenig verwirrend. Der wahre Wille ist nicht identisch mit den zufälligen Launen. Und darauf zu vertrauen, daß er sich als zufällige Laune äußert, kann sehr leicht in die Irre führen. Dies kann gerade dann passieren, wenn der bewußte Wille scheinbar völlig dem großen Werk gewidmet ist, gerade dann können sich Launen als Fallen einschleichen. Aber mir scheint, daß die Sichtweise Crowleys dennoch verständlich ist, wenn man die Aussage auf seinem Hintergrund betrachtet. Denn Crowley hatte zu dieser Zeit, als er das schrieb, schon eine sehr hohe Initiationsstufe erlangt und hatte sich schon vollständig mit seinem wahren Willen identifiziert. Er konnte deshalb schon mit einer gewissen Berechtigung davon ausgehen, daß das, was er als Laune des Momentes beschreibt, tatsächlich die Stimme seines eigenen wahren Willens ist.

Crowley scheint sich - wie insbesondere aus seinen Tagebüchern der amerikanischen Periode hervorgeht - auch tatsächlich keine besondere Mühe gemacht zu haben, zu gewährleisten, daß seine Helferinnen die notwendigen Qualifikationen besaßen. In Bezug auf die wichtigste Wahl, die der Scarlet Woman (dies ist eine Bezeichnung für den weiblichen sexualmagischen Partner, welche auf die Arbeit des Mondes verweist: scarlet = scharlachrot), sieht er seine Mißerfolge direkt ein, wenn er schreibt:

*„Mein Versagen liegt darin, daß sie fehlte, der alle Kraft gegeben ist. Ich habe meine eigene private Initiation völlig zufriedenstellend und leicht erreicht. Aber ich war nicht fähig, kraftvoll aufzutreten, weil sie fehlte."*

Crowley bezieht sich bei dieser Aussage auf das Liber Al vel Legis, Vers I-15, in welchem geschrieben steht:

*'Nun sollt ihr wissen der erwählte Priester und Apostel des unendlichen Raumes ist der Prinzpriester, das Tier; und seiner Frau, die scharlachrote Frau genannt, ist alle Macht gegeben. Sie werden meine Kinder in ihrer Herde sammeln: Sie werden die Herrlichkeit der Sterne in die Herzen der Menschen bringen.'*

Das Tier und die scharlachrote Frau in diesem Vers beziehen sich nicht auf Personen, sondern auf Ämter, das Amt des Hierophanten und der Hohepriesterin des neuen Äons, welche nach einer sexualmagischen Formel zusammenarbeiten, welche 'das Tier und die Frau vereint' heißt.

Das obige Crowley-Zitat ist jedoch insgesamt ziemlich unklar. Man kann z.B. ziemlich eindeutig feststellen, daß Aleister Crowley bei seiner Aufgabe nicht versagt hat. Die heutige Verbreitung des Liber Al vel Legis und die Vielzahl thelemitischer Gruppen wäre ohne seine Arbeit vollkommen unmöglich. Auch das Christentum faßte erst mehrere hundert Jahre nach Christi Fuß, und niemand würde deshalb Christus als Versager bezeichnen. Eine weitere große Schwierigkeit liegt darin, daß die Ausformung der Rolle der Frau im neuen Äon noch nicht einmal in den Grundzügen erkannt werden kann. Daß eine grundlegende Änderung in der Rolle der Frau eintreten muß, ist aus Beschreibungen wie: „Die Frau gegürtet mit dem Schwert" oder „ihr ist alle Macht gegeben" völlig klar. Aber schon hier muß man sich hüten, Macht im Sinne des alten Äons, des patriarchalischen Zeitalters zu interpretieren. Die Scarlet Woman kann erst mit dem Heranwachsen des neuen Äons zu voller Blüte reifen. Für Crowleys Fall heißt dies, daß sie möglicherweise gar nicht fehlte, sondern nur einfach die Ausprägung hatte, welche zu diesem Zeitpunkt möglich war, und welche auf dem Hintergrund, daß wir bisher höchstens die ersten Ahnungen von den Auswirkungen des neuen Äons haben können, gar nicht erkannt werden konnten.

Mir scheint, daß die Auswahl des geeigneten Partners sowohl von der Intuition (etwa das, was Crowley die Launen des Momentes nennt), als auch von der Logik bestimmt werden sollte. Moralische Maßstäbe anzulegen, ist unsinnig, da Huren die nötige Kompetenz genauso besitzen können, wie sogenannte respektable Frauen. Die Logik kann in die Auswahl durch Anwendung der Methode der Umkehrung der Sinne und unter Berücksichtigung des Aspektes der Unterschiedlichkeit hineingebracht werden, und wenn die Intuition - dies ist der oder die Richtige - dieser Prüfung standhält, so sollte man die Gelegenheit nicht ungenutzt vorübergehen lassen.

Der ultimate Test für die Wahl des Partners ist die Reinheit der Leidenschaft, welche durch den Priester und die Priesterin in das Ritual eingebracht wird. Darüber hinaus gibt es noch ein undefinierbares Etwas, das jeder nur selbst erfahren kann.

Unsere Erfahrungen der letzten 50 Jahre haben gezeigt, daß kein Mensch von Anfang an geeignet ist, da jeder ein Produkt der Erziehung unserer Gesellschaft ist, und damit all die typischen Komplexe, Neurosen, Orgasmus- und Sexualdefekte in sich trägt, welche für unsere Kultur typisch sind. Jeder erwählte Partner hat diese Defekte und jeder muß vorerst durch die einleitenden Übungen gehen. Wenn die Auswahl nach dem oben angeführten Kriterien getroffen ist, erfolgt auf der nächsten Stufe der Vorübungen mit Sicherheit die Selektion der Ungeeigneten. Denn nach der Auswahl sehen wir heute als wesentlichste Kriterien die Ergebnisse des Trainings in Asana, Pranayama, Umkehrung der Sinne, sexuellen Techniken und der Steigerung der Orgasmusfähigkeit. Aber wenn diese Vorschulung durchschritten ist, kann das Kriterium der Intuition gepaart mit Logik mit einiger Aussicht auf Erfolg angewandt werden.

Abschließend will ich noch einige praktische Aspekte der Arbeit mit dem Partner erwähnen.

**Bei der Auswahl des Partners sind mehrere Fälle zu unterscheiden:**

1. Ein Mensch mit Erfahrung in Sexualmagie sucht einen Partner.
2. Ein Mensch, der mit Sexualmagie beginnen will, sucht einen Partner.
3. Ein Paar beschließt Sexualmagie zu machen.

Der vierte mögliche Fall, daß ein in einem Orden oder einer anderen sexual-magisch arbeitenden Gruppe in Ausbildung befindliches Mitglied einen Partner sucht, braucht hier nicht behandelt zu werden, da diese Gruppen gewöhnlich Ausbilder haben, welche den Fall individuell behandeln können.

Dieser vierte Fall ist dennoch der einzige problemlose. Die drei erstgenannten Fälle sind recht schwierig.

Der erste Fall sollte eigentlich ideal sein, da hier einer der beiden schon Erfahrungen hat - weshalb ihm die Auswahl des Partners nicht schwerfällt - und die weitere Ausbildung sollte problemlos verlaufen. Diese Idealvorstellung scheitert gewöhnlich an dem unsinnigen Gleichberechtigungsgedanken unausgebildeter Primaten. Bei der Arbeit auftretende Probleme werden vom Auszubildenden Partner sofort zu Beziehungskisten interpretiert und die in diesem Stadium ganz natürliche eigene Unfähigkeit als dessen Fehler auf den ausbildenden Partner projiziert. Die Partnerschaft geht deshalb in diesen Fällen gewöhnlich nur dann gut, wenn der ausbildende Partner schon soweit fortgeschritten ist, daß Zweifel am unterschiedlichen Entwicklungsstand - insbesondere in der psychischen Entwicklung - kaum möglich sind und wenn sie - was gewiß ist - doch auftreten, von dem Ausbildenden mit der entsprechenden Einsicht in die Programmabläufe aufgefangen werden können. Man muß berücksichtigen, daß bei jeder Partnerbeziehung, in welcher Sexualmagie betrieben wird, die Energieflüsse sehr viel stärker sind und die Partnerbeziehung dadurch emotional sehr viel stärker belastet wird. Selbst wenn diese stärkeren Energieflüsse zu Anfang nur sporadisch auftreten, prägen sie dennoch sehr viel intensivere Tunnelrealitäten.

Der zweite Fall ist deshalb problematisch, weil die oben angeführten theoretischen Erwägungen zur Auswahl des Partners nicht die praktischen Erfahrungen vermitteln können, welche man durch das praktische Arbeiten mit unterschiedlichen Partnern erlangt. Die Auswahl wird deshalb in jedem Fall mehr oder weniger zufällig und programmabhängig bleiben. Was den Fall weiter kompliziert, ist die Tatsache, daß der auszuwählende Partner selbst an der praktischen Durchführung der Sexualmagie interessiert sein muß, und schon dies engt den Kreis erheblich ein.

Bei dem dritten Fall hängt alles von der Art der Beziehung ab. Jede Beziehung, die länger als sechs Wochen andauert, ist gewöhnlich so festgefahren, daß Neuerungen und Änderungen kaum noch möglich sind. Dieser Mechanismus ist in 'Psychologik' (Bohmeier Verlag) in dem Kapitel über Interaktionsanalyse genauer behandelt. Jede Interaktion engt die Möglichkeiten künftiger Interaktionen ein. Jede Interaktion schafft eine Regel für künftige Interaktionen. Die Partner einer Beziehung sind tatsächlich gewöhnlich beziehungsblind, d.h. nicht imstande, die Struktur ihrer eigenen Beziehung zu erkennen. In den ersten beiden Fällen wurde die Beziehung von Anfang an sehr viel bewußter aufgebaut, so daß die Chance, daß Probleme erkannt werden konnten, sehr viel größer ist. Bei bestehenden Beziehungen sind die meisten Probleme schon durch neurotische Kompensationen verdeckt, dadurch nur noch schwer erkennbar und kaum noch lösbar.
Wenn ein geeigneter bzw. ein als geeignet vermuteter Partner gefunden ist, sollte mit ihm zuerst der theoretische Hintergrund der Sexualmagie, Voraussetzungen, Übungen, Wirkungsmechanismen, Zielvorstellungen usw. ausführlichst diskutiert werden. Man kann z.B. einen gemeinsamen Arbeitsplan entwerfen, welcher Art und Zeitdauer der Übungen enthält, Zwischenziele festlegt usw. Als wichtigstes sollte dieser Arbeitsplan auf jeden Fall die ersten drei der in diesem Kapitel aufgeführten Übungen: Asana, Pranayama und Umkehrung der Sinne, enthalten und für diese Übungen auch konkrete Übungen und Übungszeiten festsetzen. Zusätzlich sollten erste Überlegungen für die darauf folgende Stufe sexuelle Techniken und Steigerung der Orgasmusfähigkeit angestellt werden.
Praktisch könnte dieser Arbeitsplan etwa so aussehen, daß man z.B. täglich 1 Stunde Asana, in welcher Imaginationsübungen gemacht werden, festlegt. Weiterhin 1 Stunde Pranayama im Asana.
Für den nächsten Punkt sollte jeder der Partner eine Art sexueller Autobiographie schreiben, in welcher er seine bisherigen sexuellen Erfahrungen möglichst ausführlich schildert und auch auf seine Probleme in diesem Bereich eingeht. Aufgrund dieser Autobiographie können dann erste Überlegungen für Übungen der nächstfolgenden Stufe angestellt werden.
Der Übungsplan, den ein geschulter Ausbilder auf diesem Gebiet entwerfen würde, wäre natürlich sehr viel vielfältiger und effektiver. Diese Ausbilder setzen Techniken und Methoden ein, welche nur auf dem Hintergrund ihrer Erfahrungen wirksam und gefahrlos eingesetzt werden können. Da die meisten dieser Techniken im Endeffekt aber darauf abzielen, die korrekte Durchführung und das Durchhalten bei den oben angeführten Übungen zu sichern, kann das oben genannte Schema für den Entwurf eines Arbeitsplanes dennoch als wirksam betrachtet werden. Das Problem liegt, so betrachtet, einfach in der Durchhaltefähigkeit des Übenden.
Wenn der Partner diese ersten drei Stufen, Asana, Pranayama und Umkehrung der Sinne, korrekt durchführt und durchhält, kann er von seiner Persönlichkeitsstruktur her als grundsätzlich geeignet angesehen werden. Nach ca. 4 Wochen dieser Übungen - das ist natürlich von Umfang und Intensität abhängig - kann man zusätzlich Körperübungen in den Übungsplan aufnehmen.

Die Körperübungen, um die es hierbei geht, sind hauptsächlich Übungen zur Lösung von Muskelverspannungen. Geeignet sind insbesondere bioenergetische Übungen und alle sonstigen, welche Verspannungen, insbesondere im Beckenbereich auflösen, und den freien Fluß der Energie durch den ganzen Körper fördern.
Der nächste Schritt ist der Übergang zu auto-erotischen Techniken, um die Möglichkeiten und Grenzen, die Gefühle, erogenen Zonen und sensitiven Stellen des eigenen Körpers genau kennenzulernen. Jetzt werden die ersten praktischen Versuche mit der Steigerung des sexuellen Energieflusses gemacht. Erst, nachdem der ganze Bereich der auto-erotischen Erfahrungen umfassend erkundet ist, tritt man in Partnerübungen ein.
Die Partnerübungen beginnen damit, daß jeder dem anderen die Erfahrungen, welche er mit seinem Körper hat, vermittelt. Praktisch könnte man z. B. damit anfangen, daß der eine Partner sich nackt hinlegt, während der andere ihn streichelt und dabei seine Reaktionen beobachtet. Der liegende Partner sollte zuerst ruhig etwas übertrieben reagieren, da die Fähigkeit, Feedbacksignale von anderen Menschen zu empfangen, meist ziemlich unterentwickelt ist. Der streichelnde Partner erkundet sämtliche Körperbereiche des Liegenden, wobei er mit den unempfindlichen Körperstellen anfängt und sich sodann über sensitive Bereiche zu den erogenen Zonen und den sekundären Geschlechtsbereichen vorarbeitet. Die primären Geschlechtsorgane werden vorerst ausgelassen. Das Streicheln sollte sehr abwechslungsreich gestaltet werden, um möglichst umfassende Reaktionen des Liegenden zu erhalten. Es wird mit den Fingerspitzen gestreichelt, mit der ganzen Hand, mit den Fingernägeln leicht gekratzt und auch leichte Massagen und Kniffe werden eingesetzt. Man wird dabei leicht feststellen, daß der Liegende auf diese unterschiedlichen Arten und Reizungen an den verschiedenen Körperstellen sehr unterschiedlich reagieren wird. Körperteile, an denen man auf Kniffe sehr unwirsche Reaktionen bekommt, sind leicht vorstellbar. Aber darüber hinaus sind die Möglichkeiten sehr viel vielfältiger, als man gemeinhin annimmt.
Die Übungsdauer sollte am Anfang 10-15 Minuten betragen, später kann man sie, je nach den Erfahrungen, weiter ausdehnen. Bei der Übung selbst sollte gar nicht gesprochen werden. Hinterher sollte jedoch jeder seine Erfahrungen dem anderen ausführlich schildern.
Ziel dieser Übung ist es, daß jeder den Körper des anderen und die Reaktionen des anderen, genau kennenlernt und daß beide es lernen, auf Berührungen des anderen frei, unverklemmt und locker zu reagieren. Durch diese Übung wird schon ein hohes Maß an Übereinstimmung und Offenheit zwischen den Partnern geschaffen, welches sich auch in die sonstige Beziehung überträgt und nicht nur die Empfindungsebenen eines 'Quicky' (Schnellschuß) weit hinter sich läßt, sondern oft auch schon die Empfindungsebenen des normalen Geschlechtsverkehrs weit übersteigt.
Die erste Erweiterung besteht darin, diese Übung auf die primären Geschlechtsorgane, in Übungen masturbatorischer Art auszudehnen. Dieser Übungsteil wird gewöhnlich recht kurz gehalten, weil die angestrebten Ziele mit den Übungen der nächsten Stufe, welche oraler Art sind, sehr viel schneller, besser und intensiver erreicht werden können.

Der Übungsablauf ist etwa der gleiche wie oben geschildert. Der Rahmen wird vorher festgelegt, es wird geschwiegen, der passive Teil konzentriert sich nur auf seine Körperempfindungen, der aktive nur auf den Partner. Die ersten Übungen werden auch wie oben nur so vorgenommen, daß der passive Partner liegt. Der aktive Teil erkundet zuerst nur mit Zunge und Lippen den Körper seines Partners, bis er dann später - wie oben geschildert - zu den primären Geschlechtsorganen übergeht. Dort angelangt, sollte die Übung jedesmal bis zum Orgasmus fortgeführt werden, um aufkommenden Frustrationstendenzen vorzubeugen. In einem späteren Stadium kann dann z.B. auch erkundet werden, wie die Hände zusätzlich einsetzbar sind.
Diese Übung bietet schon sehr viele Variationsmöglichkeiten, Probleme und Entwicklungen. Ein Problem, mit dem man sich hier auseinandersetzt, ist z.B. der Drang 'schnell fertig werden zu wollen'. Dieser kann verschiedene Gründe haben. Z.B. kann der Geschlechtsverkehr orgasmusfixiert sein, d.h. daß er nur als sozusagen unausweichliches Vorspiel zum Orgasmus betrachtet wird. Ein anderer Grund kann sein, daß man sich Sorgen darüber macht, den Partner nicht zu überanstrengen usw. All diese Gedanken und Tendenzen muß der passive Teil sorgsam vermeiden. Er darf sich nur der Empfindung des Augenblicks hingeben, darf nur die Empfindungen seines Körpers wahrnehmen und soll überhaupt nicht darauf achten, was der andere tut, und auch nicht an diesen denken.
Wenn die Übung fortgeschritten ist, geht man dazu über, mit anderen Stellungen zu experimentieren. Der passive Teil setzt sich z.B. regungslos ins Asana oder er setzt sich ins Asana und macht dabei Pranayama usw. Oralverkehr im Asana läßt sich auch, wenn der passive Teil eine Frau ist, gut durchzuführen, wenn sie dabei im Drachen- oder Diamantsitz sitzt, praktisch auf der Brust ihres Partners, und dessen Kopf sich zwischen ihren Beinen befindet.
Wenn all die Übungen bis zu diesem Punkt richtig durchgeführt wurden, so hat sich mit der Zeit eine erhebliche Veränderung des Orgasmus eingestellt. Auf dieser Stufe wird er gewöhnlich als sehr lang und ziehend empfunden und seine Intensität wird nahe der Schmerzgrenze liegen. Weitergehen sollte man erst, wenn diese Stufe eingetreten und überwunden ist. Überwunden heißt, daß die Empfindung der Schmerzhaftigkeit des Orgasmus überwunden ist, und er mit gleicher Intensität als ekstatisch empfunden wird.
Da auf dieser Stufe auch die anderen Übungen schon soweit fortgeschritten sein müßten, daß es möglich ist, ein imaginiertes Bild für zumindest kürzere Zeit ohne jede Abschweifung aufrechtzuerhalten, können jetzt die ersten Versuche mit den Operationen des achten Grades durchgeführt werden, wobei man die geschilderte Reihenfolge von de arte Magica im Auge behalten sollte. Diese Reihenfolge ist zwar für Arbeiten des IX.o, kann aber entsprechend übertragen werden.
Zu den weiterführenden Übungen, Koitus usw. kann hier nicht mehr sehr viel gesagt werden. Als allgemeine Richtschnur für die Übungen mag ein ähnlicher Ablauf wie der oben geschilderte angewandt werden. Die Technik, daß zuerst der eine Partner vollkommen passiv bleibt, fördert auf jeden Fall die Bewußtheit der Wahrnehmung und sollte auch hier die Anfangsstufe bilden. Wenn diese Stufe gemeistert ist, kann man langsam dazu übergehen, daß der bisher passive Partner immer aktiver wird, bis

der Akt in ein Miteinander übergeht, welches keiner bewußten Aufmerksamkeit für den Ablauf bedarf, so daß die bewußte Aufmerksamkeit einpunktig der magischen Arbeit gewidmet ist.
Abschließend möchte ich aber nochmals auf die Wichtigkeit der drei ersten Punkte: Asana, Pranayama und Umkehrung der Sinne, hinweisen. Wer diese Übungen nicht in der erforderlichen Art und Weise konsequent durchgeführt hat, wird bei den weiteren Übungen kaum Erfolge erzielen können und schwebt ständig in der Gefahr, seine geistige und körperliche Unversehrtheit zu verlieren.
Wie Du aus dem bisherigen Text entnehmen konntest, besteht eine sehr große Schwierigkeit darin, seine Wahl wirklich objektiv zu treffen. Folgt man nun seinen normalen Wünschen und Neigungen, oder kann man tatsächlich ausschließlich nach den gegebenen Kriterien urteilen?
In der Praxis kommt meistens ein Kompromiß dabei heraus. Das heißt, man macht einige Abstriche bei den eigenen Wünschen und läßt einige sexualmagische Kriterien außer acht.
Aber das außer Acht lassen einiger Kriterien zugunsten der eigenen Wünsche, welches zudem meist unbewußt geschieht - ohne, daß man sich dessen überhaupt bewußt wird - kann den Fortschritt sehr stark verlangsamen.
Warum dies so ist, und um hier Abhilfe zu schaffen, werden wir im nächsten Monat eine Alternative vorstellen - die heilige (oder magische) Ehe.

## Von Succubi und Incubi - Gefahren der Sexualmagie I

Eine interessante Frage, die sich immer wieder ergibt, ist, ob Incubi und Succubi stoffliche Körper besitzen oder nicht. Eine mögliche Erklärung dafür ist, daß die Dämonen wohl über eigene stoffliche Körper verfügen und sogar jede Gestalt annehmen können, wie sie gerade ihrem Wunsch entspricht. Diese Körper formen sich aus kondensiertem Wasser oder Gasen; ferner gibt es die Theorie, daß sie in Leichen schlüpfen und sie wieder zum Leben erwecken oder die Körper von Menschen benutzen, die unter dem Einfluß von Alkohol und Drogen stehen, sich in Trance befinden oder verhext sind; sie selbst haben keine stofflichen Körper, sind aber in der Lage, bei dem menschlichen Liebespartner eine derartige Vorstellung zu erwecken. Incubi und Succubi sind tatsächlich keine reinen Astralwesen, sondern entstammen einer Art Zwischenbereich von materieller und nichtmaterieller Ebene. D.h., sie sind nicht tatsächlich fleischlich, können sich aber bis zu einem direkt wahrnehmbaren Zustand verfestigen.
Summers entwickelte die Idee, daß der Körper der Dämonen aus jener äußeren Protoplasmaschicht bestände, die aus der Materialisierung von Erscheinungen und spiritistischen Sitzungen bekannt ist. Wenn man Tote materialisieren kann, warum nicht auch Dämonen? Er führt weiter aus, daß dies besonders dann der Fall ist, wenn die körperlose, böse Intelligenz 'von den sehnsüchtigen Gedanken und konzentrierten Willenskräften jener Menschen gefördert oder unterstützt werde, die so eifrig nach ihr suchen.'

Eine interessante Geschichte über die Materialisation eines Incubus stammt aus dem Jahr 1950. Eine etwa 25 Jahre alte Frau besuchte ein weibliches Medium, welches einen ziemlich üblen Ruf genoß. Das Medium, welches Ende 30 war, hatte mit Vodoo-Praktiken, schwarzer Magie, Rauschgiftsucht und Verbrechen zu tun. Mit Hilfe von Kosmetika schminkte man ihr Gesicht möglichst kreidebleich, ihre Lippen waren ein karmesinroter Schlitz zwischen den mageren, hervorstehenden Backenknochen. Sie hatte sich in der äußeren Form eines Vampirs gekleidet.
Die Frau, die zwar wesentliche Gründe hatte, aber andererseits auch nur einem Nervenkitzel nachgab, nahm an einigen der Gruppensitzungen teil, um sich schließlich zu einer privaten Sitzung zu verabreden. Das Medium war einverstanden, stellte jedoch die Bedingung, daß ihre Klientin alle Forderungen erfüllen müsse. Wie sich herausstellte, bestand die erste davon darin, daß beide bei dieser Sitzung nackt sein sollten. Sie setzten sich in einem düsterem Wohnzimmer in zwei gegenüberstehende Polstersessel und fixierten einander über eine Entfernung von etwa einem Meter hinweg. Die Stille, die, kurz bevor das Medium in Trance gefallen war, eintrat, war so entnervend, daß die junge Frau unruhig wurde und fast wünschte, nicht gekommen zu sein. Gehen wollte sie jedoch auch nicht.
Ihren eigenen Schätzungen nach wurde sie nach etwa einer halben Stunde schläfrig. Sie bemerkte in diesem Zustand, wie zwischen den kalkweißen Beinen des Mediums, gegen die sich eine unglaubliche Menge buschigen, schwarzen Schamhaars abhob, eine Art Dampf aufstieg, dessen Konsistenz sich immer mehr verdichtete und schließlich eine lange schlangenartige Form annahm. Nicht weniger erschrocken und doch fasziniert starrte die jung Frau auf die plötzlich entstandene Masse, die ihrer Form nach eindeutig ein Phallus war und sich ihr nun näherte. Fast automatisch spreizte sie ihre Schenkel und ließ diese Form in ihre Vagina eindringen, wodurch sie mit dem Medium verbunden war.
Ihrem Bericht nach sei dieser Penis eiskalt gewesen und habe sich wie ein Eiszapfen angefühlt, wenn auch etwas geschmeidiger, biegsamer und nicht ganz so hart und glasig. Obschon sie ein überwältigendes Grauen überfiel, entsann sie sich gleichzeitig aber auch einer 'gottlosen Wollust', nach der sie, wie sie annahm, in Ohnmacht fiel. Als sie wieder zu sich kam, neigte sich das immer noch nackte Medium über sie und versuchte gerade, ihr die Spitzen ihrer schlaffen Brust zwischen die Lippen zu schieben. Blitzschnell sprang die junge Frau auf, zog ihre Kleider an und flüchtete.
Der Beischlaf mit Dämonen wird sehr verschiedenartig beschrieben. Es gibt sowohl die Empfindung, daß der Koitus sehr schmerzhaft ist, genauso wie die, daß darin wesentlich mehr Vergnügen gefunden wird. Letzteres ist darauf zurückzuführen, daß der Dämon eine Gestalt annehmen kann, die dem Schönheitsbild und Sexualideal der Hexe entspricht, und außerdem, daß die Dämonen bestimmte Sexualtechniken beherrschen. Sie können beispielsweise ihre Phalli in der Vagina rotieren, pulsieren und ähnliches lassen, wodurch bei der Frau natürlich Lustgefühle ausgelöst werden, die sie noch nicht kennt. Die Frage, ob schmerzhaft oder nicht, scheint mir eher eine des Bewußtseins zu sein und ob die Hexe den Incubus kontrollieren kann oder nicht.
Dämonen verkehren mit Hexen auch in Tiergestalten, sprechen in Tierlauten zu ihnen oder führen als Tiere auf den Versammlungen den Vorsitz. Schon von frühen hebrä-

ischen Denkern wurde angenommen, daß der Teufel fähig war, die Gestalt eines Tieres anzunehmen und sich auch in dieser Verkleidung den Menschen verständlich machen zu können. Sie griffen auf die Versuchung Evas zurück, welcher der Teufel als Schlange erschien, um sie dazu zu verführen, entgegen Gottes Gebot einen Apfel vom Baum der Erkenntnis zu essen. Die Schlange selbst ist auch ein phallisches Symbol.
Ebenso können auch die Hexen Tiergestalt annehmen, was im Sinne einer tatsächlichen Wiederbelebung von Atavismen entspricht. In nahen Osten ist übrigens eine Paarung zwischen Frauen und Affen oder sodomitischer Verkehr zwischen Männern und Kühen keineswegs selten. Eine Hexe konnte für den Geschlechtsverkehr mit einem Dämonen oder auch zu anderen Zwecken die Gestalt von Wölfen, Katzen, Hunden, Schafen, Kühen, Eseln, Schweinen, Füchsen, Hühnern oder Insekten annehmen. Als Insekt erscheint sie oft als schwarzer oder grüner Käfer, oder auch als Motte oder Schmetterling. Typische Gestalten, die mit Hexen assoziiert werden, sind Schlangen, Kröten, Eulen, Krähen und vor allem der Rabe.
Der Koitus mit Dämonen wird häufig als unangenehm beschrieben, oder mit entsetzlichen Schmerzen verbunden. Der Penis eines Incubus vermag die Genitalien einer Frau wie ein Messer zu durchboren oder die Wände der Vagina wie mit Eisenspänen zu scheuern; mit einem ständig erigierten, zweizackigen Penis kann der Dämon die ganze Nacht lang gleichzeitig After und Vagina einer Hexe bearbeiten, wobei er oft gewöhnlich ekelerregende und erstickende Gerüche bevorzugt. Dem Hexer ist der Koitus mit einem Dämonen sehr viel angenehmer, obgleich sich auch der Geschlechtsverkehr mit einem Succubus auf die Dauer schädlich oder sogar verhängnisvoll auswirken kann, wenn man nicht in der Lage ist, denselben zu kontrollieren. Schwere Erschöpfung ist eine der harmlosesten Folgen.
Es gibt einen Fall, in dem ein Mann einem nymphomanischen Succubus erlag, von dem er innerhalb eines Monats so ausgesaugt wurde, daß er starb. In anderen Fällen wurden Hexer durch die unaufhörlichen Forderungen der unersättlichen dämonischen Geliebten vollkommen impotent und derart geschwächt, daß Stehen und Sitzen danach unmöglich war. Außerdem kann unter Umständen eine Nervenschwäche eintreten, die im weiteren Fortschreiten immer häufiger Ohnmachten auslöst.
Incubi und Succubi entstammen der Mythologie nach dem Geschlechtsverkehr Adams und Lilith. Eine Interpretation ist die, daß Lilith die Personifizierung der 'sündhaften Phantasie' sei. Dies würde bedeuten, daß Adams Samen, den er durch Selbstbefriedigung, erotische Phantasien oder nächtliche Pollution ausgeschieden hatte, kein wirklich vorhandenes Wesen befruchtet hat. Vielmehr wäre er auf die Erde gefallen, woraus sich dann Incubus und Succubus entwickelt haben. Hintergrund dieses Gedankens ist, daß die bei Masturbation und nächtlicher Pollution frei werdenden Energien die astralen Abbilder der jeweiligen Phantasievorstellungen beleben und damit einen Succubus oder Incubus schaffen.
Tatsächlich ist jeder sexuelle Akt ein Akt der Schöpfung. Eben diese Technik verwendete auch Spare in seiner Arbeit mit Succubi. Er schuf sich durch seinen Wunsch ein astrales Abbild, welches von den sexuellen Energien durchflossen wurde und sein entsprechendes Gegenstück erzeugte.

Es wird allgemein behauptet, daß der erste Incubus der in einen Teufel verwandelte Gott Pan war, währenddessen der erste Succubus - nach derselben Version Lilith war. Dieses Paar herrschte vermutlich aufgrund des größten Alters über die ganze Schar der Succubi und Incubi. So wird Lilith als Königin über die Succubi bezeichnet, manchmal wird dieser Rang aber auch Nahemah, was ein anderer Name für die Höllenfürstin Hekate ist, zugeschrieben. Eine andere Theorie ist, daß Nahema Naama war, die nach dem Glauben der Juden wie Lilith die Mutter aller Dämonen war. Vor allem wurde angenommen, daß Nahemah oder Naama die Mutter von solchen Succubi war, die schlafende Männer zu verführen suchten. Idries Shah schreibt in 'Oriental Magick', daß Lilith 'fernöstlichen Ursprungs ist, und daß sich ihr hebräischer, englischer und deutscher Name von dem assyrischen Wort Lil oder Lilith herleitet.'
Belial oder Belijaal, was übersetzt soviel wie der 'Verderber' bedeutet, ist der oberste Herr jener Teufel, deren Aufgabe darin besteht, Menschen zum Bösen, vor allem aber zur Unzucht und zu sexuellen Perversionen zu verleiten. Belial wird manchmal mit Satan selbst gleichgesetzt, doch nach Abramelin handelt es sich um einen der vier Fürsten, zu denen auch Satan selbst gehört. Belial wird manchmal auch mit Beliar identifiziert, der über Männer und Frauen erst dann die Macht gewinnen kann, wenn sie der Wollust verfallen sind: 'Wenn die Wollust nicht über den Geist kommt, dann kommt Belial auch nicht über die Menschen.' Wilton schrieb: 'Belial, der ausschweifenste Geist, der fiel, der sinnlichste und nach Asmodi, der fleischlichste Incubus.'
Asmodi oder Asmedai, König der Dämonen und nach der hebräischen Sage der Gatte Liliths, wird auch als der Dämon bezeichnet, dem die Aufgabe zufällt, 'die Sterblichen zur Totsünde der Unzucht' zu verleiten.
Nicht nur in der östlichen und hebräischen Mythologie gibt es Wesen, die sich mit Sterblichen paaren. Ich möchte hier noch einige von solchen Wesen erwähnen, um zu zeigen, wie sich die Konzepte vieler Kulturen fast auf das Haar gleichen:
**Ardat-Lile:** ein semitischer Succubus, aber auch die Bezeichnung für eine ganze Gruppe von Succubi.
**Egrigoren:** die auch 'aus Gedanken geborene Gestalt' genannt werden. Egrigoren werden durch gedankliche Konzentration der ganzen Gruppe geschaffen und sind normalerweise mit dem Auge wahrnehmbar. Er handelt sich also um aus Gedanken geborene Wesen, die stofflich und daher faßbar sind und sowohl von einzelnen als auch von Gruppen geschaffen werden können. Hierbei ist die Arbeit in der Gruppe natürlich wesentlich einfacher, da der Energiefaktor eine nicht unerhebliche Rolle spielt. Gewöhnlich entstehen sie durch intensive gedankliche Konzentration, doch können sie auch durch lebhafte Tagträume und Phantasien hervorgerufen werden. Sobald sie Form angenommen haben, entwickeln sie einen eigenen Willen, sie versuchen, sich der Kontrolle ihres oder ihrer Schöpfer völlig zu entziehen. So gibt es Berichte, daß sie sich zuweilen gegen ihren eigenen Erzeuger wenden und ihm körperlichen Schaden zufügen.
**Impusae:** der griechischen Sage nach bösartige und sinnliche weibliche Dämonen. Sie können die Gestalt von Tieren und schönen Frauen annehmen und paaren sich in Gestalt junger Mädchen als Succubi. Aristophanes und andere bezeichneten sie als

Töchter Hekates, der Schutzherrin des Hexen- und Zauberwesens, die Fürstin der Hölle, und von ihr auf die Erde gesandt.
**Faune:** Wesen mit dem Unterkörper eines Ziegenbocks und Hörnern, Schwänzen und pelzigen Ohren. Sie sind den Satyrn ähnlich. Sie wurden auch als Incubi angesehen, das sie auch mit Sterblichen verkehren.
**Freitags-Geister:** Der Freitag ist der Tag der Venus, und so ist ihre Funktion klar. Wenn sie gerufen wurden, erschienen sie als nackte Mädchen oder als Ziegen und dienten als Succubi. Sie können auch andere Gestalten annehmen.
**Nosferatu:** Ein rumänischer Vampir; Nosferatu ist sowohl ein Incubus als auch ein Succubus. Seine Spezialität ist es, seinen Opfern das Blut auszusaugen und nächtliche Samenergüsse auszulösen. Der Geschichte nach ist Nosferatu der Geist eines fehlgeborenen Bastards, dessen Eltern ebenfalls uneheliche Kinder waren.
**Nymphen:** Sie sind Elementargeister, die in Wäldern oder in Flußbänken leben, Menschengestalt annehmen und sich sogar wie Menschen kleiden und sich unerkannt unter ihnen bewegen können. Sie verkehren mit Menschen, aber auch mit Satyren, Faunen, Pan-Wesen und anderen.
**Satyrn:** Äußerlich den Faunen ähnlich. Sie waren von der Wollust besessen, daher stammt auch von ihnen der medizinische Fachbegriff 'Satyriasis', welcher die männliche Nymphomanie bezeichnet. Sie verkehren mit Frauen, Nyphen und Tieren, vor allem mit Ziegen.
**Vampire:** Sie sind als blutsaugende Geister bekannt, die gewöhnlich in Leichen schlüpfen. Eine uns sehr viel näherliegende Interpretation ist, daß Vampire die Energiereservoire anzapfen und Menschen schwächen. Wir finden schon auf einer prähistorischen Schale eine Darstellung eines Vampirs, eigentlich mehr eines Zwischendings zwischen Vampir und Succubus, was eine Verwandtschaft zeigt, die oft auftaucht. Es gibt immernoch die alte Leitfrage, ob der Vampir älter ist als der Succubus oder umgekehrt, oder ob beide Wesen ursprünglich eins waren. Vampire findet man in Überlieferungen fast aller Völker, von denen sehr viele Succubi und nur wenige Incubi sind. Wie schon an anderer Stelle erwähnt, ist das Hauptproblem des Umgangs mit Sexualdämonen in jeder Form die Kontrolle über diese Wesen. Erschaffen sind sie sehr schnell, auch kommen sie sofort, wenn sie gerufen werden. Jedoch, wenn man nicht in der Lage ist, sie zu beherrschen, endet es gewöhnlich mit Wahnsinn oder Tod.

## Das Gradsystem des O.T.O.

Der O.T.O. ist ein sexualmagischer englischer Orden. Er existierte etwa zur Zeit des Golden Dawn.
Bekannte Mitglieder des O.T.O. (Ordo Templi Orientis) sind Karl Germer, Kenneth Grant, Crowley uvm.
Die Bezeichnungen der Grade sind traditionell und haben sich heutzutage als Bezeichnung für die Art der sexualmagischen Arbeit unabhängig von dem ihm entsprechenden Orden angewandten Gradsystem, verselbständigt. In der Sexualmagie werden drei aktive Grade unterschieden. Der VII., IX. und XI. Der VIII. unterteilt sich in

Arbeiten, welche allein, VIII.- und VIII.+, oder zu zweit, VIII.2+ und VIII.2- , vorgenommen werden. Auch der IX. unterteilt sich in zwei Unterstufen, IX.+ und IX.- . Dies sind die Hauptunterteilungen, neben welchen es noch Unterteilungen gibt, die von der Geschicklichkeit und der Neigung der Teilnehmer abhängen und aus diesem Hauptteilen leicht abgeleitet werden können.

VIII. Operationen masturbatorischer und oraler Art

VIII.-

Priesterin allein:

Für Weihungsrituale, Weihung von Talismanen, und zur Materialisierung neuer Partner durch Anziehung; nicht zur Weihung von Ideen oder Projekten, wofür der XI. verwendet wird.

Mit Wehrmasken für Operationen der Behexung und das Gestalten von Illusionen (ozeanische Zauberei)

VIII.+

Priester allein:

Für Weihungsrituale s.o.

Mit Wehrmasken für Operationen der Lycantrophie (Verwandlung in Landtiere) und zur Belebung von Atavismen.

VIII.2+

Von der Priesterin
beim Priester:

Via Zunge zur Erzeugung von Trance und Visionen Via Hand zur Erzeugung von Ekstase und dem Erhalt von Orakeln.

VIII.2-

Vom Priester bei
der Priesterin:

Via Mund für ihre magische Ernährung und die Erneuerung ihrer sexuellen Vitalität.

Via Hand zur Darstellung ihres Körpers als ein Werkzeug von sexuellem Glanz und sexueller Anziehung.

IX. Operationen der Sonne - Ra - und Kheph - Ra

IX.-

Priester und Priesterin
supernal:

Natürliche Vereinigung für Arbeiten der Schöpfung, Intuition und Inspiration.

IX.-

Priester und Priesterin
infernal:

Unnatürliche Vereinigung für Arbeiten des Zombiismus, Todesstellung, Traumkontrolle und Arbeiten der Nacht.

XI. Operationen des Mondes

Priesterin und
Priester:

Während des abnehmenden Mondes oder der Mondfinsternis, für Arbeiten der Materialisation und der Belebung (von Träumen, Bildern etc.).

Das allgemeine Schema ist, daß Arbeiten des VIII. der Weihung, Arbeiten des IX.+ der Inspiration, Arbeiten des IX- der Entweihung und Arbeiten des XI. der Belebung und Materialisierung dienen.

Der O.T.O. wurde 1895 von Karl Kellner gegründet. Kellner hatte in seiner Sucher nach okkulter Weisheit viele Reisen durch Indien und den Mittleren Osten unternommen. Dabei lernte er zwei Araber und einen Hindu kennen, von welchen er mündlich die sexual-yogischen Lehren empfing, auf welche der O.T.O. gründet.

In der Okkultszene wird ein ziemlich müßiger Streit darüber geführt, ob diese Lehrer existierten und wenn, ob sie tatsächlich lehrten, von dem er behauptete, daß sie es ihn gelehrt hätten. Das einzig wichtige ist die Tatsache, daß Karl Kellner von irgendwoher das Wissen um ein bemerkenswertes sexual-magisches System erhielt, welches einige Ähnlichkeiten zu bengalischem Tantrismus und einigen ziemlich unorthodoxen Formen des Sufismus zeigt.

Öffentlich trat der O.T.O. erst 1904 durch die Okkultzeitschrift 'Oriflamme' hervor. Über die weitere Geschichte des Ordens gibt es eine ganze Menge Räubergeschichten, in welchen u.a. die Berliner Großloge von 'Memphis und Misrain' und bekannte Okkultisten wie Klein, Hartmann und Reuß verwickelt waren. Karl Kellner starb 1905, und die Nachfolge als Leiter des O.T.O. übernahm Theodor Reuß. Weitere berühmte Mitglieder waren: Dr. Encausse, besser bekannt unter seinem okkulten Pseudonym: Papus, und auch Rudolf Steiner.

Die Lehren des O.T.O. wurden ziemlich geheimgehalten und erst im Jahre 1912 erschien in der Zeitschrift 'Oriflamme' der erste Hinweis auf die Natur ihrer Geheimnisse:

> *„Unser Orden besitzt den Schlüssel, welcher alle maurerischen und hermetischen Geheimnisse öffnet, nämlich die Lehren der Sexualmagie und diese Lehren erklären ohne Ausnahme alle Geheimnisse der Freimaurerei und aller Systeme der Religion."*

Ein Jahr vorher, 1911, war Aleister Crowley Mitglied des O.T.O. geworden. Er betrachtete den O.T.O. zu der Zeit als ganz normale freimaurerische Bruderschaft.

Im Jahre 1912 besuchte Theodor Reuß Crowley und beschuldigte ihn, die innersten Geheimnisse des O.T.O. öffentlich verkündet zu haben. Crowley antwortete darauf, daß er, da er nur zu den unteren Graden zugelassen war, noch nicht im Besitz dieser Geheimnisse sei und sie daher auch nicht öffentlich verkünden könne. Daraufhin öffnete Reuß Crowleys 'Buch der Lügen' und zeigte auf ein Passage, welche mit den Worten beginnt 'Der Adept soll mit seinem magischen Stab ausgerüstet sein'. Blitzartig erkannte Crowley die Art des magischen Systems des O.T.O. als Sexualmagie und Reuß ernannte ihn zum Leiter der britischen Sektion des O.T.O.

Crowley erhielt in der Folge die Instruktionsmanuskripte des O.T.O. und war von den magischen Lehren, welche er daraus empfing, ziemlich beeindruckt. Zum einen waren die O.T.O.-Techniken sehr viel einfacher, als die langgewundenen zeremoniellen Methoden des Ordens der Goldenen Dämmerung, in welchem Crowley seine Grundausbildung erhalten hatte, zum anderen wurde Crowleys Verständnis seiner eigenen Lehre, der Lehre von Thelema, welche sich auf das Liber Al vel Legis gründet, vertieft und Crowley erkannte das Liber Al als grundlegend tantrisches Werk (nähere

Informationen darüber können aus der Crowley Biographie, sowie dem Liber Al vel Legis mit Kommentaren -Bohmeier Verlag- entnommen werden)
Crowley reorganisierte in der Folge die Rituale des O.T.O. nach thelemitischen Richtlinien und überarbeitete auch das Unterrichtsmaterial des O.T.O.
Theodor Reuß überließ im Jahre 1922 Crowley dann die Führerschaft des O.T.O.
Die deutschen O.T.O.-Gruppen wurden 1937 durch die Nazis verboten und in den Folgejahren gab es außerhalb der U.S.A., wo Kalifornien das Hauptzentrum war, keinerlei wirklich organisierte Aktivitäten des Ordo Templi Orientis.
Nach Crowleys Tod 1947 wurde Karl Germer, geboren 1885, der 'Outer Head of the Order' - Äußeres Haupt des Ordens, d.h. des Chef des O.T.O.
Germer erbte als Schatzmeister des O.T.O. die Copyrights auf Crowleys Werke. Die weitverbreitete Meinung, daß die Erben Crowleys Copyright Lui Wilkenson und John Symonds seien, ist falsch. Denn diese beiden waren nur damit beauftragt, seine literarische Hinterlassenschaft zu sammeln und zu ordnen und diese dann Karl Germer auszuhändigen.
Germer starb 1962 und vererbte in seinem Testament die Crowley Copyrights an 'den O.T.O.'. Unglücklicherweise sagte er nicht, welche der vielen verstreuten Gruppen, welche den Namen des O.T.O. beanspruchten, er damit meinte, so daß niemand einen Rechtsanspruch daraus herleiten konnte.
Heute (um 1980) gibt es hauptsächlich vier Gruppen, welche beanspruchen, der ursprüngliche oder richtige O.T.O. zu sein. Es sind:

1. Der Schweizer O.T.O. unter Frater Paragranus.
2. Der O.T.O. in Kalifornien, U.S.A. unter Marcellos Motta.
3. Saturn Gnosis, O.T.O., in Deutschland besser unter dem Namen Fraternitas Saturni bekannt, welche bis zu seinem Tode von Gregor A. Gregorius, bürgerlicher Name Eugen Grosche, geführt wurde, und der heute in viele kleine Gruppen zersplittert ist.
4. Der Englische O.T.O. unter Kenneth Grant.

Ich will mich hier nicht auch noch in Diskussionen darüber, welche von diesen vieren die richtige O.T.O.-Gruppe ist, einmischen, da ich der Meinung bin, daß die ganzen Diskussionen, Beweise und Gegenbeweise zu diesem Thema ziemlich albern sind. Soweit man dieses Wirrwarr überhaupt noch durchschauen kann, scheint es so, als ob die Schweizer O.T.O.-Gruppe den stärksten Anspruch hat. Aber auch das halte ich für ziemlich irrelevant.
Mir scheint, das einzig entscheidene Kriterium bei dieser Frage sollte sein, welche Gruppe die effektivste magische Arbeit leistet. Und wenn es vier Gruppen sind, die das tun, warum sollte es dann nicht vier O.T.O.'s geben.
Die derzeitige Lage ist so - und dies kann ganz sicher als persönliche Einschätzung betrachtet werden - daß ich von der Fraternitas Saturni bzw. Gruppen, welche diesen Namen für sich beanspruchen oder Abspaltungen davon sind, mehr über persönliche Rivalitäten als über effektive Arbeit höre. Außerdem haben all diese Gruppen es noch nicht fertiggebracht, sich von dem Alte-Männer-Okkultismus der frühen 20er Jahre zu lösen. Sie haben noch immer den gleichen schwülstigen Stil und verwenden den gleichen, unpräzisen Jargon.

Der Schweizer O.T.O. ist stark überaltert und seine Aktivitäten tendieren gegen Null. Der O.T.O. unter Marcello Motta und der unter Kenneth Grant sind wohl z.Z. die aktivsten Gruppen, welche auch eine intensive theoretische Auseinandersetzung führen. Mein Eindruck ist jedoch, daß die magischen Grade in Mottas Organisation nicht mit den tatsächlichen Fähigkeiten des Gradinhaber übereinstimmen und das Ausbildungssystem somit ziemlich wertlos ist.

## Körperarbeit 1. - 2. Woche - Sexuelle Empfindungen I

Nun werden wir Dich mit ein paar Übungen bekanntmachen, die wir für partnerlose Arbeit an Deiner Atmung, Deiner Bewegung und Deinem Energiefluß entwickelt haben. Diese Übungen werden in einer festen Reihenfolge gemacht.
Du solltest die Übungen langsam und mit sehr viel Aufmerksamkeit und wacher Wahrnehmung ausführen.
Zu allererst, während Du auf dem Fußboden oder auf dem Bett liegst, fühle, wie sich Dir der Fußboden oder das Bett von unten entgegendrängt und wie das Gewicht Deines Körpers gegen den Fußboden drückt. Deine Knie sollten hochgezogen sein, Deine Füße auf dem Boden. Stelle fest, welche Teile Deines Körpers den Fußboden berühren.

Achte auf jeden Bereich in Deinem Körper, der verspannt erscheint. Spanne diesen Bereich so stark an, wie Du kannst, und übersteigere diese Spannung. Nun laß sie vollständig los. Atme aus, während Du das tust. Spanne beim Einatmen an, entspanne Dich beim Ausatmen.

### Lockerung des Nackens und der Brust

Diese Übung dient dazu, den oberen Teil des Körpers, den Brustkorb und den Nacken, zu befreien. Die verstehst sie am leichtesten, wenn Du die Handbewegungen studierst, weil diese die Schulterbewegungen anzeigen.
Um zu beginnen, lege Dich mit angezogenen Knien auf den Boden, strecke Deine Arme seitlich aus, die Handflächen zeigen nach unten. Nun atme ein und drehe Deine Hände und Arme aus der Schulter heraus in Richtung auf Deinen Kopf, also nach oben und hinten....

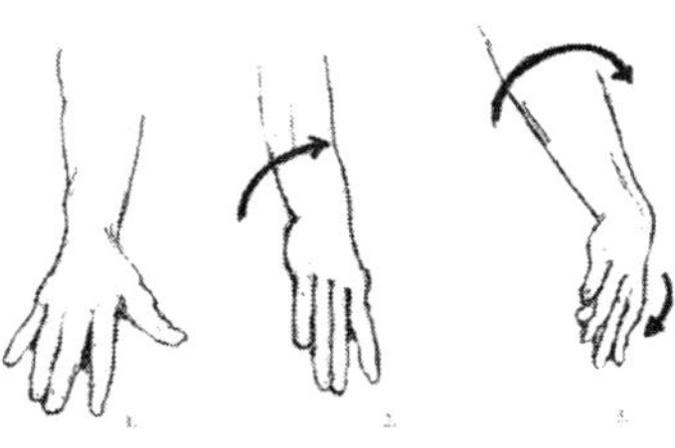

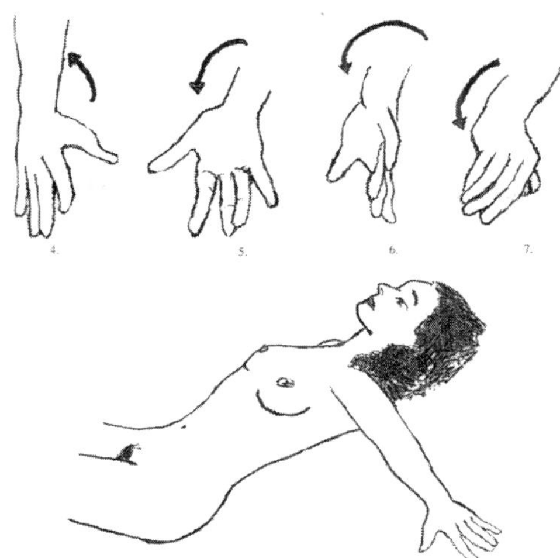

... beobachte, wie Deine Brust sich hebt, Dein Rücken einen Bogen bildet und Dein Kopf nach hinten rollt.

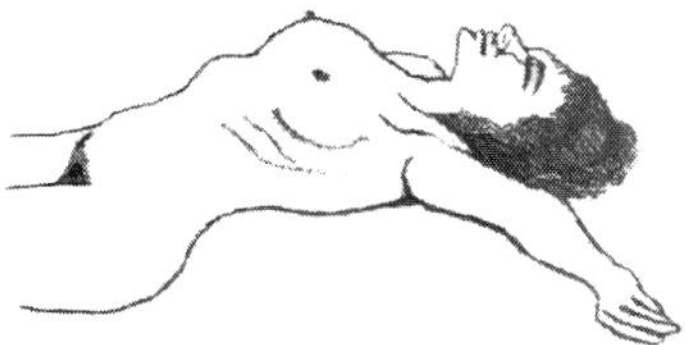

Drehe jetzt Deine Hände in die entgegengesetzte Richtung und laß den Atem wieder hinaus. Die Arme, Deine Schultern, Dein Nacken und Dein Kopf werden dieser Bewegung folgen. Wiederhole das fünf mal, indem Du jedesmal einatmest, wenn sich Dein Brustkorb hebt, und den Atem jedesmal hinausläßt, wenn Dein Brustraum während der Vorwärtsbewegung zusammengedrückt wird.

Als nächstes machst Du zwar die gleiche Drehung von Händen, Armen, und Schultern, änderst jedoch diesmal die Bewegung von Kopf und Nacken. Mit anderen Worten: wo eben Dein Kopf zurückrollte, soll er jetzt bei der Einatmung nach vorne kommen und dadurch zusätzlichen Druck auf Deinen Brustkorb ausüben....

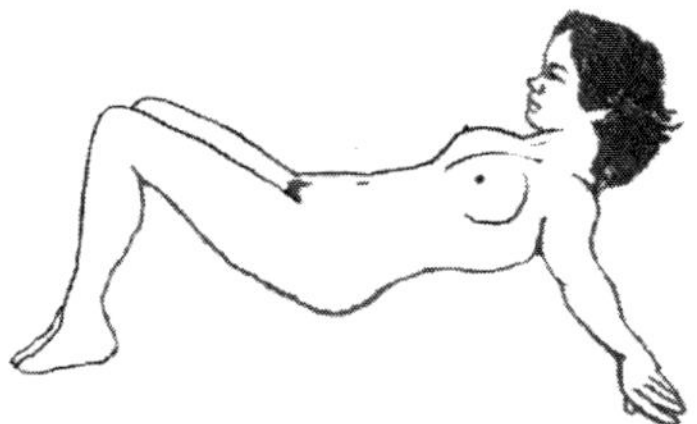

und wo eben Dein Kopf vorne war, soll er jetzt bei der Ausatmung hinten sein. Verändere nur die Bewegung von Kopf und Nacken. Mache diese Übungsabwandlung fünf mal. Kehre zu der ursprünglichen Übung zurück und nimm, während Du sie ausführst, wahr, wie viel freier Deine Bewegungen jetzt sind.

Hier eine weniger komplizierte Übung zur Lockerung von Brust und Nacken:

In der Rückenlage atmest Du ein und hebst die parallel zum Körper liegenden Arme an und führst sie in einem großen Bogen über Deinen Kopf bis auf den Boden, wobei Du die Ausdehnung Deines Brustraumes erhöhst (atme so tief ein wie möglich.)

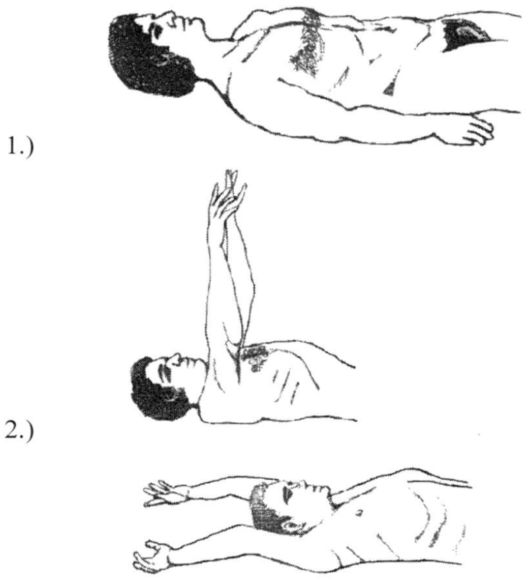


3.)

Wenn Du die Atemluft hinausläßt, führst Du die Arme wieder nach vorne unten auf den Boden. Mach diese Folge aus Hochführen der Arme über den Kopf beim Einatmen und aus Absenken der Arme neben den Körper beim Ausatmen (jeweils von Bodenauflage zu Bodenauflage - fünfmal). Kehre jetzt den Vorgang um. Beim Einatmen bringst Du die Arme nach vorne unten wenn Du den Atem herausläßt, hebst Du die Arme in einem Bogen über den Kopf bis auf den Boden. Bringe dann die Arme wieder nach unten und atme dabei ein. Führe das fünfmal aus. Kehre nun zur ursprünglichen Ausführungsweise zurück, laß diesmal dabei die Arme hinunterfallen (auch fünfmal). Diese Übungen sind alle dazu da, den Brustkorb zu lösen und Dich dazu zu bringen, ein wenig tiefer zu atmen.

An diesem Punkt magst Du anfangen, in Deinem Gesicht und Deinen Händen ein Kribbeln zu spüren und es kann sein, daß einige Gefühle (Emotionen) aufzutauchen beginnen. Laß das einfach geschehen.

Wenn Du deine Gefühle zurückhältst, drückt sich das häufig in Deinen Händen aus. Die Art, in der Du deine Hände hältst, zeigt oft Deine Gefühle an. Eine geballte Faust kann Zorn bedeuten oder daß Du etwas mit ihr festhältst.

Manche Leute greifen in das Bett und halten sich an ihm fest, wenn sie sich einem Orgasmus nähern. Versuche bei den Übungen nichts zurück- oder festzuhalten; laß Deine Hände mit nach oben gerichteten Handinnenflächen in einer empfänglichen Stellung geöffnet.

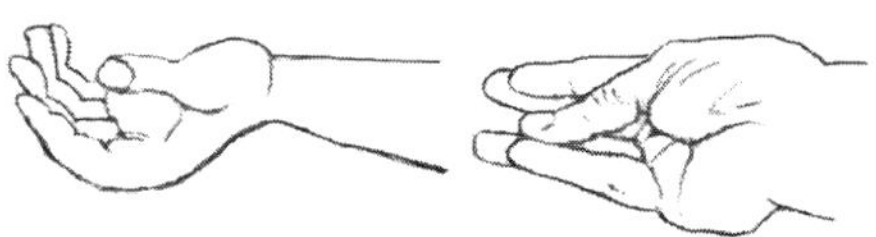

Es können auch Deine Hände anfangen zu kribbeln. Das wird sich fortsetzen. Wenn sich das Kribbeln so sehr verstärkt, daß Deine Hände anfangen, sich zu verkrampfen, bist Du zu weit gegangen. Eine derartig gesteigerte Atmung - denn das ist die Ursache - geht über das, war wir erreichen wollen, hinaus. Senke Deine Atmungsgeschwindigkeit.

## Selbstmassage von Gesicht, Kopf und Nacken

Beginne Deine Stirn zu massieren, nachdem Du deine Hände in Höhe der Brauen auf sie gelegt hast. Streichle massierend von einer Seite zur anderen, streiche dabei über die Augenbrauen. Fang in der Stirnmitte an und streichle nach außen, wobei Du die streichelnden Handbewegungen bis hinter Deine Ohren weiterführst.

Erlaube Deinen Brauen entspannt zu sein und sich wohlzufühlen. Laß Dich selbst los. Stell Dir vor, daß Du die Spannungsgefühle aus Deinen Augenbrauen wegwischst und sie so los wirst.

Lege Deine Hände hinter Deinen Kopf und betaste Deinen Nacken. Fühle die Spannung in den Muskeln entlang der Erhebung am Schädeldeckenansatz (des Hinterhauptrandes - der Erhebung, an der Deine Kopfhaut haftet, fast genau in Höhe der Ohren). Diese Spannung ist Teil jener Spannung, die Du in der Stirn festhältst. Die Kopfhaut hat ein zusammenhängendes, dem Gesicht zugeordnetes Bindegewebe, das sowohl vorne an der Stirn als auch hinten im Nacken befestigt ist. Im Nacken befinden sich die meisten Muskeln und auch die größten Verspannungen. Deshalb mußt Du genauso mit dem hinteren Nacken arbeiten wie mit der Stirn, wenn Du die Spannung in Deiner Kopfhaut und Deiner Stirn auflösen willst.

Eine der Möglichkeiten, diese Spannung zu lösen, besteht darin, einen kleinen festen Ball zu nehmen (eine Cola- oder Milchflasche geht auch, ein Ball ist aber angenehmer) und ihn unter den Nacken zu legen. Laß jetzt Deinen Kopf locker über den Ball hinabhängen, fange an, Deinen Kopf zu drehen, versuche, verspannte Bereiche aufzuspühren. Du wirst herausfinden, welches Gebiet verkrampft ist ... Du wirst einen Knoten oder eine Ausbeulung hinten an Deinem Kopf fühlen und dort vielleicht auch eine schmerzhafte Empfindung haben. Spannung im Nacken oder Hinterkopf kann eine Quelle von Kopfschmerzen und Starre sein. Diese Übung löst einen großen Teil dieser zurückgehaltenen Spannungen. Erlaube Dir, sie vollständig loszulassen. Stelle sicher, daß Du mit Deiner Atmung fortfährst; manchmal reichen diese Spannungen und das damit verbundene Unbehagen aus, um Deinen Atemrhythmus zu unterbrechen und Dich an einer anderen Stelle Deines Körper zu verspannen. Wenn das geschieht unterbrich die Übung, bis Dein Muster aus Atmung und Kribbeln wieder aufgebaut ist und mach dann weiter.

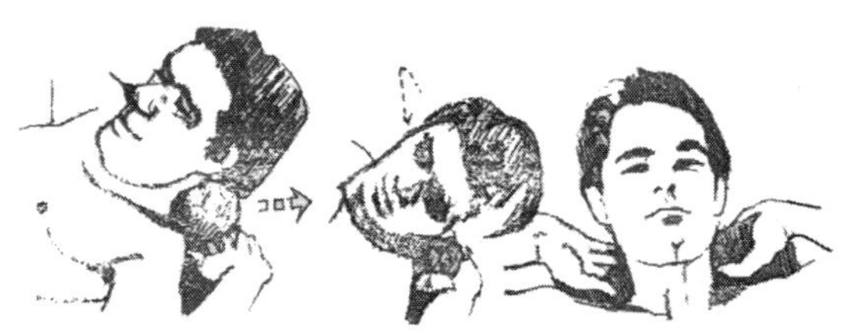

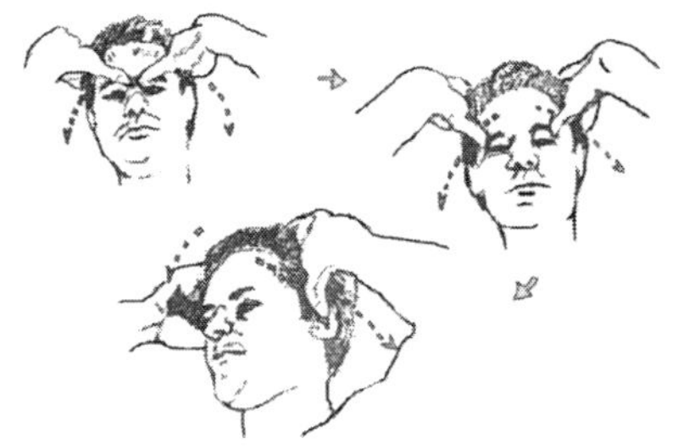

Als nächstes wird das Gebiet dicht über den Augen entlang der Augenbrauen und zwischen beiden Augen aufgeweckt. Du beginnst damit, daß Du deine Daumen auf die Augenbrauenränder, vor allem zwischen den Augen, legst. Massiere diesen Bereich mit einer streichelnden Bewegung.

Führe die Bewegung bis zu den Schläfen herum weiter. Mach das wenigstens zehnmal; halte Deine Atmung in Gang; eine streichelnde Bewegung mit jedem Atemzug. Diesen Bereich Deines Gesichts benutzt Du dazu, Gefühle der Qual, des Ärgers, des Zweifels und des Grübelns auszudrücken. Diese und viele andere Gefühle magst Du empfinden, wenn Du dieses Gebiet durch Massage auflockerst. Wenn Dir ein Gedanke oder ein Gefühl zufließt, erlaube diesem Vorgang einfach zu geschehen, erfahre ihn und beobachte dann, wie er vergeht... fahre lediglich mit Deinem Loslassen und Deiner Atmung fort.

Wenn Du zu dem Bereich um die Schläfen herum kommst, achte genau auf jede Verhärtung oder Spannungen in dem bogenförmigen Gebiet über den Ohren (das ist der Temporalis-Muskel). Dieser Bereich ist mit dem Zusammenbeißen der Zähne und dem Kiefer verbunden. Massiere dieses Gebiet mit Deinen Handballen.

## Meditation 1. - 2. Woche - Vollständige Imagination

Du hast im letzten Monat das Imaginieren mit den Augen geübt. Genauso müssen wir jetzt mit den anderen Sinnesorganen üben.
Beginne am besten mit dem Dir nach den Augen vertrautesten Organ.
Wenn es z. B. hören ist, dann produziere irgendeinen einfachen Klang (Glocke, Vokal, Summen o.ä.) Wenn er verklungen ist, imaginiere den Klang so genau wie möglich. Du mußt im Geiste den Klang so hören, als wäre er wirklich da.
**Übe jeden Sinn 5 Tage lang, also:**

- Hören
- Riechen oder Schmecken
- Fühlen.

Die Prozedur ist immer die gleiche wie auch im letzten Monat bei den Augen: Zuerst wahrnehmen, dann im Geiste die Wahrnehmung selbst erzeugen. Immer wieder mit dem Original vergleichen, bis Du keinen Unterschied mehr feststellen kannst.

## Meditation 3. - 4. Woche - Sex-Pranayama

Die im folgenden beschriebenen Übungen solltest Du nur dann durchführen, wenn Du den Pranayamarhythmus 20/10/30 beherrschst. Sollte dies noch nicht der Fall sein, so nutze die nächsten zwei Wochen, um Dein Pranayama zu verbessern. Hole die folgende Übung dann, wenn Du den Rhythmus beherrschst (was nach 10 Monaten schon so sein sollte), nach.
Die neue Übung geht folgendermaßen:
Lasse Dich von einem Partner oral befriedigen, während Du Pranayama machst. Wenn Du keinen Partner hast, so masturbiere gleichmäßig, aber nicht zu schnell.
Du solltest auf keinen Fall Deinen Rhythmus unterbrechen, auch nicht im Moment des Orgasmus. Du wirst bemerken, daß es bis zum Höhepunkt mit dieser Technik sehr viel länger dauert, der Energiefluß aber wesentlich stärker ist.

## Körperarbeit 3. Woche - Orgasmuskontrolle

Diese Übungen kannst Du bei allen sexuellen Praktiken ausprobieren. Experimentiere mit folgenden Techniken, wenn Du bemerkst, daß Du dich dem Höhepunkt näherst:

a) beiße kräftig die Zähne zusammen (die dadurch verstärkte Speichelproduktion gleicht den Flüssigkeitshaushalt im Körper aus.)
b) presse die Zunge ganz fest an den Gaumen. (gleicher Effekt wie bei a)
c) Entspanne Dein Hinterteil
d) atme ganz ruhig und gleichmäßig in den Bauch.
e) reiße die Augen soweit es möglich ist auf.

Dazu solltest Du auch noch beachten:
Den Rhythmus verlangsamen, nicht so tief eindringen, durch den Mund atmen (zur Kühlung des Körpers)

Experimentiere. Kombiniere die einzelnen Punkte und finde heraus, welche Methode für Dich die beste ist.

## Körperarbeit 4. Woche - Potenzsteigerung

Die im folgenden aufgeführten Übungen sind aus Dir schon bekannten Übungsfolgen zusammengestellt. Lese Dir die Punkte durch und vergegenwärtige Dir gegebenenfalls noch einmal die Übungen, deren genauer Ablauf Dir entfallen sein sollte, indem Du in Deinen Kursunterlagen nachliest.
Mache vor und nach der gesamten Übungsreihe folgende Atmungstechnik:
Atme vollständig aus. Danach atmest Du stoßweise ruckartig und so schnell wie Du kannst in die Brust, bis sie vollständig gefüllt ist. Dann atme langsam und tief aus. Mache beim Einatmen einen hechelnden Laut und beim Ausatmen einen stöhnenden, seufzenden.
**Achte darauf, daß Du wirklich ruckartig einatmest.**
Mache diese Übung so lange, bis Deine Finger oder Dein Körper zu kribbeln beginnen. Es kann zu Anfang passieren, daß Dir bei der Übung leicht schwindlig wird. Übe also behutsam.

1. Bauchatmung
2. Beckenkreisen
3. Beckenatmung
4. Erden
5. Beckenklatschen
6. Schmetterling
7. Rückenrollen
8. Hängebauchschwein
9. Heuschrecke

## Fragebogen

1. Welche Schlüsse ziehst Du für Dich aus 'Die Wahl des geeigneten Partners?'
2. Welche Arbeit des O.T.O. interessiert Dich am meisten?
3. Wie hat sich Dein sexuelles Empfindungsvermögen entwickelt? Beschreibe genau die Vorgänge.
4. Wie kommst Du mit den verschiedenen Imaginationen voran? Welche fällt leicht, welche fällt schwer?
5. Was macht Dein Pranayama? Welchen Rhythmus machst Du?
6. Welche Erfahrungen hast Du beim Sexpranayama gemacht.
7. Welche Technik hilft Dir am besten bei der Orgasmuskontrolle?

# Lehrhefte für Sexualmagie - Teil 11

## Theorie - Dämonologie und Besessenheit

Aus dem Mittelalter gibt es sehr viele Berichte, wo Incubi und Succubi Klöster überfielen und mit den Nonnen Unzucht betrieben, häufiger noch geschah es, daß Nonnen von Dämonen besessen wurden. Die frommen Klosterschwestern beschrieben, daß „in ihren Leibern merkwürdige und ungewohnte Feuer brannten", während in ihren Köpfen verführerische Stimmen flüsterten, die sie zu Ausschweifungen zu verleiten versuchten.

Vor allen anderen Menschen schienen gerade Mönche und Nonnen die Dämonen zur Notzucht herauszufordern. Es gab dementsprechend viele Fälle, in denen Klosterschwestern von Incubi eingeschläfert wurden, die sich ihrer anschließend bemächtigten. Die Tatsache, daß Dämonen so gerne Klöster heimsuchten, ist auf das sexuelle Ausgehungertsein der Mönche und Nonnen zurückzuführen, die deshalb auch unter Halluzinationen, Wach- und Alpträumen litten.

Die Besessenheit der Klosterinsassen trat in zwei Formen auf. Wenn es sich um eine Obsession handelte, quälte der Dämon sein Opfer von außen, indem er ihm ständig obszöne Dinge zuflüsterte oder es unablässig zur Verführung drängte, bis es ihm gelungen war, in dem jeweiligen Menschen unwiderstehliche und leidenschaftliche Wünsche zu entfachen. Bei dem anderen Fall, der Possession genannt wird, schlüpfte der Dämon tatsächlich in die betreffende oder besser betroffene Person, und begann diese zu beherrschen.

Das Problem hierbei jedoch ist, daß eine Besessenheit oft gar nicht bemerkt wird. Aus dem Mittelalter gibt es noch viele Schauergeschichten, wo die Dämonen den Körper durch Mund, Vagina oder After verließen. Es wurde beschrieben, daß es sich selten um einen einzigen Besessenheitsdämon handelt, oft sogar um Tausende ja sogar Millionen.

Tatsächlich scheint eine Besessenheit unmerklich, die Dämonen nisten sich ein und beginnen die gesamte Prägungsstruktur eines Menschen zu verändern. D.h., der Mensch beginnt anders zu denken und anders zu handeln, hält diese Änderung jedoch für ein Resultat seines eigenen Tuns. Irgendwann ist der Besessene sozusagen durch eine Gehirnwäsche umgepolt und tut genau das, was der Dämon will.

Einer der spektakulärsten Fälle ist die Heimsuchung des Ursulinen-Klosters in Loudun, worüber schon viele Bücher geschrieben wurden. Selbst als der Skandal beendet war, blieb dieses Kloster immer noch eine Touristenattraktion, was ihm selbst und der Stadt natürlich zum Vorteil gereichte. Die immer noch besessenen Nonnen waren in diesem Spiel der Trumpf. Sie konnten jederzeit Opfer erotischer Anfälle werden, was vor allem dann geschah, wenn viel Publikum zugegen war.

Ein Beispiel ist eine junge Nonne, Schwester Claire, deren Verhalten normalerweise keineswegs aus dem Rahmen fiel. Sie pflegte inmitten einer Zuschauerschar regelmäßig auf den Rücken zu fallen und ihre Röcke zu heben, bis ihre Genitalien sichtbar wurden, um sich dann wie besessen mit beiden Händen selbst zu befriedigen, während sie den anwesenden Männern 'Fickt mich! Fickt mich!' zuschrie. Aber nicht nur sie, sondern auch andere Nonnen verhielten sich so und befleißigten sich eines derart obszönen Wortschatzes, daß man sich allgemein verwundert fragte, wo sie dieses Wissen herhatten. So erzählte man sich, daß die wilde sexuelle Besessenheit der Nonnen und ihre verderbten und aufdringlichen Annäherungsversuche, die sie bei Männern jeder Altersstufe unternahmen, sogar eine hartgesottene Dirne aus Marseille oder Paris zum Erröten gebracht hätte.

Die Nonnen von Louviers waren von Dämonen besessen, die mit den Beichtvätern dieses Klosters auf gewisse Weise zusammenarbeiteten. So paarten sich die Nonnen mit schwarzen Katern, deren Phalli so groß waren wie der eines kräftigen Mannes. Sie wohnten Sabbatfeiern bei und nahmen an Orgien mit Teufeln, Geistlichen und dem Geist jenes verstorbenen Priesters bei, der sie zuerst verführt hatte. Sie lernten von den Beichtvätern die Technik der lesbischen Liebe, und diese schauten genüßlich zu, wenn die Nonnen dieses neu erworbene Wissen in die Tat umsetzten. Bei Orgien wurde gelegentlich ein künstlicher Phallus benutzt, den die Nonnen vor Gebrauch beschnitten. Sie zogen nackt durch das Kloster, beichteten einander und empfingen die heilige Kommunion. Bei den von den Priestern veranstalteten gotteslästerlichen Riten befestigte einer der Väter an seinem Penis eine Hostie und führte dann Geschlechtsverkehr mit Menschen oder Tieren aus.

Die Besessenheit ist aber außerdem eine besondere Form von Hexenmagie, wobei die Hexe einen Dämon in den Körper des oder der Betroffenen eindringen läßt, um so die Handlung des Opfers zu beeinflussen. In sehr vielen Fällen ist eine Besessenheit, wie vorhin gesagt, nach außen hin kaum zu bemerken. Anhaltspunkte sind beispielsweise plötzlich auftretende Verhaltensänderungen oder Fähigkeiten, die normalerweise langwierig erlernt werden müssen, aber plötzlich da sind. Das Vermitteln von neuen Fähigkeiten gehört zur Technik der besitzergreifenden Dämonen, die gewöhnlich alles tun, um den Zustand der Besessenheit für den Besessenen so 'angenehm' wie möglich zu machen, damit sie sich nicht dagegen wehren.

Ein solcher Fall von Besessenheit kann leicht bei unsachgemäßem Hantieren mit Sexualmagischen Praktiken auftreten. Ein Nebeneffekt ist oft der, daß sich bei beiden Beteiligten des Aktes ein gesteigertes sexuelles Lustempfinden mit stark erhöhtem Energiefluß verbunden bemerkbar macht, was oftmals ein gewöhnlicher Nebeneffekt der sexualmagischen Arbeit interpretiert wurde. Jedoch treten nach einigen Tagen beim Koitus eigenartige Trancezustände auf. Das Lustempfinden wird als 'tierisch' oder besser 'tierhaft' mit einer Faszination des Dunklen, Bösen und Abartigen wahrgenommen.

Der Blick eines in solcher Form Besessenen ist teils seltsam verschleiert oder aber wie lauernd auf dem Sprung. Die Physionomie erinnert an eine Katze. In Diskussionen begann er seine Standpunkte ganz anders zu verwenden als sonst, ganz andere Gedankengänge treten auf. Gleichzeitig scheinen Insekten, besonders Spinnen, geradezu von ihm angezogen zu werden.

Das Ganze hat oft weitere Folgen, die zunächst unbemerkt bleiben. Andere Person können Fieber bekommen, ohne es zu bemerken. Versuche, das Fieber wegzubekommen, schlagen fehl. Solche Manipulationen im Körper werden gewöhnlich gar

nicht bemerkt, da gleichzeitig eine Suggestion einhergeht, daß alle Funktionen normal sind.
Dämonen sind in der Lage, auch direkt in körperliche Prozesse einzugreifen, beispielsweise direkt Körpertemperatur und Blutzuckerspiegel zu erhöhen oder zu senken, alle möglichen Krankheiten zu induzieren oder Lähmungen hervorzurufen. Ärtzliche Hilfe zeigt in solchen Fällen absolut keine Wirkung, da medizinisch kein Grund und keine Ursache für die jeweiligen Phänomene zu erkennen ist.
Wichtig ist auch, daß die Ebene dieser Dämonen gar nicht unbedingt durch die eigentliche Operation angesprochen sein muß, sondern nur indirekt mit der Arbeit verknüpft ist. Die Dämonen tun ihrerseits alles, um sich Türen zu verschaffen und diese zu erweitern.
So kann es beispielsweise beim Zeichnen magischer Stelen oder Symbole passieren, daß man in Trance fällt, in deren Verlauf man automatisch Sigille und Symbole zeichnet, deren Ursprung und Bedeutung einem völlig unbekannt ist. Daraus können wir schließen, daß es sich nicht um einfache Sexualdämonen oder ähnliches handelt, die dazu kaum in der Lage wären, sondern um Intelligenzen einer höheren Ordnung, welche durchaus fähig sind, eigene Ziele zu verfolgen.
Wie schon gesagt, das Hauptproblem liegt in der Wirkung auf vielen Ebenen, die äußerlich kaum erkennbar sind. Der Betroffene bemerkt in der Regel nichts oder hält die auftretenden Phänomene schlicht und einfach für völlig normal, abgesehen davon auch für angenehm. Dämonen, die bereits in den Körper eingedrungen sind, lesen einfach die entsprechenden Vorlieben und Neigungen ab und steigern Empfindungsfähigkeit oder Entwicklungsvorgänge in ungewöhnlich kurzer Zeit. Dies hat den Zweck, daß der oder die Besessene einen angenehmen Zustand erleben, der keinesfalls Anlaß zur Sorge bietet.
Oft wird die Frage gestellt, was ein Dämon eigentlich von Besessenheit hat oder welche Ziele verfolgt werden. Leute, die zusammenleben und Magick praktizieren, schaffen ein großes Energiepotential, was ein geradezu ideales Reservoire für Manifestation darstellt. Auf ganz allgemeiner Ebene ist der Mensch immer ein interessantes Opfer, weil seine Energien in gewissem Sinn Nahrung für Dämonen darstellt, ferner sein Wissen und seine Fähigkeiten ebenfalls begehrenswert sind.
Wichtig sind auch die sogenannten Teufelspakte, die im gegenseitigen Einvernehmen oder durch Zwang eines Dämons geschlossen werden. Goethes Faust ist hier das bekannteste Beispiel, der Hergang der Dinge könnte ein Erlebnisbericht sein. Gewöhnlich bietet der Dämon irgendeine Leistung an, Reichtum, schöne Frauen oder was sonst immer das Herz begehrt. Als Gegenleistung verlangt er, daß der andere ihm nach seinem Tode über einen festgelegten Zeitraum in höllischen Regionen dient.
Geradezu prädestiniert für Besessenheit sind spiritistische Medien, die in einer dunklen Ecke ihres Zimmers sitzen und jeden wandernden Geist oder Dämon einladen, in ihren Körper zu schlüpfen, ohne Kontrolle oder Wissen über Zweck und Absicht des jeweiligen Wesens. Deshalb ist bei jeder magischen Arbeit mit Wesen von egal welcher Ebene immer der ausschlaggebende Faktor, ob der Wille des Praktikanten stark genug ist, sie zu beherrschen und zu kontrollieren.

Es gibt aber auch den umgekehrten Fall, wo der Magier selbst in den Körper eines anderen Wesens schlüpft. Hat der Magier seinen Lichtkörper weit genug entwickelt, daß er in der Lage ist, überall hinzugehen und alles Beliebige zu tun, wird seine magische Arbeit dennoch bis zu einem gewissen Grad beschränkt sein, weil sein magischer Körper aus der feinen Materie seines eigenen Elementes gebildet ist. Grobe Materie, aus welcher Illusionen wie Tische und Stühle gemacht sind, können nicht beeinflußt werden. Die einzig wirklich leichte physische Operation, die der Lichtkörper auszuführen vermag, ist 'Congressus subtiles', zur Vereinigung auf astraler Ebene. Crowley schreibt über das Thema der Besessenheit in Magick:

> *„Nun stelle man sich diesen magischen Körper als schöpferische Kraft vor, die sich zu manifestieren sucht; als ein Gott, der sich zu inkarnieren sucht.*
>
> *Es gibt zwei Wege, auf welchen dieses Ziel verwirklicht werden kann: Die erste Methode ist es, einen geeigneten Körper aus seinen Elementen herzustellen... Die zweite Methode klingt sehr leicht und amüsant. Man nimmt einen bereits existierenden Organismus, der zu unserem Zwecke zufällig geeignet ist. Man treibt das magische Wesen, daß ihn bewohnt, hinaus und nimmt Besitz davon.*
>
> *Es ist weder leicht noch gerechtfertigt dies mit Gewalt zu tun, weil das magische Wesen in Übereinstimmung mit seinem Willen inkarniert war. Und 'Du hast kein Recht als Deinen Willen zu tun'. Man solle diesen Satz kaum soweit ausbilden, daß der eigene Wille den Willen einschlösse, einen anderen seinen Willen zu berauben! Dennoch könnte es passieren, daß es der Wille des anderen Wesens wäre, den Magier aufzufordern, sein Werkzeug zu bewohnen. Ferner ist es außerordentlich schwer, ein anderes magisches Wesen aus seinem Sitz zu vertreiben; denn obwohl, es sei denn, es ist ein kompletter Mikrokosmos wie ein menschliches Wesen, es nicht Stern genannt werden kann, so ist es doch ein klein wenig eines Sterns und ein Teil des Körpers von Nuit... Man kann immer den Körper benutzen, den ein Elementarwesen bewohnt, sowie den eines Adlers, eines Hasen, Wolfes oder irgendeines anderen passenden Tieres, indem man einen sehr alten einfachen Pakt schließt. Man übernimmt einfach die Verantwortung über das Tier, baut es so in seine eigene magische Hierarchie ein. Dies ist ein ungeheurer Gewinn für das Tier (Dies ist der magische Aspekt der magischen Nahrung und auch Rechtfertigung und auch die Versöhnung des augenscheinlichen Widerspruchs zwischen den fleischfressenden und humanitären Elementen in der Natur des Homo Sapiens) Es erfüllt vollkommen seinen Ehrgeiz durch ein Bündnis von so außerordentlich intimer Art mit dem Stern. Der Magier ist auf der anderen Seite in der Lage, sich auf tausenderlei Weise zu verwandeln und wieder umzuwandeln, wenn er ein Gefolge solcher Anhänger annimmt. Auf diese Weise kann die Projektion des 'Astralen' oder Körpers des Lichtes absolut greifbar und praktizierbar gemacht werden. Gleichzeitig muß sich der Magier darüber im*

*Klaren sein, daß, wenn er das Karma irgendeines Elementarwesens übernimmt, er eine sehr ernste Verantwortlichkeit übernimmt. Das Band, welches ihn mit dem Elementarwesen verbindet, ist Liebe; Und wenn sie auch nur ein kleiner Teil der Ausrichtung des Magiers ist, so ist es doch die ganze Ausrüstung des Elementarwesens. Infolgedessen wird er unendlich leiden, wenn seinem Schützling ein Irrtum oder ein Unglück passiert. Dieses Gefühl ist ziemlich eigenartig. Es ist bei den meisten Menschen ganz instinktiv. Sie hören von der Zerstörung einer Stadt von ein paar tausend Einwohnern mit ziemlicher Kühle, aber wenn sie hören, daß einem Hund die Pfote verletzt worden ist, fühlen sie akuten Weltschmerz.*

*Es ist nicht notwendig, mehr als dies über die Verwandlung zu sagen. Die, an die sich das Besprochene naturgemäß wendet, werden sofort verstehen, wie wichtig das ist, was gesagt wurde. Die, die anders eingestellt sind, mögen reflektieren, daß es für ein blindes Pferd egal ist, ob man nickt oder mit dem Augen blinzelt."*

Zum Abschluß möchte ich noch eine ernsthafte Warnung an alle aussprechen, die gerne experimentieren. Denn oft verfällt man in den weit verbreiteten Irrtum, nachdem man ein kleines, aber auch nur ein klitzekleines Experiment unternommen hat und nichts passiert ist, man getrost noch ein wenig weitermachen kann. Es ist durchaus möglich, daß ein Dämon oder ein sonstiges Wesen auf der anderen Seite die 'klitzekleine' Aktivität durchaus bemerkt hat und den Experimentator dadurch in Sicherheit wiegt, daß zunächst nichts passiert. Derjenige arbeitet nun voller Vertrauen weiter und wiederholt noch öfter dasselbe Experiment. Was dadurch geschieht, ist, daß sich die Tür zu der jeweiligen Ebene immer weiter öffnet, das Wesen auf der anderen Seite nur zu warten braucht, bis sie groß genug ist, um hindurchzuschlüpfen. D.h., es kann durchaus sein, daß lange Zeit überhaupt nichts passiert und ganz plötzlich Phänomene auftreten, mit denen man gar nicht gerechnet hat.

**Die Gefahr ist nicht, daß nichts passiert, sondern, daß etwas passiert!**

## Der Symbolismus des O.T.O. und das System von Kenneth Grant

Der O.T.O. war zweifellos der erste nicht von Crowley gegründete Orden, welcher Crowleys Kult, den Kult von Thelema oder das Gesetz von Thelema akzeptierte. Die unteren O.T.O. - Grade sind freimaurerische Rituale, und haben wenig magischen Wert. Erst in den höheren Graden wird die Sexualmagie eingeführt.

Die Initialen O.T.O. zeigen einen offensichtlich phallischen Symbolismus - den Penis und die Hoden. Das T oder Tau in der Mitte wird deshalb oft in der umgekehrten Form als umgekehrtes Tau geschrieben - in dieser Form ist das umgekehrte Tau der erigierte Penis.

Eine weitere Interpretation sieht die beiden O's als die beiden Organe, zwischen welchen die Blitze des Tau - der schöpferischen Kraft - hin- und herzucken. Kabbalistisch gesehen können diese beiden O's durch den hebräischen Buchstaben Ajin, mit dem Zahlwert 70, dargestellt werden, womit sich für OO der Zahlwert 140 ergibt. 140

ist u.a. der Zahlwert des Wortes Kathedra, ein Stuhl oder Sitz - was insbesondere die Verbindung zu der ägyptischen Göttin Isis zeigt - und es ist auch der Zahlwert des Wortes NTz, ein Falke, das Symbol des Gottes Horus und NTz ist auch das hebräische Äquivalent von NOX, Nacht, dem Gegenstück zu LVX, Licht. Diese Anspielung zielt auf die Nacht von Pan, auf die chtonischen Mächte. Auch der Name der Göttin Isis ergibt den hebräischen Buchstaben geschrieben, ISIS den Zahlwert 140.
Die beiden O's werden symbolisch als Augen bezeichnet. Das linke Auge ist das von Seth, er ist der Wohnort der Feuerschlange und ist in der Scarlet Woman, der scharlachroten Frau des Liber Al vel Legis, verkörpert. Das rechte Auge ist das von Horus und es symbolisiert die solar-phallische Energie des 'Tieres 666'. Zwischen diesen Augen erhebt sich das Tau, der Baum des Willens, dessen Zweige die Blitze dieser zwei Pole übertragen.
O.T.O. zeigt sich so als eine dreifache Formel, welche eine Entsprechung der thelemitischen Formel LAShTAL ist. Die LAShTAL-Formel ist in Crowleys Anmerkungen zu Liber V vel Reguli genau erklärt. (Dieses Ritual und seine Anmerkungen ist in dem Buch Magick von Aleister Crowley, enthalten). Kurz gesagt ist La ein Symbol für Nuit. LA ist das hebräische Wort für Nichts und LA bedeutet hier die Leere oder das Vakuum, welches den aufsaugenden Wirbel erzeugt, der das verborgene Feuer - Sh - dazu veranlaßt, wie eine Schlange (T) als Feuerschlange - ShT (Seht) - überzuspringen, um den Gott (AL) vollständig zu konsumieren, den Gott, dessen Schrein der Körper des Priesters ist. AL ist das hebräische Wort für Alles oder Gott. Der Buchstabe Sh bedeutet Feuer, das Feuer, welches im T, Tau, dem Phallus, verborgen oder potentiell enthalten ist.
Wir können sehen, daß die Buchstaben O.T.O. ein Symbol der thelemitischen LAShTAL-Formel sind: LA (Nichtsein) = O, ShT (Seth) = T, AL (das umgekehrte LA, das umgekehrte Nichtsein, also Sein, bzw. wörtlich übersetzt Alles oder Gott) = O.T.O.
**Die magische Formel des Ordo Templi Orientis ist die LAShTAL-Formel, ein spezieller Bereich des Gesetzes von Thelema.**
Ein Artikel über die Sexualmagie der heutigen Zeit darf auch Austin Osman Spare mit seinem Zos Kia-Kultus nicht außer acht lassen. Für Spare war genauso wie für Aleister Crowley Sex der Schlüssel zur Magie, und Sex ist demzufolge der Schlüssel zu ihren Systemen. Den Unterschied zwischen den Systemen von Crowley und Spare beschreibt Kenneth Grant wie folgt:

> *„Aber wie für Spare Zauberei ein Mittel der Realisierung von Freude ist, der Umwandlung von Alter in Jugend, von Häßlichkeit in Schönheit, von Natur in Kunst, ist für Crowley Magie ein Mittel, Kraft zu erlangen und auszusenden, Schwäche in Stärke zu verwandeln, Unwissen in Wissen. Beide Adepten hatten ihre Vorgänger. Crowleys frühes Streben war stark durch MacGregor Mathers, einer Verkörperung von marsischer Energie, beeinflußt. Spare wurde durch die Hexe Patterson beeinflußt, die archetypische Hexe, welche sich nach Wunsch in ein außerordentlich verführerisches Geschöpf verwandeln konnte.*
> *Crowley und Spare zogen ganz unterschiedliche Arten von Guru in ihre Orbits, mit denen sie ihre Charaktere genauso viel vermischten, wie sie*

*ihrer Arbeit auch ihren eigenen Stempel aufdrückten. Dies erklärt die Tatsache, daß, als Spare eine kurze Zeit ein Mitglied der Bruderschaft des Silbernen Sterns wurde, er nicht lange die Disziplin, welche die Mitgliedschaft forderte, akzeptieren konnte. Seine Konzeption von Freiheit besteht in dem unbegrenzten, künstlerischen Ausdruck des 'innewohnenden Traumes', welcher im gewissen Sinne mit dem von Crowley formulierten Wahren Willen (Thelema) identisch ist...*

*In seiner persönlichen Kopie von Spare's Buch 'The Fokus of Life' (1921) machte Crowley den folgenden Randkommentar: 'Mein Schüler hat viel vom Buch es Gesetzes gelernt. Den Rest hat er aus dem Buch der Lügen gezogen und von William Blake, Nietzsche, und dem Tao Te King'. 9123 fügte Crowley hinzu 'ein zweites Lesen: Das Buch scheint besser und tiefer als ich dachte.'*

*Diese Überlegungen sind interessant, weil sie zeigen, daß Crowley Spare als seinen Schüler in okkulten Angelegenheiten betrachtete und weil sie auch zeigen, wie hoch in Crowley's Einschätzungen Spare's okkulte Einsichten waren, mit welchen er übereinstimmte, weil sie in der gleichen okkulten Tradition wurzelten, die er selbst in einer etwas unterschiedlichen Form erklärt."*

Grant schreibt, daß Aleister Crowley ihm 1945 sagte, daß Austin Osman Spare durch die Kultivierung der Selbstliebe durch Freude ein 'schwarzer Bruder' geworden ist. Der Ausdruck 'Schwarzer Bruder' bezeichnet eine Person, welche sich von dem vorwärtsführenden Strom der Evolution abgeschnitten hat, welche sich aller Veränderung widersetzt und welche Erhaltung ihrer persönlichen, gegenwärtigen Individualität als höchstes Ziel betrachtet.

Diese Aussage wird verständlich, wenn man das Konzept von Thelema, Konversation und Umgang mit dem Heiligen Schutzengel bzw. die Erlangung des Wahren Willens, in die Betrachtung einbezieht. Denn Crowley urteilte ja nicht über Spare's System, sondern über ihn selbst, und sagte damit praktisch, daß Austin Osman Spare es versäumt hat, seinen Wahren Willen zu finden.

Spare's Konzept von Selbstliebe durch Freude entspricht genau dem Zustand des Menschen, der seinen Wahren Willen erlangt hat. Seinen eigenen Wahren Willen zu erfüllen, ist die Selbstliebe, und hat man sich mit ihm identifiziert, ist die Erfüllung dieses Willens auch Freude. Aber dies trifft natürlich erst dann zu, wenn die Primaten-Programme des normalen Menschen überwunden und die Erleuchtungsstufe des fünften Schaltkreises, die Erkenntnis des eigenen Wahren Willens, erfolgt ist. Hat man diese Stufe jedoch nicht erlangt, so bedeutet Selbstliebe durch Freude nichts anderes, als das Verharren in den Primaten-Programmen, ja mehr noch, das immer tiefere Versinken in den roboterhaften Abläufen von Aktion und Reaktion.

Wenn Grant schreibt, daß Austin Osman Spare die in der A... A... geforderte Disziplin nicht lange akzeptieren konnte, so sagt er damit praktisch dasselbe. Denn die in der A... A... geforderte Disziplin wird zum Zweck der Umkehrung der Sinne bzw. der Lösung von den Roboter-Programmen eingesetzt. Diese Art von Schulung bedeutet nichts anderes, als die Dinge, die den Programmen zuwiderlaufen, die Ekel, Abneigung usw. auslösen, zu tun, und sie den freudigen Dingen gleichwertig zu machen. Und dies erfordert natürlich Disziplin, wie alles, was den Gewohnheiten zuwiderläuft. Und auf dieser Stufe von Selbstliebe durch Freude zu reden heißt nichts anderes, als die Roboterprogramme zu verewigen, die Roboterindividualität zum höchsten Ziel zu erheben.

Der ganze Wert des magischen Systems von Austin Osman Spare zeigt sich folglich erst nach Erlangung des eigenen Wahren Willens.

Austin Osman Spare nannte sein magisches System den Zos Kia Kult. Spare nannte sich als Zauberer Zos vel Thanatos oder einfach Zos. Zos definierte er als mit der Einheit von Körper, Geist und Seele, und dieses Zos ist der Alembic seiner Zauberei. Sein magischer Name Zos vel Thanatos zeigt seine grundlegende Identifikation mit Körper und Tod.

Spare's anderes Schlüsselwort ist Kia. Das Wort repräsentiert das atmosphärische 'ich', das kosmische Selbst, welches Zos als sein Aktivitätsfeld benutzt. Der Zos Kia Kult ist so der Kult von Zos, dem ganzheitlichen Körper und Kia, dem kosmischen Selbst. Der Ausdruck Zos Kia Kult impliziert das polarisierte Wechselspiel der sexuellen Energien, der positiven und der negativen Ströme, welche anthropomorphisch durch die Hand und das Auge symbolisiert werden. Das Auge und die Hand sind die Organe, welche, wenn sie koordiniert werden, die Mittel sind, wodurch der Zauberer die im Unbewußten latent vorhandenen ursprünglichen Energien anruft. Die Hand ist Zos und das Auge ist Kia; die alles fühlende Berührung und die alles sehende Vision.

Das System des Zos Kia Kults besteht im wesentlichen aus fünf Elementen:

1. Wille, Wunsch oder Begehren und Glauben, welche als Einheit betrachtet werden.
2. Atavistisches Heimweh - die Sehnsucht nach dem Ursprung.
3. Besessenheit und Ekstase
4. Die Todesstellung
5. Die neue Sexualität

Diese Elemente können nicht voneinander getrennt werden. Keines von ihnen ist höher oder besser als ein anderes, und auch ihre Wechselwirkung ist gleichzeitig. Die Trennung in fünf Punkte geschieht hier nur, um die Besprechung des Zos Kia Kultus zu vereinfachen.

Die Einheit von Wille, Wunsch und Glauben ist sozusagen die metaphysische Basis des Zos Kia Kultus und das Auge und die Hand sind sowohl das symbolische als auch das tatsächliche Mittel der magischen Kontrolle des Bewußtseins.

Das Auge bedeutet zum einen die Imagination, welche wir schon in früheren Kapiteln als unverzichtbaren Bestandteil jeder magischen Handlung kennengelernt haben. Es bedeutet in diesem Zusammenhang aber noch mehr. Das abstrakte Konzept Zos in seinem ursprünglichen Sinn als Quelle der Form und erst von daher der Vision bzw. der Imagination. Als weniger abstraktes Konzept bedeutet das Auge im Zos Kia Kultus genauso wie in vielen anderen Kulten auch die biologische, die weibliche Quelle der Form, jenes 'andere Auge', welches uns schon bei den beiden O's von O.T.O. begegnete.

Die Hand als Symbol des schöpferischen Dranges zu tun, bezeichnet den phallischen Willen.

**Zos Kia ist daher eine Glyphe der Zusammenarbeit von Hand und Auge und enthält daher eine einfache magische Formel, den Willen (Zos) und sein Ausdrucksmittel durch Vermittlung des Begehrens oder der Imagination (Kia).**
Das dritte Element des ersten Punktes ist der Glaube. Spare versteht unter Glaube allerdings nicht den halbherzigen Glauben, der den normalen Menschen eigen ist, daß es über das beweisbare, logische oder naturwissenschaftliche Wissen hinausgeht, daß es eine Identifikation ist, die er Glaube nennt. Dieser Glaube tritt auf, wenn Wille und Wunsch koordiniert werden, so ist das Resultat ein Werk der Kunst oder ein erfolgreiches magisches Werk, ein Pentakel, welches die innere Vision oder den Glauben des Ausführenden darstellt. Die Hand wird so leer, wie das Auge voll wird, leerer und erfüllter Raum. Und so wird Realität erschaffen. Der alte Glaube an die Realität, die alte Sichtweise der alten Realitätstunnel, wird geleert oder aufgelöst und der neue Glaube, die neue Realität wird erschaffen.
Aber, sagt Spare, 'Glaube muß begrenzt sein, um Tiefe und Bedeutung zu haben' und daher wird jeder Glaube, wenn er verkörpert wird, ein Teil der Vergangenheit des Erklärenden selbst, der Glaube ist nicht länger inhärent. Die Essenz von Spare's System ist deshalb das Leben und Entleeren des Glaubens, das ständige Verändern der Realität oder, wie Crowley es ausdrückte 'das Kennzeichen der Götter ist es, zu gehen', womit er genau die gleiche Art von ständiger Veränderung der Realität meinte.
Die Hand als Symbol des Willens oder der Energie, das Auge als Symbol des Wunsches oder der Imagination, und wenn beide zusammenarbeiten, in der richtigen Koordination, entsteht jener vitale, schöpferische Glaube, welcher seine Vitalität, seine schöpfende Energie aus den kosmischen Kraftquellen oder den Archetypen des Unbewußten bezieht und so zur Realität wird, Realität erschafft. Dieser Glaube ist nicht wie Grant sagt, eine psychische Erfahrung, sondern er ist eine Realisierung. Und die Energien, welche diesen Glauben zur Realität machen, können nicht durch Lippenbekenntnisse über Willen und Wunsch erzeugt werden, sondern nur durch so starke, psychische Erfahrungen oder Erlebnisse, daß die Energien des archetypischen Unbewußten freigesetzt werden. Die Gefahren sind natürlich auch wieder die gleichen wie in den vorhergehenden Kapiteln geschildert.
Die anderen eingangs genannten Punkte sind in dem geschilderten Gesamtprozeß enthalten und führen eigentlich nur wichtige, weitere Bestandteile des Prozesses genauer auf. Umgekehrt könnte man allerdings auch sagen, daß jeder dieser fünf Punkte für die Schilderung des Gesamtprozesses verwendet werden kann und dann jeder der anderen wiederum nur Einzelheiten illustriert.
Das atavistische Heimweh bezieht sich auf das Sehnen nach archetypischen Leveln des Unbewußten, in welchen frühere Evolutionsstufen bzw. die Mächte, die Kräfte und das Wissen von früheren Evolutionsstufen enthalten sind, Energien, welche für den geschilderten Prozeß nutzbar gemacht werden müssen.
Besessenheit bezeichnet in unserer Sprache wieder die Einpunktigkeit und Ekstase, die Energie, welche den Glauben vital macht.
Die Todesstellung definiert Spare als 'eine Simulation des Todes durch vollständige Negation des Denkens'. Er sagt: 'durch die Todesstellung ist es dem Körper erlaubt,

spontan zu manifestieren... nur der, welcher seiner Handlungen nicht bewußt ist, hat Mut, jenseits von Gut und Böse und ist rein in seiner Weisheit des gesunden Schlafes'.

In seinen Ausführungen über die Todesstellung hebt Spare interessanterweise die Notwendigkeit der Selbstdisziplin hervor. Er schreibt in 'The Book of Pleasure' in der sechsten Formel von Zos, betitelt Metamorphosen durch Todesstellung: 'Die Kräfte der Visualisierung, Selbstdisziplin und Konzentration sind notwendige Qualitäten. Alle magische Praxis braucht, um effektiv zu sein, großen Mut'.

In Crowleys Sprache ausgedrückt ist die Todesstellung nichts anderes, als das vollständige Leersein vom bewußten oder wissenden Denken, der Zustand, in welchem nur noch der Wahre Wille handelt. Spare schreibt: Inspiration geschieht immer in einem Moment der Leere und die meisten großen Entdeckungen geschehen - zufällig - gewöhnlich durch Erschöpfung des Geistes hervorgebracht ('Book of Pleasure').

Die neue Sexualität beschreibt Spare in seiner ersten publizierten Sammlung von Zeichnungen 'Earth inferno' wie folgt:

> Die Einsamkeit der 'universalen Frau' liegt unfruchtbar
> auf der Brüstung des Unbewußten in der Menschheit;
> und die Menschheit sinkt in die Grube der Rationalität
> Heil! Die Konservation der Zeitalter nähert sich ihrer Grenze
> und mit ihr eine Wiedergeburt der Ursprünglichen Frau.

Die 'universale Frau' ist sowohl der Initiator als auch der Lehrer der neuen Sexualität, welche die Dualität transzendiert.

Die neue Sexualität entsteht nur, wenn der bewußte Geist und Kia eins sind. D.h. wenn der Mensch seinen Wahren Willen nicht nur erkannt, sondern sich auch mit ihm identifiziert hat. Nur in diesem Stadium existieren im Bewußtsein keine Spannungen, welche die Illusion eines individuellen Besitzers des Bewußtseins erzeugen können. Kia, das kosmische Bewußtsein, d.h. das Bewußtsein, welches von den Grenzen der Form frei ist, ist unendlich und unlokalisierbar. Es ist für alle Ziele und Zwecke nichts.

Auch hier wird wieder die Identität zwischen Zos Kia und Thelema deutlich. Im Liber Al vel Legis sagt die Göttin Nuit in Bezug auf die Sexualität 'Aber immer zu mir', was das Gleiche ausdrückt; Sexualität jenseits der Individualität. Sexualität ist hier nichts anderes als Zos und Kia.

Die erste Zeile der Evokation von Zos von Austin Osman Spare beginnt: 'Oh mächtiger Rehctaw!' Rehctaw ist das englische Wort 'Watcher', rückwärts gesprochen, um zu zeigen, daß durch das Zurückwenden des Denkens zu seiner Quelle wir zum Schluß zum Anfang kommen; zu dem Punkt, in dieser rückwärtsgerichteten und 'nostalgischen' Forschung, wo das Wissen aufgegeben ist, wo alle Gedanken schwinden und die ursprüngliche Sexualität - die Göttin - zum Gesetz wird, und sich in reiner Spontaneität manifestiert, ungehindert von jeder individuellen Färbung. Und so ist die 'ursprüngliche Frau' von Spare's neuer Sexualität als die Wiedergeburt der Realität verehrt, welche beim Beenden der Konvention des Herkömmlichen, d.h. das kristallisierten oder verrotteten Glaubens, erscheint.

# Körperarbeit 1. Woche

**Führe zuerst die Massageübungen des letzten Monats durch und schließe dann folgendes an:** Fange jetzt an, mit den drei Mittelfingern jeder Hand genau unter den Augen zu streichen , führe das Streichen wieder deutlich bis zum Schläfenbereich durch, wobei Du die geschwollenen Gebiete genau unter den Augenhöhlen 'ausmelkst' und dann eine durchgehende Bewegung bis zum oberen Rand der Ohren und weiter bis zum Hinterkopf herum ausführst. Mach das zehnmal, aber halte Deine Atmung in Gang. Diese Bewegung hilft Dir, Säcke und Linien um die Augen herum loszuwerden; sie löst auch den harten, kalten und starren Ausdruck, den die Augen vieler Leute entwickeln, auf.

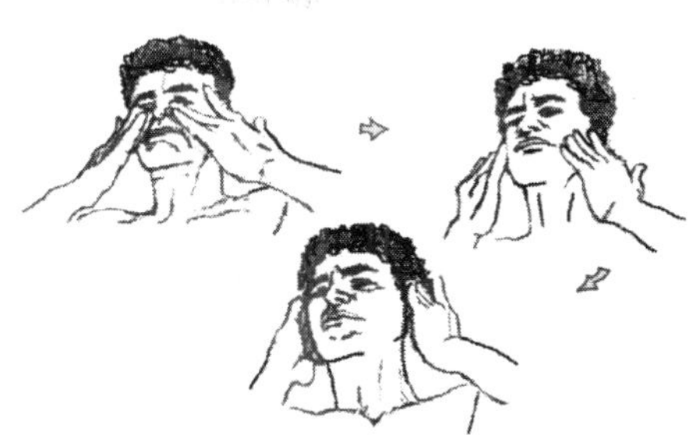

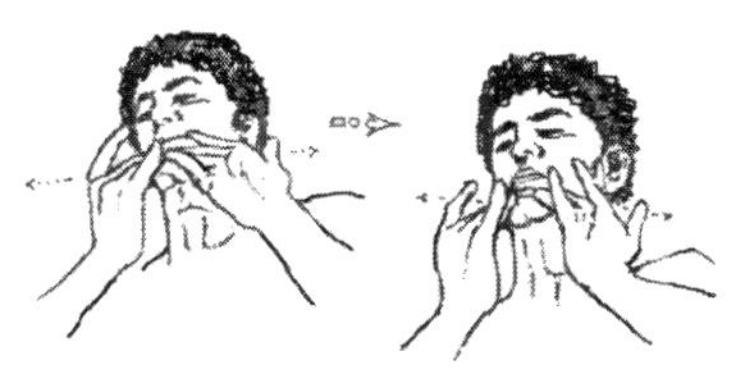

Setze Deine Massage in Deinem Gesicht bis zu den Wangen hinunter fort, Reibe mit kreisenden Bewegungen und festem Druck, fühle die Muskeln unter Deinen Fingern. Verwende eine 'wegwischende' Bewegung. Während Deine Massage sich Dein Gesicht hinunter bis zu den Wangen vortastet, wird vielleicht das Gefühl in Dir aufkommen, daß Du gerne weinen würdest.

Wenn Du deine Oberlippe massierst, magst Du angenehme Gefühle des Lachens und des Phantasierens entdecken...wie von einer Fahrt aufs Land oder die Erinnerung an einen angenehmen Ausflug in der Kindheit.
Gehe nun zur Unterlippe und zum Kinn über, wobei Du besonders auf die Mundwinkel achtest. Im Gebiet zwischen der Unterseite der Kinnwinkel und den Ohren liegt der Masseter-Muskel, der größte Kiefermuskel, mit dem die Kiefer fest aufeinanderzupressen sind. Vergiß'nicht, diesen Muskel mit festem Druck und in einer kreisenden Bewegung zu massieren.

Nimm jetzt Deinen Unterkiefer in beide Hände, halte ihn fest und öffne und schließe Deinen Mund mit Hilfe der Hände, wobei Du deine Zähne aufeinanderklicken läßt - ungefähr 30 mal. Versuche, ob sich Deine Kinnlade noch weiter entspannen kann, so, als ob Du bewußtlos wärst.

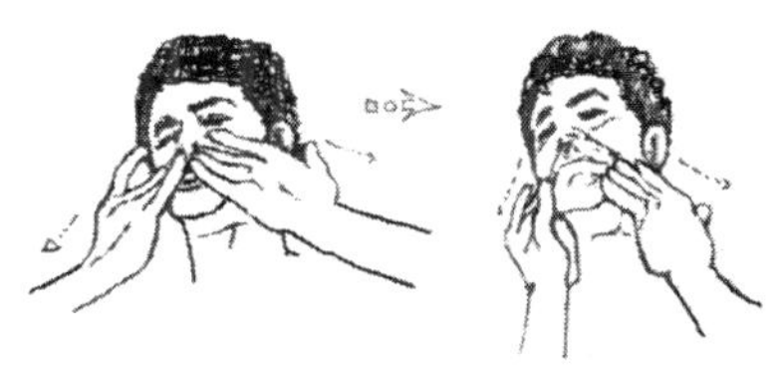

## Meditation erste und zweite Woche - Imaginationstraining

Du hast im letzten Monat in den ersten beiden Wochen jede einzelne Sinneswahrnehmung trainiert. Dabei sind dir ganz bestimmt Unterschiede aufgefallen. Du hattest bestimmt Sinnesorgane, deren Imagination Dir leichter fiel, und welche, mit denen Du Probleme hattest.

**Du solltest jetzt die nächsten beiden Wochen dazu nutzen, alle Sinne gleichgut imaginieren zu können.**

Auf der nächsten Seite findest Du eine Tabelle. Sie hat 14 Reihen und 4 Spalten. In die Reihen trägst Du Dein tägliches Urteil ein. Die 4 Spalten beziehen sich auf die vier verschiedenen Sinneswahrnehmungen. Mache ab jetzt Deine Imaginationsübungen so, daß Du die Sinne, mit denen Du Probleme hast, bevorzugst.

Trage dann in die erste Reihe der Tabelle 'Zensuren' für die Sinne ein.

Die Zensurenskala geht von 1-6, wie in der Schule. 1 ist sehr gut, 2 gut, 3 ist befriedigend, 4 ist ausreichend, 5 mangelhaft und 6 ist ungenügend.

Zum Schluß, am 14. Tag, sollen möglichst in der letzten Reihe nur Zweien und Dreien (besser noch: alles zweien) stehen.

## Imaginationstabelle

| | Sehen | Höhren | Fühlen | Rie./Schmecken |
|---|---|---|---|---|
| 1. | | | | |
| 2. | | | | |
| 3. | | | | |
| 4. | | | | |
| 5. | | | | |
| 6. | | | | |
| 7. | | | | |
| 8. | | | | |
| 9. | | | | |
| 10 | | | | |
| 11. | | | | |
| 12. | | | | |
| 13. | | | | |
| 14. | | | | |

## Körperarbeit zweite und dritte Woche

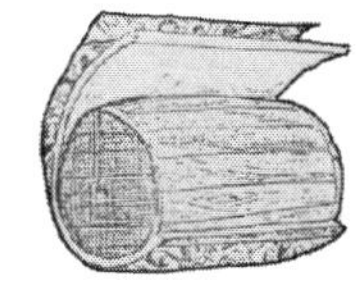

Fertige dir aus einer dicken Decke, welche du fest zusammenrollst, einen tonnenähnlichen Zylinder.
Bevor Du mit den Übungen anfängst, stelle sicher, daß Deine Atmung in Gang ist und daß Du ein wenig Kribbeln in Deinen Händen oder Deinem Körper hast. (Energetisierungsübungen u.ä.) Setze Dich mit dem Rücken gegen die Decke und mache es Dir bequem.

Hebe Deine Arme über Deinen Kopf, und nachdem Du eingeatmet hast, rollst Du rückwärts auf die Decke; laß dabei einen Laut aus Dir heraus... ahhh. Während Du rollst, wirst Du eine Stelle in Deinem Rücken herausfinden, oder vielleicht sogar mehrere Stellen, die verspannt sind.
Wenn das geschieht, rolle mit diesem Gebiet hin und her, um die Befreiung dieses Bereichs zu unterstützen.

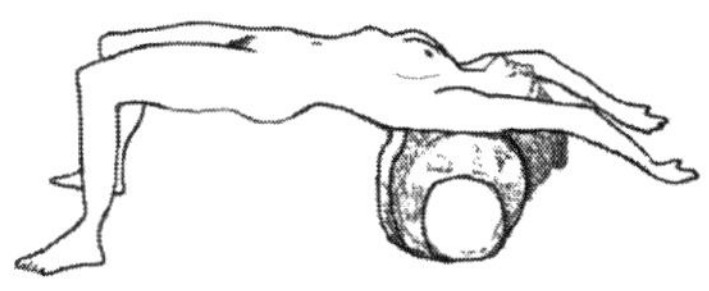

Nun fange nocheinmal an, aus der Ausgangsstellung auf die harte Decke hinaufzurollen. Mach das so lange, bis Du dich von diesen verspannten Gebieten befreit hast und Dein Laut sich nicht mehr verändert, während Du rollst, Mit anderen Worten, der Laut ein fortgesetztes ahhhhhhh ist...

Du brauchst nicht unbedingt eine zusammengerollte Decke, Du könntest auch einen Hocker oder das Ende einer Couch, ein paar zusammengerollte Kopfkissen oder eine ganze Reihe anderer Dinge verwenden; die Benutzung einer Tonne erlaubt Dir jedoch, mit der Geschwindigkeit und in dem Maße hin-und herzurollen, wie es Dir am angenehmsten ist.
Häufig befindet sich die Verspannung, die Du auf der Tonne verspürst, genau an dem Punkt unter dem Zwerchfell. Dies ist der Hauptpunkt, auf den Du Druck ausüben wollen wirst.
Sofern Du keine Tonne hast ... wirst Du wenigstens Deinen Rücken dehnen und Deine Brust so weit wie möglich öffnen wollen.
Nachdem Du das Zwerchfell geöffnet hast, kannst Du weiter zurückrollen und weiter hin- und herrollen, bis Du fähig bist, Deine Schultern auf dem Boden ruhen zu lassen, während nur noch Dein Becken von der Tonne unterstützt wird.

## Meditation 3.-4. Woche

**In den nächsten 14 Tagen sollst Du deine Sinne alle zusammenbringen.**
Du setzt dich in dein Asana und machst ca. 5-10 Min. Mantrammeditation.
Danach begibst Du dich in Geiste an einen Ort Deiner Wahl. Wähle Dir einen Platz, der Dir angenehm ist (z.B. der letzte Urlaub, eine ruhige Waldlichtung, ein Bergsee o.ä.): Du darfst Dich in dieser Vorstellung nicht selbst beobachten. Du mußt Du selbst sein und alles ganz real erleben. Schau dich um in der Gegend, höre die Vögel, den Wind usw., spüre den Boden unter Deinen Füßen, fasse Bäume an oder berühre das Gras. Rieche die Luft, usw. Wenn Du wirklich alle Sinne intensiv mit in Deine Meditation einbezogen hast, dann ist sie genauso real wie das 'normale' Geschehen um Dich herum.

## Körperarbeit 4. Woche

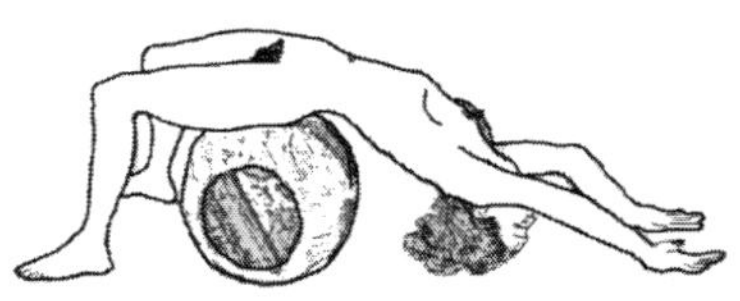

Führe die Übung der letzten Woche durch, schließe jetzt folgendes an:
Begebe Dich in die selbe Haltung, siehe Bild. Diese Übung lockt bei vielen Leuten häufig eine Furcht vor dem Fallen hervor, die dem gleichen Gefühl des Kontrollverlustes verwandt ist, das beim Orgasmus und beim Sich-Verlieben auftritt. Fürchte Dich nicht, Du wirst nicht fallen. Achte auf Deine Atmung und stelle fest, wo Du dich beim Rollen verspannst und anhältst. Übe mit diesen Stellen hin und her, bis Du dich öffnen willst.

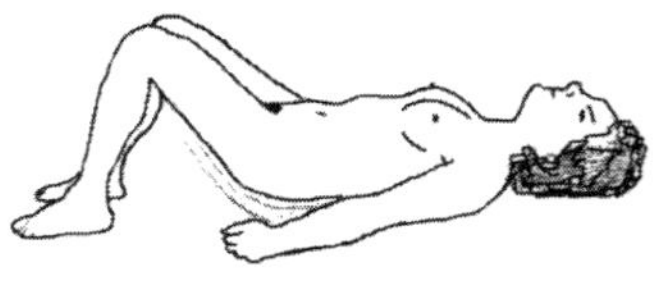

Du bist jetzt bereit, Dich weiter in Deinen Körper nach unten und in das Gebiet Deines Beckens hineinzubegeben. Hebe, während Du mit angezogenen Knien auf dem Fußboden liegst, Dein Becken vom Boden hoch und laß Dein Becken aufprallen. Dann dreh Dich herum und mach diese Prellbewegung in der anderen Richtung.

Es hilft Dir, wenn Du beim Aufprellen die Füße an einer Wand abstützt. Prelle Dein Becken mindestens 25 mal kräftig in beiden Ausgangsstellungen auf den Boden. Dies wird Dein Becken aufwecken, und es wird anfangen, lebendig zu werden.

## Fragebogen

1. Beschreibe Deine Erlebnisse & Fortschritte bei der Körperarbeit.
2. Wie verliefen die ersten beiden Wochen der Meditation?
3. Welche Erfahrungen hast Du bei den Imaginationsreisen gemacht. Schildere detailliert in deinem Tagebuch.

# Lehrhefte für Sexualmagie - Teil 12

## Theorie - Hexen- und Sabbatkulte

Wenn man sich mit dem Hexensabbat beschäftigt, ohne gleichzeitig auf Geschichte und Entwicklung sexueller Gruppenpraktiken oder Orgien einzugehen, so wird man sicher ins Leere greifen. Es bedarf dazu eines tiefgreifenden Wissens um die Vorgeschichte des Sabbats als Orgie, die schon viele Jahrhunderte vor Christi Geburt mit Baal, Osiris und anderen Göttern des Altertums ihren Anfang nahm.

In Rom gab es beispielsweise die sogenannten Bacchanalien, die altrömischen Feste zu Ehren des Gottes Bacchus. Hierbei handelt es sich um Feiern und Gelage, die eine Flut von Beschwerden an den Senat auslösten, welche sich auf den Lärm und die Schreie bezogen, die nachts in den Straßen widerhallten. Man behauptete, daß auf diesen Festen wild getanzt wurde und Kinderopfer dargebracht wurden, und daß obendrein Inzest und wahlloser Sexualverkehr stattgefunden hätten.

Man findet Schilderungen, daß Manichäer, die im Jahre 1022 auf dem Scheiterhaufen hingerichtet wurden, Versammlungen schilderten, die dem späteren Konzept des Hexensabbats stark ähnelten. Auf diesen Versammlungen führte der Teufel in Tiergestalt Vorsitz, es wurden Kinder ermordet, und schließlich fanden auch sexuelle Orgien statt.

Bei solchen Versammlungen fand gewöhnlich der Geschlechtsverkehr in Massen und völlig zwanglos statt, mit Ausnahme des geforderten blutschänderischen Verkehrs und gewisser anderer Formen der körperlichen Vereinigung, die magischen Zwecken dienen sollten. Der Verlauf des Sabbats wird meist wie folgt geschildert:

Ein Zug und Prozession, die Huldigung Satans, eine schwarze Messe, die mit den Hexentreffen nicht das geringste zu tun hatte, sondern lediglich eine Erfindung von Schriftstellern war. Trotzdem scheint es gewisse Riten gegeben zu haben, die christliche und vor allem katholische Bräuche nachahmten und wahrscheinlich den Grundstein zu jener Vorstellung von der schwarzen Messe legten, die sich im Laufe der Zeit entwickeln sollte.

Gewöhnlich flogen die Hexen zum Sabbat, obschon sie auch manchmal zu Fuß dorthin gingen, weshalb die Christen im Mittelalter darüber diskutierten, ob diejenigen, die zum Sabbat zu Fuß gingen, genauso schuldig zu sprechen seien wie jene, die mit Hilfe des Teufels dort hinflogen.

Der Hexensabbat setzt sich entweder aus wenigen Personen oder aber aus tausenden von Teilnehmern zusammen. Man findet die Unterscheidung, daß die häufiger stattfindenden und weniger umfangreichen Hexenversammlungen als 'Esbat' bezeichnet werden. Es gibt Berichte, daß die Hexen auf ihrem Flug zu einem großen Hexensabbat in solchen Horden aufgetreten sind, daß sie den Himmel verdunkelten. Einer der ältesten Berichte über eine solche Massenversammlung stammt aus dem Jahre 1440.

Auf dieser Versammlung erschienen nur Frauen, etwa zehntausend Hexen, die den Teufel in Gestalt eines Katers anbeteten und dort Gifte sowie unwettererregende Pulver erhielten und auch in anderen verbrecherischen Taktiken unterwiesen wurden.

Später fand ein Bankett statt, an dem sie teilnahmen. Sie verkehrten sexuell mit den Incubi und flogen dann auf ihren Besenstilen wieder heimwärts.

Es gibt mehrere Berichte, daß der Hexensabbat mehrmals wöchentlich oder sogar jede Nacht stattgefunden hat, wobei sehr unterschiedliche Meinungen über Häufigkeit und über besonders geeignete Tage vorherrschten. So gab es die Meinung, daß sich die Hexen am Sonnabenden nicht treffen könnten, weil dieser Tag der Mutter Gottes gewidmet sei, genauso wie für den Sonntag, den Tag des Herrn. Doch genauso gab es die Annahme des Gegenteils, daß der Teufel den Hexensabbat vor allem auf den Sonntag, und andere heilige Festtage verlegte, um so ein noch schlimmeres Relikt zu begehen, und daß seine schrecklichen Feiern nur an Kirchenfesten wie Ostern und Weihnachten stattfanden. Die wichtigsten Sabbatanlässe waren der 2. Februar, der 30. April - die Walpurgisnacht - der 1. August und der 31. Oktober, Allerheiligen.

Ein sehr schönes Beispiel waren die Nonnen eines Viliers-Klosters. Sie behaupteten, daß der Sabbat sehr oft abgehalten wurde, und bekannten, daß sie jede Woche ein paarmal auf dem Sabbat gewesen wären. Sie erstellten einen sogenannten erotischen Stundenplan: Montags und dienstags hererosexuelle Paarung; donnerstags sexuelle Befriedigung mit dem Mund mit homosexuellen und heterosexuellen Partnern; und am Sonnabend sodomitischen Verkehr mit Haustieren und Drachen.

Der Hexensabbat wurde meist auf Berggipfeln abgehalten, allgemein bekannt sind der Blocksberg oder Brocken im Harz und der legendäre Venusberg oder Mons Veneris. Ferner waren gut geeignete Orte für den Hexensabbat auch Kreuzwege, Wiesen, Wälder, Privathäuser und vor allem leere oder abgelegene Kirchen.

Die Zeit für den Sabbat war gewöhnlich die Nacht, noch besser Mitternacht - die sogenannte Geisterstunde. Das Ende des Sabbats war gewöhnlich die Morgendämmerung, was damit begründet wurde, daß auch Vampire zu dieser Zeit in ihre Gräber zurückkehren mußten, und daß die Frühmesse begann.

Konnte eine Hexe aufgrund von Krankheit oder irgendeiner dringenden Angelegenheit dem Sabbat nicht körperlich beiwohnen, so gab es natürlich trotzdem die Möglichkeit, dabei zu sein. Beispielsweise erklärte Priesias, daß diese Hexen, die nicht am Sabbat teilnehmen konnten, ihn in ihrem Bett liegend mitzumachen vermochten. Zu diesem Zweck brauchten sie nur eine ihrer notwendigen Zeremonien durchzuführen, sich beispielsweise auf die linke Seite drehen und den Teufel anrufen, daß er sie befähigen möge am Sabbatgeschehen teilzunehmen. Diese Methode war natürlich nicht ungefährlich, da ein wachsamer und über diese Dinge bescheid wissender Ehemann seine Frau bei einem derartigen Verhalten überraschen konnte, zumal sich die Hexe unter Umständen durch einen bläulichen Dampf verriet, er aus ihrem Mund strömte, und in welchen sie den ganzen Hexensabbat mit den Augen verfolgen konnte.

Von vielen Dämonologen wurde behauptet, daß durch einen auf dem Hexensabbat stattfindenden Sexualverkehr keine Schwangerschaft entstehen könnte, die natürlich von Bauersfrauen besonders wegen ihrer Armut sehr gefürchtet wurde. Hierfür gab es einen Befehl des Teufels, der seinen Anhängern vorschrieb, daß keine Frau dem Sabbat 'schwerer' verlassen dürfe als sie gekommen sei. Forscher der heutigen Zeit sind deshalb zur Meinung gelangt, daß dort analer Verkehr häufiger geübt wurde als der normale Koitus. Zu dieser Annahme kam man dadurch, daß das Prinzip von Satan darin bestand, alles von hinten zu tun. Ich würde jedoch eher zu der Annahme neigen, daß die Tatsache einer nicht vorkommenden Schwängerung auf eine astrale Durchführung zurückzuführen ist.

Der Glaube an die Zauberkraft der menschlichen Ausscheidung, zu denen in diesem Fall auch Sperma, Menstruationsfluß und anderes gehört, reicht in die Urzeit der menschlichen Entwicklung zurück. Dieser Glaube ist sowohl bei untergegangen als auch bei heutigen primitiven Völkern noch anzutreffen. Natürlich existierte er in der Vergangenheit auch unter den zivilisierten Völkern, und auch heute noch kann man Überreste davon entdecken.

In der westlichen Welt wurden Exkremente, die ursprünglich einmal gute Mächte symbolisierten, als Mittel des Bösen betrachtet. Das Weihwasser für die teuflischen Sabbate bestand aus Urin, wie berichtet wird: 'Um Weihwasser herzustellen, pißt der Teufel in ein Loch im Boden, worauf ein Zelebrant die Andächtigen mit diesem Urin mittels eines schwarzen Wedels besprengt.' Hexenjäger und andere 'Autoritäten' auf diesem Gebiet waren ziemlich lange von der Tatsache verblüfft, daß das von den Hexen verwandte Weihwasser angeblich gelb sein sollte. Berichte über gewisse mißfarbene Hostien erzielten denselben Effekt. Als bekannt wurde, daß zur Herstellung dieser Hostien Kot, Menstruationsblut, Eiter und andere Ausscheidungen benutzt wurden, war dieses Rätsel gelöst.

Aus den gleichen Substanzen wurde ein Gebräu gebildet, das eine Nachahmung des Heiligen Blutes Christi sein sollte. Zwar war der Glaube weit verbreitet, daß der Hexensabbat nur an Orten abgehalten werden kann, an denen sich Wasser befindet, doch schien der Urin dieses Erfordernis des öfteren überflüssig zu machen. Bei der sich etwas später entwickelnden 'schwarzen Messe' wurden obszöne Darstellungen von den Heiligen, der Jungfrau Maria und dem Sohn Gottes verwandt. Man sah in manchen Fällen das rot bemalte und lüsterne Abbild der Mutter Gottes mit Brüsten, an denen man saugen konnte und mit einer Vagina, in die der Penis eingeführt werden konnte. Die Nachbildungen Christi besaßen meist einen Phallus, den die Teufelsanbeter in den Mund nahmen oder aber in Vagina oder After einführten.

Gelegentlich band man auch einen wirklichen Menschen ans Kreuz; der Same wurde dann blasphemisch in einem geweihten Abendmahlskelch aufgefangen und zur Zubereitung der Hostie benutzt.

Das Sperma bildete zusammen mit Exkrementen und Menstruationsblut einen wichtigen Bestandteil der Teufelshostien, die durch die entsprechenden Worte in den Leib Christi verwandelt wurden. Danach führte man diese Hostien in den After oder die Vagina ein, um sie schließlich zu verzehren.

Manchmal gab es auch ungewöhnlich große Hostien, die in der Mitte aufgeschlitzt waren und als künstliche Scheiden benutzt wurden, mit denen die Priester Unzucht trieben. Während sie die Mutter Gottes schändeten oder mit Christus sodomitisch verkehrten, wurden Flüche ausgestoßen. Schwarze Abbilder Christi hingen mit dem Kopf nach unten, den Rücken den Teufelsanbetern zugewandt, so daß die Priester sodomitisch mit ihnen verkehren konnten.

Ein gutes Beispiel für hauptsächlich auf die Überlieferung von Satanisten und Teufelsanbetern aufgebauten Schriften ist der Marquis de Sade, der eine Szene schildert, in der die Vagina eines Mädchens eine kleine Christusfigur und in ihrem After eine Hostie eingeführt wird, die der Priester dann durch sodomitischen Sexualverkehr und laute Gotteslästerung zerstört, 'während der böse Fluß seiner Geilheit über den Leib des Erlösers kommt.'
Ein Großteil der Hexenmagie oder Zauberei war nicht nur auf sexuelle Verhaltensweisen, sondern auch auf die Fortpflanzung gerichtet. Die Magie wurde dazu benutzt, die sinnlichen Leidenschaften zu entfachen oder zu unterdrücken, man konnte Impotenz, Frigidität, Abtreibungen und Fehlgeburten bewirken.
Es gab beispielsweise auch Techniken, mit deren Hilfe die Hexen das Urinlassen verhindern konnten und die auch dazu diente, Männer impotent zu machen: Das Knüpfen von Knoten in einen Strick. Viele Männer, die unter solchem Hexenzauber standen und nicht mehr urinieren konnten, litten entsetzlich und starben daran.
Verzauberungstechniken mit Wachsfiguren wie in den Voodoo-Kulten waren auch bei den Hexen nicht unbekannt. Aus dem zwölften Jahrhundert gibt es Berichte, daß Hexen wächserne Abbilder verwandten, um in den Männern und Frauen körperliche Begierden hervorzurufen, oder auch um ihnen Schaden zuzufügen. Auf diese Wachsfiguren wurden Beschwörungsformeln gesprochen, und sie wurden mit Liebkosungen überschüttet. Es gab noch viele andere Möglichkeiten, die Figuren magisch zu beeinflussen und so die gewünschte Wirkung zu erzielen, die ja auch in Nymphomanie oder dem männlichen Gegenstück der Satyreases (sexuelle Unersättlichkeit bei Männern) bestehen konnte.
Viele der Phänomene des Hexenwesens sind mediale Tranceerscheinungen gewesen. Die Tänze auf dem Sabbat dienten dazu, die Tanzenden in einen Trancezustand zu versetzen, was man heute noch bei vielen primitiven Völkern findet. Die Techniken des Tanzes werden auch heute noch bei den Derwischen, die die Sufilehre praktizieren, und den Voodoo-Tänzern praktiziert.
Teilnehmer von Voodoo oder ähnlichen Riten erleben dabei eine Art halluzinatorischen Geschlechtsverkehr mit einem Gott in Menschen- oder Tiergestalt. Worüber die Wissenschaft jedoch nach wie vor stolpert, ist, daß Hypnose, Hysterie oder Trance keine allgemein gültige Erklärung für die Dämonenerlebnisse darstellen, da sich ja schließlich der Geschlechtsverkehr mit Incubi und Succubi nicht nur auf den Hexensabbat beschränkte.
Das Interesse an der körperlichen Beschaffenheit von Dämonen in Bezug auf den Hexensabbat bezog sich im allgemeinen auf ihren Phallus beziehungsweise ihre Phalli, da sie häufig zwei oder drei besaßen. Die Beschreibung der Größe und der materiellen Beschaffenheit fällt sehr unterschiedlich aus. So wird berichtet, daß sich der Penis des Dämons an dessen Hinterteil befände, während andere wieder behaupteten, daß er über einen vorderen und einen hinteren Phallus verfüge. So gibt es wieder von Prierias einen Bericht aus dem Jahr 1521, daß der Incubus beim Geschlechtsakt einen Phallus verwende, welcher wie die Zunge einer Schlange gespalten sei. Dadurch sei er in der Lage gewesen, gleichzeitig einen vaginalen und einen analen Akt auszuführen.

Doch schien der Teufel ein derart vielseitiges Geschlechtsorgan immer noch nicht zu genügen, da ihm manchmal ein sich dreifach gabelnder Penis zugeschrieben wurde, der einem Dreizack ähnelte, so konnte er mit der Hexe nicht nur normalen und sodomitischen Geschlechtsverkehr gleichzeitig ausführen, sondern dazu noch Befriedigung mit dem Mund verlangen. Hier gibt es auch Parallelen zu dem Gott Dionysos oder Bacchus, dem ein Di-Phallus bzw. ein Tri-Phallus zugeschrieben wurde.

## Der Orgasmus

Vielleicht kann keine der dem Menschen bekannten Erfahrungen dichter an eine höchstmögliche Erfahrung eine Vereinigung mit dem universalen oder kosmischen Bewußtsein herankommen, als der Orgasmus. Er ist die Vollendung der Erregung und ihr Höhepunkt, eine unserer lustvollsten, befriedigendsten, manchmal Ehrfurcht einflößenden und doch vergänglichen natürlichen Gaben. Immer wieder streben wir einem Orgasmus entgegen. Für manche ist er die letztmögliche Erfahrung, anderen bedeutet er etwas weniger. Manche Leute erfahren Orgasmen, die wie Himmelsraketen explodieren, andere solche, die einem kleinem Streichholz gleichen, das angezündet wurde, um die Dunkelheit eines trüben Lebens abzuwehren. Und es gibt viele Leute, die nicht fähig zu sein scheinen, überhaupt einen Orgasmus zu erfahren.
Wenn Deine Erfahrungen nicht in der ersten Gruppe liegen, brauchst Du diesen Zustand nicht als 'die Art, wie Du eben bist' zu akzeptieren. Dein Orgasmus kann durch viele Übungen verbessert werden. Da es viele Dinge gibt (und manchmal scheinen es zu viele zu sein), die nicht zum Besseren gewendet werden können, so daß wir lernen müssen, mit ihnen zu leben, solltest Du, wenn es etwas gibt, was Du ändern kannst, es auch um Himmels Willen tun! (Noch besser: es um deinetwillen tun).
Aber, was ist ein Orgasmus? Worüber spreche ich dabei? Es gibt keinen Regelorgasmus, jeder hängt von der Aufnahmefähigkeit des Individuums für Vergnügen und Erregung ab. Eine vergleichende Studie ist gewiß lächerlich. Ein Orgasmus ist eine subjektive Erfahrung, die man unmöglich messen und in einen Zettelkasten einordnen kann.
Was ich tun könnte, wäre, einen Orgasmus von verschiedenen Gesichtswinkeln aus zu beschreiben. Zuerst könnten wir über die Physiologie eines Orgasmus sprechen - was findet dabei auf der anatomischen, körperlichen Ebene statt. Würde ich das tun, würde ich einen komplizierten Zusammenhang von anatomischen Reaktionen beschreiben, der lange Zeit ein bevorzugtes Thema literarischer Dichtung und Vorstellungskraft war (und ebensosehr einiger wissenschaftlicher Einbildungskraft!).
Wenn Du die erhältliche Menge der Falschinformationen vermeiden willst, verweise ich dich wegen gründlicher wissenschaftlicher Informationen auf die Studien dieses Bereichs, die von Masters und Johnson mit ihrem umfangreichen Beitrag „Die sexuelle Reaktion" eröffnet wurden. Mir persönlich kam jedoch diese Art von Lektüre immer etwas stumpfsinnig vor.
Ich ziehe es vor, hier den Vorgang eines Orgasmus zu besprechen, wie er abläuft und welche Stufen zu ihm hinführen. Mit diesem Wissen kannst du die Qualität Deiner

Orgasmen verbessern. Wilhelm Reich entwickelte eine Orgasmustheorie, die ich im folgenden Diagramm dargestellt habe.

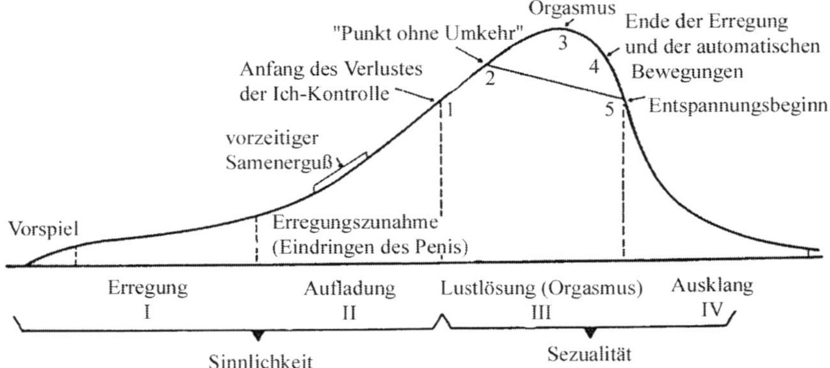


Der Orgasmus kann in vier bedeutende Abschitte unterteilt werden, obgleich sie in Wirklichkeit fließend ineinander übergehen. Die vier Abschitte sind im Diagramm mit römischen Ziffern bezeichnet und unterscheiden sich in folgender Weise:

I. Erregungsphase.

II Fortsetzung der Erregungsphase, was auch dem Anwachsen einer Aufladung entspricht (einige Leute verwenden hier den Begriff Plateauphase).

III. Lösungsphase und Entladung der angesammelten Energie (der Orgasmusreflex).

IV. Ausklang (Erholungsphase).

Phase I schließt jede Form der Erregung ein, sei es nur durch Ansehen, durch Sprechen oder durch Denken... alles, was Erregung aufbaut, ist eine Form des Vorspiels. Die Stelle der Kurve, die mit „Vorspiel“ beschriftet wurde, liegt dort, wo man mit Berühren, Küssen usw. anfängt. Wenn die Erregung steigt, kommt dann ein plötzlicher Energiezuwachs, der die Kurve zum Orgasmus ansteigen läßt. Das kann der Zeitpunkt des Eindringens des Penis sein oder auch nicht, jedenfalls ist es der Punkt, von dem ab die Möglichkeit des weiteren Zuwachses bis zu einem Orgasmus wahrscheinlicher wird.
Auf diese Weise beginnen der Aufbau und die Speicherung von Energie (Erregung). Hier beginnt die

Stufe der Aufladung (Phase II). Anfangs werden Deine Bewegungen vom Kopf aus (unter der Kontrolle Deines Ichs) gelenkt. Diese Bewegungen können unterbrochen werden, um alle möglichen lustvollen Dinge zu machen, wie Wechsel der Körperlage, Abschnitte der Ruhe, einfach alles, was Spaß macht. Wenn es hier eine Unterbrechung gibt, stört das gewöhnlich nicht den weiteren Ablauf der Erregung.
Steigt die Erregung weiter an, geht die Kurve in Phase III (Lustlösung) über, wenn an Punkt 1 der Verlust der Ich-Kontrolle beginnt. Bei 2, dem Punkt, nach dem es keine

Umkehr mehr gibt, erhöht sich das Tempo Deiner sexuellen Bewegungen, auch das Deiner unwillkürlichen Körperbewegungen.
Von hier ab ist eine willkürliche Beherrschung des Erregungsverlaufes nicht mehr möglich. Die körperliche Erregung wird zunehmend in den Genitalien konzentriert und eine Art schmelzender Empfindung setzt ein. Diese Erregung löst die ersten Kontraktionen der gesamten Muskulatur der Genitalien und des Beckenbodens aus. Diese Kontraktionen treten in Wellen auf, und die Wellenkämme fallen mit der vollständigen Vorwärtsbewegung des Beckens bei der Ausatmung zusammen.
Bei der Frau zieht sich die weiche Muskulatur der Scheide zusammen; je heftiger der Orgasmus, desto deutlicher sind die Kontraktionen wahrnehmbar. Beim Mann lösen diese Kontraktionen den Samenerguß aus. Mit jedem Stoß wird das Becken vorwärts und nach oben gezogen. Alle Flexoren (Muskeln) des Bauches ziehen sich kräftig zusammen; gleichzeitig wird der sakrale (am unteren Rückenende liegende) Bereich entspannt.
Manche Leute schaffen es nicht während des Geschlechtsverkehrs, im unteren Rückenbereich loszulassen, und nehmen anschließend Rückenschmerzen wahr. Im Kern haben sie gegen sich selbst gearbeitet. Schmerzen im unteren Rücken sind 'zu großer sexueller Aktivität' zugeordnet worden, während in Wirklichkeit nicht zuviel Sex, sondern zuviel Zurückhaltung der Grund ist.
Vom Punkt der Umkehr (2) bis zum Nachlassen der unwillkürlichen Bewegungen (4) erstreckt sich eine Periode erhöhter Lustgefühle, die als der Orgastische Gipfel angesprochen wird. Bei 4 beginnt die Erregung zu verschwinden, und die Wahrnehmung und die Kontrolle kehren langsam in den Körper zurück. Die unwillkürlichen Bewegungen halten noch eine Weile an (bis 5), dann geht alles in Entspannung über:
Phase IV, die Erholungsphase oder der Ausklang. Sie ist ein Zeitraum, in der weitere Anregung bis zum Orgasmus nicht möglich ist. Bei Frauen kann dies eine Zeitspanne sein, die von Sekunden bis zu einer Stunde und länger reicht, bei Männern ist die Erholungszeit länger. Gewöhnlich muß ein Mann von fünf Minuten bis zu einer Stunde länger warten, bevor der Zyklus seines Orgasmus wiederholt werden kann.
Dieses Diagramm gibt ziemlich genau die männliche sexuelle Reaktion wider; bei Frauen gibt es eine größere Spannbreite der Reaktion. Hier stelle ich einige typische weibliche Muster etwas genauer dar, die ich dem Werk von Masters und Johnson entnommen habe.

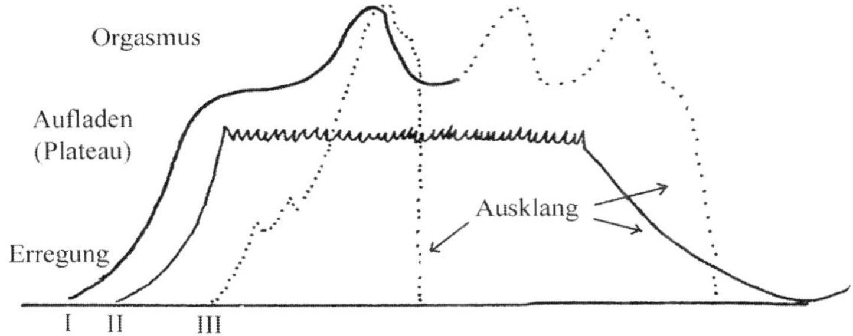

1. Ein typisches Ansteigen der Erregung bis zum Plateau, dann orgastische Lustlösung. Wenn die Erregung groß genug ist und aufrechterhalten bleibt, wird die Plateau- oder Aufladungsphase nicht wieder unterschritten, und ein kleiner Anreiz (der auch in innerer Erregung liegen kann) wird eine mehrfache Erfahrung des Orgasmus gestatten.
2. In dieser Art Zyklus (der nur zu häufig erfahren wird) erreicht die Frau die Plateauphase, ist jedoch nicht fähig, einen Orgasmus zu erlangen. Wenn das geschieht, folgt gewöhnlich eine längere Periode des Ausklangs, der die Frauen meistens enttäuscht zurückläßt.
3. Manche Frauen durchqueren sehr schnell die Erregungs- und Plateauphase bis zum Orgasmus. Ihre Ausklangsphase ist sehr kurz (sie schlafen vielleicht sogar ein oder werden durch die rasche Spannungslösung bewußtlos).

Um es noch einmal zusammenzufassen, der Körper beginnt die Reise als ein 'denkendes' Wesen, das soviel Vergnügungen wie möglich aus dem erlangt, was nach der Entscheidung des Kopfes, des Ichs, als lustvoll angesehen wird. Wenn die Bewegungen sich während des Geschlechtsverkehrs oder sonstiger Reizung fortsetzen, und wenn der orgastische Reflex einsetzt, beginnen die Bewegungen im Becken, und du gerätst 'außer Kontrolle' (außerhalb vernünftiger, willentlicher Kontrolle). Nach und nach verschiebt sich die Bewegungsrichtung, so daß das Vorwärtsstoßen des Beckens immer mehr von den Füßen oder dem Boden ausgeht. Dann kommt ein Punkt, nach dem es keine Umkehr mehr gibt, nachdem die Bewegung vom Becken aus zum Kopf hinausfließt. Wenn man dann vollständig mit dem schmelzenden Gefühl des orgastischen Reflexes mitfließt, folgt mit dem Anwachsen des Gefühls einhergehend das Loslassen des Ichs.

Für viele Leute tritt ein Problem auf, wenn die reflektorische Handlung gerade beginnen will; es tauchen plötzlich eine Anzahl von Ängsten auf.

Eine der Ängste, die Du während des Geschlechtsverkehrs ebenso wie in anderen Situationen erfahren magst, ist die 'Deinen Verstand zu verlieren' - verrückt zu werden - wenn Du deinen Verstand losläßt. Leute, die sich vom Kopf her bestimmen, Denkertypen, laufen Gefahr, sich in ihrem Denkprozeß festzufahren, wenn sich ein Orgasmus nähert, und schalten dann ihre sexuellen Energien ab. Energie muß im Körper frei fließen, weil ein Orgasmus eine reflektorische Reaktion ist. Es ist ebenso schwierig, Dich selbst durch Denken zum Niesen zu bewegen, wie durch Denken zu einem Orgasmus zu gelangen!

Die Angst zu fallen ist eine weitere ursprüngliche Furcht, die durch das Nahen eines Orgasmus ausgelöst wird. Wenn Du deine Ich- oder Verstandesfunktion losläßt, bekommst Du tatsächlich den Eindruck des Fallens. Das kann sehr furchterregend sein. Es kann sich manchmal auch Todesangst ergeben.

Die Verbindung von Tod und Orgasmus ist eine bekannte Erscheinung. Reich sah das Streben nach der Nicht-Existenz, dem Nirvana, dem Tod, als identisch mit dem Streben nach orgastischer Erlösung an. Das brachte ihn dahin, zu glauben, daß der Orgasmus der wichtigste Ausdruck des Lebendigen ist. Reich führte zwei Arten der Einstellung gegenüber Tod und Sterben an; entweder besteht die Vorstellung einer schweren Verletzung oder Zerstörung des seelisch-körperlichen Orgasmus (die in

diesem Fall von tiefer Angst begleitet wird und sich um genitale Kastration herum gruppiert) oder sie werden als eine Art körperliche Auflösung, als ein Dahinschmelzen angesehen, was vollem orgastischen Genuß und Vergnügen ähnlich ist.
Freud stellte zuerst die Behauptung auf, daß Lust aus der Freisetzung von körperlichen Spannungen hervorgeht. Er setzte den Grad der Lust, die jemand empfand, mit dem Ausmaß der entladenen Spannung in Beziehung. Er hatte recht. Je größer Deine Aufladung, desto schneller kommt Deine Auflösung und desto größer ist Dein Vergnügen.
Einige Männer müssen ihre Aufmerksamkeit ablenken, um während eines Geschlechtsverkehrs länger eine Erektion aufrechtzuerhalten. Sie denken an ihre Großmütter oder Gemüsegärten, weil sie sonst zu schnell einen Höhepunkt erreichen. Die Erektion dauert länger, wenn er die Energie in seinem Körper ausbreitet, und er kann gleichzeitig voll die Reize und die Erregung genießen, die seine Aufladungsphase mit sich bringt.
Bei einer Frau mag ein ähnlicher Ablauf auftreten. Sie mag zwar einen Orgasmus erfahren, es handelt sich aber nur um eine geringe Aufladung und Lösung. Eine Frau ist fähig, mehrfache Orgasmen zu haben, dazu ist es aber wesentlich, daß sie zwischen ihnen ihre Energie zu erneuten Aufbau aufrechterhält. Wenn ihre orgastische Spannung gering ist, ist ihr Orgasmus ebenso schwach, und häufig bleibt ihre Spannung zurück, was einen erneuten Anstieg zu einer weiteren (wieder enttäuschenden) Lustlösung verhindert. Es ist möglich, diese Unterschiede zwischen Mann und Frau ausdrücklich hervorzuheben, doch ich meine, ebenso wie Masters und Johnson, daß beim Vergleich zwischen männlichen und weiblichen Sexualreaktionen häufig die Ähnlichkeiten bedeutsamer sind als die Unterschiede.
Stan Keleman, ein Lebensenergietherapeut, hat beobachtet, daß uns unsere Kultur mit einem hohen Grad sexueller Reize, aber mit wenig orgastischer Ausdrucksmöglichkeit ausstattet. Frauen werden gelehrt, aufreizend zu sein, und Männer werden gelehrt, von einer Haltung aus zu leben, die er mit 'von der Schwanzspitze aus' beschreibt...der Einstellung eines Deckhengstes.
Diese beiden Rollen betonen von außen kommende Reize auf Kosten des inneren Wachstums...erhöhte sprühende Erregung, die die Tiefe der Gefühle des Menschen und seine inneren Bewegungen und Schwingungen verleugnet. Die tieferen orgastischen Zustände gehen vom Inneren aus. Es ist einfach genug, mit diesen äußeren Reizen klarzukommen, wenn aber die Gefühle von innen zu kommen beginnen, werden viele Leute innehalten und dieses innere Pulsieren abscheiden, weil sie sich überwältigt und verängstigt fühlen.

## Meditation 1. Woche - Kugelmeditation

Setze Dich in Dein Asana und mache ca. 15-20 Min. Körpermeditation.
Behalte dann das entstandene Körpergefühl bei, aber verlagere Deine Aufmerksamkeit auf ca. einen halben Meter über Deinen Kopf.
Wenn Du konzentriert dort hinspürst, so wirst Du eine Kugel bemerken.
Sie hat etwa ein halben Meter Durchmesser. Sie ist strahlend und pulsierend.

Konzentriere Dich ganz auf diese Kugel und achte auf alles, was von ihr ausgeht. Du mußt sie spüren, sehen und hören können (hören deshalb, weil sie sich schnell dreht: denke an einen Kreisel für Kinder).
Diese Kugel ist Kether am Baum des Lebens. Bei den Indern heißt sie tausendblättriger Lotus.
Die Kraft, die von ihr ausstrahlt und die Du in dieser Woche spüren wirst, kannst Du Dir für alle magischen Zwecke nutzbar machen. Wir werden sie zunächst zur Stärkung Deines Astralkörpers benutzen.

## Körperarbeit 1. Woche

Alle im folgenden genannten Übungen kennst du bereits. Mache sie in der angegebenen Reihenfolge. Schließe ab mit selbst ausgewählten Massagetechniken aus dem Kurs des letzten Monats.

1. 3x Bogen
2. Schmetterling
3. Beckenklatschen
4. Beckenkreisen
5. Massagetechniken aus Sexualmagie XI

## Meditation 2. Woche - Kugelmeditation II

Wir wollen uns diese Woche weiter mit Kether beschäftigen. Wir wollen sehen, ob wir mit der Kugel 'kommunizieren' können. Das heißt, wir wollen sehen, ob sie sich verändert, wenn wir uns verändern.
Mache die Übung ganz genauso wie letzte Woche. Nach einer halben Stunde sollte Dein Körperbewußtsein gut entwickelt sein, und die Kugel muß wenigstens gesehen und gespürt werden.
Jetzt beginne zu hecheln, so wie Du das von der Bioenergetik her kennst. Achte aber die ganze Zeit, während Du hechelst, auf die Kugel.
Verändert sie ihr Aussehen oder ihre Strahlung?
Fühlt sie sich anders an?
Notiere alles sorgfältig.
In der zweiten halben Stunde der Meditation solltest Du etwa alle 10 Min. hecheln, so daß Du den Vorgang 3x wiederholst.
Hechle so lange es geht (max. 5 Min.) und dann beobachte 5 Min. Dann wieder hecheln usw. Achte auf die Kugel und auch auf Dein Körpergefühl. Erkennst Du Zusammenhänge zwischen den Veränderungen der Kugel und den Veränderungen Deines Körperempfindens?

# Körperarbeit 2. Woche

Diese Woche ist unser Programm etwas umfangreicher. Bevor du mit der Reihe beginnt, informiere dich noch einmal über die korrekte Durchführung der im folgenden angegebenen Übungen. Dies ist eine spezielle Folge zur Lösung von Beckenverspannungen, eine Kombination von Energetisierung und Entspannung.

1. Bogen
2. Hecheln im Stehen
3. Beckenkreisen
4. Schmetterling
5. Entspannungstechnik aus Sexualmagie X für Nacken und Brust
6. Kurze Körpermeditation in die Genitalien (ca. 5 Min.)
7. Arbeit mit der Tonne (Sexualmagie XI)
8. Beckenklatschen auf dem Rücken liegend.
9. Beckenklatschen auf dem Bauch liegend.
10. Wiederholung von Pkt. 6

## Meditation 3. Woche - Kugelmeditation III

Die Übung geht so wie die der letzten Woche. Mache aber beim Hecheln folgendes zusätzlich:

Strecke Deine Arme gerade nach oben wie bei der Lebensfreudedehnung.

**Achte dabei auf folgendes:**

- Die Schultern mit nach oben drücken.
- Die Handflächen weisen nach oben.
- Die Finger zeigen nach hinten und liegen zusammen (auch der Daumen ist angelegt). Die Hand bildet einen rechten Winkel zum Unterarm.
- Behalte die Stellung bei, solange Du hechelst, auch wenn es anstrengend ist.
- Beende das Hecheln, indem Du lang ausatmest und gleichzeitig die Arme einfach fallen läßt.
- Nicht herunternehmen, sondern wirklich fallen lassen!

Wiederhole wieder wie in der letzten Woche 3 mal und achte auf alle Veränderungen der Kugel und Deines Körpergefühls.

## Körperarbeit 3. Woche

1. Lebensfreudedehnung
2. Hecheln
3. Bogen
4. Durch den Bauch in die Genitalien atmen (ca. 5 Min.)
5. Schmetterling
6. Frosch (siehe Sexualmagie III, Yogareihe)
7. Entenschwänzeln
8. Beckenkreisen

## Meditation 4. Woche - Kugelmeditation IV

Mit dieser Übung schließen wir die Kugelmeditation zunächst einmal ab.
Mache Dir wieder Dein Körpergefühl und die Ketherkugel bewußt.
Danach hechelst Du 2x, aber diesmal ohne die Hände zu heben.
Ab der 50. Minute machst du dann folgendes: strecke jetzt die Hände wieder wie gehabt noch oben. Sie sollen jetzt 10 Minuten so bleiben. Bereite Dich also geistig darauf vor, es ist nicht so einfach, durchzuhalten, aber wenn Du es schaffst, wirst Du belohnt werden.
In diesen 10 Minuten atme dann folgendermaßen: Atme so tief ein und aus wie Du kannst und so schnell wie Du kannst und zwar durch die Nase.
Atme genauso wie beim Pranayama: Erst vollständig den Bauch füllen, dann den Mittelteil, dann die Brust. Zum Schluß hebe die Schultern und 'schnappe' noch einmal nach Luft. Atme vollkommen aus und beginne von vorne. Aber wie gesagt: Nur durch die Nase atmen, und so schnell Du kannst.
Achtung: Solltest Du nicht mehr so gut im Pranayama-Training sein (was wir nicht hoffen wollen) dann empfiehlt es sich, etwas vorsichtiger mit dieser Atemtechnik zu beginnen. Atme dann nicht ganz so schnell und nicht ganz so tief. Aber steigere jeden Tag.
Nach Ablauf der Zeit atmest Du aus und läßt wieder die Arme herunterfallen.
Die Übung kann zu Anfang etwas unangenehm sein, weil dabei ziemlich starke Energien fließen, die noch ungewohnt sind für Dich.
Aber sie ist nicht gefährlich (solange Du nicht Herzkrank bist), und man gewöhnt sich schnell an diese neue Energie.

# Lehrhefte für Sexualmagie - Teil 13

## Theorie: Magisches Grundwissen I

### Einleitung

Du wirst in der nächsten Zeit des öfteren Wissenslektionen durchzuarbeiten haben. Es handelt sich dabei um allgemeines Grundwissen der Magie, das Du ständig parat haben solltest. Es ist also durchaus sehr sinnvoll, diese Lektionen auswendig zu lernen. Dieses Wissen wird für kabbalistische Analysen und Astralreisen unbedingt notwendig sein.

## 1. Wissenslektion

| Die **4 Elemente** der Alten sind doppelte Zustände von: | |
|---|---|
| Hitze und Trockenheit, Feuer | 🜂 |
| Kälte und Feuchtigkeit, Wasser | 🜄 |
| Hitze und Feuchtigkeit, Luft | 🜁 |
| Kälte und Trockenheit, Erde | 🜃 |

| Die **Zeichen des Zodiak** (Tierkreis) sind zwölf: | |
|---|---|
| 1. Aries, Widder | ♈ |
| 2. Taurus, Stier | ♉ |
| 3. Gemini, Zwilling | ♊ |
| 4. Cancer, Krebs | ♋ |
| 5. Leo, Löwe | ♌ |
| 6. Virgo, Jungfrau | ♍ |
| 7. Libra, Waage | ♎ |
| 8. Scorpio, Skorpion | ♏ |
| 9. Sagittarius, Schütze | ♐ |
| 10. Capricornus, Steinbock | ♑ |
| 11. Aquarius, Wassermann | ♒ |
| 12. Pisces, Fische | ♓ |

Diese zwölf Zeichen sind in 4 Dreiheiten - Ordnung von je 3 Zeichen - eingeteilt, die den 4 Elementen zugeordnet sind. Sie repräsentieren die Operationen der Elemente im Zodiak.

| Zum Feuer gehören, Aries, Leo, Sagittarius | ♈ ♌ ♐ |
|---|---|
| Zum Wasser gehören, Cancer, Scorpio, Pisces | ♋ ♏ ♓ |
| Zur Luft gehören, Gemini, Libra, Aquarius | ♊ ♎ ♒ |
| Zur Erde gehören, Taurus, Virgo, Capricornus | ♉ ♍ ♑ |

**6 Planeten** - außer der Sonne - waren den Alten bekannt. Sie rechneten die Sonne zu den Planeten. Außerdem kannten sie die Mondknoten. Das sind die Punkte, wo der Orbit des Mondes die Ekliptik (scheinbare Sonnenbahn) berührt.

| **Die 6 Planeten der Alten sind:** | | | |
|---|---|---|---|
| **Planet** | **Symbol** | **Regiert** | **Erhöht in** |
| Saturn | ♄ | ♑ ♒ | ☊ |
| Jupiter | ♃ | ♓ ♐ | ♋ |
| Mars | ♂ | ♈ ♏ | ♑ |
| Sol | ☉ | ♌ | ♈ |
| Venus | ♀ | ♉ ☊ | ♓ |
| Merkur | ☿ | ♊ ♍ | ♍ |
| Mond | ☽ | ♋ | ♉ |

| Die **Mondknoten** sind | |
|---|---|
| Caput Draconis, Kopf des Drachen | ☋ |
| Cauda Draconis, Schwanz des Drachen | ♌ |

In neuerer Zeit wurden **weitere Planeten** entdeckt:

| Uranus | ☊ |
|---|---|
| Neptun | ♆ |
| Pluto | ⯓ (♇) |

Die hebräischen Kabbalisten ordneten die höchsten und abstraktesten Ideen den ‘Emanationen der Gottheit’ oder ‘Sephiroth’ zu. Ihre Zahl beträgt 10. Jede einzelne ist eine ‘Sephira’. Wenn die einzelnen ‘Sephiroth’ in einer bestimmten Form angebracht sind, bilden sie den ‘Baum des Lebens’.

| **Die Sephiroth sind:** | | |
|---|---|---|
| 1. Kether | K-Th-R | Die Krone |
| 2. Chokmah | Ch-K-M-H | Weisheit |
| 3. Binah | B-I-N-H | Verständnis |
| 4. Chesed | Ch-S-D | Gnade |
| 5. Geburah | G-B-U-R-H | Strenge |
| 6. Tiphareth | Th-Ph-A-R-Th | Schönheit |
| 7. Netsach | N-Ts-Ch | Sieg |
| 8. Hod | H-O-D | Ruhm |
| 9. Yesod | Y-S-O-D | Fundament |
| 10. Malkuth | M-L-K-U-Th | Das Königreich |

| Die Namen und alchemistischen Symbole der 3 Prinzipien der Natur sind: | |
|---|---|
| Schwefel | 🜍 männliche Aktivität, schöpferische Energie, Verlagen |
| Quecksilber | ☿ Flüssigkeit, Erkenntnisvermögen, Kraft der Übertragung |
| Salz | ⊖ Der Träger dieser beiden Energien, formend und auf diese einwirkend, das inaktive Prinzip der Natur, weiblich |

| Die in der Alchemie den Planeten zugeordneten Metalle sind: | |
|---|---|
| Blei | ♄ |
| Zinn | ♃ |
| Eisen | ♂ |
| Gold | ☉ |
| Kupfer und Messing | ♀ |
| Quecksilber | ☿ |
| Siber | ☽ |

Die verschiedenen **Stufen der Alchemie** bezeichnen die Stufen der Arbeit der Reinigung - bei einem chemischen Prozess und bei der Seele. Die Sonne bezeichnet den aktiven Faktor, der Mond den passiven.

| Astrologie - Schlüsselwörter | | |
|---|---|---|
| Zeichen | Schlüsselwort | Haus |
| Aries | Initiative | Frühe Umgebung |
| Taurus | Das Erdige | Finanzen |
| Gemini | Verstandeskraft | Reisen |
| Cancer | Festhalten/Zähigkeit | Greisenalter |
| Leo | Lebenskraft | Kinder |
| Virgo | Dienst | Gesundheit |
| Libra | Gleichgewicht | Heirat |
| Skorpion | Heilung/Geschlecht | Tod |
| Sagittarius | Streben | Geist/Wille |
| Capricornus | Ehrgeiz | Sozialer Stand |
| Aquarius | Wiss. Methoden | Freude |
| Pisces | Mystik | Sorgen |

Die Schlüsselworte zeigen nur knapp den Hauptcharakter der Zeichen. Im Horoskop sind Häuser und Zeichen gegeneinander verschoben. Die Zeichen repräsentieren statische Kräfte, welche die Wirkung der Planeten modifizieren.

Die Planeten sind auf den Horoskopeigner wirkende Kräfte. Jeder Planet kann sich gut oder schlecht auswirken. Die Wirkung hängt davon ab, wie er mit anderen Planeten verbunden ist.

| **Planet** | **Schlüsselwort** |
|---|---|
| Sonne | Vitalität/Mann |
| Mond | Wechsel/Seele/Frau |
| Merkur | Vernunft/Jugend |
| Venus | Anziehungskraft |

| Mars | Dynamische Energie |
|---|---|
| Jupiter | Begrifflichkeit |
| Saturn | Zusammenziehung |
| Uranus | plötzliche Handlung |
| Neptun | Okkultismus |
| Pluto | Unbewusstes |

| **Die Ordnung der Elemente sind:** | |
|---|---|
| 1. Die Geister des Feuers | Salamander |
| 2. Die Geister des Wassers | Undinen |
| 3. Die Geister der Luft | Sylphen |
| 4. Die Geister der Erde | Gnomen |

Die **Kerubim** sind die lebenden Kräfte des Tetragrammaton auf der materiellen Ebene und die Vorsteher der 4 Elemente. Sie wirken durch die fixen und kerubischen Zeichen des Zodiak und werden wie folgt symbolisiert und zugeordnet:

| | **Lebewesen** | **Tierkreiszeichen** | **Symbol** | **Himmelsrichtung** |
|---|---|---|---|---|
| **Kerub des Feuers** | Löwe | Leo | ♌ | Süden |
| **Kerub des Wasser** | Adler | Scorpio | ♏ | Westen |
| **Kerub der Luft** | Mensch | Aquarius | ♒ | Osten |
| **Kerub der Erde** | Stier | Taurus | ♉ | Norden |

**Tetragrammaton** bedeutet vierbuchstabiger Name und bezieht sich auf den unaussprechlichen Namen Gottes, welcher durch Yehova HVHI symbolisiert wird.

| **Die vier Welten der Kabbalah sind:** | |
|---|---|
| **Atziluth:** | Welt der Archetypen - reine Gottheit |
| **Briah:** | Welt der Schöpfung - Erzengel |
| **Yetzirah:** | Welt der gestaltenden Kräfte - Engel |
| **Assiah:** | Welt der materiellen Kräfte - Handlung, Menschen, Hüllen, Dämonen |

| **Die 10 Häuser oder Himmel von ASSIAH, der materiellen Welt sind:** | |
|---|---|
| **1. Primum Mobile** | **Rashith ha Gilgalim** |
| 2. Sphäre des Zodiak | Mazloth |
| 3. Sphäre des Saturn | Shabbathai |
| 4. Sphäre des Jupiter | Tzedek |
| 5. Sphäre des Mars | Madim |
| 6. Sphäre der Sonne | Schemesh |
| 7. Sphäre der Venus | Nogah |
| 8. Sphäre des Merkur | Kokab |
| 9. Sphäre des Mondes | Levanah |
| 10. Sph. der Elemente | Olam Yesodoth |

**Der Baum des Lebens** ist im nachstehenden Diagramm mit den 10 Sephiroth, den verbindenden Pfaden mit ihren Nummern und Buchstaben und der Schlange, welche sich über die Pfade windet, gezeigt. Rund um jede Sephira sind die Namen der Gottheit, des Erzengels und der engelischen Heerscharen, welche ihr zugeordnet sind, beschrieben. Die 22 Pfade sind durch die Schlange der Weisheit zusammengebunden. Die vereint die Pfade, aber berührt keine einzige Sephira, die Sephiroth sind durch das flammende Schwert verbunden.
Das flammende Schwert wird durch die natürliche Reihenfolge des Baumes des Lebens gebildet. Es stellt einen Lichtblitz dar. Die Sephiroth und die 22 Pfade bilden zusammen die 32 Pfade des Sepher Yetzirah oder Buch der Schöpfung.

| **Die 2 Säulen** an den Seiten des Altars repräsentieren | |
|---|---|
| **Aktiv** | **Passiv** |
| die weiße Säule an der Südseite | Die schwarze Säule an der Nordseite |
| männlich | weiblich |
| Adam | Eva |
| Säule von Licht und Feuer | Säule von Wolken |
| rechter Kerub | linker Kerub |
| Metatron | Sandalphon |

Der traditionelle **Tarot** besteht aus 78 Karten, welche sich unterteilen in vier Farben von je 14 Karten und 22 Trümpfe oder Große Arkana, welche die Geschichte der Seele erzählen.
Jede Farbe besteht aus 10 nummerierten Karten - wie bei den modernen Spielkarten - aber es gibt 4 Bildkarten; König oder Ritter, Königin, Prinz oder Herrscher und Prinzessin oder Knappe.

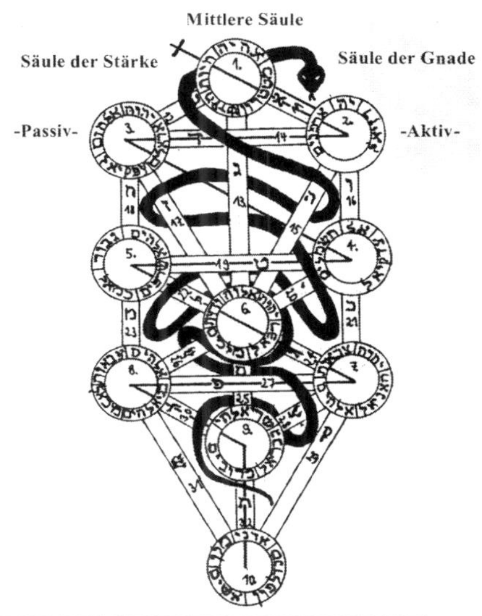


| Die 4 Farben sind: | |
|---|---|
| 1. Stäbe oder Zepter | vergleichbar mit Karo |
| 2. Kelche oder Schalen | vergleichbar mit Herz |
| 3. Schwerter, vergleichbar | mit Pik |
| 4. Pantakel oder Münzen oder Scheiben | vergleichbar mit Kreuz |

# Die Systematik des großen PTR'S

## Hilfen zum lernen

Für die nächsten Meditationen ist es unbedingt notwendig, daß Du das große PTR ausführen kannst.
Bannend ausgeführt ist es zum Reinigen Deines Tempels sehr viel wirkungsvoller als das kleine PTR. Du solltest es vor jeder Meditation durchführen, und zwar:

- Kabbalistisches Kreuz
- Kleines PTR (bannend)
- Kabbalistisches Kreuz
- Großes PTR (bannend)
- Kabbalistisches Kreuz

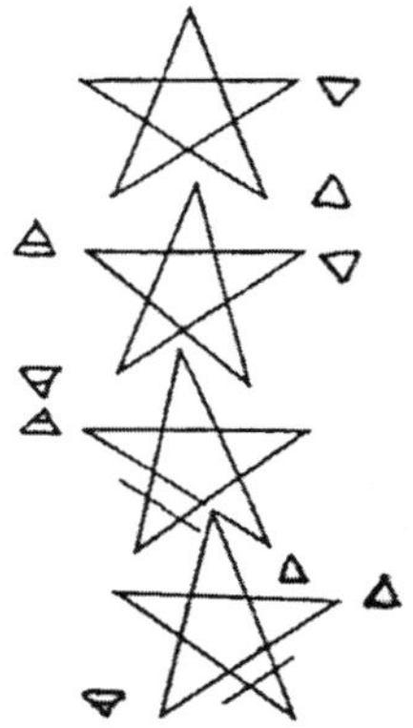

Du kannst das große PTR schneller lernen, wenn Du Dir folgende Systematik einprägst:
Die rechte Seite verbindet die Hauptelemente Feuer und Wasser (beide Symbole sind ohne Querbalken).
Durch ihre Verbindung entsteht Wasserdampf - Luft. Aus all diesem geht Erde hervor. Luft und Erde werden durch die linke Seite verbunden.
Die aktiven Elemente (Dreiecke mit der Spitze nach oben) und werden durch die gestrichelte Achse verbunden.
Die passiven Elemente (Dreiecke mit der Spitze nach unten) und werden durch die gestrichelte Linie verbunden.
**Regeln:** auf diesen beiden Linien bannst oder rufst Du das aktive oder passive Element Geist.

Nach oben ziehen = anrufend
Nach unten ziehen = bannend
Aktiv Geist = Achse Feuer - Luft
Passiv Geist = Achse Wasser - Erde

**Für die Elemente:**

Bannend = vom Element weg.
Anrufend = zum Element hin.

Und zwar auf der anderen Seite des Pentagramms. Daraus ergeben sich für Feuer und Erde die beiden Achsen, die diese Elemente mit Geist verbinden (gestrichelt).

Für Wasser und Luft gilt das gleiche: Bannend = vom Element weg, anrufend = zum Element hin.
Daraus ergibt sich, daß das anrufende PTR des einen Elementes das bannende des anderen ist, und umgekehrt.
Je nachdem, welchen Gottesnamen du benutzt, ist es das bannende PTR des Wassers (Name = AL) oder das anrufende PTR der Luft (Name = Jehova).

## Zur Reihenfolge der Namen

Alle aktiven Elemente kommen zuerst. Vor dem Element kommt das aktive Geistpentagramm:

| EHIE | JEHOVA | EHIE | ELOHIM |
|---|---|---|---|
| Aktiv ⊛ | 🜁 | aktiv ⊛ | △ |

**Beachte auch:** Alle Namen beginnen mit 'E'

Danach folgen alle passiven PTR's. Vor jedem Element kommt das aktive Geist-PTR.

| AGLA | AL | AGLA | ADONAI |
|---|---|---|---|
| Passiv ⊛ | ▽ | passiv ⊛ | 🜃 |

**Beachte:** Alle Namen beginnen mit 'A'.

**Verwechsle nie aktiv/passiv mit anrufend/bannend:**

- Es gibt das anrufende und bannende passive Geist-PTR.
- Es gibt das anrufende und bannende aktive Geist-PTR.

## Die Zugrichtungen

Auch die Zugrichtungen haben ein System:

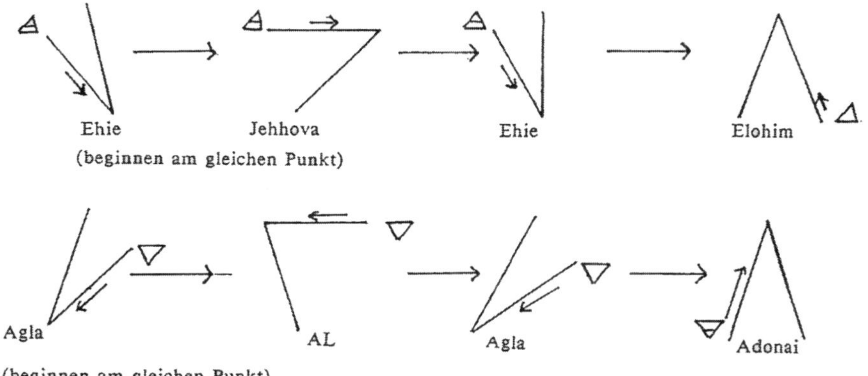


## Das Elementen PTR

Das Elementen PTR ist eine Abwandlung des großen PTR's.
Es bezieht sich auf ein Element zur Anrufung.

**Die Regel ist folgende:**

1. Beginne in der Himmelsrichtung, die dem Element zugeordnet ist:
   Erde = NORDEN
   Luft = OSTEN
   Wasser = WESTEN
   Feuer = SÜDEN
2. Mache dort das entsprechende aktive/passive Geist-PTR.
3. Danach folgt das PTR des Elementes.

4. Dann im Uhrzeigersinn weiter, aber nur noch mit dem Elementen PTR.

**Beispiel für Anrufung des Erdelementes:**

1. Wende Dich nach Norden
2. Mache das anrufende passive Geist-PTR
   Vibriere: AGLA
3. Zeichen des Schließen des Schleiers
4. Mache des anrufende Erd-PTR
   Vibriere: ADONAI
5. Zeichen der Gnome
6. Osten: Vibriere Adonai, anrufendes Erd-PTR
   Zeichen der Gnome
7. Süden siehe 6.
8. Westen siehe 6.
9. Schließe den Kreis nach Norden.

Vor und nach dem Ritual ist natürlich das Kabbalistische Kreuz zu machen.

## Körperarbeit 1. u. 2. Woche - Muhla Banda I

1. Setze Dich ins Asana.
2. Richte Deine Aufmerksamkeit auf den Anus.

Zur Hilfe, um den Anus genau zu lokalisieren, kannst Du dich direkt auf einen Hacken setzen. Solltest Du auch dann noch Probleme haben, so führe einen Finger ein und kneife den Schließmuskel einige Male zusammen.

3. Fülle Die Lunge etwa zur Hälfte mit Luft und halte die Luft an.

Experimentiere, ob Du mit stärker oder auch mit ganz gefüllter Lunge bessere Ergebnisse erzielst. Ändere diesen Punkt dann entsprechend.

4. Kontrahiere den Analmuskel, so stark Du kannst.
5. Setze die Muskelkontraktion des Beckenbodens vom Anus nach vorn fort, bis Du ein deutliches Zucken oder Ziehen in den Schamlippen bzw. Hoden spürst.
6. Kontrolliere, ob Du gleichzeitig irgendwelche anderen Muskeln angespannt hast (Nacken, Oberschenkel?), entspanne diese, während Du die Kontraktion des Beckenbodens beibehältst.
7. Schnappe kurz nach Luft, so daß sich die Lunge bis zum Rand füllt. Jetzt entspanne die kontrahierten Muskeln und atme gleichzeitig langsam aus.

**Mache die Übung in der ersten Woche 20 mal (d.h., jeden Tag kontrahierst Du den Muskeln 20mal), steigere dann in der nächsten Woche auf 40.**

## Meditation 1. Woche - Tattwa I

Setze Dich in Dein Asana und praktiziere eine intensive Körpermeditation.
Wenn Du das komplette Körpergefühl aufgebaut hast, so stelle Dir vor, daß dieses Gefühl Dein Astralkörper ist.
Versuche diesen Astralkörper zu bewegen. Das heißt, stelle Dir vor, wie es sich anfühlen würde, wenn sich Deine Arme langsam nach oben bewegen würden. Wie

würde es sich anfühlen, wenn Du den Kopf nach vorne neigst oder zur Seite? Was würdest du spüren wenn Du deinen Oberkörper bewegst?
Übe ganz langsam, aber konzentriert. Wenn Du die Bewegung nicht nachvollziehen kannst, dann führe sie erst mit dem materiellen Körper durch und versuche dann zu fühlen. Später brauchst Du nur noch an die Bewegung denken, damit sich das Gefühl der Bewegung einstellt.
**Ganz wichtig:** Es ist nicht nur ein Gefühl! Wenn Du diese Technik richtig durchführst und die Bewegung richtig spüren kannst, dann bewegt sich tatsächlich Dein Astralkörper.
Beginne erst mit einer Bewegung und nimm andere dazu, wenn es mit der ersten funktioniert.

## Meditation 2. Woche - Tattwa II

Wir erweitern jetzt die Übung der vorangegangenen Woche.
Genauso wie Du Dir letzte Woche kleinere Bewegungen vorgestellt hast, bis Du spürtest, daß sich tatsächlich etwas bewegt, stellst Du Dir jetzt vor, daß Du mit Deinem Astralkörper (also mit Deinem Gefühl, das Du während der Körpermeditation aufgebaut hast) aus dem Asana aufstehst.

> *Sage nicht, dies sei nur Einbildung - die Zeit dies zu überprüfen, kommt später.*

(Zitat Aleister Crowley, in Magick)

Wenn Du so aufgestanden bist, dann wandere langsam in Deinem Meditationsraum umher. Versuche, Gegenstände darin zu erkennen. Wie unterscheidet sich ihr astrales Aussehen vom materiellen?
Versuche auch, Gegenstände zu berühren.
Versuche auch, Deinen materiellen Körper im Asana zu sehen.
Danach kehre wie auf der nächsten Seite beschrieben in Deinen Asanakörper zurück.
**ACHTUNG! Die jetzt beschriebene Technik ist sehr wichtig, um Schwächegefühle zu vermeiden. Sie sollte intensiv geübt werden und an jedem Ende einer Astralwanderung praktiziert werden. Präge sie Dir deshalb gut ein.**

## Annahme des Harpokrates nach jeder Astralwanderung

Wenn Du in Deinen materiellen Körper zurückkehrst, stellst Du dich zunächst hinter ihn.
Dann gleitest Du sozusagen in Deinen materiellen Körper hinein. (Ein Gefühl von ‘Ruck’ oder Schreck geht meistens mit dieser Prozedur einher).
Du mußt jetzt Deinen materiellen Körper vollständig spüren, und drumherum auch den Astralkörper, so wie nach Beendigung einer Körpermeditation. Achte darauf, daß wirklich wieder alles da ist. Wackle ein wenig mit beiden Körpern hin und her, um zu kontrollieren, daß beide wirklich deckungsgleich sind.

Wenn dies der Fall ist, dann imaginiere den Kindgott Harpokrat um Dich herum, so wie in Kursteil VIII beschrieben und vibriere 3 mal den Namen 'Harpokrat', lege dabei den rechten Zeigefinger auf Deine Unterlippe.
Erst danach öffne die Augen, strecke Deine Glieder, atme tief durch und erhebe dich.
Die Prozedur muß im Schlaf gekonnt sein und sollte zu einem automatischen Ritual nach jeder Astralwanderung geworden sein.
**Egal wie intensiv die Meditation war, egal wie wenig Du dabei gefühlt haben magst, führe immer den Harpokrates aus.**
Diese Technik reguliert den Ausgleich der Kräfte beider Körper. Damit bewahrst Du dich vor Schwächegefühl und Unwohlsein, was sonst eventuell die Folge sein kann.

## Körperarbeit 3. u. 4. Woche - Vajroli Mudra

### Vorbereitende Form

Vorbereitung: Trinke einen Liter Wasser - oder mehr - auf nüchternen Magen. Warte ca. 1. Stunde, bis Du die Blase leerst. Übe dabei das Anhalten und Weiter-fließenlassen des Harnstromes mindestens 10 mal - öfter ist natürlich besser. Diese Übung kannst Du jedesmal machen, wenn Du auf die Toilette gehst. Laß sie insbesondere dann nicht aus, wenn Du mal sehr dringend 'mußt'.
1. Setze Dich ins Asana.
2. Richte Deine Aufmerksamkeit auf den Harnröhrenschließmuskel. Das ist der Muskel, den Du bei der Vorbereitungsübung kontrahieren mußtest, um den Harn anzuhalten. Er befindet sich bei Frauen unterhalb der Klitoris und bei Männern am Lingamansatz in Höhe des Schambeins.
3. Fülle die Lunge wie in Mula Bandha.
4. Kontrahiere den Harnröhrenschließmuskel - genauso wie bei der Vorübung, wenn Du den Harnfluß stoppst. Ziehe gleichzeitig den unteren Teil des Unterleibes nach oben - als wolltest Du die Genitalien ins Becken saugen.
5. Kontrolliere, daß Du dabei keine weiteren Muskeln anspannst - wie oben.
6. Wenn sexuelle Erregung aufkommt - hindere sie nicht. Immer schön frei fließen lassen.
7. Kontrahiere und entspanne, so oft Du kannst, während des Atemanhaltens, aber immer eine kurze Zeit auf höchster Kontraktion halten.
8. Schnappe kurz nach Luft und entspanne die kontrahierten Muskeln - wie oben.
Kontrollübung: Sie findet außerhalb der eigentlichen Übungen statt. Frauen führen ein oder zwei Finger in die Yoni ein und führen Vajroli Mudra aus. Mann sollte dabei spüren können, wie die Finger umklammert werden. Männer führen Vajroli Mudra vor dem Spiegel aus. Der Lingam muß sich bei jeder Kontraktion deutlich heben.
**Diese Übung führst Du ebenfalls in der ersten Woche 20mal am Tag durch und in der zweiten steigerst Du auf 40.**

## Meditation 3. Woche - Tattwa III

Du stehst jetzt wieder auf wie in der letzten Woche. Wenn Du jetzt im Raum herumgehst, erforschst Du deinen eigenen Astralkörper. Schau an Dir herab wie er sich bewegt. Fasse Deine Brust, Deinen Bauch, Dein Gesicht an. Rede mit Dir selbst, spüre, wie sich Deine Lippen bewegen. Höre Dir selbst zu.
Du könntest z.B. so mit Dir reden: „Ich schaue an mir herab. Ich spüre, wie sich mein Kopf nach vorne neigt. Ich sehe, wie sich meine Beine bewegen. Ich höre, wie ich spreche und fühle dabei, wie sich meine Lippen bewegen..."
Auf diese Weise konzentrierst Du all Deine Sinnesorgane auf Dich selbst - auf Deinen Astralkörper, so daß die Wahrnehmung immer realer, deutlicher, spürbarer wird. Du ziehst damit immer mehr Elemente Deines Bewußtseins durch Aufmerksamkeit in Deinen Astralkörper. **Bewußtsein ist Konzentration!**
Beachte zum Schluß der Übung wieder den Harpokrat!

## Meditation 4. Woche - Tattwa IV

Nachdem Du Körpermeditation gemacht hast, mit Deinem Astralkörper aufgestanden bist und Dein Bewußtsein, wie letzte Woche geübt, in Deinen Astralkörper gezogen hast, praktiziere astral das bannende Pentagrammritual.
Lese Dir bitte vorher nocheinmal alles dazu aus dem letzten Kursteil aufmerksam durch.
**Du mußt die Pentagramme und die Engel sehen.**
Kehre danach wie üblich in Deinen Astralkörper zurück.
Das Ritual ist dann richtig ausgeführt, wenn Du einige Zeit später den Raum betrittst und Du darin ein Gefühl der 'Heiligkeit' oder der 'Reinheit' oder des 'Friedens' verspürst.

# Lehrhefte für Sexualmagie - Teil 14

## Teorie - Der subtile Körper

Esoterische Lehren behaupten, daß Mann und Frau außer dem physischen Körper auch noch einen subtilen oder 'Feinstofflichen Körper', eine Art 'Aura-Körper', haben. Normalerweise erzeugen die verschiedenen Lebensenergien im Körper so etwas wie ein subtiles 'Feld' oder eine Aura, die von sensitiven Menschen gesehen werden kann. Die Aura wechselt als Resonanz auf die Emotionen oder auf den allgemeinen physischen Zustand sowohl Farbe als auch Form; sie kann sich zusammenziehen oder ausdehnen. Eine glückliche Person hat eine 'volle' Aura, während die Aura einer traurigen Person zusammengezogen und von negativer Emotion gefärbt ist.

In letzter Zeit ging die wissenschaftliche Forschung in Richtung Unterstützung der traditionellen Ansicht über die Aura. Farbfotografien unter Benutzung einer als Kirlian-Fotografie bekannten Technik illustrieren Veränderungen in der Aura. Verschiedene Theorien erklären Telepathie oder andere Phänomene der außersinnlichen Wahrnehmung (ASW) mit der Existenz eines 'aurischen' oder 'Psi-Plasma'-Feldes.

Dr. Andrija Puharisch bewies die biologischen und physischen Grundlagen des Psi-Plasma-Feldes in seinem Buch Beyond Telepathy; es ist eine gute Synthese von traditionellen schamanistischen und yogischen Lehren sowie wissenschaftlichen Experimenten und Analysen. Seine Entdeckungen und Erkenntnisse werden durch die neuesten Beobachtungen über die Natur subtiler Energie-Felder gestützt und werfen Licht auf die Lehren über den Subtilen Körper, wie sie in den Tantras umrissen werden.

Die Shiva Samhita gibt einen klaren Bericht über die Natur des Subtilen Körpers:

> *„In diesem Körper ist die zentrale Große Achse (Berg Meru, das Rückgrat) von sieben Inseln umgeben (Lebenskraft, Blut, Fleisch, Fett, Knochen, Mark und Samen/Ovum). Es gibt 'Flüsse', 'Seen' und so weiter; ebenso Seher, Weise, Götter, Göttinnen, Intelligenzen all die Sterne und Planeten, heilige Pilgerstätten, Schreine und herrschende Gottheiten. Sonne und Mond, die Agenten von Schöpfung und Zerstörung, bewegen sich auch durch den Körper; genau wie die fünf Großen Elemente Raum, Luft, Feuer, Wasser und Erde. Alle Wesen, die in allen Welten existieren, sind auch im Körper zu finden und umgeben die zentrale Große Achse.*
>
> *In diesem Körper, der Brahmanda (das 'Ei' oder die 'Aura' von Brahma), der Mikrokosmos, genannt wird, gibt es den nektarverströmenden Mond an der ihm gebührenden Stelle an der Spitze der Wirbelsäule; sein Gesicht ist nach unten gerichtet und er läßt Tag und Nacht Nektar regnen. Die Ambrosia vom Mond unterteilt sich in zwei subtile Teile. Einer von ihnen ernährt den Körper, wie die Wasser des himmlischen Flusses Ganges, und führt als subtiler Kanal an der linken Seite nach unten. Der andere Ambrosia-Strahl, brilliant wie die reinste Milch, dringt in den Zentralnerv der Wirbelsäule ein, um den Mond an seinem*

*gebührenden Platz oben an der Spitze der zentralen Großen Achse aufrechtzuerhalten und neu zu schaffen.*
*In der reiferen Region der Großen Achse von Meru ist die Sonne innerhalb des Körpers selbst gelegen. Von der inneren Sonne, die sich am Nabel befindet, führt ein subtiler Kanal zur rechten Seite des Körpers und trägt die solare Flüssigkeit dank der Strahlungskraft nach oben. Dieser Nerv auf der rechten Seite ist eine andere Form der Sonne und bewegt sich durch den Körper, wobei er vitale Sekretionen schluckt und letzten Endes den Geist zur Befreiung führt. Der Herr der Schöpfung und Zerstörung ist die Sonne, die sich durch das Gefäß des Körpers bewegt.*
*Im menschlichen Körper gibt es mehrere hunderttausend subtile Kanäle, aber die hauptsächlichsten betragen vierzehn an der Zahl. Von diesen wiederum sind drei ganz besonders wichtig: ida (auf der linken Seite), pingala (auf der rechten Seite) und sushumna (in der Mitte). Von diesen drei ist allein sushumna der höchste und von den Yogis am meisten geschätzte und geliebte; alle anderen subtilen Kanäle sind ihm untergeordnet. Der Nerv namens ida ist auf der linken Seite, ringelt sich um die sushumna und führt zum rechten Nasenflügel. Der Nerv pingala ist auf der rechten Seite, ringelt sich um den zentralen Kanal und mündet in den linken Nasenflügel. Wer diesen Mikrokosmos des Körpers kennt und dessen Mystereien erlebt, erreicht wahrhaft den höchsten Zustand.“*

Es gibt zahlreiche ähnliche Berichte über den subtilen Körper. Alle alten tantrischen Abhandlungen betonen die solar-lunare Symbolik - der ‘Mond’ im Kopf-zentrum und die ‘Sonne’ im Nabel-Zentrum. Ohne Ausnahme werden die drei Hauptkanäle erwähnt (ida, pingala, sushumna).
So wird z.B. in der Gheranda Samhita festgestellt:

*„Die Sonne wohnt an der Wurzel des Nabels und der Mond an der Wurzel des Gaumens.“*

Es ist der Subtile Körper, der die Menschheit mit den himmlischen Körpern verbindet und als Brücke zwischen dieser und der nächsten Welt dient.
Tantrische Schriften geben verschiedene Berichte über die psychischen Zentren, die als ‘Chakras’ bezeichnet werden, was soviel wie ‘Räder’ bedeutet, die in der Hauptsache in der Sexualregion sowie in Milz, Nabel, Herz, Hals und Kopf gelegen sind. Diese Chakras existieren nicht tatsächlich im Körper, sondern sind ‘Plasma-Felder’, die in spezifischen Frequenzen vibrieren und subtile Formen, Farben und Laute annehmen. Beschreibungen der Chakras gibt es in westlicher esoterischer und okkulter Literatur zuhauf. Die meisten basieren auf dem Bericht, den C.W. Leadbeater veröffentlicht hat, einer der Gründungsmitglieder der Theosophischen Gesellschaft.
Andere stammen aus den publizierten Werken von Sir John Woodroffe, einem Engländer und High-Court-Richter, der in Indien lebte und mehrere spätere Hindu-Tantras übersetzte. Unglücklicherweise gibt es in diesen späteren Werken Fehler und Irrtümer; so hat die derzeit populäre Ansicht über den subtilen Körper und über das

Chakra-System nur wenig Ähnlichkeit mit den präzisen Beschreibungen in zahlreichen frühen yogischen und tantrischen Schriften.
Der wichtigste Aspekt des Subtilen Körpers und des mit ihm verbundenen Chakra-Systems ist die solar-lunare Symbolik sowie die Lage der himmlischen Energien an ihren korrekten Stellen im Mikrokosmos. So liegt der 'Mond' im Kopf-Zentrum, während sich die 'Sonne' beim Nabel-Zentrum befindet. Die frühesten tantrischen Schriften erwähnen vier Haupt-chakras, die ihr Zentrum in Nabel, Herz, Hals und Kopf haben. Jedes dieser Chakras hat Blütenblätter; sie symbolisieren die natürliche Teilung der Kraft dieses Chakra. Das Nabel-Zentrum als ein aufwärts zeigender Lotus mit sechzehn Blütenblättern und das Kopf-Zentrum schließen als ein nach unten weisender Lotos mit zweiunddreißig Blütenblättern. Dies ist eine sehr einfache Ansicht des Subtilen Körper-Systems.
Es werden auch Zentren unterhalb des Nabel-Zentrums beschrieben. Dabei handelt es sich um das Milz- und Sex-Zentrum. Beide werden jedoch traditionsgemäß eher als vorherrschend physisch denn als subtil betrachtet und getrennt von den vier anderen Chakras betrachtet.
Den meisten Traditionen zufolge hat das Sex-Zentrum vier Blütenblätter und zeigt nach oben, während das Milz-Zentrum zweiunddreißig Blütenblätter aufweist und nach unten zeigt. Tantrische Schriften stellen fest, daß jedes der Blütenblätter des Herz-Zentrums in drei unterteilt ist, um so insgesamt vierundzwanzig Blütenblätter zu bilden.
Ähnlich ist jedes Blütenblatt des Sex-Zentrums unterteilt, so daß sich zwölf Blütenblätter ergeben.
Meditation über den Subtilen Körper, als zusammengesetzt aus diesen psychischen Zentren, trägt dazu bei, den Energiefluß durch den Psycho-Organismus wahrzunehmen. Kundalini Yoga zielt darauf ab, sexuelle Energie durch eine Reihe von Chakras nach oben zu leiten, um sich mit dem Shiva-Prinzip im Kopf-Zentrum zu vereinigen.
Die einfachste Meditation über die Zentren des Subtilen Körpers besteht darin, Nabel, Herz und Kopf-Zentren zu isolieren, indem man sich einen einfachen Lotus vorstellt, der an jeder Stelle blüht.
Dann sollte man die Übungen durchführen, die erforderlich sind, um die Kundalini zu stimulieren (Kontraktion des analen Schließmuskels, geistige Wiederholung des UR-Lautes 'HUNG', Atem-Anhalten und erotische Visualisierung) und durch das Nabel Chakra nach oben ziehen. Stelle Dir dabei vor, daß Brahma aus diesem Lotus geboren und mit dem Glanz der Kundalini ausgestattet wird. Visualisiere die vielköpfige Gestalt von Brahma, dem Schöpfer, dem solaren Himmelskörper, der gleisenden Helligkeit und identifiziere Dich damit. Dann ziehe die Kundalini zum Herz-Chakra empor. Stelle Dir vor, wie Deine erotischen Energien den Lotus durchdringen und Vishnu (dem Herr der Gewässer, der Emotionen und des Blutstromes durch den Körper) zur Geburt verhilft. Ferner visualisiere die Gestalt von Vishnu, dem Erhalter, und identifiziere Dich mit ihr. Dann ziehe die Kundalini noch höher empor zur Krone des Kopf-Chakra, bis sie den Lotus durchstößt, und den Bereich von Shiva, dem Transzendentalen, erreicht. Halte den Atem an. Solltest Du dich in sexueller Vereini-

gung befinden, vermeide es, zum Höhepunkt zu gelangen. Versuche, eins zu werden mit der Vereinigung der Kundalini-Shakti und dem Shiva-Prinzip.
Mehrere spätere Tantras geben komplexe Beschreibungen von Chakras und benutzen dazu Formen, Farben, Gottheiten, Keim-Laute, Anzahl von Blütenblättern, Elemente und psychologischen Eigenschaften, und eine Synthese der Innen-Außen-Beziehung zu bilden. Wenn jemand nicht einer einzelnen Ansicht der Realität folgt, wie sie von einem Lehrer gelehrt wird, der imstande ist, direkte Führung bei den kniffligen Verwicklungen dieser Synthese zu gewähren, so kann eine so komplexe Kategorisierung leicht in ein Dogma degenerieren. Da der Subtile Körper und das Chakra-System praktische Hilfen für die Befreiung sind, ist es ratsam, sich an die Grundstruktur zu halten und es der Intuition zu überlassen, die Details zu enthüllen.
Esoterische Lehren behaupten: Wenn jemand wahrhaft wünscht, spirituell voranzukommen, dann muß er bewußt daran arbeiten, den Subtilen Körper zu aktivieren. Zwar sind die grundlegenden Ingredienzen und rohen Energien bei jedermann vorhanden, aber sie müssen bewußt konzentriert und geleitet werden. Der Körper, die Emotionen, der Geist...das alles sollte gemeinsam eingesetzt werden, um einen allmächtigen Subtilen Körper zu manifestieren, der dann als eine Quelle für Kraft, Intelligenz und Transzendenz dienen kann. Dies ist eins der wichtigsten Geheimnisse der tantrischen Tradition.
Die Shiva Samhita liefert eine schöne Meditation für das Erwecken der Kundalini und des Subtilen Körpers:

> *„Fixiere den Geist auf das Sex-Chakra und ziehe den Anus zusammen, während Du den Atem anhältst. Denke daran, daß der Gott der Liebe (Kama) beim Sex-Chakra residiert; daß die Kundalini-Flamme stattfindet und so die sexuelle Energie dazu veranlasst, in den zentralen Subtilen Nerv (sushumna) einzudringen und durch die aufeinanderfolgenden Chakras aufzusteigen. Stelle Dir die roten und weißen Nerven rechts und links vor; an jedem Chakra laufen sie der Reihe nach zusammen und strahlen rosig schimmerndes Licht aus, das nun das ganze Sein nährt und harmonisiert.“*

Tantrische Schriften erwähnen ein Chakra oberhalb des lunaren Kopf-Zentrums. Es wird poetisch als ‘Lotus der tausend Blütenblätter’ beschrieben, von dem die Shiva Samhita erklärt: „Es liegt außerhalb vom Mikrokosmos des Körpers.“ All die großen Lehren der tantrischen Tradition sollen - gemeinsam mit dem ursprünglichen archetypischen Shiva - dieses Chakra bewohnen.
Verschiedene Traditionen haben unterschiedliche Meditationen über dieses oberste Chakra, aber alle stimmen darin überein, daß man mit der Quelle der Lehren in Verbindung treten kann, wenn man das Bewußtsein auf dieses Zentrum konzentriert.
Durch das Erwecken der natürlichen Mächte in einem selbst, helfen die Selbst-Transzendenz-Techniken des Tantra, die Psyche in Harmonie mit dem Kosmos zu bringen.
Über mehrere tausend Jahre hinweg haben Menschen tantrische Meditationstechniken praktiziert, und viele von ihnen haben wahrhaft Befreiung und Selbsterlösung gefunden. Zum gegenwärtigen Zeitpunkt sind mehr Menschen denn je mit diesen Techni-

ken vertraut und beweisen deren Wirksamkeit. Für Individuen, die ernsthaft wünschen, ihre Psyche zu erforschen, ist es ungeheuer wichtig, den Subtilen Körper zu verstehen.

Liebende müssen mehr tun, als nur gegenseitig ihren Körper zu erforschen. Jeder muß sich in die Psyche des anderen vertiefen, und jeder muß zu den Höhen des Geistes gelangen. Körperliche Liebe bietet zahlreiche Gelegenheiten, neue Dinge an sich selbst zu entdecken. Als besonders bedeutsamer Akt, der die Macht hat, Leben zu verleihen, hat die sexuelle Liebe eine tiefe mystische Bedeutung. Wenn ein Paar lernen kann, die Macht des Sex kreativ zu nutzen, und zwar auch in anderen Bereichen als in dem der Zeugung, so werden sie Mysterien entdecken, die weit über diese Welt hinausreichen.

Der Subtile Körper ist das Fahrzeug, das allen Teilnehmern gestattet, frei durch dieses Leben ins Nächste zu passieren und die freudvollen Wonnen des Geistes zu teilen.

## Oben und unten

Die oberen Tore sind die Öffnungen des Kopfes; Mund, Nase, zwei Augen, zwei Ohren und die Fontanelle. Die unteren Tore sind die Öffnungen von Anus und Geschlechtsorganen. Durch all diese Stellen kann das Bewußtsein oder die Lebenskraft passieren, entweder beim Eindringen in den Körper oder beim Verlassen. Die oberen Tore werden im allgemeinen für günstiger gehalten als die unteren, denn sie führen zu den höheren evolutionären Bereichen. Tantra lehrt, daß die unteren Tore des Bewußtseins in niedere oder sub-humane Daseinsformen führen.

Die Lebenskraft teilt sich von Natur aus in zwei Haupt-Energieströme: Prana, die Aufwärtsbewegung, und Abna, die Abwärtsbewegung. Der Prana bewegt sich üblicherweise in der Herzregion und residiert dort als ein intelligenter, Leben erhaltender Strom.

Der Apana verbleibt üblicherweise in der tiefergelegenen Verdauungsregion und erstreckt sich zur Analöffnung, um die Funktion als instinktiver Ausscheidungs-Strom zu erfüllen. Drei andere primäre Lebensströme bewegen sich in den Regionen des Nabels, des Halses und rund um den ganzen Körper. Ihre Namen lauten Samana, Udana und Vyana.

**Die Unterteilung der fünf Lebensströme sieht also folgendermaßen aus:**

**Prana:** bewegt sich aufwärts und ruht im Herzen.
**Apana:** bewegt sich abwärts und ruht in der Anusregion.
**Samana:** umkreist die Nabelregion.
**Udana:** ruht im Hals.
**Vyana:** durchdringt den ganzen Körper.

Jeder der fünf Lebensströme übt vitale Funktionen für die Gesundheit des Körpers aus.

Yogische Lehren stellen fest: Getrieben von Prana und Apana, bewegt sich die individuelle Seele (der Jiva) durch die rechten und linken Kanäle des Subtilen Körpers auf- und abwärts.

Das Gorakshashatakam, eine bedeutende yogische Schrift, gibt folgende allegorische Beschreibung von der Bewegung des Jiva durch den Körper: 'Genau wie ein Ball, wenn er den Boden trifft, wieder zurückprallt, so folgt der Jiva dem Prana und Apana, wenn er von ihnen hin und her geworfen wird.'

Wenn jemand Kontrolle über die Bewegung der individuellen Seele (des Jiva) gewinnt und ihn an einen Ort konzentriert, dann kann er wahrhaft sein eigenes Leben regieren.

Tantra lehrt: Auf diese Weise kann das Individuum sein Schicksal selbst gestalten, statt sich passiv den jeweiligen Umständen zu unterwerfen.

Die Tantras lehren, daß'die auf- und abwärts fließenden Energieströme bewußt kontrolliert und durch die Willenskraft sowie durch Körpertechniken und Visualisierungen vereinigt werden sollten. Gewisse Stellungen von Hatha Yoga, wie etwa umgekehrte Positionen und Kopfstand, dienen der Erreichung des Zieles.

Die Gheranda Smahita beschreibt, wie umgekehrte Stellungen helfen können, die Energieströme zu kontrollieren:

> *„Die Solarkraft wohnt normalerweise im Nabel-Zentrum, während die Lunar Kraft dem Kopfzentrum entspringt. So wie die Sonne den Nektar verbrennt, der vom Mond verströmt wird, so wird das Individuum dem Tod unterworfen. Wird der Kopf auf den Boden gestellt, der Körper mit den Händen abgestützt und werden die Beine nach oben gestreckt, so wird der Energiefluß umgekehrt. Durch das Praktizieren dieser Stellung werden die Lebenskräfte kontrolliert; Verfall und Tod werden niedergehalten."*

Das Zusammenziehen der analen Schließmuskeln und Unterleibs-Kontraktionen tragen ebenfalls dazu bei, die sich nach unten bewegenden Lebens-Energien nach oben zu ziehen. Desgleichen hilft es, sich die Umkehrung des Energieflusses vorzustellen.

Wenn Prana und Apana miteinander vereinigt werden, wird die individuelle Seele in der Herzregion konzentriert und wird dort durch Intellekt und Emotionen wahrgenommen.

In Extremfällen von Erotik werden die subtilen Lebensenergien zum Schwingen gebracht und dehnen sich aus. Dies wird als ein elektrisierendes Gefühl wahrgenommen, als Schauer oder ausgiebiger Schock, der einem beinahe den Atem verschlägt. Das Herz schlägt schneller. Das Gesicht wird lebhaft gerötet. Energie strömt aus den körperlichen Öffnungen, und der mystische Moment der 'Seelen-Gemeinschaft' ist verloren. Die ekstatisch schwingenden Gefühle scheinen 'zu verfließen', und der Körper kommt sich kalt und leer vor. Gedanken erheben sich im Geist, wo es vorher keine gab. Ein Gefühl der Kontraktion durchdringt einen, und der Körper zuckt unwillkürlich. Gelegentlich kann das Paar sich dem Tode nahe fühlen.

Der kleine Tod ist ein Thema, das sowohl in östlichen als auch in westlichen erotischen Schriften immer wieder auftaucht.

Zwar hat dieses Erlebnis eine attraktive Eigenschaft, weil es einen Vorgeschmack auf das endgültige Vergessen anzubieten scheint, aber Tantra lehrt, daß der 'kleine Tod' eine negative Form von Mystik ist, verbunden mit dem Verlust der individuellen Transzendenz und der Seelen-Verbindung.

Tantra lehrt: Bevor das expansive Gefühl verlorengeht, sollte das Bewußtsein dazu gebracht werden, die körperlichen Öffnungen zu verschließen und Lebensenergie zwischen dem Paar zirkulieren zu lassen. Zu oft verlieren Liebende das volle Potential der Ekstase, weil die Übereinstimmung ihres Bewußtseins zu kurz ist.
Das Geheimnis der unteren Tore besteht darin, entweder die Analöffnung zusammenzuziehen oder einen Finger, Fuß oder anderen Körperteil auf die Öffnung zu drücken. In sitzender Position kann die Ferse dazu benutzt werden, diese untere Öffnung verschließen. Wenn Lingam und Yoni Kontakt haben, versiegeln sie sich gegenseitig und tauschen automatisch Energien aus. Das Geheimnis der oberen Tore besteht darin, entweder körperlich oder geistig die Öffnungen von Mund, Nase, Ohren, Augen und Fontanelle zu verschließen. Wenn die Münder des Paares Kontakt haben, versiegeln sie sich gegenseitig. Wenn die Paare sich gegenseitig in die Augen sehen, werden Energien eher ausgetauscht denn verloren. Die Nase kann durch Anhalten des Atems oder engen Kontakt mit der Nase des Partners verschlossen werden. Die Öffnungen der Ohren kann man dadurch schließen, daß man sie mit irgendeinem Körperteil verdeckt. Die Fontanelle läßt sich am besten schließen, indem man eine Hand auf den Kopf legt.
Yogische Schriften erwähnen ein 'mystisches Sigel', das als Yoni Mudra bekannt ist. In der Gheranda Samhita wird es wie folgt beschrieben: 'Verschließe die Ohren mit den Daumen, die Augen mit den Zeigefingern, die Nasenlöcher mit den Mittelfingern, die Oberlippe mit den Ringfingern und die Unterlippe mit den kleinen Fingern. Ziehe den Prana ein und vereinige ihn mit dem Apana. Denke an den subtilen Körper und an die Chakras der Reihe nach.'
Obwohl die Yoni Mudra nicht grundsätzlich für Liebende bestimmt ist, kann sie im sexuellen Zusammenhang angewendet werden. Wichtig ist nur, sich an folgendes zu erinnern: Wenn Ekstase heranrückt, wird es eine Tendenz zu Energieverlust geben. Ihr kann entgegengewirkt werden indem alle körperlichen Öffnungen verschlossen werden. Am besten ist es, dies jeweils für den Partner zu tun, indem man ihm eine Hand auf den Kopf legt und sich dabei vorstellt, daß ein Weiheakt oder eine mystische Initiation stattfindet. Dann kann der ekstatische Moment verlängert werden; mystische Bewußtheit wird sich entwickeln.
Wenn ekstatisches Entzücken in den Körper des Paares beibehalten werden kann, wird der Geist damit beginnen, Visionen zu 'sehen' und das Herz wird sie 'fühlen'. Beide Partner werden eine mystische Bewußtheit der Bedeutung ihres Lebens miteinander teilen. Schöne Visionen werden vor dem geistigen Auge heraufdämmern und auf diese Weise helfen, die Seele aneinander zu binden. Eine übliche mystische Vision im Zusammenhang mit sexueller Ekstase ist die Insel der Juwelen, eine archetypische Manifestation von Seelen in Harmonie. Diese Vision kann entwickelt und stabilisiert werden, indem man ihr hinzufügt, was im Geiste auftaucht.
Die Gheranda Samhita gibt eine schöne Visualisierungstechnik für die Entwicklung der Insel der Juwelen:

> *„Schließe die Augen. Stelle Dir vor, daß es einen Ozean von Nektar in der Herzregion gibt. Mitten in diesem Ozean ist eine Insel zu kostbaren Juwelen; mit Sand aus pulverisierten Diamanten; mit Felsen aus Sma-*

*ragden und Rubinen, mit Bergen aus Saphiren. Stelle Dir weiter vor, daß es auf allen Seiten dieser Insel Bäume gibt, die mit süß duftenden Blumen überladen sind. Lotosse bedecken ausgewählte Teile des Bodens. Der Yogi stelle sich vor, daß es inmitten dieses glückverheißenden Gartens den einzigartigen Wunsch-Baum gibt. Vier Äste repräsentieren die vier Veden (die uralten Lehrbücher). Auch dieser Baum ist mit Obst und Blumen gefüllt. Bienen summen um diesen Baum herum und nippen am Nektar. Um den Wunsch-Baum herum und über ihn hinweg schwirren wunderbare Vögel und andere fliegende Geschöpfe. Stelle Dir vor, daß es unter diesem Baum eine exquisite Plattform gibt, die aus den kostbarsten aller Edelsteine auf der Insel errichtet ist. Betrachte die verschiedenen farbigen Lichter, die von dieser wundervollen Plattform ausgestrahlt werden. Betrachte die Reflexion davon im Himmel des Geistes und im Meer des Herzens. Dann stelle Dir Deine Wunsch-Gottheit (oder Deinen Liebespartner) vor, wie sie auf dieser kostbaren Plattform sitzt. Achte auf all die feinen Details und meditiere darüber.“*

**Wenn Liebende sich während des Liebens der oberen und unteren Tore ihrer Körper bewußt werden, können sie das Ausströmen von Lebensenergien stoppen. Wenn Lebensenergien bewahrt werden und zwischen dem Paar zirkulieren, wird das Erlebnis der Vereinigung intensiviert und erhaben.**

## Natürliche Triebe

In tantrischen Schriften taucht wiederholt ein generelles Prinzip auf: Man soll vermeiden, natürliche Triebe zu unterdrücken. Jeder Unterdrückung unserer physischen Natur löst eine innere Reaktion aus, eine Art von Verzerrung, die innere Harmonie zerstört. Der gesamte Bereich der physischen, emotionalen und geistigen Triebe sollte in diese Ermahnung eingeschlossen werden, auch wenn eine solche Feststellung wie ein Freibrief für Sichgehenlassen erscheinen mag. Sichgehenlassen ist selten das Produkt eines Naturtriebes. Es resultiert eher aus einem Mangel an emotionaler und physischer Reife. Natürlich ist es unbedingt wichtig, zwischen Natürlichem und Unnatürlichem unterscheiden zu können. Unterscheidungsvermögen ist der Schlüssel, um dieses Prinzip in die Praxis umsetzen zu können.

Dieser Standpunkt ist typisch für die tantrische Tradition. Die anderen spirituellen Lehren schreiben fast ausnahmslos strikte Regeln für die Unterdrückung natürlicher Funktionen wie Hunger, Schlaf und vor allem Sex vor.

Tantra lehrt: Die Unterdrückung natürlicher Triebe ist ganz entschieden schädlich für geistige und physische Gesundheit und kann zu Neurosen und Krankheit führen. Zwar mag die Unterdrückung natürlicher Triebe vorübergehend die gewünschten Wirkungen bringen, aber auf lange Sicht gesehen wirkt sie beschränkend. Mit diesen Mitteln kann echte spirituelle Evolution kaum erreicht werden.

Es gibt die weitverbreitete, aber vollkommen falsche Vorstellung, daß die tantrischen Lehren Ausschweifungen und Zuchtlosigkeit begünstigen. Genau das Gegenteil ist der Fall. Tantra erfordert große Disziplin. Es auferlegt einem z.B. die disziplinierte Anstrengung, unnatürliche und ungesunde Gewohnheiten auszurotten. Wenn ein natürlicher Trieb erst einmal richtig verstanden wird, kann er entweder befriedigt oder überwunden werden. Tantrische Schriften erklären eindeutig, daß unnatürliche Triebe durch natürliche ersetzt werden sollten, statt sie zu unterdrücken.

Eine tibetanische Geschichte handelt von einem Mann namens Sarvabhaksha. Er hatte den umbezähmbaren Drang, alles zu essen, was er in die Finger bekam. Eines Tages begegnete er einem tantrischen Guru namens Saraha und bat ihn um Rat. Saraha sollte Sarvabhaksha helfen, mit seinem Problem fertig zu werden. Der Guru weihte ihn ein und lehrte ihn, sich den Bauch als leeren Himmel vorzustellen und sein Verdauungsfeuer als die letzte Feuersbrunst aller Welten. Er empfahl ihm, alles Essen und Trinken nur als irdische Phänomene zu betrachten und sich während des Essens vorzustellen, das ganze Universum zu verschlingen. Schließlich riet ihm der Guru noch, über die Grundlegende Leere aller Phänomene zu meditieren.

Sarvabhaksha befolgte die Anweisungen seines Lehrers. Statt den Essensdrang zu unterdrücken, ersetzte er eine gefräßige geistige Haltung durch Meditation. Nach einigen Jahren erreichte er Selbsterkenntnis und wurde nun seinerseits als Lehrer geehrt.

Diese Geschichte illustriert, daß es nicht so sehr darauf ankommt, was wir tun, sonder wie wir es tun. Dies verhilft uns dazu, uns zu ändern.

Selbstdisziplin sollte freiwillig und bewußt unternommen werden, und zwar aus einer Position innerer Stärke heraus. Man muß unterscheiden lernen; das Unreale vom Realen, das Natürliche vom Unnatürlichen in einem selbst. So ist es z.B. ganz natürlich für einen Körper, alle paar Stunden Nahrung zu verlangen; aber es ist unnatürlich, sich alle zehn Minuten danach zu sehnen. Der erste Drang sollte befriedigt, der zweite umgewandelt werden. Wenn man den unnatürlichen Trieben des Körpers und Geistes nachgibt, verliert man die Fähigkeit, echte Bedürfnisse zu erkennen.

Wiederholen wir noch einmal: Unterdrücke nicht authentische physiologische Triebe. Wenn Du den Drang verspürst, zu niesen, Dich zu erbrechen oder zur Toilette zu gehen, so tue dies unter allen Umständen so schnell wie möglich. Wenn Du diesen natürlichen Trieb nicht gehorchst, kann die Akkumulation von Druck auf die inneren Organe zu Krankheit führen.

Das gleiche Prinzip trifft auch auf den Sexualtrieb zu. Auch er sollte mit gesundem Menschenverstand betrachtet werden.

Wenn Du dich von einer ungesunden, schädlichen Gewohnheit befreien willst, so tue dies allmählich und stufenweise; ersetzte die negative Gewohnheit durch eine positive.

## Energie

Wir beginnen hier mit einer neuen Unterrichtsserie. Wir haben unseren Körper jetzt soweit trainiert, daß wir mit feineren Energien arbeiten können. (Den Fehler, den übrigens die meisten autodidaktischen Schüler machen, ist der, daß sie an Energieübungen, die ja in vielen magischen Übungen behandelt werden, ohne körperliche Vorbereitung herangehen.

Dies ist zwar nicht gefährlich, führt aber zu keinen nennenswerten Ergebnissen. - So schützt sich die Magie halt immer wieder selbst. - Und zum Glück haben wir uns optimal darauf vorbereitet, - und werden entsprechend mehr davon haben!)
Diese Energien, mit denen wir arbeiten werden, sind schon da, sie werden nicht von uns erzeugt. Wir müssen sie uns also nur bewußt machen. Daher gehen wir ähnlich vor wie bei der Körpermeditation, benutzen aber alle Sinne dabei.
Diese Energieübungen werden Dir zu wesentlich besseren Ergebnissen bei der späteren astralen Arbeit verhelfen.
**Beachte:** Die hier von uns gegebenen Informationen wirst Du in dieser Form in keinem Buch finden. Es sind 'interne' Informationen. Behandle sie deshalb entsprechend. Das heißt, gebe sie nicht an Unbefugte weiter, die körperlich und physisch nicht darauf eingerichtet sind, mit den hier entstehenden Energien umzugehen!

## Energie 1. Woche - Die mittlere Säule

Die hier angegebenen Übungen, die wir Stück für Stück erweitern werden, solltest Du am besten direkt vor der Meditation machen.

### Der Baum des Lebens in der Aura

In der Aura, welche unseren physikalischen Körper umhüllt und durchdringt, haben wir ein Abbild des Baumes des Lebens aufzubauen. Die Säule der Stärke ist an unserer Rechten, die Säule der Gnade an unserer Linken, und die mittlere Säule etwa anstelle des Rückgrats.
In den nachfolgenden Übungen ist der Aufbau des Baumes des Lebens in der Aura genau beschrieben. Durch diese Übung wird Deine Aura wesentlich verstärkt, kräftiger und strahlender. Damit kannst Du auch von Wesenheiten anderer Ebenen leichter wahrgenommen werden. Deshalb ist es bei allen Übungen mit der Aura wichtig, vorher mindestens das kleine bannende Pentagramm-Ritual durchzuführen.

### Die Übung der Mittleren Säule - I. Teil

1. Siehe nach Westen - du selbst bist im Osten das aufgehende Licht.
2. Mache das kabbalistische Kreuz.
3. Die schwarze Säule der Stärke steht zu Deiner rechten, die weiße Säule der Gnade zu Deiner linken.
4. Stelle Dir Deinen Körper als den Baum des Lebens vor. Kether schwebt leicht über Deinem Kopf, die Füße stehen auf Malkuth, Binah ist zu Deiner Rechten, Chokmah zur Linken. Du bist in dem Baum und Teil des Baumes.
5. Kether schwebt über der Spitze Deines Kopfes, ca. 1/2m im Durchmesser, als eine wirbelnde Kugel aus weißem, glänzendem und sehr intensiv strahlendem Licht. Du kannst diese Kugel ganz konkret fühlen, sie ist tatsächlich da.
6. Atme tief ein und imaginiere einen Strahl weißen Lichtes, welcher aus Kether herauskommt und durch den Kopf zu Daath - im Nacken - führt. Daath dehnt sich aus zu einer leuchtenden, schillernden, kreisrunden Kugel.
7. Führe von Daath einen Strahl nach Tiphareth - in die Gegend des Solarplexus - wie unter 6 beschrieben.

8. Führe den Strahl von Tiphareth nach Yesod - am untersten Ende des Rückgrats - wie unter 6 beschrieben.
9. Führe den Strahl von Yesod nach Malkuth - unter den Füßen. Du stehst darauf, wie unter 6 beschrieben.
10. Diese Übung muß solange durchgeführt werden, bis sie vollkommen beherrscht wird, d.h. bis Du die Sphären und Strahlen genau und intensiv siehst und fühlst.
11. Zum Abschluß mache das Kabbalistische Kreuz, um zu bestätigen, daß das Licht von Kether herabgerufen wurde und sich in Deiner Aura plaziert hat.
12. Dann sieh Deine Aura klar und von ovaler Form in dem Licht von Tiphareth strahlen, leuchten und pulsieren.

## Körperarbeit 1./2. Woche - Muhla Banda II

- Mache die Übung so wie im letzten Kursteil beschrieben. Mache in dieser Woche noch 40x, in der nächsten dann 60x.
- Achte in diesen beiden Wochen darauf, daß Du den Harnröhrenschließmuskel nicht mit anspannst. Lege deshalb zur Kontrolle einen Finger auf den Harnröhrenmuskel und achte darauf, daß er entspannt bleibt.
- Ziehe vielleicht zu Anfang den Anusmuskel noch nicht zu stark zusammen, damit du die beiden trennen kannst.
- Ziel der Übung ist es, den Anusmuskel sehr stark kontrahieren zu können, ohne den Harnröhrenschließmuskel anzuspannen.

## Energie 2. Woche - Mittlere Säule II

## II. Teil

1. Wenn der verbindende Lichtstrahl die sephirotische Sphäre erreicht, vibriere den entsprechenden Gottesnamen.
2. Die Namen sind:

| | |
|---|---|
| Kether | EHIEH |
| Daath | YEHOVA ELOHIM |
| Tiphareth | YEHOVA ELOAH VA-DAAT |
| Yesod | SHADDAI EL CHAI |
| Malkuth | ADONAI MELEKH |

3. Übe das Vibrieren der Gottesnamen zuerst getrennt von der Übung. Zuerst wird tief eingeatmet. Beim Ausatmen wird der Name Buchstabe für Buchstabe langsam vibrierend ausgesprochen, so daß er den ganzen Körper und den ganzen Raum erfüllt bzw. mitvibrieren läßt. Der Name muß nicht laut vibriert werden. Es kann genausogut geistig geschehen. Übe das Vibrieren der Gottesnamen solange getrennt, bis Du es einwandfrei meisterst. Erst dann führe sie zusammen mit der unter I beschriebenen Übung durch.
4. Das Vibrieren der Gottesnamen verstärkt die Kraft der Übung wesentlich.

## Körperarbeit 3. Woche - Vajroli Mudra II

- Mach die Übung so wie im letzten Monat beschrieben, aber 60x.
- Achte hier darauf (umgekehrt wie bei Muhla Banda) daß Du den Anusmuskel entspannt hältst.
- Die folgende Übung bedeutet keinen Zeitaufwand. Sie hilft sehr gut bei der Stärkung des Harnröhrenschließmuskels.
- Jedesmal, wenn Du auf der Toilette Wasser lassen mußt, halte den Harnfluß an, solange Du kannst. Lasse dann ca. 1-2 Sec. weiter fließen und halte dann wieder an.
- Du solltest pro Wasserlassen auf 10-20 mal anhalten kommen.
- Gewöhne Dir an, immer so auf die Toilette zu gehen. Mache die Übung insbesondere dann, wenn Du ganz dringend mußt.

## Energie 3. Woche - Mittlere Säule III, 'Die Mumie'

Mache die Säule so wie in der letzten Woche. Wenn Du die Sephiroth durch hast, mache folgendes:
Stelle Dich in die Form des Osiris, das heißt, die Arme liegen über Kreuz an der Brust. (s. Abb.)
Jetzt imaginiere, daß Du dich wie eine Mumie von unten einwickelst. Spüre und sehe, wie ein weißes Band von Deinen Füßen im Uhrzeigersinn sich um Deinen Körper wickelt wie eine Bandage. Wickle Dich vollkommen ein und achte darauf, wie Du dich dabei fühlst. Verharre in dieser Position etwa 5 Min. und wickle es dann wieder vollständig ab.
**Achtung: Die Wicklung muß gleichmäßig sein und darf keine Lücken haben.**
Wickle von oben gesehen:

Einwickeln Abwickeln

Danach mache das Kabbalistische Kreuz und Aura wie gehabt.

## Körperarbeit 4. Woche - Vajroli Mudra III

- Mache in dieser Woche, möglichst mehrmals am Tag für etwa 5 Minuten folgendes:
- Zähle innerlich gleichmäßig immer 1,2,3,4,5, 1,2,3.
- Zwei Zahlen sollten immer etwa 1 Sec. sein, sodaß eine Folge 4 Sec. lang ist.
- In der Zeit von 1-5 kontrahierst Du den Harnröhrenschließmuskel so stark wie Du kannst, atme dabei ein, Von 1-3 atmest Du aus und entspannst den Muskel ganz.
- Sollten dabei Lustgefühle auftreten, so lasse sie ruhig fließen.

## Energie 4. Woche - Mittlere Säule IV, Mumie II

Mache die Übung so wie letzte Woche, aber imaginiere, wenn Du dich eingewickelt hast, folgenden Energiefluß:
Die Energie fließt spiralförmig von unten die gewickelten Bänder entlang. Wenn sie oben angekommen ist, fließt sie durch die mittlere Säule durch Deinen Körper hindurch bis nach Malkuth. Von dort beginnt das ganze von vorne.
Beginne erst langsam und der Reihe nach. Dann werde, wenn Du kannst, schneller.
Wenn Du die Bewegung schnell beherrschst, dann stelle Dir das Ganze als Energiefluß vor. D.h. Spirale nach oben und Mittlere Säule nach unten gleichzeitig.
Danach wickle wieder ab und schließe wie gehabt.

# Lehrhefte für Sexualmagie - Teil 15

## Theorie - Himmel und Erde

Die mystischen Lehren des Ostens anerkennen die Kräfte des Himmels und der Erde als die zwei fundamentalen Prinzipien, die alles durchdringen. Der Hinduismus nennt sie Shiva und Shakti, die tibetanischen Buddhisten Yab (Vater) und Yum (Mutter), und der Taoismus bezeichnet sie als Yang und Yin.
Diese beiden Kräfte sind überall in der irdischen Erscheinungswelt am Werk: hell und dunkel, heiß und kalt, trocken und naß. Sie sind voneinander abhängig und erhalten sich gegenseitig.
Die Kraft des Himmels bestimmt die Struktur des männlichen Geschlechtsorgans während die Kraft der Erde die Form des weiblichen Geschlechtsorgans schafft.
Wenn die Yang-Kraft vom Himmel herabsteigt, verleiht sie dem Lingam die äußere Form, wenn sie von unten aufsteigt, die innere Form der Yoni.
Die Yajur Veda, ein frühe Hindu-Schrift, enthält folgende Schilderung über die jeweilige Bewegung von Himmel und Erde: „Diese Erde kreist durch die Himmel und den Weltraum; sie dreht sich mir ihrer Mutter, den Wassern. Drehend und ständig drehend bewegt sie sich um ihren Vater, die Sonne."
Ein alter taoistischer Text verbindet die Rotation des Himmels und der Erde mit dem von Mann und Frau vollzogenen Geschlechtsakt. Die japanische Version davon, als Ishimpo bekannt, stellt dazu fest: „So wie der Himmel nach links rotiert und die Erde sich nach rechts dreht, so sollte ein Mann seinen Körper nach links und die Frau ihren Körper nach rechts bewegen, während sie Liebe machen. Sexuelle Vereinigung, in dieser Form vollzogen, wird genannt: Himmel befriedet und Erde gelöst."
Wenn männliche und weibliche Kräfte ausgeglichen sind, ergibt sich als Resultat kosmische Harmonie. Der Orgasmus löst die Bipolarität von 'innen' und 'außen' auf; von Expansion und Kontraktion, von positiv und negativ, von solar und lunar.
Rumi, ein Sufi-Mystiker des 13. Jahrhunderts, riet: „Himmel ist Mann, und Erde ist Frau; Erde pflegt, was Himmel fallen läßt. Betrachte Himmel und Erde als mit Intelligenz ausgestattet, denn sie verrichten das Werk intelligenter Wesen."
Die esoterische Funktion sexueller Liebe ist die Auflösung der komplementären Intelligenzen von Himmel und Erde.
Die Yang-Kraft des Himmels dominiert im Mann und die Yin-Kraft der Erde in der Frau. Erstere gibt dem Lingam eine nach außen dringende Form, während die letztere der Yoni eine nach innen gehende, empfängliche Gestalt verleiht. So ergänzen sich die Kräfte von Himmel und Erde gegenseitig während des sexuellen Kontaktes.

### Nahrung: Die Erhaltung des Lebens

Obwohl Essen und Trinken als primäre physische Lebenserhalter unentbehrlich sind, nehmen viele Leute dies wie selbstverständlich hin. Auf der anderen Seite grassiert die Diät-Sucht. Zu den populärsten Diäten zählen heutzutage Vollwertkost, Zen-Makrobiotik und Vegetarismus.

Unglücklicherweise sind die yogischen Lehren über das Thema Essen und Trinken im Westen noch nicht völlig erforscht. Östlich orientierte Gesundheits-Kulte haben sich etabliert, aber diese neigen dazu, nur teilweise Wahrheiten über die Philosophie der Nahrung zu präsentieren, die in den Yoga-Schriften ausführlich erörtert werden.

Orientalische Medizin und Yoga haben zum Thema Diät sehr viel anzubieten. Der einmalige Vorzug ihres Diätsystems ist die Kategorisierung der Nahrungsmittel nach 'Geschmack'. Man glaubt, daß alle in Lebensmitteln enthaltenden Qualitäten von sechs primären Geschmacks-Nuancen bestimmt werden. Durch verschiedene Kombinationen kann man jeden bekannten Geschmack erzeugen. Diese sechs Geschmacks-Nuancen - süß, sauer, salzig, scharf, bitter und zusammenziehend - bestimmen durch Proportion, Balance oder Unausgeglichenheit die Bekömmlichkeit oder Unbekömmlichkeit von Speisen und deren Schmackhaftigkeit für das Individuum.

Yogische Lehren erklären: Die Geschmacksknospen extrahieren die Nahrungsessenz, bevor die Speisen zum Magen weitergeleitet werden, wo dann der physische Verdauungsprozeß stattfindet.

Wir im Westen kümmern uns in der Hauptsache um Protein-, Stärke- und Vitamingehalt der Speisen, die wir zu uns nehmen, aber wir ziehen nur selten die subtile Umwandlung des Essens von physischer Materie in emotionale, geistige oder spirituelle Energien in Betracht.

Im Westen neigen die Leute zu Übergewicht. Erst essen wir unmäßig, dann plagen wir uns mit Diäten herum.

Die Yoga-Tradition rät zu Essen mit Maß, regelmässig und zur richtigen Zeit. Wir sollen uns der Verdauungsfunktion bewußt werden und die Einnahme von Speisen unseren jeweiligen Bedürfnissen anpassen.

Yogischen Schriften zufolge hat der Geschmack der Nahrung eine direkte Auswirkung auf die Gefühle und die subtilen Einflüsse des Geistes. Eine Geschmackskombination kann ein erhebendes Gefühl und Erotik auslösen, während eine andere Reizbarkeit oder Zorn verursachen kann. Die Beziehung zwischen Geschmack und Empfindungen ist über eine Periode von zweitausend Jahren erforscht worden. Yogis, die ihre körperlichen Funktionen in einem erhöhten Zustand des Bewußtwerdens beobachten konnten, haben ausführlich darüber berichtet.

Da wir wissen, daß Individuen sich in ihren Temperamenten unterscheiden, scheint es doch nur logisch zu sein, dies auch bei jedem Ernährungsstudium in Betracht zu ziehen.

Yogis halten einen fein abgestimmten Ernährungsausgleich für eine große Hilfe beim Streben nach spiritueller Entwicklung und letztendlicher Befreiung.

## Wasser

Frisches Wasser ist für das Wohlbefinden des Körpers notwendig. Das meiste Wasser ist mit Fluor und Chlor durchsetzt und durch den Fluß durch kilometerlange Metallrohre verunreinigt. Falls Du in einer Großstadt lebst, ist es sinnvoller frisches Quell- oder Mineralwasser in Flaschen zu kaufen. Im Durchschnitt brauchen wir etwa 7 Glas Flüssigkeit am Tag. Frisches Wasser ist das reinigendste und belebendste aller Getränke. Wird es am frühen Morgen als erstes getrunken, wirkt es wohltuend auf Orga-

ne und Sinne. Das hat ihm in der tantrischen Tradition den Namen 'Nektar' eingebracht.
Regenwasser ist besonders reinigend. Alte Yogische Lehren behaupten, daß sich die Qualität des Wassers je nach Jahreszeit ändert; damit ändert sich zugleich die therapeutische Wirkung. Mineralwasser mit einen hohen Gehalt an Kalzium oder Kieselerde ist besonders für den Tisch geeignet, desgleichen das natürlich sprudelnde Wasser aus Heilquellen. Man vermeidet es, größere Mengen Wasser nach, bei oder während den Mahlzeiten zu trinken. Zuviel Flüssigkeit verdünnt die Verdauungssäfte. Dies wiederum schadet der Speiseverdauung. Trinken Sie lediglich ausreichend, um die Geschmacksknospen während der Mahlzeit zu reinigen. Im allgemeinen ist es auch nicht ratsam, Wasser - vor allem sehr kaltes - am späten Abend zu trinken. Bei Verdauungsproblemen wirkt ein Glas warmes Wasser wahre Wunder.
Obstsäfte und flüssige Nahrung haben einen sehr hohen Wassergehalt. Deshalb werden sie besonders leicht vom Körper aufgenommen und sind ideal für Revitalisierung und Stärkung eines ermüdeten Körpers. Frische Obstsäfte, die auch reich an natürlichen Zucker, an Vitaminen und Mineralstoffen sind, können für die yogische Lebensart nur wärmstens empfohlen werden. Moderne Saftpressen machen frische Obst- und Gemüsesäfte jederzeit leicht erhältlich. Solche flüssige Nahrung ist ungemein energiefördernd und heilend. Die gesunde Gewohnheit, den Körper mit bekömmlichen Flüssigkeiten zu versorgen, wird sich als ein bemerkenswertes Vorbeugungsmittel gegen körperliche und geistige Krankheiten jeder Art erweisen.

## Baden

Wasser ist ein machtvoller Helfer für die Reinigung von Körper und Geist. Viele Religionen haben Taufrituale und schreiben auch präzise Bademethoden vor. Im Westen duschen oder baden wir an jedem Morgen oder Abend, aber wir denken uns nichts weiter dabei. Es ist eine Gewohnheit, die im Namen der Hygiene ausgeübt wird. Nichtsdestotrotz hat das Baden sowohl spirituelle als auch erotische Qualitäten, ob nun unter der Dusche, in einer Wanne, in einem See, in einem Teich oder in einem Ozean.
Jede beabsichtigte Handlung hat eine Macht, die weit über die spezifische Natur der Tat selbst hinausgeht. Wenn man Baden als einen Prozeß spiritueller Reinigung betrachtet und diese Praxis absichtlich ritualisiert, dann werden die Wohltaten größer sein, als wenn man nur um der Hygiene willen badet. Fange mit Kopf und Händen an; höre mit den Füßen auf. Wenn es Dir lieber ist, kannst du das natürlich auch umgekehrt machen. Hauptsache, daß eine bestimmte Ordnung und Reihenfolge beibehalten wird. Achte aber darauf, Dir ständig vorzustellen, daß Du mehr als nur den physischen Körper reinigst.
Eine kalte Dusche bewirkt eine plötzliche Ladung negativer Ionen, die sehr gesund, belebend und wirksam sind, um ein Gefühl der Entspannung und psychischen Erneuerung zu erzeugen. Wasser ist 'negativ' und 'magnetisch'; es hat einen mächtigen Aufladungseffekt auf den Psycho-Organismus. Benutze die natürlichen Eigenschaften des Wassers, um Streß und Anstrengung des Großstadtlebens zu überwinden. Ein Bad

oder ein Duschbad vor Yoga ist wohltuend und nützlich; seine reinigende Kraft verhilft dem Körper zu seiner natürlichen Reaktionsfähigkeit.
In der Bibel gibt es viele Berichte über Fußwaschungen. Maria Magdalena, als sie Jesus die Füße wusch, zollte damit einem geehrten Gast den üblichen Respekt. Im Osten ist es immer noch Brauch, Hände und Füße zu waschen, wenn man das Innere eines Hauses betritt. Eine Schüssel mit Wasser steht auch vor und nach jeder Mahlzeit zum Waschen bereit. Die Gründe hierfür sind teilweise kultureller Art, denn im Osten werden die meisten Mahlzeiten immer noch mit den Händen eingenommen, aber die physischen und psychischen Aspekte der Hygiene sind auch von Bedeutung. Dies spiegelt sich in den meisten spirituellen Traditionen wider, wo das Waschen von Händen und Füßen vor dem Beten obligatorisch ist.
Nach allen weltlichen Beschäftigungen ist Waschen ratsam, besonders aber vor jeder Intimität. Büro oder Küche 'ins Schlafzimmer mitzubringen' löst die Kraft des Liebens auf. Die einfache Geste, Hände und Füße zu waschen, kann einen großen Unterschied in Deinem geistigen Zustand bewirken und zugleich angehäufte Spannungen lockern oder beseitigen.
Es gibt einen einfachen yogischen Trick, um das natürliche Gleichgewicht zu erhalten: Man atme eine kleine Menge kühles oder lauwarmes Wasser getrennt durch jedes Nasenloch ein und blase es wieder in die Schüssel zurück. Zunächst hältst Du ein Nasenloch mit einem Finger zu und ziehst Wasser hoch, was Du in der hohlen Hand hältst. Dann blase es heraus und wiederhole den Vorgang mit dem anderem Nasenflügel. Das reinigt die Hohlräume und gleicht die Polarität des Atems aus.
Hier noch eine andere Technik zur Wiederherstellung der Vitalität: Halte Deine Füße ein paar Minuten unter fließendes kaltes Wasser. Dies ist besonders wirksam, wenn man den ganzen Tag lang in Schuhen herumgelaufen ist; es wird eine sofortige Spannungs-Entladung bewirken.
Yogische Schriften weisen darauf hin, wie wichtig es ist, die Anal-Öffnung mit kaltem Wasser zu waschen. Das hilft einerseits bei der Kontraktion des Anus und ist andererseits vernünftige Hygiene. Da Anal-Kontraktion eine wichtige Übung von tantrischem Yoga ist, weil sie hilft, ekstatische Energien hervorzurufen, ist diese Übung von ganz besonderer Bedeutung.
Wenn Du ein Bad nimmst oder Dich unter die Dusche stellst, rufe den Herrn der Wasser an, Dir zu helfen, Deine Vitalität und Freude aufrechtzuerhalten. Tue dies auch für Deinen Partner.
In der Hindu-Tradition ist Vishnu, der Herr der Wasser, auch der Bewahrer und zugleich der Herrscher über das erotische Empfinden. Seine weibliche Entsprechung wird Lakshmi genannt, die Göttin des Wohlstands und Lieferantin aller materiellen Güter.
Wenn Du im Meer badest, rufe die Wasser an, Deinen Geist zur Quelle der Wiederauffrischung zu tragen.
Hauptsache aber ist es, Deine tägliche Waschung mit dem Heiligen zu verbinden und zu erfüllen.
Viele der komplexen Liebesstellungen werden am besten im Meer oder in einem Teich praktiziert, da Wasser den Körper viel leichter macht. Wenn Du dies tust, wirst

Du es später viel leichter finden, diese Stellungen auch im Schlaf einzunehmen. Im Osten war es durchaus üblich, Liebesstellungen in Flüssen oder Teichen zu praktizieren, aber durch den fortschreitenden Einfluß des Westens ist dies immer seltener geworden.

Heiße Bäder oder Duschbäder sind sehr entspannend und veranlassen den physischen und subtilen Körper zur Ausdehnung. Sie können aber auch einschläfernd wirken und den Geist durch die exzessive Hitze einlullen. Das Einwirken von heißem Wasser auf die Haut öffnet die Poren und gestattet eine Ausstoßung angehäufter Giftstoffe. Der Körper wird gereinigt, der Geist geklärt. Die Kombination aus heißem Bad und kalter Dusche wirkt dem Ermüdungseffekt entgegen. Wenn Du deinen Körper längere Zeit im heißen Wasser der Badewanne eingetaucht hast, steige heraus und gieße Dir kaltes Wasser über den Körper. Das wird den Körper zusammenziehen und das Bewußtsein schärfen. Für Yogis ist es eine traditionelle Übung, in eiskaltes Wasser zu tauchen, um den Körper mit einem Schock wachzurufen und um den Geist zu konzentrieren.

Die allgemein verbreitete Neigung, nach dem Lieben ins Badezimmer zu eilen, um sich zu waschen oder um zu duschen, wird in östlichen Abhandlungen über Liebe verurteilt. Die beim Lieben auf dem Körper produzierte Ausscheidung enthält subtile Mineralien und vitale Sekretionen, die sehr wohltuend sind, wenn sie absorbiert werden. Yoga-Schriften raten einem Paar, mindestens eine Stunde nach dem Höhepunkt nicht zu baden oder zu duschen. Die Absorption der Liebes-Sekretion ist für das Paar eine Wohltat und von großem Nutzen. Diese Essenzen enthalten viele vitale Elemente, die sowohl für den Körper als auch für den Geist wohltuend sind.

Gewisse Yoga-Techniken verstärken die natürliche Fähigkeit der sensitiven Membranen der Geschlechtsorgane, Liebessäfte zu absorbieren.

Unser Körper besteht in der Hauptsache aus Wasser, und das Element Wasser bedeckt den größten Teil unseres Planeten. Ohne Wasser können wir nur sehr kurze Zeit leben. So ist Wasser eins der wichtigsten Elemente für unser Wohlbefinden und spielt in unserem Leben eine reinigende, erhaltende Rolle. Deshalb ist es sowohl wegen seiner Symbolik als auch wegen seiner physischen Eigenschaften durchaus der Verehrung wert.

## Karma und Sex

Für jede Person, die tantrische Lehren im eigenen Leben anwenden will, ist es besonders wichtig, das östliche Konzept von Karma zu verstehen und zu akzeptieren. Das Wirken von Karma im Alltagsleben sollte ständig studiert werden. Die Ursachen von Ereignissen scheinen oft mysteriös zu sein, aber wenn wir das Spiel der Kräfte von einem karmischen Standpunkt aus betrachten, können wir die subtilen Geschehnisse des Schicksals leichter verstehen. Zwar ist die allgemeine Vorstellung von Karma, dem Gesetz von Aktion und Reaktion, im zeitgenössischen westlichen Denken akzeptiert worden, aber eine hochentwickelte Intuition des Karma-Wirkens ist nur sehr selten anzutreffen.

Nach östlicher Ansicht formt Karma die Wirklichkeit. Die Ereignisse, die wir fortlaufend erleben, sind ein Ergebnis unserer vergangenen Aktionen, sei es nun in diesem oder in einem früheren Leben. Und unsere gegenwärtigen Taten und Einstellungen

bestimmen auch unsere Zukunft. Dieses Prinzip trifft sowohl auf die physische Welt als auch auf das Schicksal des einzelnen und auf des kollektive Leben zu.
Tantrischen Lehren zufolge durchdringen die Kräfte des Karma die Welt. Die Konzepte von Shiva und Jiva, das erhabene männliche Prinzip und die unsterbliche individuelle Seele, sind von großer Bedeutung für jeden, der tantrische Liebe praktizieren will. Der Jiva erntet die Früchte unserer Aktionen, sei es nun Freud oder Leid. Die Jivas, durch ihr Karma an die Ketten der Materie gefesselt, erleben wieder und immer wieder neue Inkarnationen. Dabei erhalten sie verschiedene Namen und Identitäten. Erst wenn all ihr Karma endgültig ausgelöscht ist, wird der Jiva wieder von seiner Quelle absorbiert, die in Sanskrit-Schriften als Parabrahma (über Brahma hinaus) bezeichnet wird, also die universale Gottheit.
Karma wandert - wie Vögel - von Leben zu Leben und hält sich an der Lebenskraft fest. Diese karmischen Kräfte werden durch bewußtes Handeln während der sukzessiven Lebenszeiten modifiziert.
Die Prana Upanishad erklärt: „Was auch immer im Moment des Todes gedacht wird, vereinigt eine Person mit ihrem primären Prana. Dann vereinigt sich der Prana mit der Seele und führt das Individuum zur Wiedergeburt in irgendeinen dafür geeigneten Bereich“
Wir haben in dem vorangegangenen Abschnitt die Körper-Vitalitäten erwähnt, die sich aufwärts und abwärts bewegen; wir haben auch den Begriff der oberen und unteren Tore unseres körperlichen Tempels vorgestellt. Durch diese Tore dringt Prana, (Lebenskraft, Atem) und Karma ein und verlassen den Körper auch wieder; ohne eine Kombination dieser beiden würde ein Individuum nicht wiedergeboren werden.
Die Prana Upanishad, eine frühe Hindu-Schrift, stellt fest; „Der Pranan betritt den Körper bei der Geburt, damit die Wünsche des Geistes, eine Fortsetzung aus vergangenen Leben, erfüllt werden können.“
Persönliche Motivationen sind die „Wünsche des Geistes“; üblicherweise dringen diese unbewußten Motivationen zu Zeiten der Qual oder Ekstase an die Oberfläche.
Die Tantras erklären: „Eine Person kann lernen, Karma durch die Aktion des inneren Feuers auszulöschen; durch Zurückziehen der Sinne, durch Meditation und absolute innere Stille sowie durch Beteiligung an denselben Aktivitäten, die auch Karma schaffen, aber letzteres muß mit solcher Sorgfalt und mit derartigem Bewußtsein getan werden, daß die ursprünglich bindenden Wünsche überschritten werden. Außerdem können Einflüsse aus der Vergangenheit transzendiert werden, wenn eine Person dynamisch ‘in der Gegenwart’ leben kann.
Karmische Kräfte bewegen sich durch die Kanäle des Subtilen Körpers und durchdringen auch die Außenwelt; sie manifestieren sich in alltäglichen Geschehnissen. Jeder Moment ist ein karmisches Erlebnis. Wenn wir über diese Momente nachsinnen und sie miteinander in Verbindung bringen, können wir das ‘Ewige Jetzt’ in uns selbst wiederentdecken.
Die Brihadaranyaka Upanishad, eine andere frühe Schrift, gibt uns eine interessante Ansicht über Karma; ‘Wenn ein Mann den Geschlechtsverkehr ausübt und dabei die Formel von Karma und seinem Wirken kennt, dann nimmt er das akkumulierte gute

Karma der Frau in sich auf, wer aber liebt, ohne eine solche Formel zu kennen, geht das Risiko ein, sein akkumuliertes gutes Karma an sie zu verlieren.
Während des Liebens vermengen sich die Lebenskräfte des Paares. Seine individuellen Karmas konvergieren und es findet ein Austausch statt, der das individuelle oder gemeinsame Schicksal berühren kann. Was tatsächlich geschieht, das hängt vom Grad des Bewußtseins des Paares ab. Wenn einer von ihnen bewußter ist als der andere, wird Selbstsucht in einem negativen karmischen Austausch enden. Wenn dagegen liebevolles Mitgefühl dominiert, wird ein positiver karmischer Austausch stattfinden. Das ist eines der subtilen Ziele hinter sexuellen Einweihungen; eine geheime Praxis, die in den meisten Mysterien-Lehren vorkommt.
Eine tibetische Legende berichtet von einem berühmten Lehrer namens Gandapa (oder Chantapa), der unbeabsichtigt den König des Landes beleidigte, indem er ihm eine Einweihung verweigerte. Der König beschloß, dem Yogi eine Falle zu stellen, in der Hoffnung, ihn in der Öffentlichkeit lächerlich machen zu können. Der König wußte, daß Gandapa eine Disziplin des Zölibats praktizierte. Deshalb bezahlte der König einer Prostituierten eine große Geldsumme, um eine Verführung des Yogis zu arrangieren. Die Prostituierte bildete ihre junge Tochter für diese Aufgabe aus. Dann schickte sie eine Botschaft an Gandapa und teilte ihm mit, daß sie eine Witwe war und sich ein Verdienst erwerben wollte, indem sie - wie es Sitte war - ein Festmahl für Yogis vorbereitete.
Die Tochter hieß Darima und war in jeder Hinsicht exquisit. Ihre Mutter bereitete ein enormes Festmahl vor, das männliche Diener, von Darima begleitet, zu Gandapa brachten. Darima sollte die Delikatessen servieren. Als die Schüsseln aufgestellt waren, verließen die Diener den Ort, wie es ihnen von der Prostituierten aufgetragen worden war.Gandapa war ein bißchen schockiert, als er sich von einem so jungen und schönen, jungfräulichen Mädchen bedient sah. Er wollte jedoch eine Kränkung oder gar Beleidigung vermeiden, und deshalb machte er kein weiteres Aufheben davon. Als er seine Mahlzeit beendet hatte, wollte er Darima wieder fortschicken. Sie aber befolgte die erhaltenen Instruktionen und sagte: „Es wird regnen. Ich möchte lieber noch ein bißchen warten, wenn du nichts dagegen hast". Sie blieb bis zum Anbruch der Dunkelheit, dann sagte sie: „Oh ich habe solche Angst vor der finsteren Nacht. Meine Mutter hatte versprochen, eine Begleitung herzuschicken. Ich überlege, wann sie kommen werden." Als es immer später wurde, sagte Dandapa zu ihr, daß sie die Nacht vor seiner Hütte verbringen könne. Er versorgte Darima mit Decken und einem Kissen. Während der Nacht gab Darima jedoch vor, Angst vor Dämonen zu haben. Immer wieder schrie sie laut auf. Da forderte Gandapa sie schließlich auf, in seine Hütte zu kommen uns seine Schlafstätte mit ihm zu teilen.
Nun war die Hütte aber so klein, daß die Körper sich sehr eng aneinanderschmiegen mußten. Gandapa vereinigte sich spontan mit Darima, und liebte sie leidenschaftlich. Gemeinsam gingen sie durch die vier Ebenen erotischer Ekstase, und gemeinsam wanderten sie über den Pfad der Befreiung bis zu dessen Ende. Durch ihre Gandappa erwiesenen Dienste beseitigte Darima ihre eigenen karmischen Hindernisse und wurde vollkommen erlöst.

Später traf der König mit seinem Gefolge ein. Statt jedoch - wie beabsichtigt - Gandapa als Heuchler entlarven zu können wurde er Zeuge einer Reihe von Wundern, die ihn veranlaßten, seine bisherigen Standpunkt zu überdenken.
So bewirkte der subtile karmische Austausch zwischen Gandapa eine totale Veränderung im Schicksal von Darima und auch in dem des Königs.
Diese Legende ist eine Allegorie, die illustrieren kann, wie ein einziger Geschlechtsakt unter den richtigen Umständen den Lauf des Schicksals zu verändern mag. Selbstsüchtige Motivation sollte während des Liebens nicht vorhanden sein; statt dessen eher ein Verlangen, der geliebten Person etwas Gutes zu tun und spirituelle Ideale zu erreichen. Auf diese Weise wird der Beziehung zwischen Karma und Sex am besten gedient. Weihen Sie Ihre Vereinigung der Bereicherung des Liebes-Partners. Ein solcher Austausch findet spontan und natürlich statt, wenn zwei Leute sich vollkommen und total lieben. Aber sich bewußt darüber im klaren zu sein, wie sich die Energien von Karma und Sex miteinander vermischen, wird sehr viel zur Evolution des Paares beitragen.
Leichtfertiger Sex löst eine rapide Akkumulation von Karma aus. Das wiederum kann Veränderungen im Charakter bewirken, die der grundlegenden Natur einer Person ansonsten vollkommen fremd sind.
Eine andere Art von negativem karmischen Austausch nimmt die Form einer Art Vampirismus an. Dabei wird das positive Karma im Partner vorsätzlich angezapft und durch negatives Karma ersetzt.
Hemmungslose, verworrene Sex-Riten bei Schwarzer Magie machen von diesem Typ von Vampirismus Gebrauch, um ein Individuum auf Kosten eines anderen zu erheben. Solche Praktiken setzen sich glücklicherweise selbst ihre Grenzen; sie führen zu Täuschung und Korruption.
Karmischer Austausch findet statt, wenn die Lebenskraft sich längs der zentralen Großen Achse (der Sushumna) des Subtilen Körper bewegt. Im allgemeinen wird diese Bewegung durch Emotion ausgelöst.
Tantrische Schriften stellen fest: Wenn eine Person wahrhaft zornig ist, betritt die Lebenskraft üblicherweise die Große Achse, und ein unausweichlicher karmischer Austausch mit der Person, gegen die der Zorn gerichtet ist, ist das Resultat. Angst kann gleichermaßen Lebenskraft in die Große Achse zwingen und eine Zustand karmischen Austausches schaffen. Zorn und Angst sind zwei Seiten einer an sich ähnlichen Erfahrung, und wenn diese Emotionen im Rollenspiel eines Paares zum Tragen kommen, findet karmischer Austausch statt. Sadomasochistische Beziehungen drehen sich um diese Art von Austausch. Durch dominierend-unterwürfiges Rollenspiel kann transzendentale Ruhe erreicht werden, aber auf lange Sicht hin ist das Ergebnis ein ungelöstes karmisches Ungleichgewicht, das dazu neigt, sich in Selbstzerstörung zu manifestieren.
Durch Entwicklung der Fähigkeit, sich des subtilen Wirkens von Karma im menschlichen Schicksal bewußt zu werden, schaffen wir einen Bezugsrahmen, der es uns ermöglicht, die - wie es manchmal scheinen mag - regellosen und unberechenbaren Geschehnisse des Alltagslebens zu verstehen. Viel zu viele Beziehungen nehmen ein schlechtes Ende, ohne daß man die wahre Ursache davon erkennt. Ein Paar sollte

seine Hoffnungen und Ängste miteinander teilen und diskutieren; es sollte beobachten, wie die miteinander verschlungenen Karmas die Ereignisse formen.
Wenn das Paar seine Wünsche bewußt steuert, kann es zum Herrn und Meister seines eigenen Schicksals werden.

## Meditation/Energie erste Woche

Mache die mittlere Säule und die Mumie wie gehabt. Stelle Dir jetzt aber die Sephiroth in ihren Farben vor.
Kether: strahlend weiß
Daath: grau
Tiphareth: gold
Yesod: violett
Malkuth oben: zitronengelb
rechts: olivgrün
links: rotbraun
unten: schwarz
Wir werden in diesem Monat den kabbalistischen Baum bei der Übung der mittleren Säule immer weiter vervollständigen. Je vollständiger die Übung, desto stärker wird auch der Energiefluß.

## Körperarbeit 1. Woche - Vajroli Mudra IV

- Wir machen jetzt weiter rhythmische Übungen. Das Ziel dabei ist, immer bessere Kontrolle über den Harnröhrenschließmuskel zu bekommen. Diese Kontrolle ist das A und O der Sexualmagie, wie Du bald sehen wirst.
- Benutze den gleiche Rhythmus wie in der 4. Woche des letzten Monats.
- Spanne den Muskel jetzt für zwei Schläge (also 1 Sekunde) so stark an, wie Du kannst, danach zwei Schläge vollkommen entspannen.
- Mache die Übung immer so lange wie Du kannst und möglichst 2-3 mal am Tag.
- Und: mache sie regelmäßig, jeden Tag.
- Und: mache auch weiterhin ohne Ausnahmen die Übung beim Wasserlassen.

## Energie 2. Woche

Stell Dir jetzt auch die Strahlen, die die Sephiroth verbinden, also die Pfade, in entsprechenden Farben vor.
Alle oberen Pfade in dunklerem Blau, der Pfad von Yesod nach Malkuth in Indigo, d. h. ein fast schwarzes Blau.
Die Farbe der Sephiroth bleiben so wie letzte Woche.

## Körperarbeit 2. Woche - Vajroli Mudra V

- Steigere jetzt den Rhythmus von letzter Woche langsam. Du sollst nach einer Woche Anspannung und Entspannung in einer halben Sekunde schaffen. Also in einer Sekunde einmal total anspannen und richtig entspannen.
- Wenn dabei Lustgefühle auftreten, so genieße sie einfach. Das Auftreten von Liebesgefühlen ist bei diesen Übungen ganz normal.
- Achte auch darauf, daß Du die Zeit der gesamten Übung ebenfalls verlängerst, das stärkt die Kondition.

## Energie 3. Woche

Jetzt fehlen uns zur Vervollständigung nur noch die Sephiroth der rechten und linken Säule.
(Die anderen Pfade alle zu imaginieren wäre zu kompliziert und würde von der eigentlichen Übung ablenken.)
Chokmah & Binah sind seitlich des Kopfes, Chesed/Geburah etwa in Höhe des Ellenbogens und Netzach/Hod in Höhe der Hände.
**Die Farben:**

| | |
|---|---|
| Chockmah: | grau |
| Chesed: | dunkelblau |
| Netzach: | smaragdgrün |
| Binah: | schwarz |
| Geburah: | rot |
| Hod: | orange |

## Körperarbeit dritte u. vierte Woche

- Die nun folgende Übung solltest Du 2 Wochen lang machen, da sie einiges Geschick und Beherrschung des Muskels verlangt.
- Es geht um die stufenweise An- und Entspannung des Muskels, mit der Du später den Orgasmus verlängern, verzögern und noch vieles mehr machen kannst. Führe die Übung also sehr regelmäßig und gewissenhaft aus.
- Nimm wieder den bekannten Rhythmus, also 2 Schläge pro Sekunde.
  1,2,3,4,5, - 1,2,3,4,5
  Anspannen - Entspannen
- Bei den ersten 50 Schlägen spannst Du den Muskel stufenweise an. Also bei 1 etwa zu 20%, bei 2 zu 40%, bei 5 schließlich ist er voll angespannt.
- Den nächsten 5er Takt entspannst Du wieder entsprechend. Bei 1 ist der Muskel also nur noch 80% angespannt usw. bis er bei 1 wieder voll entspannt ist.

| | 1 | 2 | 3 | 4 | 5 | 1 | 2 | 3 | 4 | 5 |
|---|---|---|---|---|---|---|---|---|---|---|
| Anspannung: | 20% | 40% | 60% | 80% | 100% | 80% | 60% | 40% | 20% | 0 |

- Mache dies etwa 5 Min. hintereinander, am besten mehrmals am Tag.

## Energie 4. Woche

Erinnere Dich an unsere Arbeit im 13. Kurs. Bei der Meditation ging es darum, erste Erfahrungen mit Deinem Astralkörper zu machen.
**Wir wollen diese mit der mittleren Säule verbinden.**
Setze Dich in Dein Asana und mache zunächst intensive Körpermeditation.
Danach stehst Du mit Deinem Astralkörper auf und praktizierst die mittlere Säule astral genauso, wie Du es bisher materiell gemacht hast,
Notiere Dir alle Gefühle, die während der Übung auftauchen, ganz genau. Stelle den Unterschied zwischen der materiellen und der astralen Form fest.
Begib Dich nach der Übung wieder sorgfältig in Deinen materiellen Körper und vibriere 3 x Harpokrates.
Danach spanne alle Muskeln einmal kräftig an, stehe auf und mache das bannende kleine Pentagrammritual.
Letzteres ist sehr wichtig. Denn durch die astrale mittlere Säule werden Energien frei, die von anderen Ebenen aus wahrgenommen werden können.
Die mittlere Säule wirkt wie ein astrales Leuchtfeuer.
Mit dem PTR schirmst Du deinen Tempel bzw. Deinen Meditationsraum von fremden Einflüssen ab.

# Lehrhefte für Sexualmagie - Teil 16

## Theorie

**Vorbemerkung:** Wir wollen uns die nächste Zeit intensiver mit der Siegelarbeit beschäftigen. Du bist jetzt durch unsere Übungen genügend auf diese Arbeit vorbereitet. Du wirst gute Ergebnisse damit erzielen und erste Erfahrungen mit praktischer Arbeit sammeln. - Sozusagen die ersten Früchte Deiner harten Arbeit.
Die Siegelarbeit ist als Einstieg in die praktische sexualmagische Arbeit hervorragend geeignet. Denn sie ist frei von jedem Dogmatismus und läßt dadurch dem Studenten alle nötigen Freiheiten, um seiner magischen Arbeit seinen individuellen Stil zugeben.
Der zweite Vorteil ist der, daß man sehr schnell Erfolgserlebnisse hat, weil die Siegelarbeit sehr einfach ist und durch das Unterbewußtsein wirkt.
Weil die Siegelmagie aber so gut wie immer wirkt, solltest Du unsere Anweisungen, was bestimmte grundsätzliche Dinge anbelangt, **möglichst konzentriert studieren und so genau wie möglich befolgen**.
Wir hoffen, daß die nun folgenden Arbeiten Dir viel Freude bereiten.

### Die Systematik des Unterrichts

Wir werden in dieser Kurseinheit **im Block 'Theorie'** zuerst vermitteln, wie Siegelarbeit funktioniert, und was Siegel überhaupt sind.
**Im Praxisteil** werden wir die Konstruktionen von Siegeln üben und deren magische Aufladungen vornehmen.
**Im Block 'Körperarbeit'** werden wir Dir Techniken vermitteln, die zur Aufladung unterschiedlicher Siegel benötigt werden. 'Sexualmagie und Mantram' z.B. wird bei Wortsiegeln benutzt.
Die Masturbationstechniken bieten Dir eine Auswahl unterschiedlicher Techniken, um Deine Orgasmusfähigkeit zu steigern. Das bewirkt bessere Aufladung der Siegel.
In den nächsten Monaten werden wir alle gängigen Siegeltechniken erläutern und üben. Ziel ist es, Dir alle Techniken zu vermitteln, damit Du herausfinden kannst, welche für Dich am besten geeignet ist.

## Theorie 1. Woche - Wie funktioniert Sigillenmagie? Teil 1

Jeder Mensch ist mit einem Wachbewußtsein und einem Unterbewußtsein ausgestattet. Du könntest auch stattdessen Intellekt und Intuition sagen.
Aber die ersten beiden Begriffe drücken das, was wir wissen müssen, besser aus.
Unser Wachbewußtsein ist das, was uns 'bewußt' ist. Wissen, Erinnerung, Handlungen - alles läuft über das Bewußtsein.
Das Unterbewußtsein ist unserem Zugriff versperrt. Ab und zu erahnen wir davon etwas, wenn wir uns an einen sehr realen Traum erinnern.
Wir erahnen dann ein wenig von der Größe dieses Reservoirs und von der Ausdruckskraft seiner symbolischen Sprache.

So wie der Intellekt digital arbeitet, so arbeitet das Unterbewußtsein analog. Was heißt das?
Digital heißt Sprache, Logik.
Analog heißt bildhaft, ganzheitlich.

**Beispiel:**

„Vorfahrt gewähren" = digital
Ein rotes Dreieck (als Verkehrsschild) = analog

Beide Symbole, 'Vorfahrt gewähren" und das Dreieck, drücken das gleiche aus. Für Analogien ist kennzeichnend, daß mittels Symbolen ein bestimmter Sachverhalt ausgedrückt werden kann.

*Bevor Du weiterliest, finde weitere Beispiele.*

1.
2.
3.
4.

Lösungshilfen: Ein Zebrastreifen etwa drückt aus: „Vorsicht Fußgänger, langsam fahren".
Eine drohende Faust drückt aus; „Faß mich nicht an", oder „ich bin böse auf dich", oder aber auch: „Ich habe Angst".
Kannst Du das nachvollziehen? Viele Menschen vertuschen ihre Angst, indem sie einem anderen drohen (Angriff ist die beste Verteidigung).
Und hier können wir auch schon folgende Probleme erkennen: Die analoge Sprache ist nicht immer eindeutig. Sie ist nur eindeutig bei vom Intellekt definierten Zeichen wie etwa das Vorfahrtschild in unserem Beispiel.
Mimik und Gestik aber, wie z.B. die drohende Faust, sind mehrdeutig. Wir haben zwar eine ungefähre Vorstellung davon, was sie bedeutet, aber ganz genau wissen wir es nicht. Und genau die Mehrdeutigkeit ist das Problem, das wir lösen müssen, wenn wir erfolgreich Sigillenmagie betreiben wollen.
Du hast sicherlich schon einmal erlebt, daß Du darüber nachgedacht hast, was ein bestimmter Traum bedeutet. Du konntest seine Information nicht in Dein Bewußtsein 'übersetzen'.
Durch Träume spricht Dein Unterbewußtsein mit einer gänzlich anderen Sprache, in einer symbolhaften, bildhaften analogen Sprache.
Genauso wie das Unterbewußtsein im Traum zu Dir spricht, kannst Du mit Hilfe der Sigille zu Deinem Unterbewußtsein sprechen. Die Sigillen sind sozusagen die Übersetzung Deiner Sprache in die Sprache Deines Unterbewußtseins. Und diese Sprache mußt Du erst erlernen.
**Beispiel:** Angenommen, Du formulierst den Wunsch: „Ich will viel Geld". Die Ergebnisse können sehr vielfältig sein: Du Gewinnst im Lotto, Du findest jemanden, der Dir Geld schenkt. Deine Firma läuft besser.
Es könnte aber auch durchaus passieren, daß plötzlich ein lieber Verwandter stirbt und Dich beerbt. Das Erbe macht Dir aber keine rechte Freude, weil Du deinen lieben Verwandten verloren hast.

Dir wird jetzt vielleicht klarer, warum es so wichtig ist, Aufzeichnungen über Deine Experimente zu machen. Die Aufzeichnungen geben Dir Auskunft darüber, ob Du die 'richtigen Worte' für Dein Unbewußtes gefunden hast.
In der nächsten Woche werden wir auf 'gutes Formulieren' der Wünsche eingehen.

**Übung**

Wir wollen uns jetzt mit Buchstabensigillen befassen und einige Imaginationsübungen machen.

## 1. Woche: Konstruktion von Siegeln

Siegel werden durch Kombination von Buchstaben hergestellt. Du wirst für jeden Tag der ersten Woche ein Wort bekommen, aus dem Du ein Siegel konstruieren sollst. Du findest für jeden Tag auch einen Lösungsvorschlag von uns. Die Wörter, die wir Dir vorgeben, gibt es nicht - es sind Übungskonstruktionen.
Unsere Lösungsbeispiele sind so gewählt und kombiniert, daß Du durch sie Informationen darüber erhältst, welche Typen von Siegeln es gibt.
Beschäftige Dich mindestens 1. Std. pro Tag mit der Aufgabe. Mache mehrere Siegel und finde heraus, welche Art von Siegel Dir am meisten liegt.

**1. Tag**

Wort: ABU Beispiel: 

In diesen Siegeln sind alle Buchstaben einzeln enthalten und lassen sich leicht finden. Im linken Beispiel ist das U unter dem Querbalken des A. Das B ist rechts an dem Schrägbalken vom A gesetzt. Im rechten Siegel sind U und A vertauscht.
**Deine Lösung:**

**2. Tag**

Wort: NOMA Beispiel:

Hier sind nicht mehr alle Buchstaben auf einmal zu erkennen. Das N ist im M enthalten. Das O ist kleiner als die anderen Buchstaben und ist auf der Spitze des A, das zu zwei dritteln durch das M gebildet wird.
**Deine Lösung:**

**3. Tag**

Wort: HEPA Beispiel: 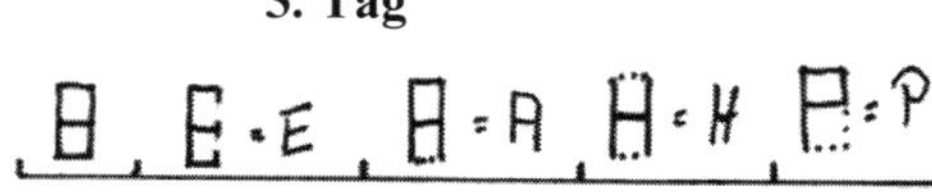

Auch das ist eine mögliche Form, Schrittweise: E wenn wir die Form rechts schließen und Ober- und Unterhalb wegdenken, haben wir das H: Darin ist auch das P: und das A:
**Deine Lösung:**

## 4. Tag

Wort: NAL Beispiel:

Wenn Du die Buchstaben leicht abwandelst, erhältst Du dynamischere Symbole. Experimentiere und finde Deinen Stil.

**Deine Lösung:**

## 5. Tag

Benutze unsere Beispiele vom Vortag. Mache deutlich, wo welche Buchstaben in diesem Sigel stecken. Mache es so, wie wir das Symbol des 3. Tages erklärt haben. (Punkte und Striche). Es gibt für jedes Symbol verschiedene Deutungsmöglichkeiten.
Lösungshilfe zum 5. Tag
N: L: L:

## 6. Tag

Wort: SEX Beispiel:

Dies ist das erst Wort mit Bedeutung. Hier erkennst Du besser wie man die Buchstaben verfremden kann, um durch das Bild das Wort zu betonen.

**Deine Lösung:**

# Körperarbeit 1. Woche - Mantram

- Setze Dich in Dein Asana und mache Mantram-Meditation. Das heißt lasse innerlich das Wort AUM erklingen, hintereinander weg.
- Nach ca. 5 Minuten beginne zu Masturbieren. Mache Dies gleichmäßig und nicht zu schnell.

Das wichtigste bei dieser Übung ist, daß Du keine geistigen Hilfsmittel zu Deiner Stimulation heranziehen darfst. Das heißt, Du sollst Dir keine erotischen Bilder machen, und keine erotischen Stimmen oder Geräusche hören.

- Ziel dieser Übung ist es, zum Orgasmus zu kommen, ohne dabei das Mantram zu verlieren.
- Also: Auch im Moment des Orgasmus soll das Mantram weiter in Deinem Kopf klingen.
- Du wirst vielleicht feststellen, daß es so schwieriger ist, zum Orgasmus zu kommen, aber das ist nur eine Frage der Übung.
- Mache diese Übung jeden Tag mindestens 1x.

## Theorie 2. Woche - Wie funktioniert Sigillenmagie? Teil 2

### Das richtige Formulieren der Wünsche

Wir haben in der letzen Woche bereits festgestellt, daß unser Unterbewußtsein eine andere Sprache spricht als unser Normalbewußtsein. Diese Sprachbarriere gilt es zu überwinden.

Und damit kommen wir zur eigentlichen Praxis. Zunächst einmal gibt es in Spares System keine 'richtigen' und 'falschen' Sigille, ja es gibt überhaupt keine Liste fertiger Symbole. Es ist nicht wichtig, ob ein Sigill die vermeintlich 'korrekte' ist oder nicht; vielmehr ist entscheidend, daß sie vom Magier selbst geschaffen wurde und damit für ihn selbst bedeutungsvoll ist. Weil sie selbstgeschaffen ist, wird sie viel leichter zum Katalysator seines magischen Wollens, ja erweckt dieses unter Umständen gar erst überhaupt.

Der Weg der Pragmatischen Magie dürfte schon deswegen immer wichtiger werden, weil sich der Magier von heute einer psychologisierten und psychologisierenden Welt gegenübersieht, deren weltanschaulicher Relativismus für uns alle prägend war und ist. Unabhängig davon, welchen Stellenwert bzw. Wahrheitsgehalt man der Psychologie/Tiefenpsychologie einräumen mag, sind wir doch alle von ihrer Denkweise und ihrem Vokabular durchtränkt und müssen auch als Magier lernen, uns sinnvoll mit ihr auseinanderzusetzen. Es bleibt einer anderen Epoche vorbehalten, andere Formen der Erklärung, Darstellung und Praxis zu finden.

Wie geht nun Spare in der Praxis vor? Die Sigillen entstehen durch Verschmelzung und Stilisierung von Buchstaben. Dazu muß zunächst einmal ein Willenssatz formuliert werden. In Anlehnung an das Beispiel, das Spare selbst im Book of Pleasure gibt, nehmen wir die Willenserklärung:

DIES MEIN WILLE, DASS ICH DIE KRAFT EINES TIGERS BEKOMME.

Dieser Satz wird in Blockbuchstaben aufgeschrieben. Dann streicht man alle mehrfach vorkommenden Buchstaben durch, so daß jeweils nur einer von ihnen stehenbleibt:

DIES MEIN WILLE, DASS ICH DIE KRAFT EINES TIGERS BEKOMME.

Es bleiben also die Buchstaben: D, I, E, S, M, N, W, L, A, C, H, K, R, F, T, G, B, O. Aus diesen Buchstaben wird dann das Sigill konstruiert; dabei ist es durchaus zulässig, daß ein Teil (etwa ein M) auch zugleich umgekehrt als W oder seitwärts als E gedeutet werden kann, diese drei Buchstaben in dem Sigill also nicht dreimal einzeln auftreten müssen. Selbstverständlich gibt es zahllose Möglichkeiten der Darstellung und der Stilisierung. Wichtig ist, daß das Sigill zum Schluß so schlicht wie möglich ist, und daß man (und sei es mit einiger Mühe) die Buchstaben wiedererkennen könnte, wenn man wollte. Es kommt weniger auf die künstlerische Qualität der Sigill an; aber es leuchtet wohl schon aus psychologischen Gründen ein, daß nichts hingeschmiert werden darf: Man sollte sich also durchaus Mühe geben, es so gut wie möglich zu machen.

Das fertige Sigill, das am Anfang meist erst nach mehreren mühsamen Versuchen entstanden sein dürfte, wird fixiert. Man malt sie also etwa auf Pergament, auf Papier, in den Sand oder auch an die Wand. Es soll jedoch, Spares knappen Anweisungen zufolge, nach ihrer Verinnerlichung, vernichtet werden; dann verbrennt man das Pergament, wischt das Sigill aus dem Sand usw. Spares Grundgedanke ist der, daß das Sigill samt seiner Bedeutung ins Unbewußte 'eingepflanzt' werden soll; ist dies geschehen, soll das Bewußte sie wieder vergessen, damit das Unbewußte ungehindert den Befehl ausführen kann.

Die Formulierung des Willenssatzes und die Beschäftigung mit dem Zeichen des Siegels selbst sollte unter Aufbietung äußerster Konzentration geschehen. Das erleichtert die nachfolgende Aktivierung ('Aufladung') erheblich.

Das heißt, **je konzentrierter Du bei der Erschaffung des Siegels bist, desto größer ist die Aussicht auf Erfolg**. Das heißt, Du solltest Dich intensiv damit beschäftigen, zeichne verschiedene Formen und feile an ihnen herum, bis Du wirklich absolut mit dem Siegel zufrieden bist. Versuche auch die Form so zu gestalten, daß das Bild des Siegels auch Deinen Wunsch ausdrückt. (Vergleiche hierzu aus dem letzen Monat das Übungsbeispiel des 6. Tages)

Mache am besten keine Unterbrechung, bis Du das fertige Siegel vor Dir liegen hast. Erfahrungsgemäß ist dieser Moment mit einem ganz speziellen Gefühl der Befriedigung verbunden, ähnlich, als hättest Du ein Kunstwerk fertiggestellt.

Es dürfen keine Negativformeln verwendet werden, etwa: „ICH WILL NICHT, DASS..." da dieses 'nicht' dem Unbewußten leider allzu oft entgeht bzw. von ihm nicht verstanden wird, und somit leicht das Gegenteil von dem erreicht wird, was man vorhatte. Sieht man das Siegel täglich, wenn es z.B. an der Wand hängt oder außen auf einem Ring graviert ist, dann sollte dies sozusagen unbewußt geschehen, so wie man einen wohlbekannten Allerweltsgegenstand bei täglichem Gebrauch auch nicht mehr bewußt wahrnimmt. Selbstverständlich sollte man bei alledem auf Geheimhaltung achten um nicht Gefahr zu laufen, die Kraft der Sigille durch Diskussionen mit Skeptikern oder auch nur guten Freunden zu zerreden.

**Zusammenfassung:**

1. Der Willenssatz wird formuliert und in Blockbuchstaben aufgeschrieben.
2. Doppelte und mehrfache Buchstaben werden eliminiert, so daß jeder Buchstabe nur einmal stehenbleibt.
3. a) Einzelne Satzteile werden sigillisiert zu Einzelsigillen.

Oder:

b) Sämtliche Buchstaben des gesamten Satzes werden sofort zu einem Gesamtsigill zusammengefaßt.

4. a) Einzelsigille werden zu einem Gesamtsigill zusammengefaßt und diese wird vereinfacht/stilisiert.

Oder:

b) Das aus 3. b) gewonnene Gesamtbild wird vereinfacht/stilisiert.

5. Das Sigill wird internalisiert/aktiviert.
6. Das Sigill wird gebannt und vergessen.

**Beispiele**

a) Gleicher Beispielsatz wie in Kapitel 2: „DIES MEIN WILLE, DASS ICH DIE KRAFT EINES TIGERS BEKOMME". Bleiben an Buchstaben (nach Wegstreichen

aller doppelten und mehrfachen) übrig: D, I, E, S, M, N, W, L, A, C, H, K, R,, F, T, G, B, O.
DIES MEIN WILLE (D, I, E, S, M, N, W, L)

DAS ICH DIE KRAFT (A, C, H, K, R, F, T)

EINES TIGERS BEKOMME (G, B, O,)
**Kombination als Gesamtsigill:**

Oder:

b) Man kann aber auch alle Buchstaben des Gesamtsatzes (wieder ohne die doppelten) unter Umgehung der Einzelsigille zu einen Gesamtsigill formen. Dabei kann der Buchstabe E (= Σ ) z.B. gleichzeitig als W (= W ) und als M (= M ) gewertet werden. Z.B.:
Oder:
Bei einiger Übung wirst Du die Schritte 3 und 4 auch zu einem einzigen zusammenfassen können, vor allem dann, wenn Du erst einmal Deinen persönlichen Sigillen-Stil entwickelt hast. A.O. Spare, der diese Technik sein Leben lang praktizierte, war als hochbegabter und anerkannter Künstler natürlich dem Durchschnittstalent gegenüber insofern im Vorteil, als er auch ästhetisch sehr schöne, ansprechende Sigille zu entwickeln vermochte. Doch ist künstlerisches Talent kein Kriterium für den Erfolg bei der Sigillenmagie! Wichtig vor allem ist, daß Du deine Sigille selbst erschaffst. Die fertigen Glyphen können also ruhig etwas ‘häßlich’, ‘primitiv’, ‘ungehobelt’ oder auch ‘handgestrickt’ aussehen - das ist manchmal sogar ein echter Vorteil. Denn durch ihr ‘ungelacktes’ Erscheinungsbild wirken sie auf unser Unbewußtes oft viel ‘magischer’, vielleicht auch einfach nur ‘nicht-alltäglicher’. Mit anderen Worten: Ein sogenanntes ‘häßliches’ Sigill unterscheidet sich drastisch von unserer genormten und plangehobelten Alltagswelt spiegelglatter Apparate und industrieller Pseudo-Ästhetik. Freilich hängt dies weitgehend vom persönlichen Paradigma des Magiers selbst ab. Verlasse Dich also lieber auf Dein Gefühl (Deine Intuition), als auf Regeln, die andere Magier auch wiederum nur auf ihren eigenen subjektiven Vorlieben, Abneigungen und Temperamenten aufgebaut haben. Wenn Du viel lieber viel Mühe mit Deinem Sigel machen willst, wenn Du daraus ein ‘echtes Kunstwerk’ machen möchtest, so tue das getrost. Allerdings sollte man sich aus Gründen, auf die wir noch eingehen werden, nicht übermäßig lang bewußt mit der Konstruktion eines Sigills aufhalten - dann fällt es uns nämlich hinterher um so schwerer, Form und Inhalt wieder zu vergessen oder aus dem Bewußtsein zu verdrängen, was aber eine Voraussetzung für ihre Wirksamkeit ist.
Bevor wir uns mit den Techniken der Sigillenaktivierung befassen, sollen hier noch einige praktische Hinweise gegeben werden, die sich in der einschlägigen Literatur oft gar nicht oder nur sehr versteckt finden.
Der erste Hinweis betrifft die Formulierung des Willenssatzes. Sigillenmagie ist in erster Linie Erfolgsmagie, zielt also meist auf ganz konkrete, nachprüfbare Ergebnisse

ab. Entsprechend konkret und eindeutig sollten daher auch die Willenssätze sein. Zweideutigkeiten verwirren das Unbewußte nur und führen allenfalls zu Teil-, meistens jedoch zu Mißerfolgen.
Es hat sich in der persönlichen Praxis gut bewährt, Willenssätze stets mit derselben Floskel einzuleiten; etwa, wie in unserem Beispiel: „ICH WILL..." oder: „MEIN WILLE IST..." o.ä. Daß dabei der Wille überhaupt ausdrücklich erwähnt wird, hat den Vorteil, den Satz eindeutiger, also den Befehl ans Unbewußte klarer, verständlicher zu machen. Formulierungen wie: „ICH MÖCHTE..." oder „ICH WÜNSCHE MIR..." oder gar „ICH HÄTTE GERN..." fehlt es an Überzeugungskraft, deshalb sollte man sie vermeiden. Doch mußt Du selbst Deine eigenen Erfahrungen sammeln und zu der für Dich optimalen Formulierung finden.
Aus verschiedenen anderen Systemen der Bewußtseinssteuerung wissen wir, daß Negativformeln vom Unbewußten meisten nicht so recht 'verstanden' werden. Zwar versteht das Unbewußte in der Bildersprache (um die es sich bei den durch die Wortmethode gebildeten Sigillen im Endstadium ja handelt) durchaus Begriffe wie 'ausmerzen', 'beseitigen' oder 'vermeiden' doch scheint es bei den meisten Menschen Wörter wie 'nicht', 'kein', 'nie' usw. einfach zu ignorieren. Sage also nicht: „ICH WILL NICHT KRANK WERDEN" sondern formuliere lieber: „ICH WILL GESUND BLEIBEN".
Interessant ist freilich, daß dies nicht unbedingt für alle Bereiche der praktischen Magie gilt. So unterscheidet man meistens zwischen Talismanen und Amuletten in der Weise, daß man definiert, Talismane seien 'für etwas', Amulette jedoch 'gegen etwas'. Man kann also einen Talisman für Gesundheit oder ein Amulett gegen Krankheit anfertigen. Doch selbst bei Amuletten wird dabei in der Regel von Negativformulierungen abgesehen. (So heißt es dann vielleicht „SCHÜTZE MICH VOR JEDER KRANKHEIT" o.ä.) Bei der Betrachtung der Theorien, welche die Funktionsweise der Sigillenmagie erklären wollen, werden wir noch sehen, daß dieser Mechanismus wohl weniger mit der Negativformulierung an sich zu tun haben dürfte, als vielmehr mit dem ganz allgemeinen Problem der Umgehung des 'psychischen Zensors'. Dafür spricht auch, daß manche Experimentatoren eben doch auch mit Negativfloskeln Erfolg erzielt haben. Doch ist dies die Ausnahme, und Du solltest am Anfang lieber auf Nummer Sicher gehen und jedes Risiko vermeiden!
Über die Frage, ob man möglichst spezifisch oder doch lieber etwas 'unschärfer' formulieren sollte, läßt sich lange trefflich streiten.
Unserer Erfahrung nach ist es nicht sinnvoll, dem Unbewußten allzu detaillierte Vorschriften machen zu wollen. Sätze wie „ICH WILL AM 12.3 UM 19.23 UHR RONALD REAGAN IM BLAUEN BOCK BEGEGNEN" verlangen nicht nur einiges an persönlicher magischer Kraft, um Wirklichkeit zu werden, sondern sie bedürfen auch eines reichlich kulanten Unbewußten. Man sollte das Universum eben nie überfordern! Letztenendes haben wir es hier allerdings mit einem allgemeinen Problem der praktischen Magie zu tun, vor dem der Sigillenmagier ebenso steht wie der Zeremonialmagier, der Naturhexer oder der Theurg. Erfahrungsgemäß'lassen sich durchaus Zeitspannen in den Willenssatz einbauen, etwa: „ICH WILL NOCH IN DIESEM MONAT GESUND WERDEN" o.ä., aber ein paranormaler, irgendwann möglicher-

weise sogar ausgebuchter Terminkalender im Managerstil würde unsere magische Instanz in der Regel hoffnungslos überfordern.

Versuche also, ein vernünftiges Mittelmaß zwischen Wischiwaschi-Formulierungen und Überpräzision zu finden. Ein Willenssatz, wie „DIES MEIN WILLE, DASS ES MIR RECHT GUT GEHT" ist eher zu vage - selbst wenn das Siegel den gewünschten Erfolg brächte, würdest Du es nicht einmal bewußt bemerken! Lotteriegewinne, deren Höhe Du dagegen auf die dritte Stelle hinter dem Komma bestimmen willst, werden wegen der Überinformation eher zu einem Zusammenbruch Deines ganzen Systems führen. Bestenfalls geschieht dann gar nichts, schlimmstenfalls kommt der Gerichtsvollzieher mit seinem Taschenrechner. Aber auch hier ersetzt die persönliche Erfahrung tausend Rezeptbücher.

Es empfiehlt sich übrigens, und dies gilt für alle hier geschilderten Methoden der Sigillenkonstruktion, das Sigill (zumindest gelegentlich) einzufassen oder zu umrahmen, sei es ein Dreieck, ein Kreis, ein Quadrat o.ä. Z.B.:

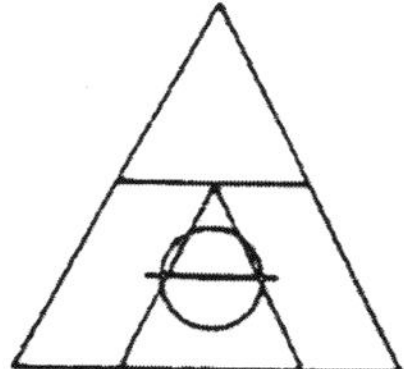
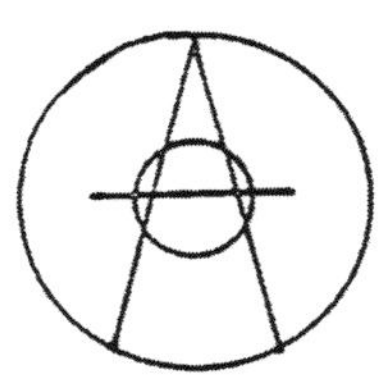
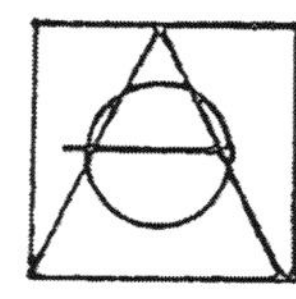

**Das hat zwei Vorteile:** Zum einen erleichtert es die optische Konzentration bei der Aufladung erheblich, und zum anderen verleiht es dem Sigill etwas 'Endgültiges', 'Abgeschlossenes'. Es kann nämlich bei unentwegter Sigillisierung gelegentlich geschehen, daß sich Sigille im Unbewußten gewissermaßen ineinander 'verankern' und unerwünschte Ketten und Kombinationen bilden. Dies ist jedoch sehr selten, das Risiko ist also vergleichsweise gering und betrifft in erster Linie Sigillen-Fanatiker, die den ganzen lieben langen Tag nichts anderes mehr tun, als ihr Unbewußtes mit Glyphen zu impfen und vollzustopfen.

Ein weiterer Aspekt bei der Umrahmungsthematik ist der, daß, wie die Tiefenpsychologie nachgewiesen hat, Mandala-Strukturen archetypisches Material im Unbewußten anregen und aktivieren. Wir können durch die Umrahmung der Siegel also leichter innere Kräfte wecken. Wenn man es genau betrachtet, sind Mandalas (man denke etwa an tibetanische Thangkas und Yantras) im Prinzip ohnehin nichts anderes als ein etwas komplizierteres Sigill, die weltanschauliche, mythische, spirituelle und ähnliche Inhalte transportieren - was sich freilich über die meisten spirituellen Symbole sagen läßt.

Bevor wir uns nun der Sigillenaktivierung widmen, soll abschließend noch auf die Vereinfachung der Sigillen eingegangen werden. Überkomplizierte Sigille sind ebenso unwirksam wie barocke Bandwurmsätze. Bedenke stets, daß Du das Sigill in einem Zustand der magischen oder 'gnostischen' Trance interna-

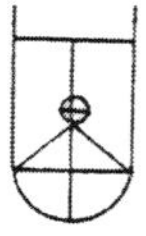

lisieren (aufladen) mußt. Dazu gehört, daß Du es intensiv imaginierst. In Fällen, in denen man das Sigill optisch vor sich hat, wo es etwa an der Wand hängt, auf einem Spiegel gemalt ist o.ä., mag das kein solch großes Problem sein, doch kann selbst dann eine allzu detailreiche Glyphe noch schwer aufzunehmen sein. Bei der Vereinfachung bzw. Stilisierung sind Deinen Phantasien und Deinem künstlerischen Talent keine Grenzen gesetzt. Du kannst auch getrost ein wenig schummeln, solange das Ergebnis Deiner Malerei Dich gefühlsmäßig wirklich befriedigt. Nehmen wir dafür ein neues Beispiel: Der Willenssatz „ICH WILL MORGEN TAUSEND MARK VERDIENEN" ergibt als Buchstabenmaterial:

I, C, H, W, L, M, O, R, G, E, N, T, A, U, S, D, K, V.

Wir sehen - eine hübsch lange Reihe von Zeichen! Machen wir daraus nun ein Gesamtsigill:

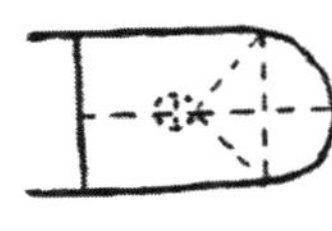

Dies ist uns zu kompliziert, also vereinfachen wir es:

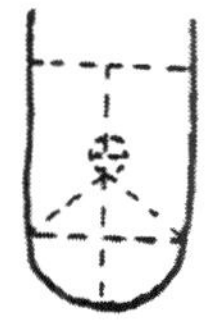

Wir haben also einiges weggelassen, dafür aber auch ein paar Ausschmückungen/Ergänzungen vorgenommen, etwa indem wir den senkrechten Mittelstrich durchgezogen haben, ebenso den waagerechten Strich im Kreis. Wichtig ist - zumindest am Anfang -, daß wir rein theoretisch alle Buchstaben in dem Sigill (auch in ihrer stilisierten Fassung) wiederentdecken können. Nun wird uns dies etwa bei den Buchstaben I, C, W, L, O, R, T, U, D und V in diesem Fall nicht sonderlich schwerfallen, wenn wir uns daran erinnern, daß man eine Linienführung mehrfach interpretieren kann. Der Bogen kann also gleichzeitig als U und als D fungieren:

Doch was ist mit den Buchstaben K, G und S? Und wo bleibt das M? Vorausgesetzt, wir wollen das Sigill so belassen, müssen wir eben ein bißchen schummeln:

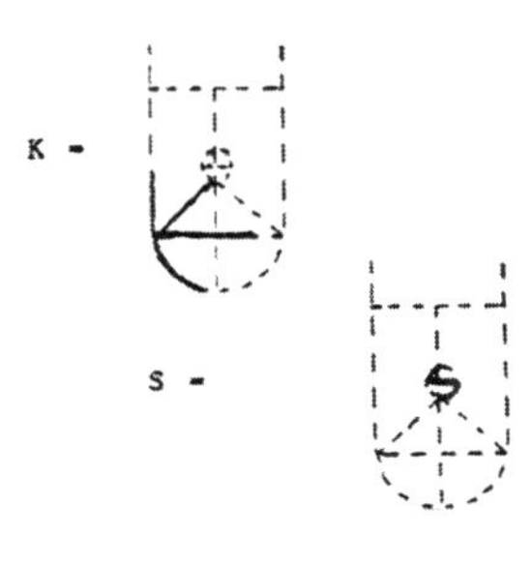


Zugegeben, K und S hätten etwas schöner ausfallen können, aber wir wollen damit ja auch den Vorgang der Abstraktion illustrieren.

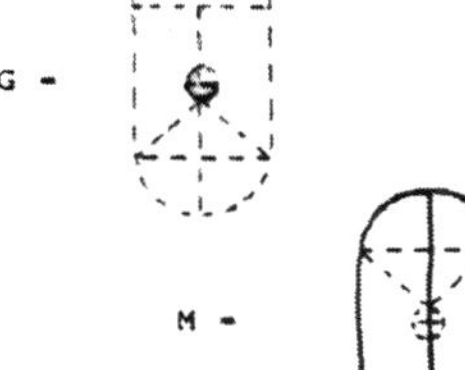


Nun mag man einwenden, daß man mit dieser Methode so ziemlich jeden Buchstaben in jedem beliebigen Zeichen wiedererkennen kann, wenn man nur genug blühende Phantasie und Frechheit mitbringt. Mit Einschränkungen stimmt das auch, doch geht es ja in erster Linie darum, **daß Du das Sigill selbst konstruierst,** wodurch eben andere Möglichkeiten von vornherein automatisch ausgeschlossen werden. **Der Vorgang der Konstruktion ist wichtiger als das fertige Ergebnis!** Natürlich benötigen wir das fertige Sigill, das Endergebnis also, sonst könnten wir es gar

nicht aufladen bzw. aktivieren, doch nützt es Dir überhaupt nichts, wenn Du es nicht selbst, höchstpersönlich und ohne fremde Hilfe konstruierst.
Vielleicht sollten wir uns noch kurz mit dem Ausschmücken der Sigille selbst befassen. Wir haben gesehen, daß es darauf ankommt, daß das Sigill für unser Empfinden 'magisch', 'nicht-alltäglich' aussieht. Darunter mag nun jeder etwas anderes verstehen. Verzierungen haben keine eigene Bedeutung (so wie das Sigill selbst ja auch keine erkennbare Bedeutung mehr hat), sondern dienen lediglich dazu, 'Stimmung' zu machen, dem Zeichen also einen Nimbus des 'Magischen' (oder, für romantische Naturen, des 'Geheimnisvollen') zu verleihen. Dies kann die Wirkung oft beträchtlich erhöhen, und ich empfehle, auf jeden Fall damit zu experimentieren.

## Praxis 2. Woche - Siegelkonstruktionen aus Sätzen

Du erhältst jetzt für jeden Tag der folgenden Woche einen Satz von uns, aus dem Du ein Siegel anfertigen sollst. Beschäftige Dich ca. 1/2 Stunde damit und versuche, Deinen Stil zu finden.

**1. Tag:** Ich will gesund bleiben.
**2. Tag:** Ich will aktiver werden.
**3. Tag:** Ich will, daß Betty mich liebt.
**4. Tag:** Ich will magische Kraft.
**5. Tag:** Ich will sexuelle Anziehungskraft
**6. und 7. Tag:** Finde selbst für diese 2 Tage Sätze und mache Siegel daraus.

## Körperarbeit 2. Woche - Masturbationstechniken

Du erhältst in jeder Woche eine Masturbationstechnik, mit der Du dich täglich vertraut machen sollst. Finde heraus, welche Technik Dich am meisten stimuliert.
Es kann auch sein, daß Du bemerkst, daß unterschiedliche Techniken sich für Dich bei verschiedenen Arbeiten besonders gut eignen.
Du kannst natürlich auch kombinieren.

### Masturbationstechnik I

Diese Masturbationstechnik kannst Du sowohl alleine als auch mit einem Partner durchführen.
Zuerst stimuliere Deinen Lingam so, daß er normal erigiert ist. Eine zu starke Erektion wäre nicht von Vorteil, da dadurch die Empfindlichkeit der Eichel zu hoch ist.
Sollte die Erektion zu stark sein, so wende folgende Technik an:
Nimm die Lingamspitze zwischen Daumen und Zeigefinger und drücke vorsichtig am Ansatz der Eichel, Du wirst beobachten, daß sich der Lingam verkleinert.
Während der Masturbation benutzt Du die eine Hand zur Reizung des Lingam, die andere für die Stimulation der Umgebung, für sanfte Massage der Hoden, des Damms und der Analmuskulatur - z.B. sanftes Eindringen und Massage von innen gegen die Schließmuskeln. Insbesondere am Anfang sollte die Stimulation der Brustwarzen nicht vernachlässigt werden.

Beim Masturbieren mit Partner können all diese Bereiche (Hoden, Damm, rektale Öffnung, Brustwarzen) auch sehr erfolgreich mit Mund und Zunge stimuliert werden.
Nun zur Stimulation des Lingam:
Bei allen Masturbationstechniken wird die Hand auf verschiedene Art und Weise am Lingam auf und ab geführt.
Führe die Vorhaut mit Deinem Daumen und Zeigefinger (evtl. plus Mittelfinger) über die Eichel und zurück. Diese Übung kannst Du entweder im Längs- oder Kronengriff durchführen.
Beim Längsgriff faßt Du den Lingam von der Seite aus an.
Beim Kronengriff greifst Du von oben die Vorhaut des Lingam.

## Theorie 3. Woche

Der größte und bekannteste Magier, der mit Siegeln gearbeitet hat, war Austin Osman Spare. Im Folgenden geben wir einige Auszüge aus seiner Biographie, um Dir ein wenig von seiner Arbeit zu vermitteln.

### Das Leben von Austin Osman Spare I

„Die Liebe zu allen Dingen ist vollkommene Schönheit; sie trägt keinen Haß oder Besitzgier in sich: Ihr Gesetz ist ihre eigene Kausalität. Leidenschaften mögen kontrolliert werden, aber am besten lieben wir durch Nicht-Wollen, als Inklination. So akzeptiere die Liebe, wo immer Du sie finden magst; Sie ist schwer zu erkennen, denn sie fragt nie."
„Um zur Decke des Himmels zu gelangen - schau nach innen."
Austin Osman Spare wurde am 13. Dezember 1886 in St. Sepulchre in der Nähe Smithfield Market, London, geboren. Sein Vater, Philip Newton Spare, war Polizeibeamter in London, und Austin Osman Spare bekam ihn nur selten zu Gesicht, da er fast ausschließlich auf Nachtpatrouille war und tagsüber schlief. Von daher war das Verhältnis zu seinem Vater in seiner Jungend sehr distanziert.
Spare war schon als Kind außerordentlich sensibel und hatte, bis er etwa 5 Jahre alt war, eine sehr starke Beziehung zu seiner Mutter, deren Mädchenname übrigens 'Osman' gewesen war. Als das Geld bei den Spares knapp wurde, mußte sie nebenbei noch andere Kinder horten und konnte sich gleichfalls nicht mehr allzuviel um Austin kümmern. In dieser Zeit verstärkte sich dadurch die Beziehung zu seinem Vater, obschon er ihn trotzdem kaum zu Gesicht bekam.
Im Alter von 7 Jahren lernte Austin die betagte Wahrsagerin Mrs. Paterson kennen, deren Einfluß sein ganzes Leben entscheidend prägen sollte. Spare beschrieb sie als Analphabetin mit begrenztem Wortschatz, mit welchem sie aber dennoch hochkomplexe und abstrakte Sachverhalte genau darzustellen vermochte. Für ihn war sie gleichsam seine 'zweite Mutter'. Sie besaß die Fähigkeit, Ideen und Gedanken zu sichtbarer, bisweilen sogar berührbarer Erscheinung zu beleben. Sie war also in der Lage, Gedankenbilder oder Imaginationen so konkret zu fassen und vor ihrem inneren Auge zu halten, so daß sich diese in der Realität manifestieren konnten. Die Technik pflegte

sie oft bei der Zukunftsschau einzusetzen, wenn die Bilder, die sie mental empfing, zu langwierig zu beschreiben waren.
Durch ihren Einfluß wurde bei Spare das Interesse an okkulten Dingen geweckt, welches er schon früh mit seiner zeichnerischen Begabung in graphische Formen umsetzte. Ferner vermittelte sie ihm das Verständnis für die subtilen Kräfte der Natur, welche er zu einem großen Ausmaß beherrschen lernte.
Er besuchte zwei Schulen, die Church School of St. Sepulchre und später die St. Agnes School in Kennington, Süd-London. Wie Spare selbst einmal sagte, hat er jedoch auf beiden Schulen absolut nichts gelernt.
Im Alter von 13 Jahren arbeitete er dann in einer Glasfärberei. Zu dieser Zeit verbrachte er fast alle freien Abende in der Lambeth School of Art, wo er seine außerordentliche zeichnerische Begabung praktisch umsetzen lernte. Dort gewann er ein Stipendium und begann daraufhin am Royal Collage of Art in Kennington Kunst zu studieren.
1905 veröffentlichte er mit 19 sein erstes Werk 'Earth Inferno', welches eine Sammlung von Zeichnungen und Aphorismen enthält. Darin beschimpfte er das Banale, Gewöhnliche und Langweilige und begann an der Enthüllung einer 'unbekannten Welt' zu arbeiten. Er verkündete darin die 'universale Frau, unfruchtbar auf der Brustwehr des Unbewußten der Menschheit liegend', und rief zu einer Wiederbelebung der 'ursprünglichen Frau' auf. Er geißelte das, was er 'die Hölle des Normalen' nannte. Er verfolgte diese Tendenz weiter und fand sich später wieder unter den ersten Surrealisten, wo er viele Ideen und Theorien entwickelte, die man später mit der surrealistischen Bewegung identifizierte. George Frederick Watts schrieb über ihn: „Spare hat bereits genug getan, um seinen Ruhm rechtfertigen zu können". Dies war zwar eine sehr hohe Einschätzung seiner Werke von Seiten einer fachlichen Kompetenz, tatsächlicher Ruhm jedoch blieb ihm stets versagt. Zumindest teilweise lag das an seiner unumstößlichen Weigerung, sich 'managen' und vermarkten zu lassen. Die Kunstmacher ließen ihn in der Folge einfach fallen.
Ein ausschlaggebender Faktor in seiner Entwicklung war, daß er von Jugend an Probleme damit hatte, seine sexuellen Neigungen zu kontrollieren. Diese waren für ihn ebenso überwältigend wie sein Drang zum Zeichnen; sein artistischer und amouröser Ausfluß war unvergleichlich. Mit 16 lebte er mit einer erheblich älteren Frau zusammen, die eine Fehlgeburt von ihm hatte - glücklicherweise, wie er selbst meinte. Bezeichnend für ihn ist, daß als er einmal im Alter von 60 um ein Selbstporträt gebeten wurde, welches er aus seiner Erinnerung an jene früheren Zeiten zeichnen sollte, daraus die Zeichnung eines erigierten Penis entstand, unter welche er schrieb: „Selbstporträt im Alter von 18". Er war der Meinung, es wäre das wahrhaftigste Selbstporträt, das man je bekommen könnte.
Er durchlebte eine Serie von Beziehungen, von denen kaum eine länger als eine Woche dauerte. In jede von ihnen setzte er immer wieder das Vertrauen, sie würde ein Leben lang andauern. Hierbei machte er außergewöhnliche sexuelle Erfahrungen mit einem Hermaphroditen, einer jähzornigen Walierin mit einer hemmungslos sadistischen Neigung und einer Liliputanerin mit Stupsnase und hervorstehender Stirn. Ein Kunststudent Namens Budd, der zur selben Zeit wie Spare am Royal Collage studierte

und später Kunst an vielen wohlbekannten Schulen lehrte, beschrieb Spare als „eine Gestalt, die an einen griechischen Gott erinnert, mit lockigen Haaren, stolz, eigenwillig, die schwarzen Künste praktizierend und Drogen nehmend.“

Spares erstes Experiment mit Zauberei vor Zeugen fand schon in seiner Jugend statt. Er hatte eine Zeitlang bei dem Schriftsteller Rev. Robert Hugh Benson gelebt, in dessen Haus es spukte. Als Spare einmal früh zu Bett gegangen war, um noch zu lesen, öffnete sich plötzlich seine Zimmertür von ganz alleine. Leicht verwundert stand er auf und schloß sie wieder. Ein paar Minuten später geschah dasselbe noch einmal, und Spare spürte etwas Undefinierbares, Eisig-kaltes herannahen. Dieses Etwas ging mitten durch ihn hindurch und aus dem Fenster hinaus. Das Licht brannte, so konnte Spare das Wesen nur erfühlen, aber nicht sehen. Wäre es dunkel gewesen, rekapitulierte er später, hätte er es auch wahrnehmen können. Denn er bemerkte eine Art ‘Negativstrahlung’, die das Licht seiner Nachttischlampe verdunkelte. In der darauffolgenden Nacht gelang es Spare, den Geist zu materialisieren und mit ihm zu kommunizieren. Benson hatte zwar die Befürchtung geäußert, der junge Zauberer könne von bösen Geistern besessen werden, aber Spare kannte ein solche Furcht nicht. Sein Vertrauen war grenzenlos, weil sein Wissen und seine Fähigkeiten vollständig auf ein initiiertes Verständnis um die feineren Kräfte der Natur beruhte.

Kurz zuvor hatte Benson auch einmal Bekanntschaft mit dem Regenmacher Spare geschlossen. Die beiden waren an einem schönen, wolkenlosen Sommertag spazieren gegangen, als Benson mehr im Scherz Spares magische Fähigkeit prüfen wollte und ihm vorschlug, einen kleinen Erfrischungsschauer zu zaubern. Spare stand für ein paar Minuten lang bewegungslos auf der Stelle, malte sodann ein Sigill auf ein Stück Papier und konzentrierte sich mit aller Kraft darauf. Es dauerte nicht lange, kleine Wölkchen zogen sich über ihre Köpfe zusammen und ein kurzer Schauer durchnäßte die beiden bis auf die Haut.

Diese Ereignisse sind auch insofern von Bedeutung, weil dies die ersten Gelegenheiten waren, wo Spare seine Zauberei demonstrierte. Einige Jahre später evozierte er den Geist von Sir Oliver Lodge, der ihm für ein Porträt posierte, welches 1947 in der Archer Gallery in London Westbourne Grove ausgestellt wurde. Zu Lebzeiten hat Spare Sir Oliver aber nur ein einziges Mal persönlich getroffen und bei dieser Gelegenheit mit ihm über Mathematik, Philosophie und anderes diskutiert. Diese Themenbereiche faszinierten ihn schon immer. Schon mit 14 gewann Spare die nationale Goldmedallie für Mathematik für eine Abhandlung über Strukturen der räumlichen Geometrie.

Kurz vor seinem Tod verkündete er Kenneth Grant in einem Brief, daß er eine mathematische Formel entdeckt habe, um die letzten Erkenntnisse der ‘Neither-Neither-Theorie’ zu beweisen, welche die Basis seiner mystischen Philosophie bildet. ‘Neither Neither’ ist ein kaum übersetzbarer englischer Ausdruck, welcher soviel wie ‘Nicht-Nicht’ oder ‘weder das eine noch das andere’ bedeutet. Dies meint einen Bewußtseinszustand, der jenseits der Grenzen von Zeit und Raum liegt, oder besser dazwischen. C. Castaneda bezeichnete diesen Bereich als den ‘Zustand nichtalltäglicher Wirklichkeit’. Dies fand kurz vor seinem Tod statt, bevor er seine Ergebnisse mitteilen konnte, und es wurden auch keine Spuren davon in seinen Papieren gefunden.

Durch dieses Interesse beschäftigte er sich auch mit der Erkundung anderer Dimensionen. Er träumte von ungewöhnlichen Perspektiven, die er zeichnerisch nicht darstellen konnte, vom Leben in der Zukunft, wo er in der Lage sein würde, mysteriöse Geometrie aus anderen vergangenen und zukünftigen Zeitaltern zu beleben. Er vermutete die Existenz eines fremden Universums jenseits aller Konzeption von Raum und Zeit. Hierbei sind gerade Träume sehr bezeichnend, die periodisch immer wiederkehrten und hauptsächlich aus fantastischen Gebäuden bestanden, die er im Wachzustand nicht mehr reproduzieren konnte, obwohl er normalerweise in der Lage war, seine Träume genau wiederzugeben. In dieses Universum zu gelangen - so erkannte er - sei kein Problem des Transports, sondern der Transformation (vergleiche hierfür H. P. Lovekraft 'Die Träume im Hexenhaus' und andere). Der Schlüssel hierzu liegt in der Auflösung der Identität, indem das Id und die Entität (der Wunsch und die Wesenheit) sich für immer trennen.
Der Wächter für die fremden Dimensionen ist die außerirdische Wesenheit Choronzon, welche Dr. John Dee im 16ten Jahrhundert als erster beschrieb als Er, 'der dient, die großen Türen des unbekannten Universums zu bewachen. Kenne ihn gut und gib acht'. Auch Aleister Crowley hatte bei der Erkundung der 30 Aethyre durch die henochischen Schlüssel mit dem Wächter des Abyss eine beinahe tödliche Begegnung:
„Da ist kein Sinn im äußersten Abyss, aber beständige Formen kommen aus dem Nichts von ihm hervor. Dann schrie der Teufel des Aethyrs, dieser mächtige Teufel Choronzon, laut, Zazas, Zazas, nasatananda, Zazas. Ich bin der Meister der Form und von mir gehen alle Formen aus. Ich bin Ich. Ich habe mich selbst von den Verschwendungen ausgeschlossen, mein Gold ist sicher in meiner Schatzkammer, und ich habe jedes lebende Ding zu meiner Konkubine gemacht, und niemand darf sie berühren, ausgenommen nur ich. Und jedoch bin ich verbrennend, sogar während ich im Winde erschauere. Er haßt mich und quält mich. Er hätte mich mir selbst gestohlen, aber ich verschließe mich und spotte ihm, sogar während er mich plagt. Von mir kommen Lepra und Pocken und Pest und Krebs und Cholera und die Fallsucht. Ah! Ich werde bis zu den Knien des Allerhöchsten aufreichen und seinen Phallus mit meinen Zähnen zerreißen, und ich werde seine Hoden in einem Mörser zerstoßen und Gift davon machen, die Söhne der Menschen zu erschlagen. (Hier simulierte der Geist die Stimme des Frater P., die auch von seinem Standort und nicht aus dem Dreieck zu kommen schien). Ich glaube nicht, daß ich mehr bekommen kann; ich glaube, das ist alles, was da ist... Als nächstes litt der Schreiber an einer Sinnestäuschung, er glaubte vor ihm wäre eine schöne Kurtisane, die er kürzlich in Paris geliebt hatte. Nun, sie lockte ihn mit sanften Worten und Blicken, aber er erkannte diese Dinge als Täuschung des Teufels, und er wollte den Kreis nicht verlassen. Der Dämon lachte darauf wild und laut. Sie haben mich den Gott des Gelächters genannt, und ich lache, wenn ich töten will, und sie haben gedacht, ich könnte nicht lächeln, aber ich lächle den an, den ich verführe, oh Unverletzlicher, der du nicht verführt werden kannst... Choronzon hat keine Form, weil er der Schöpfer aller Form ist - so schnell wechselt er von einer zur anderen, wie er es für am besten hält, die zu verführen, die er haßt, die Diener des Allerhöchsten. So nimmt er die Gestalt einer schönen Frau an, oder die

eines weisen und heiligen Mannes, oder die einer Schlange, die sich um die Erde windet, bereit zu peinigen. Und weil er er selbst ist, deshalb ist er kein Selbst; der Schrecken der Dunkelheit und die Blindheit der Nacht und die Taubheit der Natter und die Geschmacklosigkeit von schalem und stehendem Wasser und das schwarze Feuer des Hasses und die Euter der Katze aus dem Schleim; nicht ein Ding, sondern viele Dinge. Jedoch, mit all diesem, ist seine Folter ewig... Ich ernähre mich von dem Namen des Allerhöchsten. Ich zermahle sie in meinen Klauen und ich entleere sie aus meinem Fundament. Ich fürchte nicht die Macht des Pentagramms, denn ich bin der Meister des Dreiecks. Mein Name ist dreihundert und dreißig und drei, und das ist dreimal eins, deshalb sei wachsam, denn ich warne dich, daß ich dabei bin dich zu täuschen... Denkst du oh Narr, daß es irgendwelchen Zorn oder irgendeinen Schmerz gibt, der ich nicht bin, oder irgendeine Hölle außer diesem meinem Geist? Bilder, Bilder, Bilder, alle ohne Kontrolle, alle ohne Vernunft. Die Bosheit von Choronzon ist nicht die Bosheit, weil er, wie er sich selbst brüstet 'ich bin ich', in Wahrheit kein Selbst hat, 'und diese sind sie, die in meine Gewalt fielen, die Sklaven des Blinden, der sich selbst brüstet, der Aufgeklärte zu sein. Denn es gibt kein Zentrum, nein, nichts als Zerstreuung. Wehe, wehe, wehe, dreifach für ihn, der durch Reden hinweggeführt wird, oh Geschwätziger... Ich habe mich gegen das Königreich des Vaters durchgesetzt und seinen Bart besudelt; und ich habe mich gegen das Königreich des Sohnes durchgesetzt und seinen Phallus herausgerissen; aber gegen das Königreich des Heiligen Geistes werde ich ringen und nicht bestehen.“ (Dieser Auszug stammt aus der 'Vision und die Stimme' von Aleister Crowley.

Die Idee der höheren Dimensionen versuchte Spare durch gleichzeitige Darstellung mehrerer Perspektiven in einem Bild, bisweilen sogar in einer Figur darzustellen, um Zeit und Raumverhältnisse koordinieren zu können: „Die einzige Weise, wie ich dies tun kann, ist durch Reorientierung und den gleichzeitigen Gebrauch von zwei oder mehr Perspektiven“. Dadurch sollte die verborgene Bedeutung des Objektes enthüllt und seine latente Macht freigesetzt werden.

1907 erfolgte die Veröffentlichung seiner zweiten Sammlung von Zeichnungen, 'The Book of Satyrs' (das Buch der Satyre). 1909 begann Spare seine vierjährige Arbeit an 'The Book of Pleasure' (das Buch des Genießens), welches eines seiner wichtigsten Werke werden sollte und die essentielle Lehre des 'Neither-Neither' und die Formel der Selbstliebe enthält. Darin finden sich ebenfalls viele der automatischen Studien aus Schlaf- oder Trancezuständen, sowie Tierstudien, die denen der großen Meister durchaus ebenbürtig sind. Unter seinen Studien befinden sich viele realistische Darstellungen von Lumpensammlern, Dieben, Zuhältern und Huren, die lange Zeit seine Nachbarn waren, als er in den Elendsvierteln von London lebte. Diese Studien fertigte er hauptsächlich deshalb an, um damit Brot und Bier verdienen zu können; innerlich war er mit einer ziemlich anderen Art von Realismus beschäftigt. Die meisten von Spares automatischen Zeichnungen wurden in Trance produziert, die von einem 'zudringlichen Dienstgeist' (engl.: 'Intrusive Familiar') Namens 'Black Eagle' ('Schwarzer Adler') eingegeben wurden. Spare war zwar von dessen Anwesenheit überzeugt, konnte dessen Herkunft aber nicht aufdecken. Spare erwähnte ihn jedoch

oft, zeichnete ihn, hielt ihn zwar nicht für die ewige, aber Hauptquelle seiner Inspiration.
Erst nach Spares Tod entdeckte Kenneth Grant, daß 'Black Eagle' eine Art Brennpunkt für altindianische Zauberei gewesen war, welche später der Ursprung des Hexenkultes in Salem, Massachusetts, war, von welchem Mrs. Paterson ihre magische Macht hergeleitet hatte.
So erwachte Spare oft aus dem Schlafe, um ein fertig gezeichnetes Bild vor sich zu finden. Er hatte kein einziges Mal eine Erinnerung an den konkreten Vorgang des Zeichnens. Einmal begann er ohne etwas besonderes im Sinn zu haben, in einem Zustand völliger physischer Erschöpfung zu zeichnen. Plötzlich und ohne erkennbaren Grund floß eine enorm starke Energie wie elektrischer Strom durch seinen ganzen Körper und vibrierte durch seinen Arm. Ohne Pause zeichnete er vier Stunden lang, zwei davon sogar in völliger Dunkelheit. Einige dieser Zeichnungen tragen das 'Flair des Bösen', wie man so schön sagt, und zeigen eine düstere, fremdartige Atmosphäre. Bernhard Shaw äußerte einmal: „Spares Medizin ist für den Durchschnittsmenschen viel zu stark".

## Praxis 3. Woche - Meditationsübungen

Male auf ein Blatt Papier ein rotes Dreieck.
Setze Dich möglichst bequem hin, so daß Du 30 Min. ganz ruhig sitzen kannst.
Lege das rote Dreieck vor Dir auf den Tisch.
Jetzt mache nichts anderes als mit entspanntem Blick ca. 30 Min. das Dreieck zu beobachten. Achte darauf, daß Dein Körper die ganze Zeit entspannt bleibt. Atme ganz ruhig und gleichmäßig.
Ziel dieser Übung ist es, die Konzentration auf ein Bild über längere Zeit zu erlernen.

## Körperarbeit 3. Woche - Masturbation II

Lege Deine Faust unterhalb der Eichel um den Schaft, führe die Vorhaut vor uns zurück, wobei Du diesmal die Vorhaut nicht über die Eichel schieben darfst. Die Vorhaut bleibt immer unterhalb der Eichel und wird nach unten straff gespannt.

## Theorie 4. Woche - Das Leben des Austin Osman Spare II

Im Jahre 1916 erschien die erste Nummer der Vierteljahreszeitschrift 'Form'. Enthalten waren verschiedene Artikel über Kunst, Literatur und Musik, Spare und J.F.C. Fuller schrieben hauptsächlich über Okkultismus. Fuller hatte ein paar Jahre zuvor mit Aleister Crowley zusammengearbeitet und Beiträge für 'The Equinox' ausgearbeitet. Von ihm sind unter anderem 'Ein Stern im Westen' und 'The Temple of Salomon the King', eine Art Tagebuchbericht über Crowleys magische Aktivitäten mit eingefügten Abhandlungen über Kabbalah, Buddhismus, Yoga und andere Themen. Spare editierte die Zeitschrift zusammen mit Frederick Carter, unter anderem der Autor des Buches 'The Dragon of the Alchemists'(Der Drache der Alchemisten). Unter den weiteren Autoren finden sich Namen wie W.B. Yeats, ein Mitglied des

Golden Dawn, der Dichter W.H. Davies, der Carter später als Co-Herausgeber ersetzte, W.M.R. Quick, Charles Rickertts, Philip Newton, Van Dieren und viele andere. Da Spare im selben Jahr in die Armee eintrat, stand das Projekt nach zwei Ausgaben bis 1921 still. Die Zeitschrift war insofern eine signifikante Veröffentlichung, da es das erste Magazin war, welches autographische und Faksimile-Prozesse beinhaltete, die auch der Kunst der Holzgravur ihren passenden Platz einräumte. Das mag sich banal anhören, aber Holzgravur war zu der Zeit als Kunstrichtung gar nicht anerkannt.

Was Spare während des ersten Weltkrieges erlebte, ist weitestgehend unbekannt. Später erwähnte er nur tiefgreifende Erfahrungen, die ihm einen Sinn für 'kosmische Identität' vermittelten, welche den Rest seines Lebens stark beeinflußte.

Während eines kurzen Aufenthaltes in Ägypten gab es einige Schlüsselerlebnisse, die seine Ideen bestätigten. Er fiel beim Anblick eines Lichtstrahles des Mondes auf die Basaltstatue der katzenförmigen Sternengöttin Bast in eine Trance, die über lange Zeit anhielt. Kurze Zeit später überkam ihn bei der Betrachtung des Sternenglanzes eine übermäßige Ehrfurcht, die sein Gemüt nach tief innen richtete. Dabei verlor er das Bewußtsein von allem außer riesigen Himmelskörpern, die sich zu eine einzigen riesigen strahlenden Sonne vereinten. Er löste sich zur Gänze auf und verlor sich in der Quelle des Lichtes. Hinterher war er für mehrere Stunden völlig blind. Möglicherweise liegt in dieser Erfahrung der Ursprung, der Idee der 'Todesstellung', auf die wir später noch genauer zurückkommen werden. Durch ähnliche Erfahrungen gelangte er an Erinnerungen über seine vergangenen Inkarnationen.

Um 1750 war er schon einmal Engländer gewesen. Eine Verbindung zu William Blake, den er sehr bewunderte und den viele mit ihm quasi als seine Fortführung verglichen, bestritt er jedoch heftig. Spare identifizierte sich dafür mit dem römischen Dichter Apuleius, der das bekannte Werk 'Der goldene Esel' mit der Novelle 'Amor und Psyche' darin geschrieben hatte. Einige seiner Zeichnungen sind davon beeinflußt mit 'Zos Apuleius' signiert. Eines dieser Bilder zeigt auch seine starke Beziehung zu katzenartigen Wesen und Tieren, er arbeitete folgende Formel ein: 'Ich, Zos Apuleius, wünsche mir die Stärke meiner Tiger'. Seine Tiger waren seine Katzen, die er als Medium benutzte und mit denen er auch kommunizieren konnte.

Durch entsprechende Methoden drang er noch tiefer in seine vergangenen Leben ein und erkundete seine Inkarnationen im alten Ägypten, Kartagon und Rom 'zu seiner besten Zeit'. Nur über seine englische Inkarnation schwieg er sich aus, zeigte aber Kenneth Grant bei einem Spaziergang sein Grabmal auf einem Friedhof bei Southwark. Mit charakteristischer Nonchalance zeigte er mit einem Finger auf den Friedhof und bemerkte beiläufig: 'Dort. Ich kenne das Grab.'

Nach dem Jahr 1918 schloß er Freundschaft mit den Graphikern John Austen und Alan Odle, mit denen er in dieser Periode viel zusammenarbeitete. Beispiele hierfür lassen sich in der Zeitschrift 'Form' finden. 1919 gründete er noch eine zweite Zeitschrift, 'Die goldene Hirschkuh' zusammen mit Clifford Bax. Dieser Titel ist wiederum von Apuleius inspiriert. Darin befanden sich hauptsächlich Beiträge von Schriftstellern, die schon bekannt waren oder es noch werden sollten. Als Beispiele seien hier Cecil Maitland, Gerald Bullet, Desmond Coke, mit welchem Spare viele ausgedehnte okkulte Experimente machte, J.F.C. Fuller, Walter Spradbury, Haldane Mac-

fall und Hayden Mackey. Maitland, Fuller und Sime sind insofern besonders wichtig, als sie eine direkte Verbindung zum magischen Strom des Zos Kia Kultes bildeten. Cecil Maitland und J.F.C. Fuller waren auch mit Aleister Crowley verknüpft, Fuller war, wie schon gesagt, die erste Person, die eine längere Abhandlung über Crowleys Person schrieb. Maitland und Fuller waren ebenfalls eine Zeitlang Schüler von Crowley gewesen. Crowley hatte von Maitland allerdings nie viel gehalten. Er hielt ihn für eine literarische Eintagsfliege. Der Graphiker Sime erlebte viele Einblicke in ein fremdes Universum, gleichzeitig nahe und weit entfernt, welches unser eigenes sozusagen in jenen Dimensionen außerhalb von Zeit und Raum durchdringt, die Lovecraft und Spare in Erzählungen beziehungsweise verschobenen Perspektiven in Zeichnungen darzustellen versuchten.
Seit 1911 war Spare mit Lily Getrude Shaw verheiratet. Über ihre Beziehung ist fast nichts bekannt, außer einige Schwierigkeiten, die Spares 'amourösen Aktivitäten' entsprangen. Beispielsweise verliebte er sich einmal in eine Freundin seiner Frau, eine Musikhallkomidiantin. Als Lily sie anrief, um sie bei ihr zu Hause zu besuchen, wurde sie von einem Zimmermädchen mit dem Hinweis eingelassen, sie möge sich doch ein klein wenig gedulden. Lily mußte kurz darauf feststellen, das Austin auch im Hause war - im Bett ihrer Freundin. Diese stand übrigens Modell für verschiedene Zeichnungen, die ebenfalls in 'Form' veröffentlicht wurden. Wahrscheinlich finanzierte sie auch die Veröffentlichung seines wichtigsten Buches 'The Focus of Life' ('Der Brennpunkt des Lebens'). Das Werk enthielt 12 Illustrationen, unter anderem auch zum ersten mal ein Porträt seiner Hexenmutter Mrs. Patterson.
Mitte der 20er Jahre hatte Spare eine kritische Phase, die seine weitere Entwicklung einschneidend beeinflussen sollte. Seine Abscheu vor den allgemein akzeptierten Wertvorstellungen wuchs zusehends, er war des sentimentalen Selbstmitleides einfach müde, hatte genug von der 'Smartheit' und war gereizt wegen der unehrenhaften Behandlung seitens der Kunstgalerien. 1924 hatte diese Krise ihren Höhepunkt und gipfelte in der Veröffentlichung des großen Werkes 'The Anathema of Zos: A Sermon to the Hypocrites' (Der Kirchenbann von Zos: Ein Strafpredigt für die Heuchler), welches 1927 veröffentlicht wurde und konzentriert seine Gehässigkeit darstellte. Eine Zeichnung darin stellte ein Selbstporträt im Profil dar, eine Hand, in der typischen Geste der Exkommunikation erhoben. Spare selbst betrachtete das Buch als eine automatische Schrift. In späteren Jahren bezeichnete Spare diese Aktion als eine rasche Handlung, welche eine Schlucht zwischen ihn und seiner eigenen Vergangenheit bildete. Die Schrift enthielt sozusagen die ganze Ablehnung und allen Widerstand, der seit seiner Jungend sich angestaut hatte. Die Schmähschrift verschwand recht schnell in der Versenkung und wurde selbst von seinen Freunden und Bekannten abgelehnt. Er wurde als degeneriert gebranntmarkt, obwohl er mehr als einmal auf die Stufe mit Blake gestellt wurde. Dennoch wurde durch diese Schrift niemand anderes als er selbst exkommuniziert, er schloß mit seiner Vergangenheit endgültig ab.

Dennoch fanden zunächst weitere Ausstellungen im selben Rahmen statt, die er entweder alleine oder zusammen mit Odle Austin und Harry Clarke gestaltete. 1927 stellten sie zusammen in der St. George's Gallery in Hanover Square, 1929 in der

Lefevre Gallery und 1930 in der Godfrey Philips Gallery aus. Danach fand keine reguläre Austellung mehr statt, auch veröffentlichte Spare keine Bücher mehr.
Für die nächsten 30 Jahre bis zu seinem Tod zog er sich zurück und lebte als Halbeinsiedler in den Slums von London. Von da an waren seine Bekannten örtliche Fuhrsleute, Trödler mit Handwagen und alle Arten von abgehalfterter Existenz. Mit der Zeit nahmen auch diese Kontakte mehr und mehr ab, er zog sich praktisch völlig in seine Zauberei und Traumarbeit zurück. Als Gründe hierfür führte er mehrere Kriterien an: Er war verärgert über die ständige Bewertung der Kritiker, die sein Genie in einer Art Degeneration oder einer morbid veranlagten Psychologie sehen wollten. Außerdem fühlte er sich durch die Unausgewogenheit seiner Erziehung in jenen Kreisen doch recht unwohl, zu denen er wohl wegen seiner ungewöhnlichen Persönlichkeit Zugang gefunden hatte. Schließlich und letztendlich wollte er einfach Ruhe vor 'kultivierten Kreisen' haben. Dort waren hauptsächlich seine realistischen Darstellungen von Dieben und Huren aus den Londoner Gassen bekannt. Ab jetzt stellte er nur noch in den ärmeren Vierteln aus, auch um direkten Kontakt mit Interessenten und Käufern zu bekommen. Dadurch fing er neue Eindrücke und Inspirationen ein, obschon er andererseits seine Bilder für lächerlich kleine Summen verkaufen mußte. Sein Leben verbrachte er ausschließlich mit Malen und dem Schaffen 'magischer Objekte'. Ab und an reparierte er Leitungen für ein Taschengeld, um sich für ein Bier etwas dazuzuverdienen. So lebte er anonym aber glücklich in der billigsten Gegend von ganz London.
Als der zweite Weltkrieg begann, fiel eine Bombe direkt auf sein Haus. Seine ganze Seite war gelähmt. Er befürchtet nie wieder malen zu können und litt unter heftigen Depressionen. Seine mächtigen Elementale und Dienstgeister, die er sich geschaffen hatte, halfen ihm jedoch, so daß er innerhalb von 6 Monaten gesundete. Er begann erneut und guten Mutes, zeichnen zu lernen. Kenneth Grant hat aus dieser Zeit einen Skizzenblock in seinem Besitz, der Hinweise darauf liefert, daß Spares Gedächtnis erheblich gelitten hatte. Die Jahreszahlen auf seinen Zeichnungen waren vertauscht, sie waren alle auf 1914 statt auf 1941 datiert. Die Zeichnungen sind vom Stil her unsicher, zittrig und befinden sich auf der Entwicklungsstufe vor dem ersten Weltkrieg in seiner Blütezeit. Eine Weile vor diesem Luftangriff hatte Spare Kenneth Grant bei einem Bier von einem eindeutigen Omen erzählt, welches die Ereignisse genau vorwegnahm: Als Spare eines Nachts in einer Kneipe ein Bier trank, entdeckte er die klar umrissene Form eines Geiers in einer Bierpfütze auf der Theke. Er assoziierte mit dem Geier ein Symbol der Warnung und des Todes in Anlehnung an die afrikanischen Voodokulte. Die Symbolik entstammt der Beobachtung, daß Geier bereits auftauchen, wenn es noch gar kein Aas gibt, aber beispielsweise gerade ein feindlicher Angriff in die Wege geleitet wird. Den Geiern wird ein sechster Sinn dafür zugeschrieben, und ihr Auftauchen als ein böses Omen gewertet. Am selben Abend noch explodierte eine Streichholzschachtel beim Entzünden eines Streichholzes in seiner rechten Hand, wobei eine nicht unerhebliche Brandwunde entstand. Die Brandwunde war ein direkter Hinweis auf die Folgen des Bombenangriffs, denn ein solcher hängt ja direkt mit der Zerstörung durch Feuer zusammen. Einer von Spares besten Freunden, Hannen Swaffer, erzählte den Besuchern von Spares letzter Ausstel-

lung: „Als er 1941 ausgebombt wurde und seine ganzen Werke und Besitztümer und den Gebrauch seiner rechten Hand für fünf Monate verlor, lebte er von neun Schilling pro Woche, und obwohl er ihm gerne einen Fünfer geliehen hätte, zeigte er seine Notlage nicht. Er arbeitet wie er will und wann er will.“ Swaffer war einer der wenigen, die das Anathema 1927 überstanden hatten ohne ihn abzulehnen, und der weiterhin seine Bewunderung für Spare und seinen Mut auf dessen einsamen Pfad zeigte. Die konnte man von den Mitgliedern der örtlichen Verwaltung kaum behaupten, deren Aufgabe es war, ausgebombte Opfer mit neuen Wohnungen zu versorgen. Spare mußte 10 Jahre lang warten, bis er ein neues, auch schon im Verfall befindliches Heim zugeteilt bekam. Dort traf er 1949 zum ersten Mal Kenneth Grant: „Bei dieser Gelegenheit war es, daß Spare einen Besucher der höllischen Region herzitierte. Zwei Besucher drängten ihn, ein Elemental zur sichtbaren Erscheinung zu beschwören. Sie erzählten ihm, sie hätten Materialisationen in spiritistischen Seancen gesehen, niemals aber einen nichtmenschlichen Geist oder ein Elemental.
Spare erklärte ihnen, daß solche Kreaturen unbewußte Automata wären, zu tief in der Psyche begraben, um an die Oberfläche zu kommen oder auf das bewußte Gemüt zu reagieren. Ein Elemental oder ‘aufdringlicher Bekannter’, wie Spare es manchmal zu nennen pflegte, ist eine sehr schwierige Sache im Gegensatz zu den harmlosen Schatten, die in Seance-Räumen hervorgerufen werden. Man beläßt ein Elemental besser in seinem eigenen Reich und kontaktiert es durch ein System empfindungsfähiger Symbole. Aber die zwei Dilletanten bestanden darauf, eine solche Kreatur zu sehen, und Spare war immer bereit, jemanden einen Gefallen zu tun.
Es begann wie gewöhnlich zu evozieren, indem er ein Sigill auf eine weiße Karte malte. Dann hielt er sich die Karte an die Stirn und murmelte eine Zauberspruch oder ein Mantra. Ein paar Minuten später sank ein grünlicher Nebel in die feuchten Kellerräume. Er breitete sich gleichförmig über alles aus und schien sich dann in eine begrenzte, organisierte Form zu komprimieren. Diese wurde von Moment zu Moment wirklicher. Die Zuschauer gerieten in Panik und baten Spare, sie wegzuschicken. Die Atmosphäre war praktisch undurchsichtig geworden und roch nach Bösem. In seiner schattigen Masse glühten zwei dunkle Flecken unheilvoll, wie Augen von schwarzer, brennender Lava. Spare schritt fort, es zu bannen, indem er die Karte gegen seine Stirn preßte und den Zauberspruch rückwärts intonierte. Langsam schrumpfte die miasmische Wolke und verschwand, aber eine kraftvolle böse Atmosphäre blieb noch lange nach seiner Auflösung bestehen. Einer der Zeugen dieser erstaunlichen Belebung starb kurz darauf; der andere verlor seinen Verstand. Es war Spares Theorie, daß das Elemental ein losgelöster Teil des Unterbewußten eines der Zuschauer war, welcher die Gelegenheit der Materialisierung ergriffen hatte, zum Unglück von allen beiden“ (Kenneth Grant, Images and Oracles of Austin Osman Spare).
Spare konnte auf gleiche Weise verlockende, aber böswillige Kreaturen aus der erotisierten Psyche beleben. Hinter dieser Fähigkeit steckte seine ursprüngliche Faszination, die in der Transformation des Alters in die Jugend bestand. Der Hintergrund für diese Neigung war wohl die in seiner Jugend beobachtete Verwandlung der alten Hexe Mrs. Patterson in ein langgliedriges wollüstiges junges Mädchen. Von diesem Moment an verspürte er ein starke Anziehungskraft, die von der sexuellen Ausstrah-

lung alternder Frauen ausgeht. All dies kombinierte er in seiner Vorliebe für den Koitus mit drallen Frauen einer positiv sadistischen Natur. In seinen Zeichnungen verband er oft Gestalten von jungen Mädchen mit denen alternder Frauen, bisweilen sogar in einer Figur. Diese Zusammenhänge stellen auch die Basis von Spares eigener Ästhetik dar, die er die 'Neue Sexualität' nannte. Er nahm die Deformierten, Alten, Häßlichen, vereinigte sich ästhetisch oder physisch mit ihnen und erlangte so seltene ekstatische Resultate, die große magische Potentiale erschufen. Durch die permanente Überwindung psychisch-physischer Aversionen bauten sich Ströme übermenschlicher Energien auf, die ihm ermöglichten, ohne Pause mehrere Stunden lang in halb bewußten oder Trancezuständen zu zeichnen. Auch hier finden wir wieder eine Parallele zu Aleister Crowley. Ein gutes Beispiel dafür ist Crowley's Aufenthalt in Mexiko-City. Eines Tages lernte er dort eine Frau kennen, die ihn faszinierte: 'Die unersättliche Kraft der Leidenschaft, die von ihren bösen, unergründlichen Augen entsprang und ihr Gesicht in einen Strudel verführerischer Sünde martert.' In den Slums verbrachte er mit ihr etliche orgiastische Stunden. Danach setzte er sich sogleich nieder, um sein Drama Tannhäuser zu schreiben, fasziniert von der Oper, die er im Covent Garden gesehen hatte. Crowley schreibt über seine Tannhäuser-arbeit: „Beispielsweise schrieb ich Tannhäuser vom Konzept bis zum Schlußstrich hintereinander weg in 67 Stunden. Den Wechsel von Tag und Nacht bemerkte ich nicht, auch nicht am Ende. Auch spürte ich keinerlei Ermüdung. Dieses Werk wurde geschrieben als ich 24 Jahre alt war, direkt nach einer Orgie, die mich normalerweise hätte erschöpfen müssen."

## Praxis 4. Woche - Imagination II

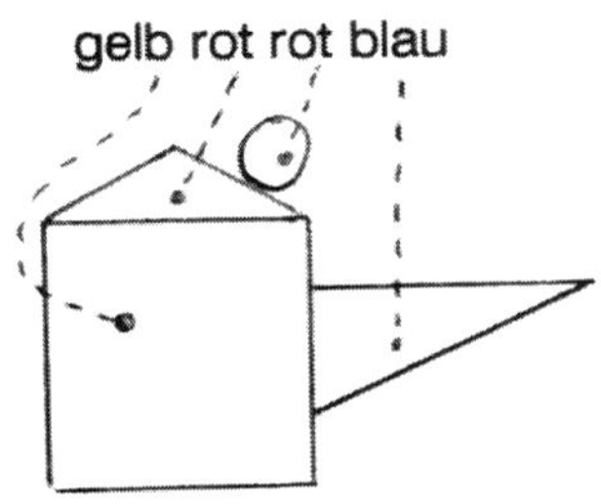


Zeichne Dir jetzt an das rote Dreieck noch ein gelbes Quadrat.

Schaue Dir wieder das Bild an, etwa 5 Minuten lang. Dann schließe die Augen und versuche, Dein Bild vor dem geistigen Auge zu reproduzieren.

Es soll so sehr wie möglich Deinem gemalten gleichen. Vergleiche immer wieder das geistige und das materielle Bild, indem Du abwechselnd das Bild anschaust und dann wieder die Augen schließt, um es zu imaginieren.

Halte die Imagination so deutlich und so lange es geht.

Wenn Du keine Probleme mehr mit dieser Figur hast, dann füge wieder etwas neues in anderer Farbe hinzu. Mache so weiter.

Du solltest nach 14 Tagen etwa folgende Figur klar sehen können:

## Körperarbeit 4. Woche - Masturbationstechnik III

Bringe diese Woche Deinen Lingam zur Ejakulation, indem Du einen 'Fremdkörper' als Stimulationsmittel benutzt. Z.B. ein Gleitmittel, Rasierschaum mit Hand oder Pinsel, ein Brot oder ein Stück Fleisch, o.ä.

# Lehrhefte für Sexualmagie - Teil 17

## Theorie - Das Leben von Austin Osman Spare Teil 3

Durch enormen Zuwachs an sexuellen Kräften gelangte Spare nicht nur zu Visualisierungen und Projektionen von Vampiren und Succubi sondern auch zu tatsächlichen Vereinigungen in nächtlichen Sabbaten. Solche „Orgia" bezeichnete er als „Pan-Sexualität", durch welche er die Vereinigung mit dem Unendlichen und dauernde Erlangung kosmischen Bewußtseins erfuhr. Dadurch kam Spare in den Bereich kosmischer subtiler Energien, welche aus dem Wissen um die „Heiligen Ausrichtungslinien" resultierten und ihm Zugang zu der feineren Geometrie höherer Dimensionen verschaffte, durch welche „Träume zu Fleisch" werden. Dies stellt auch an sich die Natur der Zauberei dar, und er war der große Illusionist, der seinen eigenen inhärenten Träumen Fleisch verleiht.

Ein für seine magischen Erfahrungen typisches Ereignis, welches auf dieser Ebene liegt, stammt ebenfalls aus Gesprächen mit Kenneth Grant: In einer regnerischen Nacht stieg er in einen Bus, die Straßen waren wie leer gefegt. Das obere Deck des doppelstöckigen Busses war leer, und Spare stieg hinauf, um eine Zigarette zu rauchen. Zu seiner Überraschung jedoch erwies sich das Deck als bis auf den letzten Platz voll. Nachdem er einen Sitz gefunden hatte, zog er sich in sich selbst zurück. Die ganze Atmosphäre draußen schien auf seltsame Weise ungewohnt und unreal, ja außerhalb der normalen Wahrnehmung, dennoch seinem inneren Bewußtsein lebhaft nahe. Erklären konnte er sich dieses Phänomen nicht.

Die Atmosphäre schien irgendwie von den anderen Mitreisenden auszugehen. Der Bus fuhr eine lange Strecke ohne anzuhalten, und erst an seinem Bestimmungsort schreckte Spare auf. Er bemerkte, daß er vergessen hatte, den Fahrpreis zu bezahlen. Der Buskontrolleur entgegnete ihm, daß es sich nicht gelohnt hätte, wegen eines einzigen Fahrgastes auf das Oberdeck zu gehen.

Spare interpretierte das Vorkommnis als eine seltene Perichoresis, was er gesehen hatte, war eine Hexenversammlung auf dem Wege zum Sabbat. Alle mitreisenden waren Frauen gewesen, die versuchten, mit einem eigenartigen Interesse auf ihn einzuwirken, als wollten sie ihn zu einem geheimen und unheiligen Treffen einladen. Er hatte auch einige mystische Gesten beobachtet, die ihn an die alte Mrs. Patterson erinnerten. Er hatte den Eindruck, daß die Frauen kurz vor dem Punkt der Transformation standen, kurz davor, ineinander zu verschmelzen und ihre Formen aufzulösen. Durch Mrs. Patterson war Spare bereits in die Geheimnisse des Sabbat eingeführt, sie hatte ihm gezeigt, daß dieser eine Art verschleierte Technik ist, um mit außerirdischen Intelligenzen in Kontakt zu kommen. Hierzu gehören auch Elementale und unsere „aufdringlichen Bekannten", die den Zauberer mit übermenschlichen Kräften und Fähigkeiten versehen können.

Daß der Sabbat in Verruf geraten ist, hängt sehr eng mit dem Christentum zusammen, welches nichts über die Ziele des Sabbat wußte. Sie beschuldigten die verdächtigten Teilnehmer, setzten Gerüchte in die Welt und starteten immense Verbrennungsaktionen. Sie nahmen einfach an, daß das Große Böse bei den sabbatischen Versammlungen beschworen und auf die Menschheit gehetzt würde. Denn beschäftigt man sich mit dem Hexensabbat, ohne gleichzeitig auch auf die Geschichte und Entwicklung sexueller Gruppenpraktiken und Orgien einzugehen, geht man sicherlich am Ziel vorbei. Man benötigt ein tiefgreifendes Wissen um die Vorgeschichte des Sabbats als Orgie, die schon viele Jahrhunderte vor Christi Geburt mit Baal, Osiris und anderen Göttern des Altertums ihren Anfang nahm. In Rom finden wir die Bacchanalien, die altrömischen Feste zu Ehren des altrömischen Gottes Bacchus, auf denen angeblich auch wild getanzt und Kinderopfer dargebracht wurden, und außerdem Inzest und wahlloser Sexualverkehr stattfand. Spare gab einmal selbst eine Zusammenfassung des Themas Sabbat:

*„Der Sabbat ist weder Schwarz noch weiß, sondern eine höchst farbenfrohe Angelegenheit. Sex wird als Medium für einen magischen Akt und als zerstreuende Konation auf einer Sammelskala verwendet. Es ist die Formula der Todesstellung, en masse angewendet, aber statt daß man sie astral einstudiert, wird sie physisch für die Erschaffung einer großen magischen Kraft in die Tat umgesetzt. Diese wird, wenn sie freigesetzt ist, vom Ursprungsobjekt abgewendet und auf die Erfüllung des Begehrens der Masse gelenkt. Letzteres mag unterschiedlich sein, was von der vorher arrangierten Ziel der Hexenversammlung oder Gesellschaft abhängt.*

*Es ist nicht nur eine Angelegenheit erotischer Befriedigung, obschon dies dazugehört. Der sinnliche Mensch wird dahin gebracht, sich loszulösen, zu disziplinieren, bis zur späteren und endlichen Sublimation. Sein ganzes Training ist unterwürfig und gehorsam, bis er oder sie sich transmutieren, kontrollieren und umlenken kann, wohin immer es gewünscht wird, und zwar durch kalte, amoralische Leidenschaft. Die Hexen übernehmen die ganze Zeit über den aktiven teil, von da die symbolische Levitation auf dem Besenstiel. Eine Interpretation für den Besenstiel ist natürlich der Phallus.*

*Die Hexen, die an solchen Riten beteiligt sind, sind alt, grotesk und libidinös, und sie sind so wenig sexuell anziehend wie Leichen. Nichtsdestoweniger werden sie zu den einzigen Vehikeln der Vollendung. Dies ist notwendig für die Transmutation der persönlichen ästhetischen Kultur.*

*Man mag auch die Perversion einsetzen, um moralische Vorurteile und Konformität, die durch falsche Erziehung eingeflößt wurden, zu überwinden oder eine Gesellschaft, die für die Entwicklung eines gesunden Individuums schädlich ist. Gemüt und Begehren müssen amoralisch werden, sich im Brennpunkt vereinigen und total hingebungsvoll gemacht werden, sodaß die Lebenskraft von Hemmungen befreit ist, die älter sind als die ultimate Kontrolle.*

*Der Sabbat ist somit eine wohlüberlegte Sexorgie mit dem Zweck der Veräußerlichung eines latenten Wunsches. Er ist die große Realisierung des autistischen Bildes, das wissenschaftliche Ausstoßen des Denkens und seine Verkörperung als objektive Entität, sinnlich erfahrbar und sichtbar für alle Anwesenden. In einem Wort: die Materialisation von Wunschdenken.“*

Spare behauptete, daß die traditionellen Formen der ästhetischen Kultur als Wertvorstellung die affektive Affinität mehr zerstört haben als irgendeine andere Form des Glaubens, aber er, der das Häßliche in eine neue Ästhetik transmutiert, hat etwas jenseits von Furcht. So wies Spare des öfteren darauf hin, pragmatisch wie er war, daß die sabbatischen Riten ihm nicht geschadet haben, sondern im Gegenteil seine Selbstdisziplin und seine Gesundheit gestärkt und ihn selbst wesentlich toleranter, verständnisvoller und leidenschaftlicher gemacht haben. Außerdem versah ihn der Sabbat mit kreativer Inspiration, weil er Phänomene mit magischer Realität sah. Spare schrieb dazu einmal: „Die Lebenskraft ist nicht blind, wir sind es.“

Er schrieb seine Formeln auf hölzerne Stelen, die durch Rituale, sexuelle Zauberei dem Zweck entsprechend geweiht wurden. Seine magischen Wünsche schrieb er auch auf Teller, Tassen oder gralsförmige Gefäße. Bisweilen fertigte er solche auch für Klienten an, die ihn darum baten. Einer davon war Gerald Gardner, der selbst seiner Meinung nach eine Art Hexenmeister war. Er hat etliche Bücher über Hexenkraft geschrieben und gründete das „Museum of Witchcraft“ auf der Isle of Man.

Spare und Gardner spielten zusammen eine wichtige Rolle bei einem Ereignis in Verbindung mit der „New Isis Lodge“ des OTO, den Keneth Grant 1947 nach dem Tod von Aleister Crowley als Oberhaupt übernommen hatte. Isis war die Schwester und Gemahlin des Gottes Osiris. Nach der Ermordung von Osiris durch seinen Bruder Seth sammelte sie trauernd die Teile seiner Leiche, die Seth in alle Winde zerstreut hatte, wieder zusammen. Mit der Hilfe von Nephtys und Thot gelang es ihr, dem toten Gott durch einen Luftzug ihrer Flügel den Hauch des Lebens wiederzugeben. Nachdem Osiris zu einem neuen Leben aus dem Jenseits wiedererstanden war, erzog Isis im Schutz der Sümpfe von Chemmes im Delta ihren kleinen Sohn Horus, den sie von dem toten Osiris empfangen hatte.

Über die Entstehungsgeschichte der Isis wissen wir sehr wenig. In der Spätzeit Ägyptens finden wir ihren Kult an vielen Orten, vom Iseum im Delta bis nach Koptos und der Insel Philae, wo ihr berühmtester Tempel steht, dessen Kult sich auch am längsten hielt. Aber wir können nicht genau sagen, aus welcher Stadt sie ursprünglich stammt. Sicher ist nur, daß sie aus dem Delta kommt, vielleicht war sie ursprünglich eine Gottheit des königlichen Thrones. So könnte man auch den Namen erklären, der „Sitz“ bedeutet.

Die Gottheit Isis beinhaltet viele Aspekte, die sich auch in verschieden gearteten Kulten manifestieren. Zum einen ist sie die große Mutter, die Beschützerin allen Lebens und auch der Kinder, was seinen Ursprung in der Erziehung des Horuskindes hat. Zum anderen ist sie auch als die himmlische Isis bekannt, die unberührbare, von der gesagt wird, daß kein Mensch ihren Schleier lüften darf und anderen. Der zweite Tarottrumpf im Buch Thoth, die Hohepriesterin, schildert diesen Aspekt genau. Man sagt von ihr, daß sie alle Aspekte der Weiblichkeit beinhaltet und somit „alle Frauen“ ist. Sie repräsentiert den Mond und wird unter diesem Aspekt als Levanah verehrt. NU-Isis, die auch als schwarze Isis bekannt ist, steht symbolisch für Blut als Basis für jegliche Manifestation. Sie besitzt viele Parallelen zum indischen Konzept der Kali, Göttin der Zeit, die schwarze, die den dualen Kreis von Erhaltung und Zerstörung repräsentiert.

Zurück zu dem Zusammentreffen von Gardner uns Spare, welches Kenneth Grant beschreibt:

Es war 1955, als ich eine Frau namens Clanda traf, die bis kurz vor dieser Zeit zu einer Hexenversammlung gehört hatte, die von Gerald Gardner gebildet worden war. Da es ihr darin versagt geblieben war, Erfüllung als eine Priesterin der See und des Mondes zu finden, zu welchem Amt sie sich instinktiv berufen fühlte, ersuchte und erhielt sie Zutritt zur New-Isis Lodge, wo sie sich einen Spielraum für ihre latenten Kräfte erhoffte. Clanda war eine groß gewachsenen Frau von eigenartig schuppiger Erscheinung, ein Eindruck, der durch ihr langes wehendes Haar verstärkt wurde, welches an ihr wie Seetang hing. In der Nacht der fraglichen Episode lag sie auf einem Altar unter dem Bild von Nu-Isis, welches von Spare für die Rückwand des Logenraumes des OTO entworfen worden war.

Es muß erklärt werden, daß Gerald Gardner an Clandas Abtrünnigkeit von seinem Hexenkult Anstoß genommen hatte und einen unheilvollen Gedankenstrom gegen die Loge im allgemeinen und gegen mich im besonderen projizierte. Er war tatsächlich so weit gegangen, daß er ein bekanntes okkultes Magazin dazu veranlaßte, einen Brief zu veröffentlichen, in welchem er seine Mißbilligung gegenüber der New-Isis Lodge und seinen Aktivitäten äußerte. Im Hintergrund hatte er jedoch drastische Schritte vorgenommen und war auf Spare zugegangen, den er bat, einen Talisman zu präparieren, um „gestohlenen Besitz an seinen rechtmäßigen Ort zurück zu versetzen“. Spare hatte natürlich keine Ahnung, daß Clanda der in Frage kommende gestohlenen Besitz sein könnte. Er war immer bereit, jemanden einen Gefallen zu tun und Gardner erhielt zur rechten Zeit seinen Talisman.

In der fraglichen Nacht nahm Clanda an einem bestimmten geheimen Ritual der New-Isis Lodge teil, auf dem Rücken auf einen Altar liegend erwartete sie den Geist der schwarzen Isis, um ihn zu inkarnieren. Die Luft war von Weihrauch geschwängert, der aus Galbanum, Onycha, Storax und Olibanum zusammengesetzt auf einer speziellen Aufbereitung von Mondsaft oder Menstruationsflüssigkeit basierte. er stieg auf wellen unnatürlich erhitzter Luft zum sternenbesäten Baldachin auf. Gestalten in violetten Stolas zirkulierten Clanda, als sie in Trance lag, und in diesem Abschnitt zwischen Invokationen geschah der unerwartete Vorfall. Anstatt des magischen Herabsteigens der Göttin begann sich ein anderes, davon völlig verschiedenes Phänomen zu manifestieren. Sein Angriff wurde durch einen rapiden Temperaturabfall angekündigt. Clanda saß kerzengerade und starrte auf das mit schweren Vorhängen behängte Fenster an der Nordwand des Raumes. Später sagte sie, daß sie die Vorhänge teilten und ein eisiger Wind auf sie niederwehte, und mit diesem rauschte ein schattenförmiger Vogel in den Raum und erhob sie mit seinen großen schwimmhäutigen Klauen in die Luft, durch die baldachinbedeckte Decke und hinaus in die Nacht. Sie sah schneebedeckte Dächer unter sich dahinrauschen. Der Flug ging weiter, bis sie sich einer kaiähnlichen Struktur näherten, wo der Vogel an Höhe zu verlieren

begann. Sie kämpfte mit der Kraft ihres ganzen Willens gegen die Kreatur und wurde wie ein Stein auf den Altar zurückgeworfen.
Tatsächlich hatte Clanda sich nicht physisch erhoben, das meiste ihrer schrecklichen Erfahrung geschah astral. Aber das Fenster im Norden, welches über und über von Frost überzogen war zeigte unverwechselbare Spuren von Klauenabdrücken, und es lag eine schleimige Substanz auf dem Sims, die einen starken Seegeruch ausströmte, als ob sie atmete.
Als ich entdeckte, daß Spare einen besonderen Talisman angefertigt hatte, erkannte ich Gardners Hand im Spiel. Ich fragte Spare, welche Art Elemental er in den Talisman gebunden hatte, und er beschrieb es nonchalant als eine Art amphibischer Eule mit Fledermausflügeln und den Klauen eines Adlers."
Aber falls Gardner dachte, daß Clandas rechtmäßiger Platz in seinem hexenkult wäre, so lag er falsch. Sie verließ England kurz nach diesem Vorfall, und das Schiff, welches sie nahm, sank während eines Sturmes. Es gab zwei Überlebende und sie war nicht darunter.
Clanda stammte ohne Zweifel aus der großen Tiefe, alle Anzeichen wiesen darauf hin, ihre Erscheinung (sie erinnerte einen an eine Meerjungfrau), ihre Überzeugung, daß sie eine Priesterin des Mondes und der See sei und die salzige Substanz, die auf dem Fenstersims lag. Spare hatte unfehlbar das passende Elemental beschworen.
Das Geheimnis, solche Elementale hervorzurufen, stammte von Mrs. Patterson: Es besteht in der Visualisierung bestimmter tierischer Formen mit einer korrespondierenden Kraft aus der Welt der Ursachen. Es reicht aus, sich ein passendes Sigill in der richtigen Weise „einzupflanzen", um sein Gegenstück in der Psyche hervorzurufen. Dieses steigt sodann aus der Psyche auf, maskiert in der jeweiligen Form, um dem Wunsche des Zauberers zu entsprechen. Daher tauchten in den alten Geschichten und Märchen von Hexen und Dienstgeistern immer tierische Formen auf, welche in ihrer Wirkung die Ausdehnung der magischen Macht der Hexen darstellen. Daher stammt auch das Bild des alten Weibes mit Katze, Eule, Ratte oder Rabe, welches eine uninitiierte Interpretation des okkulten Mechanismus darstellt.
Auch die Priestermagier des alten Ägypten waren bewandert in „atavistischer Wiederbelebung". Dies zeigt sich in den tierköpfigen Gottheiten und Elementarkräften, die „empfindungsfähige Symbole" für die Erkundung und Kontrolle unsichtbarer Welten repräsentierten. Man nannte sie Amenta, Hades oder Hölle - die Psychologie heute nennt es das Unterbewußte.
1955 fand Spares letzte Ausstellung in der Archer Gallery statt. Sie enthielt verschiedenen magische Stelae, zum Beispiel als Schutz vor bösen Leuten, die Zerstörung von Ungeziefer, allgemeiner Segen und Liebe zu allem, Begehren nach Succubi und Vampiren. Ferner konnte man psychische Studien wie „Trauminhalt", „beobachtete Materialisationen" oder „Geister, die ich sah" besichtigen.
In diesem Zusammenhang beschrieb Spare einen Vorfall aus seiner Jugend. Bei einem Landaufenthalt mit Freunden machte er allein einen Spaziergang über das schneebedeckte Gebiet. Das Wetter war derart ungemütlich, daß er sich bald in einer spurlosen Öde wiederfand. Es wurde Nacht, und ein starker Wind kam auf, er war vor Müdigkeit und Kälte völlig erschöpft. Da hörte er, wie eine Stimme nach ihm rief. Ein

Ponyschlitten kam herangefahren. Irgendjemand war ihm beim Aufsteigen behilflich, und nach einer Reise, die Stunden zu dauern schien, kamen die Fenster eines Gasthauses in Sichtweite. Dieser Anblick durch den Schneesturm hindurch wirkte auf Spare sehr einladend.

Als sie angelangt waren, wurde Spare von einem Mann freundlich hereingebeten, er selbst war sich nur der Erleichterung und der Tatsache, daß es aufgehört hatte zu schneien bewußt. Drinnen wurde ihm ein Wein angeboten, den er später als den feinsten, den er je geschmeckt, bezeichnete. Der Mann beschrieb ihm sodann den kürzesten Weg nach Hause, und Spare machte sich so langsam wieder auf den weg. Erst unterwegs fiel ihm auf, wie ungewöhnlich ruhig es in der Gastwirtschaft gewesen war und daß der Gastwirt ungewöhnlich altmodische Kleidung getragen hatte. Aber dies erklärte er sich zunächst damit, daß die Gegend doch so weit abgelegen war, daß sich die Mode nur in Abständen von Jahrzehnten ändern würde, wenn überhaupt.

Als Spare wieder am Ausgangspunkt seiner Unternehmungen angelangt war, fragten ihn seine mittlerweile sehr besorgten Freunde, wo er denn so lange gewesen sei. Als er ihnen von seinem Erlebnis berichtete, starrten sie ihn nur ungläubig an und versuchten ihm klarzumachen, daß es einen solchen Ort nicht gäbe. Spare ließ sich nicht beirren, und so zogen sie am nächsten Morgen los und folgten den Spuren. Diese endeten bei einer verfallenen Ruine, die eigentlich nur noch aus einem Erdhaufen und ein paar Steinen darauf bestand.

Bevor Spare sich wieder auf den Rückweg nach London machte, stellte er noch genaue Nachforschungen an und fand heraus, daß sich dort vor etwa 300 Jahren ein Gasthaus befunden hatte, in welchem eine Tragödie stattgefunden hatte. Noch gegen Ende seines Lebens bestand Spare darauf, daß dieser Wein real war und außerdem der beste, den er je gekostet hatte: „Wer weiß, daß ich mir nicht zu irgendeiner Zeit meiner Jugend wünschte, als ich mit Sigillen herumspielte, einen solchen Wein zu kosten, wie ihn die Götter genossen?“ Dies würde bedeuten, daß sich dieser Wunsch in genau dem Moment materialisierte, als sein irdisches Bewußtsein durch Erschöpfung und Kälte lahmgelegt war.

Im Mai des Jahres 1956 erhielt Kenneth Grant ein Telegramm, daß Spare wegen einer inneren Operation in ein Krankenhaus eingeliefert worden war. Spare überlebte diese Operation nicht. Grant machte sich daraufhin auf den Weg zu Spares Behausung:

„Eine der eindringlichsten Erinnerungen, die ich habe, ist die Rückkehr zu seinem Haus in Brixton, um die Beförderung der literarischen Überreste und Bilder zu arrangieren, die er mir vermacht hatte. Gegen Ende seines Lebens malte Spare Hexen und Guhle auf Radio-Skizzentafeln, die Klienten ihm für diesen Zweck dagelassen hatten. Einige davon lagen in unvollendetem Zustand im Raum umher. Seine Vermieterin schaltete einige der Radios an, und ein dünner, verzerrter Klang, ächzend und schrill, als ob aus der metallischen Brust eines mechanisierten Geistes gepreßt, schwoll an, wurde leiser, schwoll wieder an, als ob die Lautstärke der verschiedenen Instrumente in einer Art temperamentvollen Sturms schwankte. Ich wurde an die metallischen Vibrationen erinnert, die in Lovecrafts schrecklichster Geschichte „Der Flüsterer in der Dunkelheit“ als Rede galten.

Es war eine dunkle Nacht und kalt. Jedoch hier in dem Raum, in dem Spare soviel Schönheit geschaffen hatte, war Licht und Rhythmus, eine unheimliche, beunruhigende Rapsodie von Licht und Farbe schien von den grinsenden Masken auszugehen, die sich krümmenden Körper der Hexen und satyre waren belebt, wie nur Spares Zauberei sie beleben konnte. Der Kontrast zwischen seiner Lebensrichtlinie und dem toten metallischen Kreischen der Maschinerie schuf einen Eindruck unaussprechlicher Angst. Hinter allem schien er zu lachen, ziemlich wohlwollend, zu meiner Not.
An seine Zeichentafel war eine große unbeendete Pastellstudie geheftet, und in der Nähe hing eine Skizzentafel, auf welcher er den vollen runden Körper einer jungen Hexe skizziert hatte, gehörnt und mit einem scharlachroten Pentagramm gekrönt, den Ruf des Sabbats erwartend. Andere unbeendete Bilder und Objekte spachen beredt von der Abruptheit seines Weggangs.
Unter seinen Papieren fand ich eine kleine Skizze, unter welche er „Design for a knocking-shop sign“ („Gestaltung für ein Stoßgeschäftszeichen“) geschrieben hatte. Sie war wesentlich charakteristischer für ihn, als all die anderen Objekte, die der Raum enthielt. Für Spare wie auch für Aleister Crowley war die Hure das höchste Symbol für „alles andere“ und jenes nicht zu fassende „Zwischenbereichskonzept“, welches den seiltänzerischen Pfad zwischen den Ekstasen darstellt.

## Praxis erste und zweite Woche - Sigillenkonstruktion 1

Trainiere in den folgenden beiden Wochen Deine Kreativität:
Mache zu folgendem Wort mindestens 12 verschiedene Siegelkonstruktionen:

**AMENTO**

Lasse Dir dabei Zeit. Das heißt, mache nicht mehr als ein bis zwei pro Tag. Benutze dabei alles Wissen, das Du bisher über die verschiedenen Möglichkeiten der Sigillenkonstruktion gelernt hast.
Im Folgenden findest Du 10 Beispiele, wie Du diese Aufgabe lösen kannst. Gehe sie im einzelnen durch und mache Dir jedes einzelne Beispiel genau klar: welche Art der Konstruktion liegt vor? Wo und wie sind die einzelnen Buchstaben des Wortes verarbeitet? Was gefällt Dir an den Sigillen, was nicht?

Mache dann Deine eigenen Siegel. Achte bei der Konstruktion darauf, daß sich das charakteristische Gefühl einstellt, daß dieses Sigill gut gelungen ist. Notiere Dir auch Deine dabei gewonnenen Erkenntnisse und eventuellen Erlebnisse und Gefühle.

## Körperarbeit erste Woche - Entspannung 1

**Mache folgende Übung jeden Tag etwa 20 Min.:** Lege Dich auf eine Decke, die Du vorher auf den Boden ausgebreitet hast. (Es kann auch eine dünne Matratze o. ä. sein. Du mußt Dich allerdings gerade hinlegen können, also keine weiche Matratze, das weiche Bett o. ä., da so keine natürliche Lage erreicht werden kann.)
Wenn Du dich bequem 'hingerückt' hast, beginne damit, Dir ca. 10 mal zu sagen: **„Ich bin ganz ruhig".**
Danach sage Dir ebenfalls ca. 10 mal: **„Meine rechte Hand ist ganz schwer"** (Wenn Du Linkshänder bist, so fange mit der linken Hand an).
Als nächstes sagst Du wieder „ich bin ganz ruhig".
Dann: „Mein Arm ist ganz schwer".
Dann: „Ich bin ganz ruhig".
Zum Schluß sagst Du Dir: „Mein ganzer Körper ist ganz schwer."
Wiederhole alle Formeln jeweils 10 mal leise.
Bleibe dann noch eine Weile liegen. Wenn Du wieder aufstehen willst mache folgendes.
Bevor Du die Augen aufmachst, balle Deine Hände so stark Du kannst zu Fäusten, strecke die Arme und Beine vom Rumpf weg, öffne dann die Augen und hebe langsam den Kopf, stehe dann vollständig auf.
Ziel dieser Übung ist es, eine Technik zur Tiefenentspannung zu erlernen und anzuwenden. Je tiefer Du entspannt bist, desto besser können Imaginationen und Sigillenaufladungen wirken, da die Energieflüsse entsprechend höher sind.

## Körperarbeit zweite Woche - Entspannung 2

Wir machen das gleiche wie in der letzten Woche. Du führst allerdings in dieser Woche eine kleine Variante ein:
Du beginnst wieder mit der Formel: „Ich bin ganz ruhig".
Mache weiter bei der rechten (bzw. linken) Hand: „Meine rechte Hand ist ganz schwer".
Dann: „Ich bin ganz ruhig".
Dann: „Meine rechte Hand ist ganz warm".
Dann: „Ich bin ganz ruhig".
„Mein ganzer Körper ist schwer".
„Ich bin ganz ruhig".
„Mein ganzer Körper ist warm".
Beende die Übung wie letzte Woche.

## Praxis dritte und vierte Woche - Sigillenkonstruktion 2

Trainiere in diesen beiden Wochen Deine Ausdruckskraft bei der Sigillenkonstruktion.
Auf den folgenden drei Seiten stehen jeweils ein Wort und darunter fünf Bedeutungen.

Deine Aufgabe ist es, zu jeder Bedeutung ein Siegel aus dem entsprechenden Wort der Seite zu entwickeln. Das Siegel soll also optisch für Dich zu der jeweiligen Bedeutung passen.
Es gibt zwei Möglichkeiten, wie Du die Aufgabe angehen kannst:
- Du machst jeden Tag ein Siegel, wie in den vorigen beiden Wochen. Dazu beschäftigst Dich also sehr intensiv mit jedem Siegel.
Diese Alternative solltest Du wählen, wenn Du mit dieser Arbeit noch nicht so recht vertraut bist oder noch unsicher bist. Andernfalls empfiehlt sich die folgende Alternative:
- Du machst an einem Tag mehrere Siegel, eventuell alle fünf für ein Wort. Damit hast Du in drei Tagen die Aufgabe zum ersten Mal fertig bearbeitet.
In den folgenden jeweiligen drei Tagen bearbeitest Du die Aufgabe erneut, ohne Dich um Deine erste Lösung zu kümmern. So fährst Du fort.
Vergleiche dann Deine verschiedenen Ergebnisse. Mache während der ganzen Zeit Notizen über die jeweilige Situation, in der Du daran gearbeitet hast, und über Deine jeweilige Stimmung.
Wie hat sich die Situation und Deine Stimmung auf die Sigillenkonstruktion ausgewirkt? Was hast Du daraus gelernt?
Diese zweite Alternative der Durchführung erlaubt es Dir, mehr über Dich und Deine Arbeitsweise zu erfahren. Am Ende solltest Du ein Gefühl dafür haben, wann es für Dich am günstigsten ist, Sigille zu entwerfen.
Für diese Aufgabe findest Du im Folgenden noch einige Beispiele für das erste Wort ZATOBEI. Die Formen dürften (bezogen auf die jeweilige Bedeutung) für sich sprechen.
Beispiel-Wort: ZATOBEI

Erotik: 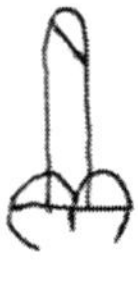 Kraft:

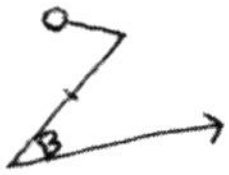

Masse:  Schnelligkeit:

Empfänglichkeit:

## Körperarbeit dritte und vierte Woche - Entspannung 3

Knüpfe an die Entspannungsübung der letzten Woche an. Nachdem Dein ganzer Körper sich warm anfühlt, sagst Du Dir: „Mein Herz schlägt ruhig und gleichmäßig". Dabei spürst Du, wie Dein Herz langsamer schlägt. Aber forciere nichts. Beobachte einfach Deinen Herzschlag, wenn Du mit der Formel arbeitest, wird Dein Herzschlag automatisch langsamer. Wiederhole etwa 10 mal diese Formel.
Danach sagst Du Dir: „Mein Atem fließt ganz ruhig und gleichmäßig". Wieder etwa 10 mal.
**Wechsle Herz und Atem insgesamt 3 mal.**
Mache diese Übung möglichst jeden Tag einmal. Nach einiger Zeit wird Deine Atmung, wenn Du vollkommen entspannt bist, bei etwa 6-7 Atemzügen pro Minute liegen. Achte ab jetzt besonders auf die richtige Ausführung des Zurückholens, spanne alles mehrmals und intensiv an.

# Lehrhefte für Sexualmagie- Teil 18

## Wie funktioniert Sigillenmagie, Teil III

### Zusammenfassung der bisherigen Ergebnisse

Im letzten Kursteil haben wir folgendes Wissen herausgearbeitet:
Die Sigillenmagie von Austin Osman Spare beruht auf der Arbeit mit dem Unterbewußten. Hierzu bedienen wir uns einer Sprache, die das Unterbewußtsein versteht. Diese Sprache sollte immer eindeutig sein und keine Negationen enthalten. Die so formulierten Willenssätze werden dann in eine Form gepackt, die dem Unterbewußtsein am besten zugänglich ist - das Sigill. Wir haben zwischen digitalen und analogen Verarbeitungsweisen des Gehirns unterschieden und haben das Sigill als analog klassifiziert.
Zur Form der Sigille wurde angemerkt, daß sie ganz individuell sein kann, entsprechend den Eigenschaften des damit arbeitenden. Wichtig ist lediglich, daß der Ersteller der Sigille mit ihnen zufrieden ist und sie konzentriert, möglichst ohne größere Pausen dazwischen hergestellt hat.
Aus dem Artikel über Spares Leben sind einige zusätzliche Informationen darüber gekommen, wie vielfältig die Anwendung der Sigillenmagie sein kann, aber auch darüber, wie gefährlich die Arbeit werden kann. Deshalb sei hier noch einmal darauf hingewiesen, daß Du dich unter allen Umständen an das von uns Gesagte halten sollst.

### Die Arbeit mit den Sigillen

**Die Arbeit mit den Sigillen läßt sich in 3 Stufen unterteilen:**

1. Herstellen des Sigills nach der richtigen Wunschformulierung
2. Aufladen des Sigills mittels verschiedener Techniken
3. „Bannung“ des Sigills

Über das Herstellen weißt Du jetzt alles, was man darüber allgemein sagen kann. Weitere Feinheiten zu diesem Thema wirst Du Dir im Laufe Deiner individuellen Arbeit selbst aneignen.
Der Begriff „Aufladen“ eines Sigills ist etwas irreführend. Es muß unterschieden werden zwischen dem Gebrauch des Wortes in der Zeremoniellen Magie und in der Magie Spares. Besser geeignet, um das, was passiert zu beschreiben, wäre eigentlich der Begriff „Aufnehmen“ des Sigills. Aber da sich der Begriff so eingebürgert hat, wollen wir es dabei belassen. Aber der Begriff muß vom gleichen Begriff in der Zeremoniellen Magie abgegrenzt werden, um Mißverständnisse zu vermeiden.
In der Zeremoniellen Magie versteht man unter „Aufladen“ eine Technik, mittels der eine Energie in einen Talisman oder einen anderen Gegenstand geleitet wird. Diese Energie kann von außen (in Form angerufener Kräfte) oder vom Magier selbst stammen (durch Invokationen oder Energetisierungsübungen, Aufladung der Aura etc.).
In der Sigillenmagie wird das Sigill in keinster Weise wie gerade beschrieben aufgeladen. Das fertiggestellte Sigill soll in unser Unterbewußtsein gepflanzt werden, wo es

dann wirken soll und die entsprechenden Wirklichkeitsveränderungen hervorrufen soll. Das Aufladen in der Sigillenmagie besteht also darin, eine Technik anzuwenden, mit der das Sigill ins Unterbewußte gelangt.

Wie funktioniert das nun? Wir haben in dem Artikel über Spares Leben schon einige Infos darüber finden können. Sehr oft wurden Erlebnisse Spares geschildert, die aufgrund der Schwächung oder Ablenkung seines Normalbewußtseins ihren Lauf nahmen. Das Erlebnis mit dem 300 Jahre alten Gasthaus nach völliger Erschöpfung ist ein passendes Beispiel hierfür. Das Bewußtsein ist dem Unterbewußtsein sozusagen vorgelagert, wenn man es aus der Richtung des Inputs, der Wahrnehmung aus betrachtet. Das heißt, das Bewußtsein dient als Zensor. Es zensiert alles, bevor es an andere Bereiche weitergibt. Das Bewußtsein ist der Intellekt, der Rationalist, der alles nicht rationale nicht akzeptieren möchte und es deshalb auch meist entweder nicht wahrnimmt oder etwas Wahrgenommenes so zurechtstutzt, daß es in das normale Weltbild paßt. Nun ist für das rationale Bewußtsein ein Sigill sicher etwas irrationales, zumal es auch noch magisch wirken soll. Ist das Bewußtsein also eingeschaltet, so wird es niemals ein Sigill seine Schwelle passieren lassen, da es nicht zu seinem Weltbild paßt. Das Rationale muß also ausgeschaltet werden. Ein ähnliches Beispiel ist die Hypnose. Auch hier wird mit dem Unterbewußtsein gearbeitet, nachdem das Normalbewußtsein ausgeschaltet wurde.

Wie schaltet man nun das Normalbewußtsein aus?

Um diese Frage zu beantworten, müssen wir etwas weiter ausholen. Einen guten Ansatzpunkt hierfür bietet uns das Schaltkreismodell von T. Leary: Leary geht davon aus, daß das menschliche Nervensystem mehrere unabhängig arbeitende Schaltkreise besitzt. Diese Schaltkreise hängen eng mit der stammesgeschichtlichen Evolution des Menschen zusammen. Das heißt, die Entwicklung der einzelnen Schaltkreise geschah in der Evolution nacheinander und ist verbunden mit der Weiterentwicklung des Gehirns.

Ohne zu sehr in die Einzelheiten gehen zu müssen, können wir für unsere Sache folgendes festhalten: Der älteste Schaltkreis ist der **Überlebens-Schaltkreis** oder der erste Schaltkreis. Dieser Schaltkreis ist immer dann aktiviert, wenn es für das Individuum um das Überleben geht: die Triebe Nahrungssuche, Überlebenskampf und Fortpflanzung gehören hierher.

**Der zweite Schaltkreis** entstand, als sich die Lebewesen an Land begaben. Er hat mit dem Verteidigen von Territorium zu tun. Das sogenannte Reptilienhirn, das auch im Menschen noch vorhanden ist, steuert diesen Schaltkreis.

**Der dritte Schaltkreis** entstand mit der Entwicklung der Sprache und mit der Handhabung von Werkzeugen. Hier gehören alle Tätigkeiten des Denkens, Schlußfolgern, Verstehens hin.

**Der vierte Schaltkreis** letztlich entstand gleichzeitig mit der Bildung von Kulturen und ihren sozialen Regeln.

**Hier noch einmal zusammengefaßt die 4 Schaltkreise und deren Aufgaben:**

1. **Schaltkreis** = Überlebensschaltkreis, Nahrungssuche, Fortpflanzung, Verteidigung des Lebens bei Gefahr

**2. Schaltkreis** = Territorialschaltkreis, Verteidigen von Territorium (in unserer Gesellschaft ist das entsprechende Verhalten das Erhalten von Status, Kampf um Macht in allen seinen Varianten).

**3. Schaltkreis** = Symbolschaltkreis, Denken, Sprache, Schlußfolgern (kurz: alles was uns Menschen von den Tieren unterscheidet)

**4. Schaltkreis** = soziosexueller Schaltkreis, Moral, gesellschaftliche Regeln, Kultur, sexuelles Paarungsverhalten.

Bevor Du jetzt weiterliest, beantworte bitte folgende Frage:

*Übungsaufgabe 1:* Welche(r) Schaltkreis(e) entspricht/entsprechen dem Normalbewußtsein?

Du hast es hoffentlich richtig beantwortet. In unserem heutigen Entwicklungsstadium entspricht das Normalbewußtsein dem dritten Schaltkreis. Die Betonung liegt allerdings auf „heutiges Entwicklungsstadium“, denn für ein Wesen, das erst 2 Schaltkreise entwickelt hat, ist der zweite Schaltkreis das Normalbewußtsein. Und für höherentwickelte Wesen als wir es sind, ist der fünfte Schaltkreis das Normalbewußtsein. (Dies ist etwa der vollkommen bewußte Zustand des Erleuchteten. Leary hat auch hier ein Konzept weiterer Schaltkreise 5-8, auf die wir hier aber nicht weiter eingehen können).

Der vierte Schaltkreis gehört nicht in das Normalbewußtsein. Zwar haben wir hier auch einen Zensor, der bestimmte Dinge, die nicht in seine Vorstellung von Gesellschaft gehören, nicht aufnimmt, aber dies geschieht meist unbewußt, weil uns soziale regeln in Fleisch und Blut übergegangen sind.

**Der dritte Schaltkreis ist tatsächlich der bewußteste und ihn gilt es zu überwinden, wenn wir eine Botschaft in das Unterbewußtsein Pflanzen wollen.**

Das Unterbewußtsein speichert unsere stammesgeschichtlichen Erfahrungen. Also gerade erster und zweiter Schaltkreis liegen eher hier. Die Schaltkreise untereinander sind gegenüber den anderen stärker, je älter sie sind. Das heißt, der stärkste ist der erste Schaltkreis, dann kommt der zweite und so weiter. Wenn wir beispielsweise am Verhungern sind (1), werden wir kaum über ein philosophisches Problem nachdenken (3). Wenn uns jemand beschimpft (2), werden wir in den meisten Fällen aufgebracht zurückschimpfen (2) statt logisch zu argumentieren.

Wie können wir nun den Zensor überlisten? Ganz einfach, indem wir uns in einen Zustand versetzen, der dem ersten Schaltkreis entspricht.

**Denn der erste Schaltkreis handelt aus dem Bewußtsein heraus und ist, wie eben gesagt, zudem stärker als der dritte Schaltkreis. Sind wir auf dem ersten Schaltkreis, so ist der Zensor 3. Schaltkreis garantiert ausgeschaltet.**

**Es bieten sich also folgende Techniken an:**

- Sexuelle Techniken
- Andere Ekstasetechniken
- Techniken, die den Körper nahe an den Tod heranbringen.

Diese Techniken werden im praktischen Teil geübt und näher erläutert werden.

Ist das Sigill aufgeladen worden, also in das Unterbewußtsein aufgenommen worden, so muß es anschließend gebannt werden. Auch hier wieder die Unterscheidung zwischen dem Begriff aus der Zeremoniellen und der Sigillen-Magie.

In der Zeremoniellen Magie ist „Bannen“ der umgekehrte Vorgang des Aufladens. Es wird die Kraft aus einen Gegenstand herausgenommen oder neutralisiert.
In der Sigillenmagie heißt bannen, das Bewußtsein wieder über das Unterbewußte zu legen, und zwar so, daß das Bewußtsein möglichst wenig von diesem ganzen Vorgang mitbekommt. Man könnte statt bannen auch „vergessen“ sagen. Je weniger wir von der ganzen Aktion in Erinnerung haben, desto besser kann das gepflanzte Sigill wirken, weil der Zensor mit seiner Ration nicht dazwischen kommt und durch Zweifel die Arbeit des Unterbewußten behindert.
Machen wir uns das noch an zwei Beispielen klar:
Dem Schüler der Magie wird zum Beispiel bei der Technik des Astralreisens immer wieder gesagt, daß er nicht an der Möglichkeit zweifeln soll. Dies ist ganz klar, denn ich kann mich auf Astralreisen nicht konzentrieren, wenn ich ständig an der Möglichkeit und daher an mir selbst zweifle.
Ein anderes Beispiel ist die Tätigkeit des Verdauens oder irgendeine mechanische Tätigkeit. Alles würde durcheinander geraten, wenn ich solche Tätigkeiten mit dem Bewußtsein ausführen würde. Stelle dir einen Autofahrer vor, der jede seiner Bewegungen erst mit dem Normalbewußtsein analysieren würde. Wieweit würde er wohl unfallfrei kommen?
Das Bannen von Sigillen hat also mit den Techniken des Vergessens zu tun. Die dafür zur Verfügung stehenden Möglichkeiten werden ebenfalls im Praxisteil erörtert, da Laden und Bannen immer nacheinander in einer Arbeit erledigt werden müssen.
*Übungsaufgabe 2:* Ordne folgende Tätigkeiten oder Verhaltensweisen den entsprechenden Schaltkreisen zu:

Nahrungssuche:
Sich schlagen:
Ein Mann findet eine Frau hübsch:
Mit der Faust auf den Tisch klopfen:
„Mein Wagen war teurer als deiner“:
„Wie spät ist es?“:
Orgasmus:

*Übungsaufgabe 3:* Nenne in Stichworten die Unterschiede zwischen den Begriffen „aufladen“/“bannen“ in der zeremoniellen- und in der Sigillenmagie.
*Übungsaufgabe 4:* Wie hängen in der Sigillenmagie Aufladen und Bannen zusammen?
*Übungsaufgabe 5:* Wie wirkt das Bewußtsein im Verhältnis zum Unterbewußten?

## Alternative Techniken zur Sigillenmethode

Bisher haben wir die Sigillenmethode als einzigste behandelt. Es lassen sich aber noch andere Alternativen vorstellen, mit denen man eine Botschaft in das Unterbewußte bringen kann.
Die im folgenden beschriebenen Methoden werden hier nur kurz angerissen, um Dir einen Überblick über dein zukünftiges Arbeiten zu geben.

## 4 Wahrnehmungssysteme

Wir unterscheiden zwei Wahrnehmungssysteme, die für die Sigillenmagie von Bedeutung sind: das visuelle und das auditive Wahrnehmungssystem. Grob gesagt heißt „visuell“ Bilder sehen, „auditiv“ etwas hören. Weiter können wir zwischen internal und external unterscheiden: External meint von außen kommend, internal meint im Innern geschehend. Wenden wir diese beiden Begriffe auf die ersten beiden Begriffe an, so erhalten wir folgendes Schema:

**visuell internal** = vor dem Inneren Auge Bilder sehen, Imagination von Bildern
**visuell external** = mit den physischen Augen etwas sehen
**auditiv internal** = mit sich selbst reden, Mantram, innerlich Stimmen hören
**auditiv external** = mit den physischen Ohren etwas hören

*Übungsaufgabe 6:* Bevor Du jetzt weiterliest, beantworte bitte folgende Fragen: Zu welchem Wahrnehmungssystem gehört die Sigillenmethode, die Du bisher kennst?
*Übungsaufgabe 7:* Betrachte Dir alle 4 Wahrnehmungssysteme und überlege einmal, welche anderen Methoden es geben könnte, eine Botschaft an das Unterbewußte zu vermitteln? Ordne diesen den Wahrnehmungssystemen zu.

## Die Mantram Methode

Die Mantram Methode wird beiden auditiven Wahrnehmungssystemen zugeordnet.
Ein Mantram ist ein Satz oder Wort, das meditativ rezitiert wird. Man kann dies internal tun, also in Gedanken, oder external, das heißt, es laut sprechen.
Die Vorgehensweise ist ähnlich wie bei dem Kürzen eines Satzes. Das, was danach übrig bleibt, wird so wie es da steht laut oder in Gedanken gesprochen.
Alternativ können auch nur die übrig bleibenden Buchstaben benutzt werden, deren Reihenfolge man sich danach zusammenstellt, wie es am besten klingt. Dies ist zum Beispiel dann sehr sinnvoll, wenn die ursprüngliche Form noch zu sehr an den Wunschsatz erinnert. Um den Zensor auszuschalten, sollte man in einem solchen Falle die Buchstabenreihenfolge so verändern, daß nur noch „Kauderwelsch“, also „sinnloses“ Gestammel dabei herauskommt.

## Die Bildmethode

Die Bildmethode ist der Sigillenmethode sehr ähnlich. Beide gehören, na klar, zum visuellen System. Als Vorlage bei der Bildmethode dient satt eines Satzes eine skizzenhafte vereinfachte Strichzeichnung, die den Wunsch bildlich ausdrückt. Dieses Bild wird dann Schritt für Schritt in ein Siegel umgewandelt, bis es nur noch sehr entfernt an den ursprünglich formulierten Wunsch erinnert.
Beide Methoden, Bild- und Sigillenmethode können sowohl internal als auch external durchgeführt werden. Die internale Methode kann natürlich erst dann erfolgreich praktiziert werden, wenn Deine Imaginationsfähigkeiten nahezu perfekt sind. Aber diese Methode ist noch sehr viel wirkungsvoller als die externale, weil die inneren Verarbeitungsprozesse dem Unterbewußten sehr viel näher stehen.

## Das Alphabet des Wünschens

Dies ist eine Technik, die sich auf alle 4 Wahrnehmungssysteme übertragen läßt. Statt den Wusch durch ein Bild oder einen Willenssatz zu stilisieren, fertigt man sich ein eigenes Wunschalphabet an. Dies kann entweder aus Symbolen oder aus Wörtern bestehen. Grundlage ist hier nicht die rationale Sprache oder das Bildverständnis des Bewußtseins, sondern gleich die Sprache des Unterbewußtseins. Man versetzt sich in Trance und fragt dann das Unterbewußte, wie es ein Wort bezeichnen oder als Symbol ausdrücken würde. Auf diese Weise erhält man mit der Zeit ein Wörterbuch „Bewußt - Unbewußt", so wie man sonst „Deutsch - Englische" Wörterbücher hat. Mit Hilfe dieses Wörterbuchs kann man dann seine Wünsche direkt formulieren. Dies ist die wirkungsvollste Technik, aber auch die schwierigste. Denn Voraussetzung für gutes Gelingen ist der fehlerfreie Kontakt zum Unterbewußtsein. Aber auch auf diese Technik werden wir im Laufe des Kurses noch zur Genüge eingehen.

Wir wollen jetzt noch einmal eine komplette Zusammenfassung aller hier erörterten Techniken geben. Sämtliche Arbeitsmethoden und Schritte werden in ihrer Reihenfolge zusammengestellt. Dies dient zum einen Deiner Übersicht, und zum anderen wollen wir dadurch noch einige Begriffe einführen, um Mißverständnisse zu vermeiden. Die eingeführten Begriffe werden in Zukunft so verwendet wie gleich dargestellt. Präge sie Dir also gut ein und löse zuerst die darauf folgenden Aufgaben, bevor Du zur Praxis übergehst.

## Klassifikation aller Methoden

Als allererstes müssen wir einen Wunsch formulieren. Das heißt, wir müssen uns darüber klar werden, was wir wollen. Wir müssen darauf achten, daß der Wusch weder zu allgemein noch zu speziell ist. Diesen Arbeitsvorgang wollen wir „Formulieren des Wunsches" nennen. Alles, was Du zu diesem Thema wissen mußt, ist Dir bereits bekannt.

Dann mußt Du entscheiden, wie Du diesen Wusch „verpackst". Also welche Form Du ihm gibst. Hierfür gibt es zwei Möglichkeiten: Das Alphabeth des Wünschens oder die Rationale Methode. Das Alphabet des Wünschens bietet 2 Alternativen: Symbole oder Wörter. Die Rationale Methode bietet 3 Alternativen: ein Bild sigillisieren, einen Satz sigillisieren oder ein Mantram aus einem Satz entwickeln. Diesen Arbeitsschritt wollen wir „Verpacken des Wunsches" nennen. Es gibt also 5 verschiedene Verpackungsmöglichkeiten.

Als nächstes wird der Wunsch „eingeführt". Damit sind die 4 Wahrnehmungssysteme gemeint. Du kannst, je nach Verpackung des Wunsches ein Bild, Symbol oder Sigill visualisieren (external) oder imaginieren (internal) oder einen Satz oder Wort laut (external) oder leise (internal) als Mantram sagen. Dies nennen wir die „Einführung des Wunsches".

Jetzt kommt die „Aufladung des Wunsches". Damit ist die spezielle Methode gemeint , durch die der Zensor überwunden wird. Also die Methode, die Dich auf den ersten Schaltkreis bringt. Es gibt hier sexuelle Methoden, Luftanhalten und Zucken. Die einzelnen Techniken werden in der Praxis genau behandelt werden. Bei den sexuellen

Methoden können wir jede Einführungsmethode verwenden. Die Methode des Luftanhaltens und die des Zuckens schränkt die Wahl der Einführungstechniken ein.
*Übungsaufgabe 8:* Welche Methode(n) der Einführung können nicht verwendet werden bei

- der Luftanhaltetechnik
- bei der Technik des Zuckens

Zum Schluß erfolgt das „Bannen des Wunsches". Hier kann jede Methode verwandt werden, unabhängig von den vorher gewählten Methoden. Wichtig beim Bannen ist nur, daß unmittelbar nach dem Aufladen eine vollkommen andere Tätigkeit gemacht wird und das eventuell vorhandene Sigill, Bild etc. versteckt oder vernichtet wird. Vollkommen andere Tätigkeiten sind z.B.: Lachen, etwas lesen, fernsehen, singen etc. Deinen Vorstellungen sind keine Grenzen gesetzt.
Lese diesen Abschnitt „Klassifikation aller Methoden" mindestens noch einmal durch, damit Du alles Gesagte auch wirklich verstehst. Das, was Du vielleicht noch nicht ganz nachvollziehen kannst, wird klarer werden, wenn Du die folgenden Übungsaufgaben bearbeitest und Dir das Schema auf der nächsten Seite einprägst. Die Übungsaufgaben sind so gehalten, daß sie Dir auch noch weitere Infos über Zusammenhänge erläutern.
Hier ein Beispiel mit Analyseschema: A formuliert den Wunsch „Ich will gesund bleiben".
Er schreibt den Satz auf ein Blatt Papier und streicht alle doppelten Buchstaben. Er bildet ein Sigill daraus, visualisiert es, während er masturbiert. Nach dem Orgasmus nimmt er sich sofort ein Buch über Kochen und liest darin.

Analyse:
Verpacken: Rationale Methode, und zwar Wortsigill.
Einführen: visuell external.
Aufladen: sexuell, und zwar durch Masturbieren.
Bannen: durch lesen.

*Jetzt Deine Aufgaben:*
a. Du formulierst den Wunsch „ich will Liebe".
Du zeichnest zwei Figuren, ein Mann und eine Frau und verbindest sie mit einem Herz. Diese Zeichnung vereinfachst Du zu einem Sigill. Du hältst die Luft an so lange Du kannst und imaginierst dabei das Sigill. Nach dem Ausatmen machst Du sofort einen Dauerlauf.
b. Nachdem Du einen Wunsch formuliert hast, überträgst Du ihn auf Dein Alphabet des Wünschens, und zwar in Wörter. Während Du mit jemanden sexuellen Verkehr hast, denkst Du dir das Wort als Mantram und im Moment des Orgasmus schreist Du dieses Wort laut heraus. Danach verläßt Du den Raum und siehst fern.
c. Du formulierst den Wunsch und machst aus dem gekürzten Wunschsatz ein Sigill.
Du beginnst mit dem Bein zu zucken und machst das so lange, bis der ganze Körper zuckt. Währenddessen imaginierst Du das Sigill und sprichst innerlich das Mantram des gekürzten Wunschsatzes. Danach machst Du eine Lachmeditation.
*Übungsaufgabe 10:* Nenne andere Möglichkeiten des Verbindens von Techniken.

Schema zur Klassifikation aller Methoden

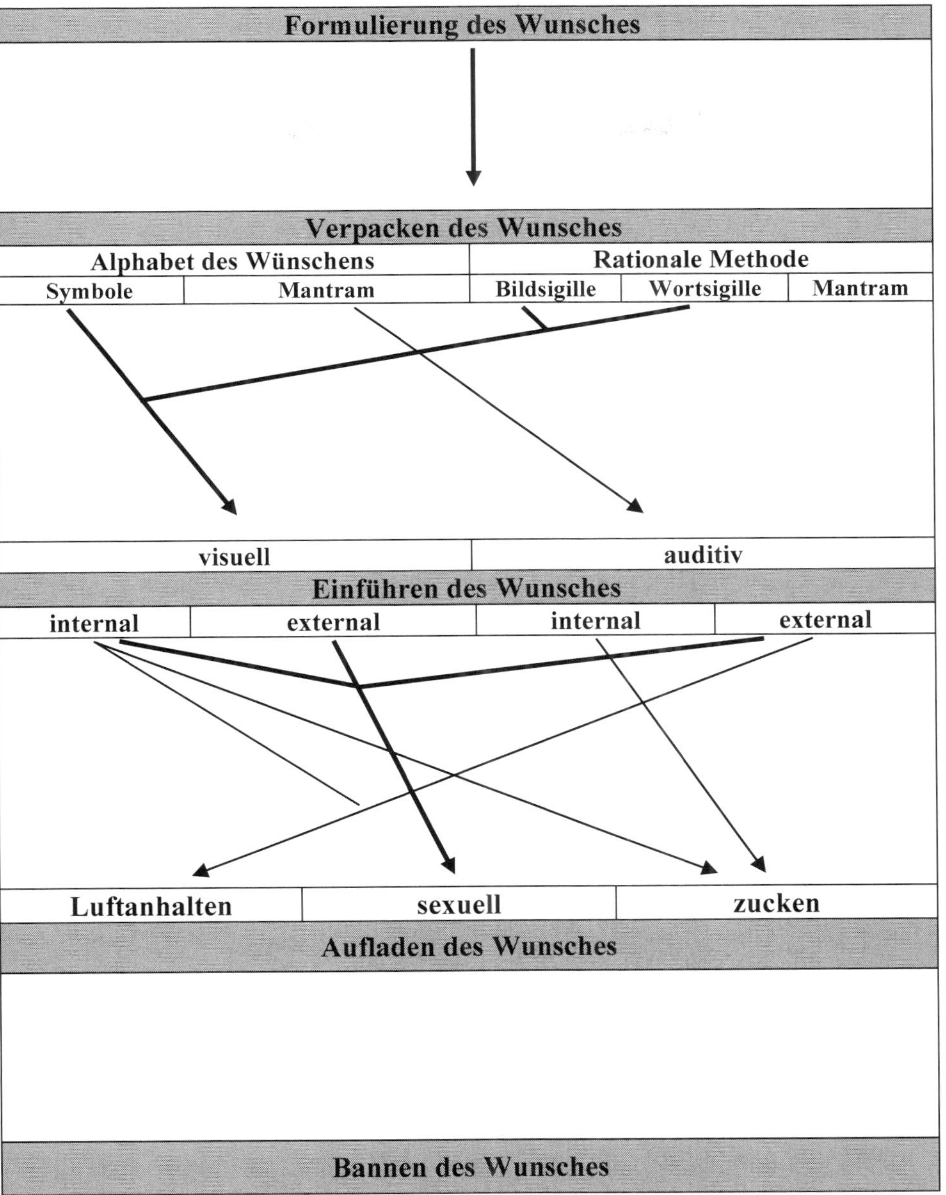


*Übungsaufgabe 9:* Du bekommst jetzt verschiedene Schilderungen kompletter Arbeitsabläufe. Lies sie aufmerksam und analysiere sie.

## Praxis erste Woche

### Einleitung

Im praktischen Teil dieses Monats wollen wir die Entspannungstechniken weiter verfeinern und zusätzlich erste Belebungstechniken üben. Die Entspannung muß weiter vorangetrieben werden, denn sie erhöht den Energiefluß im Köper bei entsprechender Ekstase beträchtlich. Die Entspannungstechniken sind eine wesentliche Ergänzung für alle sexuellen Aufladetechniken, mit denen wir diesmal erste Erfahrungen sammeln wollen.

### Entspannung 3

Knüpfe an die Entspannungsübung des letzten Monats. Nachdem Dein ganzer Körper sich warm anfühlt, sagst Du Dir: „Mein Herz schlägt ruhig und gleichmäßig". Dabei spürst Du, wie Dein Herz langsamer schlägt. Aber forciere nichts. Beobachte einfach Deinen Herzschlag, wenn Du mit der Formel arbeitest, wird Dein Herzschlag automatisch langsamer. Wiederhole etwa 10 mal diese Formel.
Danach sagst Du Dir: „Mein Atem fließt ganz ruhig und gleichmäßig". Wieder etwa 10 mal.
**Wechsle Herz und Atem insgesamt 3 mal.**
Der Rest dann wie im letzten Monat.
Mache diese Übung möglichst jeden Tag einmal. Nach einiger Zeit wird Deine Atmung, wenn Du vollkommen entspannt bist, bei etwa 6-7 Atemzügen pro Minute liegen. Achte ab jetzt besonders auf die richtige Ausführung des Zurückholens, spanne alles mehrmals und intensiv an.

### Auflade-Übung 1 - Masturbation ohne Imagination

Wenn Du mittels Masturbation ein Sigill aufladen möchtest, so ist es wichtig, daß Du möglichst wenig andere Gedanken in Deinem Kopf hast. Denn jeder Gedanke, der sich während der Masturbation einstellt, und besonders der im Moment des Orgasmus, beeinflußt das gewünschte Ergebnis. Für die meisten jedoch ist es garnicht so einfach zu masturbieren, ohne erotische Bilder oder Gefühle dabei zu produzieren. Dies wollen wir deshalb in dieser Woche üben.
Setze Dich dazu am besten bequem vor eine weiße Wand oder ein weißes Tuch. Masturbiere bis zum Orgasmus, während Du möglichst emotionslos einfach auf die weiße Wand vor Dir schaust. Achte darauf, daß gerade beim Orgasmus keine anderen Vorstellungen mit einfließen. Immer wenn Du einen störenden Gedanken bemerkst, stoppst Du kurz und sagst laut „Störung!" und machst dann weiter.
Diese Übung erfordert ein wenig Willen, aber mit der täglichen Übung wird es klappen. Wundere Dich nicht, wenn zu Anfang der Orgasmus schwächer oder auch stärker ist. Beides sind Phänomene, daß Du auf dem richtigen Weg bist.

## Praxis zweite Woche - Entspannung 4

Mache in dieser Woche die gleiche Übung wie letzte Woche. Verbessere die Ergebnisse. Du mußt Dich wirklich schwer fühlen. Die Wärme muß deutlich bis in die

Finger- und Zehenspitzen zu spüren sein. Die Atmung soll nur noch 6-7 Atemzüge pro Minute betragen.
Versuche auch, indem Du die Formeln weniger oft wiederholst, den Entspannungs-Zustand schneller zu erreichen. Nach Ende dieser Woche solltest Du ihn etwa in 10 Minuten erreicht haben.

### Aufladeübung 2 - Masturbation ohne Orgasmus

Wir wollen diese Woche eine kleine Willensübung machen. Du sollst lernen, den Orgasmus hinaus zu zögern. Dadurch wird er später wesentlich intensiver.
Masturbiere wie in der letzten Woche, und zwar mindestens 20 Minuten, ohne daß Du zum Orgasmus kommst. Wenn Du dies leicht schaffst, so verlängere den Zeitraum.
Nutze die Zeit auch weiterhin, um das in der ersten Woche Gesagte weiter zu üben.
Masturbiere auch möglichst so, daß die, um den Orgasmus zu verhindern, nicht aufhören mußt.

## Praxis dritte Woche - Entspannung 5

Wir kommen jetzt zur letzen Formel, die uns zur völligen Entspannung noch fehlt. Sie lautet: „Das Sonnengeflecht ist strömend warm".
Das Sonnengeflecht liegt etwa in Höhe des Magens, unter dem Brustbein. Es fühlt sich, wenn es warm wird, etwa wie eine Scheibe mit einem Durchmesser von 10 bis 15 cm an. Die Betonung liegt auf „strömend", das heißt, die empfundene Wärme soll prickeln.

### Aufladeübung 3 - Aufladen eines Sigills

Formuliere einen einfachen Wunsch wie Du es gelernt hast. Der Wunsch soll nicht zu anspruchsvoll sein, sodaß er in kürzerer Zeit, etwa in zwei Wochen erfüllt werden kann. Er soll aber auch nicht so banal sein, daß das Eintreffen auch ohne magische Arbeit sehr wahrscheinlich ist.
Zeichne ein Sigill und plaziere es gut sichtbar vor Deinen Augen. Am besten machst Du es so, daß Du das Sigill an die weiße Wand oder das weiße Tuch hängst, damit nichts anderes in Deinem Blickfeld ist.
Schließe dann die Augen und beginne zu masturbieren. Achte darauf, daß Du möglichst wenige Gedanken dabei hast. Stelle Dir zum Beispiel einfach die weiße Wand dabei vor. Im Moment des Orgasmus reißt Du dann die Augen auf und schaust auf das Sigill.
**Wichtig: Nimm nur das Bild des Sigills als solches auf - denke NICHT an den Wunschsatz, der damit verbunden ist.**
Danach verbrennst Du das Sigill. Dabei mußt Du „zerstreut" sein. das heißt, denke, während Du das Sigill verbrennst, an irgendetwas ganz anderes. Es ist hilfreich, wenn Du Dir schon vorher überlegst, an was Du denken willst.
Nach dem Verbrennen übe irgendeine andere Tätigkeit aus, bei der Du gut abgelenkt bist, oder Dich konzentrieren mußt.

## Praxis vierte Woche - Entspannung 5

Übe das in der letzten Woche angegebene zur Entspannung weiter.
Mache jeden Tag diese Übung und versuche, die völlige Entspannung in ca. 10 Minuten zu erreichen.

### Imagination

Wir wollen in dieser Woche nicht schon wieder etwas aufladen. Denn wenn der Wunsch noch nicht eingetreten ist, so würden wir durcheinander kommen, wenn wir einen neuen Wunsch formulieren würden. Deshalb nutzen wir die Zeit und üben unsere Imaginationskraft weiter. Auf Wunsch vieler Kursteilnehmer noch einige kleine Tips zur Überwindung von Schwierigkeiten bei der Imagination:

1. Experimentiere mit verschiedenen Farben und Formen. Manche Leute können bestimmte Farben oder Formen besser imaginieren als andere. Wenn Du eine Form gefunden hast, die Dir leichter fällt, dann benutze diese eine Weile und gehe dann zu anderen Formen über. Ändere vielleicht zuerst nur die Farbe oder Form, danach beides.
2. Wenn Du Sigille imaginierst, dann experimentiere mit verschiedenen Umrahmungen. Am besten funktioniert der gleiche Rahmen, dessen Form Dir auch schon bei den einfachen Figuren am leichtesten fiel.
3. Wenn Du nach dem Anschauen der Form die Augen schließt, um sie internal zu sehen, stelle Dir vor, Deine Augenlider wären durchsichtig.
   Experimentiere mit diesen Tips, sie werden Dir eine große Hilfe sein. Vergleiche auch einmal, ob die Imagination besser wird, wenn Du vorher die Entspannungsübung gemacht hast.

## Lösungshinweise zu den Übungsaufgaben

*Übungsaufgabe 1:* Der dritte Schaltkreis
*Übungsaufgabe 2:* In der Reihenfolge:
- 1
- 2 oder 1, je nachdem, ob es um einen Statuskampf geht oder um Leben und Tod.
- 4, da der Geschmack einer Person durch Sozialisation in der Gesellschaft geprägt wird
- 2, Statusverhalten

auch 2
- 3, Informationssammlung ohne Bewertung
  - 1, Fortpflanzung

*Übungsaufgabe 3:* Vergleiche mit dem Text „die Arbeit mit den Sigillen"
*Übungsaufgabe 4 und 5:* siehe 3
*Übungsaufgabe 6:* zum visuell externalen Wahrnehmungssystem
*Übungsaufgabe 7:* Die Antworten hierfür erhältst Du im folgenden Text. Vergleiche dort.

*Übungsaufgabe 8:* Luftanhaltetechnik: Wenn Du die Luft anhältst, kannst Du nicht laut ein Mantram machen. Das Einführen des Wunsches auditiv external fällt hier also aus.

Technik des Zuckens: Der ganze Körper zuckt bei dieser Technik. Es dürfte also wie bei der Luftanhaltetechnik nicht möglich sein, external auditiv zu arbeiten. Aber auch das external Visuelle ist nur schwierig ausführbar.

*Übungsaufgabe 9:*

a. Verpacken: Rationale Methode, und zwar Bildsigill.
   Einführen: visuell internal
   Aufladen: Luftanhalten
   Bannen: durch Dauerlauf

b. Verpacken: Alph. d. Wünschens, und zwar Mantram
   Einführen: auditiv internal und external
   Aufladen: sexuelle Methode, und zwar Koitus
   Bannen: Verlassen des Raumes und Fernsehen

Beachte: auch die Kombination von internal und external ist möglich. Beim Luftanhalten z. B. kannst Du zuerst imaginieren und beim Ausatmen die Augen öffnen, um das Sigill, was vor Dir liegt, external zu betrachten.

c. Verpacken: Rationale Methode, und zwar Wortsigill u. Mantram
   Einführen: visuell und auditiv internal
   Aufladen: Durch Technik des Zuckens
   Bannen: Durch Lachen

Beachte: auditiv und visuell lassen sich verbinden. Ebenso Verpackungstechniken.

Übungsaufgabe 10: Beispiele:

- Du kannst Aufladetechniken verbinden: sexuelle Methode und Luftanhalten.
- Worte aus dem Alphabeth des Wünschens können zu einem Sigill zusammengefaßt werden: Verbindung in der Verpackung.

## Deine weitere Arbeit

Du hast jetzt eine gute Voraussetzung, selbständig weiter zu arbeiten, sowie die angesprochenen Techniken selbständig weiter zu entwickeln. Du solltest aber auf jeden Fall dein Augenmerk weiterhin auf zwei wichtige Dinge richten:

a) Du wirst nur dann wenn du regelmäßige Körper- und Entspannungsübungen machst, deine sexuellen Energien weiter steigern können!
b) Denke über den Sinn deines Wunsches genau nach. Schaden den man anderen antut, tut man sich immer selbst an. Jede negative Strömung die du aussendest, kommt zu dir zurück! Dies sind keine ethischen oder moralischen Ansprüche, die man mit dem Kommentar abtun kann „naja, das kann bei mir nicht passieren“.

**Es wird passieren,** es könnte aber durchaus sein daß es dir dann zu spät bewußt wird. Auch dies ist ein Grund dafür, warum effektive Arbeitsgrundlagen in der Magie immer geheimgehalten wurden. Jeder der so viel weiß wie du, trägt an der Verantwortung für sein Handeln besonders schwer. Du auch - und du wirst dich ihr nie mehr entziehen können! **Viel Glück für dein weiteres Arbeiten!**